337调查突围

Breaking through US Section
337 Investigations: A Guide
for Chinese Companies

写给中国企业的应诉指南

冉瑞雪◎著

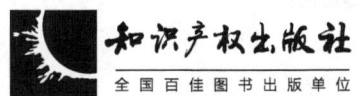

图书在版编目（CIP）数据

337调查突围：写给中国企业的应诉指南/冉瑞雪著．—北京：知识产权出版社，2015.4（2021.4重印）

ISBN 978-7-5130-3449-4

Ⅰ.①3… Ⅱ.①冉… Ⅲ.①知识产权法-案例-中国 Ⅳ.①D923.405

中国版本图书馆CIP数据核字（2015）第067346号

内容提要

本书在简述337调查制度以及对美国知识产权实体法和ITC的程序规则进行权威解读基础上，结合作者十余年来亲自代理的典型案例的深度解析，为中国企业在337调查应对中的应诉策略、抗辩技巧以及对外贸易中的知识产权战略进行全面介绍。此外，本书附录作者连续六年来撰写的337调查年度评论以及英文版的行政法官《基础规则》、碎纸机案的《案件进度命令》和《保护令》，全面展示337调查的规则、判例与实务。作为资深的337调查律师，作者以极简和通俗的撰述风格，为中国企业的应诉奉上一本具有实务操作参考的应诉指南。

责任编辑：倪江云　　　　　责任校对：谷　洋
装帧设计：麒麟轩文化　　　责任印制：刘译文

337调查突围
——写给中国企业的应诉指南

Breaking through US Section 337 Investigations: A Guide for Chinese Companies

冉瑞雪　著

出版发行：知识产权出版社有限责任公司　　网　　址：http://www.ipph.cn
社　　址：北京市海淀区气象路50号院　　　邮　　编：100088
责编电话：010-82000860转8541　　　　　　责编邮箱：wangyumao@cnipr.com
发行电话：010-82000860转8101/8102　　　 发行传真：010-82000893/82005070/82000270
印　　刷：北京建宏印刷有限公司　　　　　经　　销：各大网络书店、新华书店及相关专业书店
开　　本：720mm×1000mm　1/16　　　　　印　　张：19.75
版　　次：2015年4月第1版　　　　　　　　印　　次：2021年4月第2次印刷
字　　数：390千字　　　　　　　　　　　　定　　价：68.00元
ISBN 978-7-5130-3449-4

出版权专有　侵权必究
如有印装质量问题，本社负责调换。

推荐序 **1** 中文版

近年来，美国国际贸易委员会（ITC）已经成为涉及国际贸易产品的高风险专利纠纷的重要解决机构。ITC 的这一权力来自美国《1930 年关税法》第 337 节，该法禁止进口货物到美国时从事"不公平竞争 方法和不公平行为"。自 20 世纪 90 年代以来，ITC 的 337 调查受案数量已增加了三倍，达到每年约 40 件新案——其中绝大多数基于专利侵权诉求。

虽然 337 调查案件的绝对数量仍不及每年在美国联邦地区法院提起的数千件专利侵权诉讼案，但 ITC 案件的审结时间较短，救济措施严厉有效：排除令通知美国海关与边境保护局拒绝侵权产品入境美国。鉴于以上及其他原因，这自然吸引了专利权人向 ITC 寻求救济，维护其对最具价值的前沿技术及运用这些技术的产品的权利。

毋庸置疑，许多 337 调查案主要涉及信息技术、电信和电子领域的专利纠纷。这些技术研发的创意产品能创造出巨大的商业价值。这些产品技术上复杂且具有高价值，通常包含众多专利发明，但商品寿命周期较短，这激励了专利权人寻求快捷有力的救济方式以打击涉案侵权产品。对于这些高科技领域的产品，众多中国企业在加入国际供应链的过程中取得了巨大成功，有的甚至已树立自主品牌。但正是在成功地国际化过程中，中国企业可能发现自己卷入美国专利诉讼，尤其是 ITC 的 337 调查。

337 条款调查采用加速程序，一般在申请书提交后 30 日内开始证据交换，在 8~10 个月内开庭，ITC 仅在 13~18 个月内就能作出裁决并发布救济措施。因此，为高效应对美国 337 调查，列为被申请人的企业必须迅速决定应诉代理、法律策略、证据交换、和解选择以及潜在的规避设计。由于中美之间的法律体系差异及某些情况下的语言障碍，ITC 的加速程序对中国企业来说挑战更大。

本书针对 337 调查的程序运作，为涉案的中国企业应诉提供了实操指

i

南。冉瑞雪律师是接受过中美两国法律训练的执业律师，并代理过中国企业多起337调查案，具有独特的资质和资历来指导中国企业成功应对此类挑战。在本书中，冉律师根据其代理被诉中国企业的经验，对ITC调查的法律和商业风险评估提供了深刻的见解。对于刚进入这一领域的法律专业人士以及针对337调查制订战略决策的公司管理层来说，她的意见将大有裨益。

冉律师从被诉中国企业的角度来解释ITC程序，为帮助中国企业乘风破浪地应对ITC启动的337调查，贡献卓著。

Shara L. Aranoff
美国科文顿·柏灵律师事务所顾问
ITC前主席暨委员（2005~2014）
2015年3月3日初稿，2015年3月16日修订

推荐序 1 英文版

In recent years, the United States International Trade Commission ("ITC") has become an important venue for resolving high-stakes patent disputes involving globally-traded products. The ITC draws its authority from Section 337 of *the Tariff Act of* 1930, a law that prohibits "unfair methods of competition and unfair acts" in the importation of articles into the United States. Since the 1990s, the ITC's Section 337 caseload has quadrupled to about 40 new investigations per year—the vast majority based on claims of patent infringement.

While the absolute number of Section 337 complaints remains small relative to the thousands of patent infringement lawsuits filed every year in U. S. District Courts, ITC cases move faster and offer the prospect of a powerful remedy: an exclusion order directing U. S. Customs and Border Protection to turn away infringing goods at the U. S. border. For these and other reasons, patentees are drawn to the ITC to vindicate their rights in the most valuable and cutting-edge technologies and the products that practice them.

Unsurprisingly, much ITC litigation has been focused on patent disputes in the information technology, telecommunications, and electronics fields. Creative products based on these technologies can lead to enormous commercial success. The complexity and value of these products, which often incorporate numerous patented inventions and have short commercial life cycles, incentivize their owners to seek speedy and strong remedies against alleged infringers. Many Chinese companies have been extremely successful in integrating into global supply chains, and in some cases establishing their own brands, for products in these high technology fields. It is by virtue of that successful globalization that

Chinese companies may find themselves drawn into patent litigation in the United States, and most especially Section 337 litigation at the ITC.

Section 337 investigations proceed on an expedited schedule. In these proceedings, discovery typically begins 30 days after a complaint is filed; cases go to trial within 8 to 10 months; and the ITC can conclude its adjudication and issue a remedy in as little as 13–18 months. Thus, in order to mount an effective defense, companies named as respondents must move quickly to make decisions about representation, legal strategy, discovery, settlement options, and potential product redesigns. The challenges associated with the ITC's speedy procedures are magnified for Chinese companies by differences between the U. S. and Chinese legal systems and, for some, by language barriers.

For Chinese companies drawn into Section 337 litigation, this book provides a practical roadmap to how the process works. As a practitioner trained in both the Chinese and U. S. legal systems, and who has participated on behalf of Chinese clients in multiple Section 337 investigations, Ruixue Ran is uniquely qualified to guide Chinese companies through this challenge. Ms. Ran offers insights on how to evaluate the legal and business risks of ITC investigations based on her experience representing Chinese respondents. Her advice will be useful both to legal professionals who are new to this area and to business executives who face strategic decisions related to Section 337 investigations.

By explaining the ITC process through the eyes of Chinese respondents, Ms. Ran has made an important contribution toward helping Chinese companies successfully navigate the challenges of Section 337 litigation at the ITC.

Shara L. Aranoff
Of Counsel, Covington & Burling LLP;
Former Chairman and Commissioner, U. S.
International Trade Commission (2005–2014)

Draft of 3/3/2015
Revised 3/16/2015

推荐序 2

随着经济全球化的发展，中国企业的海外投资和国际贸易日趋频繁，截至 2014 年，中国继续保持全球第一货物贸易大国地位，对外直接投资保持世界第三位。在中国企业"走出去"扬帆出海的进程中，遇到的法律问题越来越多，特别是知识产权纠纷和涉外纠纷的处理，重要性不言而喻。尤其在高度重视知识产权保护的美国，中国企业更须直视来自知识产权领域的各种挑战。

近年来，越来越多的中国企业遭遇美国 337 调查，涉及专利侵权、商标侵权、著作权侵权以及侵犯商业秘密等事由。在美国，拥有准司法权的国际贸易委员会根据美国《1930 年关税法》"337 条款"的规定处理与贸易有关的知识产权争议，该委员会已经成为美国越来越重要的知识产权争议解决机构。不少中国企业因对美出口产品涉嫌违反 337 条款而被诉，有的因败诉而痛失美国市场，教训深刻。这些企业败诉的原因多种多样，但对美国法律制度不熟悉以及套用中国惯性思维应对 337 调查是重要原因之一。

作为国内长期从事知识产权和涉外民商事审判的一名法官，在工作和研究中深深感受到涉外和知识产权诉讼对中国企业"走出去"不断凸显的重要性，也深知中国企业因缺乏知识产权和法律意识、不熟悉相关法律制度而付出的惨痛代价。对于中国企业而言，在一个陌生的法律环境下应对美国 337 调查无异于客场作战，如履薄冰，更需要中国企业提高认识，积极了解相关美国相关法律制度和诉讼实务，以正确应对在美国的诉讼。

作为后起之秀的冉瑞雪律师，曾作为中国知名律所合伙人在国内执业，现已成为美国知名律所合伙人，拥有美国（纽约州）律师执照。她专注于美国 337 调查领域达十年之久，是美国 337 调查在中国国内法律服务市场的开拓人之一，积累了丰富的实践经验和专业知识。我很高兴看到，冉律师根据其多年办案经验，潜心研究，为中国读者奉上一本具有很强针对性和指导性的美国 337 调查应对指南。本书为中国企业了解美国 337 调查制度以及相关知识产权诉讼制度搭建了桥梁，并且针对中国企业的情况和特点提供了切实可行的应诉指导意见。本书介绍了美国 337 调查制度的历史、现行的实体和程序规则，就个案如何应诉，分析了实践中中国企业常犯的各种错；就美国 337 调查应诉实务提供了详实的指导，包括如何组织应诉团队、如何应对证据交换程序、如何运用和解以快速结案以及如何利用规避设计继续对美出口等。本书的一大特点是注重通过案例分析的方式，探讨 337 调查应诉中种种实际问题以及相应的处理策略。最后，还从企业发展战略的角度阐释了适合中国企业"走出去"的知识产权战略。

我相信，本书对于中国企业妥善处理涉美知识产权争议以及防范知识产权风险，对于专业律师办理美国 337 调查案件，都具有重要参考和借鉴价值；对于立法机构、有关部门以及学界研究美国 337 调查法律制度，促进完善我国相关法律制度，也大有裨益。

罗东川

法学博士、教授，最高人民法院民四庭庭长

2015 年 3 月于北京

目　录

- 推荐序 1 中文版／i
- 推荐序 1 英文版／i
- 推荐序 2／i
- 第 1 章　337 调查概述／1
  - ‖ 337 调查制度及其历史演变／1
  - ‖ 337 调查的参与各方／6
  - ‖ 337 调查与中国企业／13
- 第 2 章　337 调查的实体法规则／24
  - ‖ 专　利　法／24
  - ‖ 商　标　法／38
  - ‖ 著　作　权　法／41
  - ‖ 商业秘密法／44
- 第 3 章　337 调查的程序规则／48
  - ‖ 申请 337 调查的条件／48
  - ‖ 337 调查程序规则／54
  - ‖ 违反 337 条款的处罚措施与执行／75
  - ‖ 337 调查的后续和关联司法程序／81
- 第 4 章　中国企业应诉 337 调查实务／87
  - ‖ 是否应诉的决策／87
  - ‖ 组建内部应诉团队和控制应诉费用／92
  - ‖ 在 337 调查中尽早结案／96

i

‖ 完成规避设计以保住美国市场 / 100
‖ 应对商业秘密337调查 / 102
‖ 利用各种资源为应诉服务 / 110

第5章 中国企业对外贸易中的知识产权战略 / 115
‖ 概　述 / 115
‖ 制订和实施对外贸易知识产权战略 / 118

第6章 中国企业应诉337调查典型案例评析 / 133
‖ 味之素诉大成赖氨酸案 / 134
‖ Tessera诉记忆科技芯片案 / 140
‖ 安捷达诉天瑞铸钢车轮案 / 145
‖ 林肯诉大西洋桶装焊丝案 / 151
‖ 英维康诉顺隆可调节通用病床案 / 153
‖ 雷米诉临海永磁起动机案 / 156
‖ SI诉华奇增稠树脂案 / 159
‖ 范罗士诉新誉碎纸机案 / 165

附录1　重要术语对照 / 170

附录2　中国企业应诉337调查2009~2014年年度评论系列报告 / 175
‖ 2009年度报告 / 175
‖ 2010年度报告 / 184
‖ 2011年度报告 / 197
‖ 2012年度报告 / 209
‖ 2013年度报告 / 221
‖ 2014年度报告 / 232

附录3　碎纸机案《基础规制》（英文版）/ 245

附录4　碎纸机案《案件进度命令》（英文版）/ 290

附录5　碎纸机案《保护令》（英文版）/ 296

后　记 / 304

第1章

337 调查概述

337 调查是针对在美国进口贸易中发生的知识产权侵权等不公平贸易行为发起的准司法程序，其主管机构为美国国际贸易委员会（United States International Trade Commission，ITC）。本章主要介绍 337 调查的基本知识，包括调查内容、337 调查制度的历史演变以及调查的参与各方；概括介绍中国企业[1]的涉案情况；简要分析中国企业成为 337 调查重灾区的原因；讨论 337 调查对中国企业的影响及其发展趋势。

337 调查制度及其历史演变

一、什么是 337 调查

所谓 337 调查（Section 337 investigation）是指美国针对进口贸易中的不公平行为（主要是指知识产权侵权）采取的一种措施，其名称得名于美国《1930 年关税法》第 337 节（以下简称"337 条款"）。[2]

337 调查的主管机构为 ITC，受案范围包括在美国进口贸易中发生的专

---

[1] 为表述方便，全稿中的统计数据和具体表述涉及"中国企业"的，均指除台湾地区和香港地区之外的企业，个别区分之处，会特别指明。其余不再一一指明。

[2] 《1930 关税法》第 337 节在《美国法典》中的法律节次为 1337。337 条款的英文原文见 ITC 网站：http://www.gpo.gov/fdsys/pkg/USCODE-2010-title19/html/USCODE-2010-title19-chap4-subtitleⅡ-partⅡ-sec1337.htm；中文翻译见商务部网站：http://images.mofcom.gov.cn/trb/accessory/200711/1196300988250.pdf。

利侵权、商标侵权、著作权侵权、掩模作品（集成电路布图设计）侵权、侵犯商业秘密、虚假广告以及涉及进口产品的反垄断问题等。❶ITC是专门负责美国国际贸易管理的行政机构，其职责主要是调查和监督国际贸易行为，执行国际贸易法律，防止和处罚国际贸易中如倾销、补贴、知识产权侵权等不公平贸易行为。

337条款最初作为进口救济的兜底条款，将除倾销、补贴外的所有不公平贸易行为包括在内。❷尽管从来没有美国法律明文界定"不公平贸易行为"的准确范围，但从美国国会、关税委员会及联邦法院的一些报告中可以看出，不公平贸易行为的范围很广。❸美国关税委员会在1919年的报告中所列举的不公平贸易行为就包括假冒商标、仿造商品、伪造标志、仿造专利、虚假广告、商业威胁、行贿等。❹后来，337条款逐渐以规范知识产权侵权行为为主。ITC官方网站就把337调查放在"知识产权"一栏中。据统计，实践中，大部分337调查涉及专利侵权，其余的案由包括商标侵权、著作权侵权、侵权商业秘密等。

在337调查中，若ITC认定某被诉企业违反了337条款，将针对该企业发布有限排除令（limited exclusion order）或在满足特定条件的前提下发布普遍排除令（general exclusion order），禁止侵权产品进入美国市场。此外，ITC将发布制止令（cease and desist order），要求美国境内的批发商或零售商等停止售卖相关侵权产品。❺

根据ITC的统计，近年来，相当数量的337调查与高科技产品有关的知识产权纠纷。向ITC提起337调查已成为很多公司尤其是高科技公司从商业角度遏制竞争对手的有力武器，这在2010年表现得尤为明显。三星和夏普、飞思卡尔和松下、LG和索尼等公司均在2010年先后相互提起337调查。此外，2010年2～11月，包括苹果、摩托罗拉、诺基亚和宏达电子❻在内的4家全球最大的智能手机生产商之间利用ITC这个平台总共提起了6起337调查（案号及时间见表1-1）。由于苹果、诺基亚和摩托罗拉的产品通常都是在美国领土之外被代工加工完成之后才进口至美国市场的，一旦337调查申请人拿到ITC的排除令并由美国海关与边境保护局知识产权保护部（Intellectual Property Rights Branch of U.S. Customs and Border Protection）执行，这意味着竞争对手的产品无法进入美国市场与申请人竞争。

---

❶ [EB/OL]. [2014-07-14]. http://www.usitc.gov/intellectual_property/.

❷❸❹ 杨国华. 中美经贸关系中的法律问题及美国贸易法[M]. 北京: 经济科学出版社, 1998. (第三节: 美国贸易法337条款).

❺ [EB/OL]. [2014-07-14]. http://www.usitc.gov/intellectual_property/.

❻ 中国台湾地区企业，通常称为"HTC"。

表 1-1 2010 年涉及智能手机的 337 调查立案统计

案号	立案时间	申请人	被申请人
337-TA-701	2010 年 1 月 28 日	诺基亚公司	苹果公司
337-TA-704	2010 年 2 月 24 日	苹果公司	诺基亚公司
337-TA-710	2010 年 4 月 6 日	苹果公司	宏达电子
337-TA-721	2010 年 6 月 17 日	宏达电子	苹果公司
337-TA-745	2010 年 11 月 8 日	摩托罗拉公司	苹果公司
337-TA-750	2010 年 11 月 30 日	苹果公司	摩托罗拉公司

具体到涉案产品，近几年的 337 调查中，电脑、手机、电子产品等高科技产品占了相当的比例。以 2012~2013 年的数据为例，❶ 电脑及电子通讯产品占 2012 年新立案件总量的 30%，2013 年占 38%；其他消费电子产品占 2012 年新立案件总量 23%，2013 年则占 7%。此外，337 调查也涉及多类其他产品。例如，药品和医疗器械占 2012 年新立案件总量的 5%，2013 年占 14%。❷

图 1-1 显示了 2012~2013 年新立案件的 337 调查所涉及的产品类型。

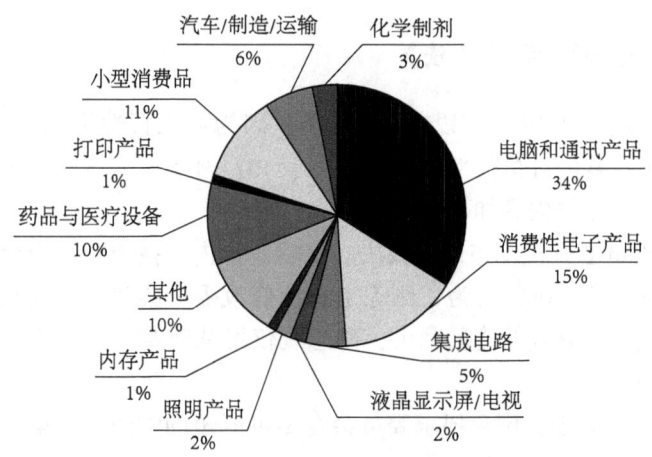

图 1-1 2012~2013 年 337 调查被诉产品分类

337 调查虽是行政调查程序，但在调查程序、调查方式方面与美国民

---

❶❷ [EB/OL]. [2014-07-14]. http：//www.usitc.gov/press_room/documents/featured_news/sec337factsupdate2014.pdf.

事诉讼有很多相似之处。它由一名行政法官（Administrative Law Judge，ALJ）负责审理，具体程序大致可以分为以下几个阶段：立案→开示程序→开庭→行政法官初裁→委员会复审和终裁→总统审查等。

二、337调查制度的历史演变

337条款源于美国《1922年关税法》第316节，后成为《1930年关税法》（The Tariff Act of 1930）第337节。

早期，337条款并没有规定明确的程序，因此提起的337调查案件也非常少。《1974年贸易法》（Trade Act of 1974）对337条款的程序做了实质性的修订，使得337条款具有可执行性，337调查案件才慢慢多起来。之后，《1988年综合贸易与竞争法》（Omnibus Trade and Competitiveness Act of 1988）又修改了337条款，使注册知识产权侵权类型的337调查不需要满足国内产业（domestic industry）损害（injury）要求，从而降低了提起337调查的门槛。

337条款最重要的三次修订分别来自《1974年贸易法》《1988年综合贸易与竞争法》和《1994年乌拉圭回合协议法》（Uruguay Round Agreements Act of 1994）。

（一）《1974年贸易法》

如前所述，在1974年以前，337条款因为可执行性不强而作用甚微。为加强337条款的可执行性，美国国会于1974年修订了337条款的程序和执行条款，其主要内容如下。[1]

（1）委员会有权发布最终裁决。该项修订内容授予委员会全权调查任何涉嫌违反337条款的行为，删除了总统修改委员会裁决的权利。委员会的裁决从此成为有效的终局裁决，而总统仅可从政策方面考虑是否否决委员会的裁决。

（2）设定时限。国会要求委员会在尽可能短的时间内结束调查并作出裁决：不超过自立案公告发布之日起1年（复杂的案件可以延长至18个月）。具备了结案迅速这一特点的337调查因而成为阻止不公平行为的有效救济方式。

---

[1] ROBERT A. CAPLEN. Recent Trends Underscoring International Trade Commission Review of Initial Determinations and Federal Circuit Appeals from Final Commission Determinations under Section 337 of the Tariff Act of 1930 [J]. Fordham Intell. Prop. Media & Ent. L. J., 2007（17）.

(3) 增加了新的救济方式——制止令。委员会已有的救济手段——排除令是一种比较极端的救济方式，通过增加制止令这一新的救济方式，委员会在救济的形式、范围和程度上有了更多选择。

(4) 遵守《行政程序法》。修订后的337条款要求委员会在事实审查和作出裁决方面遵守《行政程序法》（Administrative Procedure Act），例如庭审需要做记录，裁决结果需分别书面写明事实和法律的结论等。当事方的程序性权利因此得以保证。

（二）《1988年综合贸易与竞争法》

美国国会制定了《1988年综合贸易与竞争法》，涉及337调查方面的修订内容主要包括如下三个方面。

(1) 删除了对注册知识产权侵权类型案件的"国内产业损害"要求。根据该修订内容，申请人在提交申请和337调查程序中，不再需要证明其国内产业因为被申请人的行为而遭受损害，诉讼成本因而降低。

(2) 在所有类型的案件中，删除了其国内产业"有效地和经济地运行"的要求。由于ITC之前没有因认定一项国内产业不符合"有效地和经济地运行"的要求而不予救济，该条件的删除并没有带来多大的争议。但该项修订内容意味着337条款开始背离"保护与生产有关的美国国内产业"这一传统目的。

(3) 扩大了"国内产业"的范围。根据该项修订，"对知识产权利用（包括研究、工程、开发或许可）有相当数量的投资"也可以构成国内产业。该项修订目的是让"没有资金在国内进行产品实际生产的大学和小经济实体也能通过ITC来保护他们的权利"。❶

（三）《1994年乌拉圭回合协议法》

337调查在实践中被很多国家所诟病。加拿大和欧共体就337条款的合法性问题分别于1983年和1988年向《关税及贸易总协定》（General Agreement on Tariffs and Trade，GATT）的专家组提出申诉。GATT专家组在1983年认定337条款符合GATT国民待遇的例外条款，即：对不同国家的歧视性待遇是为了保证实施符合GATT的法律法规的必要而存在，包括为了保护专利、商标和著作权等；但在1989年，GATT专家组认为，337条

---

❶ TERRY LYNN CLARK. The Future of Patent-Based Investigations Under Section 337 After the Omnibus Trade and Competitiveness Act of 1988 [J]. The American University Law Review, 1989 (38).

款需要做一些变更，才能适用国民待遇原则的例外条款。❶ GATT专家组报告要求337条款在以下两个方面进行修改。

（1）在法院选择权方面，进口产品的外国生产商面临不利的处境，因为如果这些外国生产商要质疑美国国内产品的知识产权侵权问题，就没有类似337调查的程序可以选择；

（2）337调查程序中存在对涉案产品的生产商或进口商产生不公平的障碍或者劣势的其他问题。

基于以上背景以及1994年乌拉圭回合谈判需要，美国国会在《1994年乌拉圭回合协议法》中，对337条款作了部分修订，主要包括以下方面。❷

（1）修改调查时限要求。原来规定在发布立案公告后尽早结案，但是不超过1年（复杂案件不超过18个月），修改后仅保留了"在发布立案公告后尽早结案"，且行政法官必须在案件立案后45日内确定结案的目标日期（target date）。由于337调查的目标日期本来由行政法官或委员会根据实际情况决定，因此，该修订的实际意义不大。

（2）规定提出反诉的程序。被申请人若要提出反诉，需要向联邦地区法院提出。事实上，这并不影响337调查程序的快捷性。

（3）规定中止联邦地区法院平行诉讼的权利。若针对同一问题同时存在337调查和联邦地区法院的诉讼，则被申请人可以申请联邦地区法院在337调查结果出来之前中止诉讼程序。这使得被申请人可以免于同时应付多个诉讼。

（4）限制了普遍排除令的适用，即普遍排除令只能用于为了防止对有限排除令的规避行为和存在违法的行为但无法辨别侵权产品来源的情况。

337调查的参与各方

337调查中的参与方主要有ITC（包括不公平进口调查办公室及其调查律师、行政法官和委员会）、申请人和被申请人。此外，还可能会涉及第三方。

---

❶ [EB/OL]. [2014-07-14]. http：//www.worldtradelaw.net/reports/gattpanels/sec337.pdf.
❷ ERNEST P. SHRIVER. Separate but Equal：Intellectual Property Importation and the Recent Amendments to Section 337 [J]. Minn. J. Global Trade, 1996 (5).

一、来自 ITC 的参与方

ITC 是一个独立的、没有党派之分的准司法性质的联邦机构，由美国国会于 1916 年设立，当时名为"美国关税委员会"，《1974 年贸易法》修订时改为现在的名称。该机构在与国际贸易相关的事项上拥有广泛的调查权，包括反倾销调查、反补贴调查和 337 调查等。此外，ITC 还是全国收集分析贸易数据的信息中心，向美国总统和国会提供贸易数据、产业分析报告等，供制定政策参考。

ITC 内与 337 调查程序相关的部门或者人员包括不公平进口调查办公室及其调查律师、行政法官、委员会、总法律顾问办公室等。

（一）不公平进口调查办公室及其调查律师

不公平进口调查办公室（Office of Unfair Import Investigations，OUII）及其调查律师（Staff Attorney 或 Investigative Attorney）的介入是 337 调查程序的特点之一。调查律师参与调查的目的是在整个调查程序中保护公共利益。这是因为 337 条款和《委员会程序规则》❶（Commission Rules of Practice and Procedure，以下简称《程序规则》）明确规定了 337 调查的终止或者救济方式的发布，以考虑公共利益为前提。公共利益考虑包括"公共健康和福利、美国经济的竞争条件、美国境内相似产品的生产及美国消费者"。❷

在案件不同的阶段，不公平贸易办公室角色也有所不同。通常情况下，潜在的申请人在正式提交申请之前，会与不公平贸易办公室沟通，以确保正确地提交申请。不公平贸易办公室在提交申请前程序中获得的信息是一律保密的。

在申请人提交申请之后到立案之前，不公平贸易办公室与申请人和被申请人进行沟通，对申请书中的主张做非正式的调查，并向 ITC 提出是否立案的建议。

正式立案之后，1~2 名调查律师将被指派参与调查过程，其作用相当于一个中立的参与方，代表公共利益，权利与申请人、被申请人类似，有权提起证据开示、提交动议、回复其他当事方的动议、对证人证言进行质证等。调查律师通常也会参与当事方的会议。根据 ITC 的规则，调查律师不能在

---

❶ [EB/OL]. [2014-07-14]. http://www.usitc.gov/intellectual_property/documents/section337_rules.pdf.

❷ 见《美国关税法》第 337（d）（1）条。

未决的 337 调查中单方面地和委员会、总法律顾问办公室或行政法官沟通。

在行政法官发布初裁后，调查律师参与委员会的复审。通常情况下，调查律师会与美国海关与边境保护局知识产权保护部沟通，准备一份提交给委员会的排除令建议。在这个过程中，调查律师会解答海关部门提出的问题。

在 337 调查结束之后，调查律师通常会在后续程序，例如咨询意见程序（advisory opinion proceeding）、执行程序、重审程序中，作为当事方继续参与，但不参与联邦巡回上诉法院（Court of Appeals for the Federal Circuit，CAFC）的上诉程序。

除了有法律经验以外，大部分调查律师具有理工科的学位，以及专利律师资格。

2011 年 1 月，ITC 发布一个名为《2009～2013 年人力资本战略计划之补充》（Supplement to the Strategic Human Capital Plan 2009-2013）的文件❶称，出于节省费用的考虑，将减少调查律师在 337 调查的作用，调查律师将只参与一部分的 337 调查案件。此前，调查律师几乎参与一个 337 调查的所有事项。根据该份文件，调查律师将仅在一部分 337 调查中延续该种模式，在其余 337 调查案件，调查律师将仅关注与 337 调查独特特征相关的事项，其模式包括：（1）某些案件中有选择性地针对某些事项提供意见；（2）某些案件中不作为当事方出现。2011 年 5 月，ITC 发布了与此相关的规则修改通知。❷

根据 2012 年 6 月的一份统计❸显示，ITC 自 2011 年 5 月的通知发布之后的 77 起 337 调查案件（案号从 337-TA-772 到 337-TA-848）中，调查律师参与了其中的 50 起（约 65%）的案件。❹

---

❶ [EB/OL]. [2014-07-14]. http：//www. itcblog. com/wp-content/uploads/2011/05/4371_001. pdf.

❷ [EB/OL]. [2014-07-14]. http：//www. itcblog. com/wp-content/uploads/2011/05/ITC-Fed-Reg. pdf.

❸ Practical Impact Of The Office Of Unfair Import Investigations Reduced Role-Since May 2011, OUII Only Participating In About 65% Of Newly-Instituted Section 337 Investigations [EB/OL]. [2014-07-14]. http：//www. itcblog. com/20120615/practical-impact-of-the-office-of-unfair-import-investigations-reduced-role-%e2%80%93-since-may-2011-ouii-only-participating-in-about-65-of-newly-instituted-section-337-investigations/.

❹ Practical Impact Of The Office Of Unfair Import Investigations Reduced Role-Since May 2011, OUII Only Participating In About 65% Of Newly-Instituted Section 337 Investigations [EB/OL]. [2014-07-14]. http：//www. itcblog. com/20120615/practical-impact-of-the-office-of-unfair-import-investigations-reduced-role-%e2%80%93-since-may-2011-ouii-only-participating-in-about-65-of-newly-instituted-section-337-investigations/.

（二）行政法官

ITC 启动 337 调查后，首席行政法官会为该案件指定一位行政法官。指定行政法官时，委员会及其首席行政法官考虑的因素包括以下方面：

（1）案件数量的平衡。由于行政法官在 337 调查程序中承担大量的持续性工作，行政法官承办的案件数量直接影响案件能否满足 ITC 快速推进节奏。ITC 和首席行政法官会基于每位行政法官承办的实际案件数量，考虑预定的结案日期、庭审日期、案件的复杂性、和解的可能性、行政法官的经验水平等。

（2）对潜在技术的熟悉程度。如果行政法官处理过的涉及某类技术的案件较多，那么他对该领域的技术了解会更多一些。由于熟悉一些复杂的技术领域会需要时间和精力，在分配案件时也会考虑行政法官对技术领域的专业知识，以更好地满足 ITC 对案件审理质量和快捷程序的目标。

（3）已有的相关案件。不同案件相互有关联的点可以是专利、技术或当事人。有时是一个申请人在多个案件中主张相同的专利，有时是已经发起的 337 调查的被申请人针对原案的申请人发起"反申请"。在这些情况下，把相关的案件分配给同一个行政法官有利于保证案件分析和结果的一致性，但又可能会导致有的行政法官的案件过多，因此指定行政法官时需要衡量各种利弊。

行政法官根据《程序规则》和《行政程序法》主持调查，在 337 调查程序中具有重要的地位并发挥着重大的作用：负责主持从调查启动到初裁作出的所有程序，并有权发布临时救济措施。在案件早期，行政法官会发布针对该调查的《基础规则》❶（Ground Rules），设定对该调查的详细规则，包括证据开示规则、动议的形式以及其他文件的要求等内容。行政法官需要在 337 调查立案之日起 45 日内颁布《案件进度命令》❷，设定该调查的目标日期，即预定的结案日期，但实践中许多案件的目标日期由于实际审查的需要被推迟。

行政法官需要在目标日期之前 4 个月内作出关于是否违反 337 条款的初裁，若结论是违反 337 条款，行政法官需在作出初步裁决后 14 日内，提出关于救济方式的建议。行政法官的初裁和关于救济方式的建议，能否成为终裁，取决于委员会的复审意见。

---

❶ 本书附录 3 将完整呈现碎纸机案的《基础规则》。
❷ 本书附录 4 将完整呈现碎纸机案的《案件进度命令》。

根据《美国行政程序法》的规定，行政法官的产生必须经过严格、详细的考试和择优选拔任命，应具有丰富的实践经验和职业训练。这些要求使得美国的行政法官充分具备了主持337调查程序的资格。事实上，ITC作为一个专业有效的调查机构得到广泛认同，很大程度上是因为行政法官在337调查中所发挥的重要作用以及他们卓越的专业成就。

ITC现有六位行政法官，分别为首席行政法官查尔斯·布鲁克（Charles E. Bullock），行政法官西奥多·易塞克斯（Theodore R. Essex）、爱德华·吉尔德（Edward J. Gildea）、托马斯·彭德（Thomas B. Pender）、大卫·肖（David P. Shaw）和桑蒂·洛德（Sandra Dee Lord）。❶

（三）委员会

委员会由6位委员组成，委员一般是国际贸易领域的专家。委员由总统提名，参议院通过。委员中不得有3名以上同属一个政党。目前的委员中，民主党和共和党各占3名，任期为9年。委员会设一名主席和一名副主席，都由总统从现任委员中指定，任期2年。主席和副主席必须来自不同的政党，并且前任和后任主席不得来自同一个政党。❷

委员会现任6名委员分别是主席梅雷迪思·布罗德本特（Meredith Broadbent），副主席迪恩·平克尔特（Dean A. Pinkert）、委员埃文·威廉姆森（Irving A. Williamson）、大卫·约翰逊（David S. Johanson）、史考特·基夫（F. Scott Kieff）和朗达·雪纳尔·施密特莱恩（Rhonda Schnare Schmidtlein）。❸

（四）总法律顾问办公室

ITC设有总法律顾问办公室（the Office of the General Counsel）。在337调查中，总法律顾问办公室在委员会审查行政法官的初裁时提供意见。在联邦巡回上诉法院的上诉程序中，总法律顾问办公室代表委员会应诉。

---

❶ [EB/OL].[2014-07-14]. http://www.usitc.gov/press_room/alj_photos.htm. 数据统计截至2014年7月。

❷ [EB/OL].[2014-07-14]. http://www.usitc.gov/press_room/bios.htm.

❸ [EB/OL].[2014-07-16]. http://www.usitc.gov/press_room/bios.htm. 数据统计截至2014年7月。

二、调查当事方

（一）申　请　人

337 调查中的申请人是向 ITC 提出申请，宣称其一项或多项知识产权受到侵犯，或者受其他不公平行为影响的当事方。在一起 337 调查中，申请人可以是一个或者多个实体或自然人。

337 调查程序中的申请人在许多方面和美国联邦地区法院知识产权侵权诉讼的原告相似，但也存在一些重要的区别，其中最重要的是申请人必须证明在美国有涉案的知识产权相关的国内产业，或者证明这种产业正处于设立过程中。

"国内产业"要求并不限制申请人必须是美国企业。事实上，在 2007 年立案的 337 调查案件中，几乎有 1/3 的申请人来自美国以外的国家。也有一些跨国企业选择由位于美国之外的母公司与位于美国境内的子公司联合提起调查申请，例如赖氨酸案（337-TA-571）便是由来自日本的味之素公司及其美国子公司提出申请。

近年来，相当数量的 337 调查案的申请人为专利投机公司❶（Non-Practicing Entity，NPE），它们不实施专利，不以将专利实施后生产产品来获取利润为目的，而是通过诉讼或者其他手段许可他人使用专利从而收取专利费。因其没有实体业务，传统上，NPE 是被排除在 337 调查救济之外的。前文已经提到，申请 337 调查必须满足国内产业要求。因为专利投机公司并不实施专利权，因而一般没有工厂、设备、劳动和资本直接投资于专利产品的生产。为了能够满足提起 337 调查的国内产业要求，专利投机公司只能依据《1930 年关税法》第 337（a）（3）（c）条，特别是其中的"许可"。实际上，正是 ITC 在 2002 年的半导体芯片案（337-TA-432）中认定，专利所有人单纯的"许可"可以构成第 337（a）（3）（c）条下"对知识产权利用（包括工程、研究、开发或许可）有实质数量的投资"，满足了国内产业要求，从而使一些专利投机公司开始利用 337 调查平台，并且数量上处于上升的趋势。自 2006 年 5 月至 2014 年第一季度，由专利投机公司提起的 337 调查案件总数为 67 起，占同期受理的 ITC 所有 337 调

---

❶ 国内也有将 Non-Practicing Entity 翻译成"专利授权公司""专利运营公司""非执业实体"等不同名称，为行文方便，本书统一采用较为通用的"专利投机公司"。关于 NPE 的介绍，参见：刘斌强. NPE 的角色定位：是专利运营，还是专利投机 [J]. 科技创新和知识产权，2012（12）.

查案件的 1/5。❶

（二）被申请人

被申请人相当于联邦地区法院诉讼程序中的被告。相对于联邦地区法院的诉讼而言，ITC 程序能够更有效地获取外国被申请人的证据，这也使得一些企业更喜欢利用 ITC 程序对付外国企业。

申请人通常会将其认为的侵权产品的所有制造商和进口商列为被申请人。但如果某一个大企业（例如沃尔玛公司）既是申请人也是被申请人的客户，且该企业从拟定的被申请人那里进口了涉案产品，申请人往往会从商务角度慎重考虑是否将这个大企业列为被申请人。

京瓷案（337-TA-543）后，如何确定被申请人就显得更为重要。根据该案确定的原则，申请人申请的排除令只能针对已经被列为被申请人的企业的下游产品。如果一个申请人想要申请有限排除令，又想获得针对下游产品即含有侵权产品的制成品的救济，那它必须把它想要针对的下游产品的相关公司列为被申请人。

不同的案件的被申请人数量区别较大，少的只有一个被申请人，多的可高达 50 个被申请人。❷

（三）第 三 人

337 调查程序中的第三人包括涉嫌侵权产品的生产商、进口商和消费者（前提是这些实体或个人还没被列为被申请人）等。此处主要介绍 337 调查的"介入者"（intervenor）。

如果一家公司的产品可能受到一起 337 调查案件的影响，这家公司可以提出书面请求，要求介入该案。例如，有些案件中，申请人可能要求发布普遍排除令。此时，对于未被列为被申请人的企业而言，其产品将受到普遍排除令的影响，它可以考虑申请介入案件调查。

《程序规则》本身并没有对介入者作实质要求，通常，ITC 的行政法官会参考《联邦民事程序法》第 24 条的规定："如果及时提交了申请，应该准许符合以下条件的第三方参与诉讼：（1）美国的法律授予了无条件的介入权利；（2）申请人宣称与涉诉财产或交易有利害关系，如果不批准其介入的申请，会阻碍和损害其维护自己利益的能力，除非现有当事方能够充分代表申请人的利益。"

---

❶❷ ［EB/OL］．［2014-07-14］. http：//www.usitc.gov/press_room/documents/featured_news/sec337factsupdate2014.pdf.

是否允许第三方介入最重要的问题在于,是否有充分的时间足以让第三方介入同时不对案件既定的日程以及各方当事人的权利造成负面影响。❶

337 调查与中国企业

一、337 调查的总体情况

在 337 条款颁布的早期,由于没有规定明确的程序,因此提起的 337 调查案件也非常少。直到《1974 年贸易法》对 337 条款的程序做了实质性的修订,使得 337 条款具有可执行性之后,337 调查案件才逐渐增多。

就 337 调查涉案的区域来看,日本、韩国和中国台湾地区都曾经是 337 调查案件中被申请人的重要来源地。1986~2004 年,337 调查的主要对象来自中国大陆、中国台湾、中国香港和日本,两国的被申请人数量在 19 年间占 337 调查的平均比例约为 70%。

自 21 世纪以来,许多企业逐渐意识到 337 调查程序审理迅速以及排除令威力强大的特点,愿意选择利用 ITC 作为其知识产权纠纷的裁判场所,这导致 337 调查案件数量迅速增长。❷ 2001~2013 年❸ ITC 立案数量见图 1-2。

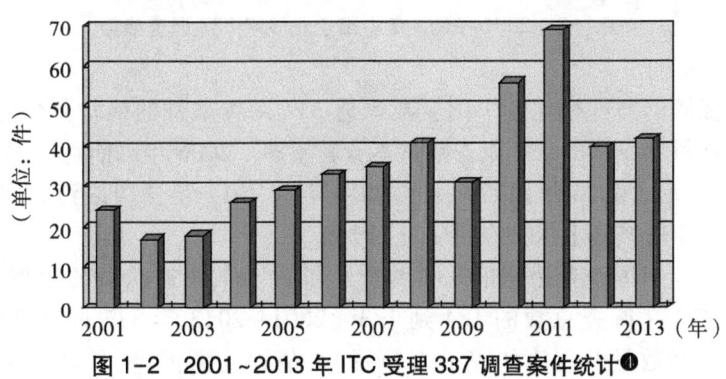

图 1-2　2001~2013 年 ITC 受理 337 调查案件统计❹

---

❶ PETER S. MENELL, et al. Section 337 Patent Investigation Management Guide [R]. LexisNexis, 2010: 60.

❷ TOM M. SCHAUMBERG. A Lawyer's Guide to Section 337 Investigations before the U.S. International Trade Commission [M]. ABA Publishing, 2010: 4-5.

❸ 本书正文部分的数据,均以 2001~2013 年为期间进行统计分析,关于 2013 年以来的更新数据可参阅本书附录 2 "2014 年报告"。

❹ Number of Section 337 Investigations Instituted By Calendar Year [EB/OL]. [2014-07-14]. http://www.usitc.gov/intellectual_property/documents/cy_337_institutions.pdf.

二、中国企业涉案及应诉情况

中国企业在 1986 年遭受第一起 337 调查。[1] 自 20 世纪 90 年代中期以来，随着中国企业和"中国制造"产品在美国市场影响的逐渐扩大，中国企业涉案 337 调查的案件数量也处于上升态势。如图 1-1 所示，涉及日本、韩国和中国台湾地区企业的 337 调查数量有过下降的趋势，而中国企业的涉诉数量基本处于上升的趋势（2001~2013 年的统计数据见图 1-3）。

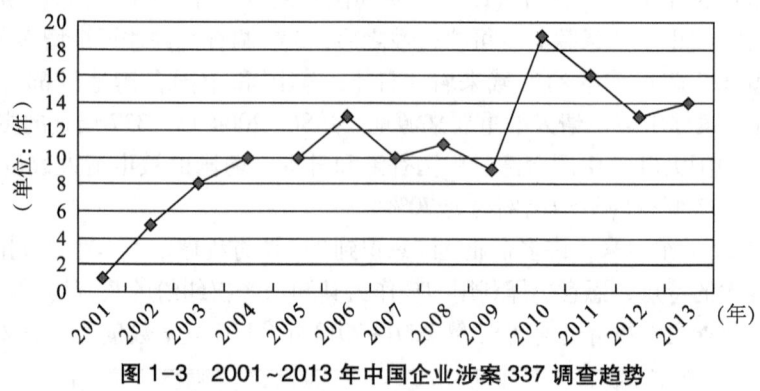

图 1-3　2001~2013 年中国企业涉案 337 调查趋势

与反倾销案件相比，中国企业遭遇 337 调查案件的绝对数量并不大，因为 ITC 每年发起的 337 调查数量本身就不多。2006 年以前每年案件数量不超过 30 起，2006 年以后，除了 2010 年和 2011 年分别达到 56 起和 69 起，其余年份基本上保持在每年三四十起。

但是，中国企业遭遇的 337 调查总量占 337 调查总量的比例大，每年占当年 337 调查总数的 1/4 到 1/3（2001~2013 年 337 调查总数与中国企业涉案数量及占比如表 1-2 所示）。值得注意的是，2011 年 337 调查案件达历史最高位，为 69 起；涉及中国企业的案件数量最多的是在 2010 年，当年 337 调查立案数量为 56 起，涉及中国企业的多达 19 起。

---

[1] 皮毛大衣案（337-TA-260）。

表1-2 2001~2013年337调查总数与中国企业涉案数量及占比❶

年份	全球数量（件）	中国企业涉案数量（件）	中国企业涉案占比（%）
2001	24	1	4.2
2002	17	5	29.4
2003	18	8	44.4
2004	26	10	38.5
2005	29	10	34.5
2006	33	8	24.2
2007	35	10	28.5
2008	41	11	26.8
2009	31	8	25.8
2010	56	19❷	33.9
2011	69	16❸	23.1
2012	40	13	32.5
2013	42	14	33.3

被诉中国企业涉及多种行业和产品。从表1-3可以看出，涉案最多的是机电产品，约占73%，其次是轻工业产品，约占10.5%，五矿化工产品、医药保健品产品、林产和食品土畜产品分别占9%、6%和1.5%。具体到产品，计算机设备、打印机及耗材、半导体芯片、电池等产品是中国企业遭遇337调查的多发地带。

---

❶❷ [EB/OL]. [2014-07-14]. http://www.usitc.gov/intellectual_property/documents/cy_337_institutions.pdf.

❸ 考虑到微处理器及其零配件案（337-TA-781）的两家中国企业均为英特尔在中国大陆的子公司，所以并未将其纳入中国企业范畴。

表 1-3　2001~2013 年中国企业涉案 337 调查被诉产品分类统计

单位：件

年份	中国企业涉案数量[1]	机电产品	医药保健品	五矿化工	轻工工艺品	林产、食品及土畜
2001	1	1	-	-	-	-
2002	5	3	-	1	1	-
2003	8	5	2	-	1	-
2004	10	6	-	-	3	1
2005	10	7	-	1	1	1
2006	8	7	-	1	-	-
2007	10	6	1	3	-	-
2008	11	8	-	2	1	-
2009	8	4	-	1	3	-
2010	19	18	-	-	1	-
2011	16	11	3	-	2	-
2012	13	10	-	2	1	-
2013	14	11	2	1	-	-

从案由上看，中国企业被诉最多的案由是专利侵权。以 2013 年为例，涉及专利侵权的案件占了 14 起中的 13 起，其中碎纸机案（337-TA-863）和履带式起重机案（337-TA-887）同时涉及侵犯商业秘密和专利侵权。

需要注意的是，针对中国企业的商业秘密 337 调查有快速增长的趋势。2012 年 ITC 发起过 4 起商业秘密 337 调查，其中 3 起针对中国企业，1 起为酚醛树脂案（337-TA-849），另外 2 起为电子壁炉案（337-TA-791/826）；2013 年 ITC 一共发起过 3 起涉及侵犯商业秘密的 337 调查，全部直接或者间接地涉及中国企业，除了前面提到的碎纸机案和履带式起重机案，机械玩具鱼案（337-TA-869）的案由也涉及侵犯商业秘密。2001~2013 年 337 调查涉及中国企业的案由统计见表 1-4。

---

[1] 此处仅统计涉及中国企业的数量。

表 1-4 2001~2013 年中国企业涉案 337 调查案由统计

单位：件

年份	中国企业涉案数量	专利侵权	商标、商业外观侵权	著作权侵权	侵犯商业秘密及不正当竞争
2001	1	1	—	—	
2002	5	4	1	—	
2003	8	5	3	—	
2004	10	9	1	—	
2005	10	10	—	—	
2006	8	6	2	—	
2007	10	10	—	—	
2008	11	11	1	—	1
2009	8	8	—	1	1❶
2010	19	18	1	—	
2011	16	14❷	3	2❸	1❹
2012	13	11	—	1	2❺
2013	14	13	—	—	3❻

可喜的是，中国企业在 337 调查的实战中也不断成长。近年来，应诉的中国企业在 337 调查案中保持着较好的胜诉比例。例如，2009 年 ITC 作出 6 项涉及中国企业的裁决，其中中国企业在三氯蔗糖案（337-TA-604）、芯片案（337-TA-630）和葡萄糖胺（337-TA-668）等 337 调查案中获胜，而在接地故障漏电保护器案（337-TA-615）、同轴电缆接头案（337-TA-650）和铸钢车轮案（337-TA-655）败诉。此外，2010 年结案（仅指涉及中国企业部分）的桶装焊丝案（337-TA-686）也以中国企业成功迫使对方撤诉而告终。又如，在无线 3G 设备及其组件调查案（337-

---

❶ 集装箱货保系统案（337-TA-696）的案由是专利侵权、著作权侵权以及虚假广告。
❷ 手机保护套案（337-TA-780）的案由是专利侵权和商标侵权。
❸ 无线电遥控发射器和接收器案（337-TA-763）的案由是专利侵权、商标侵权和著作权侵权。
❹ 电子壁炉案的案由（337-TA-791）是著作权侵权、侵犯商业秘密和不正当竞争。
❺ 电子壁炉案的案由（337-TA-826）是著作权侵权、侵犯商业秘密和不正当竞争。该案与 337-TA-791 关系密切，ITC 已经合并审理这两起案件。
❻ 碎纸机案和履带式起重机案同时涉及专利侵权和侵犯商业秘密，因此重复计算。

TA-800）案中，ITC 于 2013 年年底裁决华为、中兴等公司不存在侵权行为。商务部进出口公平贸易局在其网站上发布公告称："这一结果将大大鼓舞我涉案企业应诉其余 337 调查案件的信心，有力遏制专利投机公司和竞争对手对我企业的滥诉。"❶ 从表 1-5 可以看出，最近 3 年来，也有相当比例的中国企业以和解结案，败诉案件比例较小。

表 1-5　2011~2013 年中国企业应诉 337 调查结果概览

单位：件

年份	中国企业涉案总数	应诉	胜诉（包括撤诉）	和解	同意令	败诉（包括缺席）
2011	51❷	27	6	13	8	17
2012	33	22	6	6	1	12
2013	31❸	23	2	2	2	-

三、中国企业成为 337 调查重要目标的原因分析

近年来，337 调查的案件数量处于历史高位，中国企业更是成为 337 调查的重点对象。实践中，部分中国企业被牵涉进 337 调查案件中，可能是因为和竞争对手在某一具体业务或事项上发生了"不可调和"的矛盾——例如双方在合资、许可等方面谈判破裂，这类企业通常对被诉一事已有所预见；也有相当部分的企业是在毫不知情的情况下被诉至 ITC。为什么偏偏是中国的企业？从微观上看，具体每起案件的原因多种多样；从宏观上看，中国企业遭遇如此多的 337 调查案件，其原因可以从以下多个方面进行分析。

---

❶ [EB/OL]．[2014 - 07 - 14]．http：//big5.mofcom.gov.cn/gate/big5/gpj.mofcom.gov.cn/article/cx/cp/bz/201307/20130700193730.shtml.

❷ 手机保护套案（337-TA-780）有两家被诉企业为中国香港地区企业，未将其列入统计；箱包案（337-TA-754）和电子壁炉案（337-TA-791）涉及自然人被申请人，没有统计在此处数量中。

❸ 碎纸机案中的三个自然人作为被申请人，没有统计在此处的企业数量中；机械玩具鱼案三个外国被申请人是深圳雨禾信息技术有限公司的关联公司，并且申请书中指控涉案产品是深圳雨禾信息技术有限公司生产的，故统计时作为一个企业。

（一）"中国制造"产品在美国市场与他国产品形成竞争

近些年来，越来越多"中国制造"的产品从中国输出到世界各地，特别是美国，且日益占据重要地位。2001~2010 年，中国对美出口增长了 5.98 倍，从 543.55 亿美元迅速增长到 3 250.11 亿美元。❶ 中国对美出口的增长必然带来对美国国内产业的冲击，337 调查保护其国内产业的属性决定了中国成为 337 调查被申请人最多的国家。有学者对 2001~2006 年中美贸易进行了系统分析，在其分析框架下，其得出结论："中国产品总体处于'强'竞争力状况。贸易竞争力指数由 2001 年的 0.3492（强）上升到 0.5400（较强），进而又微升到 0.5491（较强）。"❷ 特别是，"从工业制成品来看，这一时期总体水平较强……从出口增长速度看，机械及运输设备（7 类）的出口增幅最大，6 年里提高了 4 倍多，其次是制成品增加了 3.46 倍。"❸ 从这位学者的分析并结合有关统计数据，我们可以看出，中国"入世"以后，对美国的出口迅速增长，特别是工业制成品的出口急剧增长。而 337 调查中，被调查最多的产品类别是机电产品，并且中国机电产品的出口能力极高，2009 年中国机电产品出口额首次超过德国，居全球首位。❹

美国是中国产品的重要市场，物美价廉且技术含量逐渐提高的中国产品在美国市场对其他国家的企业构成了重大竞争威胁。一些原处于行业老大地位的公司，先后将矛头对准来自中国的企业。在这种背景下，越来越多的中国企业被卷入 337 调查案件中，甚至可以说，只要中国对美出口的产品结构不发生改变，中国将始终作为被 337 调查企业数量最多的国家。

（二）中国企业知识产权保护意识有待提高

不得不承认，目前中国企业经营者创造、保护、运用和管理知识产权的水平还不高。一方面，企业知识产权保护的观念还有待提高。知识产权制度是一种移植到中国的制度，才短短几十年。我们理解，公众从接受知识产权保护的概念到避免侵犯他人合法权益及自觉利用知识产权维护自身合法权益是一个漫长的过程，但时不我待，中国企业应该加快这个进程。另一方面，中国企业的研发投入少，缺乏自主知识产权——相当数量的出

---

❶ 武敬云. 中美双边贸易质量研究——基于 2001~2010 年细分产品贸易数据的实证分析[J]. 国际经贸探索，2012（9）：4.

❷❸ 林珏. 中美双边贸易平衡问题再探——基于产品竞争力视角的分析[J]. 财经研究，2008（1）：31. 文中所引体现竞争力高低的数据，可以参考林珏教授的分析模型。

❹ 2009 年中国机电产品贸易额稳居全球第二 [EB/OL]. [2014-07-14]. http://china.toocle.com/cbna/item/2010-07-31/5307663.html.

口产品属于"贴牌"生产。以经济大省广东省为例，根据广东省商务厅的调研数据显示，超过一半的企业使用了外方许可使用的知识产权。在被调查的 304 家加工贸易企业中，153 家企业使用了委托加工方（外方）许可使用的知识产权，占样本总数的 50.33%，其中 90 家企业使用了委托加工方的商标，占样本总数的 29.61%；47 家企业使用了委托方的专利技术，占样本总数的 15.64%；95 家企业使用了委托方的未公开信息，占样本总数的 31.25%。❶

再就是，中国外贸企业的实际利润率并不高，因此，无论是主动向外国企业支付许可费，还是加大在知识产权保护方面的投入，都会降低本已不高的利润，甚至影响企业的生存。

此外，由于对美国知识产权体系了解不多，中国企业较少在美国部署专利、商标等知识产权，大部分中国企业对在美国进行知识产权诉讼存在畏惧心理。许多外国企业利用了这一弱点，将 337 调查作为一种威胁或者谈判的武器。

（三）ITC 的判例使得下游厂商被列为被申请人的风险增大

京瓷案之后，ITC 无法将未被列为被申请人的下游制造商的下游产品列入有限排除令中。因此，为了寻求对下游产品的排除令，通常作为申请人的国外企业倾向于将更多公司列为被申请人。被申请人名单的扩大，也牵连了部分中国企业。例如，在液晶显示器调查案（337-TA-760）中，日本夏普公司将广州惠州 TCL 公司列为被申请人，与 TCL 同时被列为被申请人的还包括明基、海尔、LG 和三洋等国内外知名液晶显示器厂商。这些液晶显示器厂商被诉的原因是他们使用了另一被申请人台湾友达光电股份有限公司（以下简称"AUO"）的液晶显示器。根据申请书的内容显示，申请人有意针对的其实是 AUO。由于 AUO 在立案之后很快与夏普达成和解，因此，TCL 等其他下游厂商的调查也相应结束。

（四）天瑞诉 ITC 案之后更多中国企业因商业秘密案件而被列为被申请人

2011 年，美国联邦巡回上诉法院对天瑞案作出的上诉判决❷确定了 ITC 在相关产品进口到美国的情况下，对发生在美国之外的侵犯商业秘密

---

❶ 参见：广东省商务厅组织编写的内部出版物《加工贸易知识产权实证研究》。
❷ 2011 年 10 月 11 日作出，上诉案的案号为 2010-1395。[EB/OL].[2014-07-14]. http://www.itcblog.com/wp-content/uploads/2011/11/10-1395.pdf.

行为拥有管辖权问题这一先例，导致近年来越来越多的中国企业因商业秘密而被诉至ITC。天瑞诉ITC案源于美国安捷达公司在2008年就铸钢车轮向ITC提起的337调查（337-TA-655）。在337调查中，ITC在2009年年底终裁认定天瑞集团有限公司和天瑞集团铸造有限公司（以下简称"天瑞"）存在违反337条款的侵犯商业秘密行为。天瑞不服ITC的终裁，据此向联邦巡回上诉法院提起上诉。

此上诉判决承认了ITC对完全发生在中国的商业秘密337调查拥有管辖权，创造了先例，这意味着美国或一些其他国家的跨国公司可以以企业在中国侵犯其商业秘密为由，利用ITC对中国企业发起更多的337调查，为美国或在美国拥有商业秘密的企业提供法律上的保护。

事实上，根据统计，2002~2011年，商业秘密337调查案件总共为6起，仅有包括铸钢车轮案在内的2起涉及中国企业。但是，自2011年以来，总共有7起商业秘密337调查，其中的6起与中国企业有关。由此可见，由于ITC对发生域外的侵犯商业秘密行为具有管辖权，导致更多的中国企业被卷入337调查。

（五）337调查的应诉费用高

337调查案件的应诉费用可能达几十万美元到几百万美元不等，涉及发明专利的案件的应诉费用甚至高达数百万美元，这对于很多中国的中小企业来说无疑是一笔沉重的负担。一些被诉企业即便是有意保持和维护美国市场，面对高额的应诉费用，也被迫打了退堂鼓。某些申请人就有意利用337调查的这一特点让中国企业知难而退。

据了解，我国很多中小企业在面对337调查时，虽然没有侵犯申请人的知识产权，但考虑到应诉成本，很多直接选择不应诉，或者在应诉一段时间后，发现应诉成本过高而放弃应诉。例如，在2011年的电子壁炉案中，深圳市瑞莱普电气技术有限公司和另一家中国企业在应诉一段时间后，就不再应诉。而根据337调查的有关法律规定，不参加应诉时，视为对对方指控的承认，并可以基于此作出裁决。换句话说，决定不予应诉的我国中小企业，事实上相当于被迫放弃了涉案产品的美国市场。

（六）经济全球化的影响

经济全球化推动了生产要素在全世界范围内的流动。中国具有资源丰富、劳动力相对低廉等优势，吸引了诸多外国公司在华设立公司，或者找中国企业代工。有时，中国企业被列为被申请人，其实是因为相关的外国公司被诉侵权。例如，在 2010 年的自动媒体库设备案（337-TA-746）中，来自中国的比迪特自动化科技（珠海保税区）有限公司是德国比迪特（BDT AG）公司的子公司，与其母公司一同被诉；又如，2011 年的微处理器及其零配件案（337-TA-781）的两家被诉中国企业均为英特尔在中国大陆的子公司。

四、337 调查对中国企业的影响及其发展趋势

从 2001~2013 年针对中国企业发起的 337 调查数量来看，基本上处于上升趋势。2010 年，被申请人中涉及中国企业的 337 调查数量高达 19 起。

需要注意的是，近年来不少 337 调查涉案产品都是中国企业具有较大的市场潜力、高附加值或高技术含量的产品，国外竞争对手往往选择这些企业出口尚未形成规模时提起调查，企图以高昂的应诉代价迫使中国企业放弃或退出美国市场。如 2003 年的无汞碱性电池案（337-TA-493）、2005 年的橡胶防老剂案（337-TA-533）和 2006 年的打印机墨盒案（337-TA-581）都属于这种情况。❶ 这给中国外贸出口产品结构的升级换代带来了负面影响。

对被诉的中国企业而言，如果不应诉或者败诉，ITC 将发布排除令，产品不能进入美国市场，或者被迫向申请人交纳知识产权许可使用费，利润空间被严重挤压，从而降低了价格方面的竞争力。以复合木地板调查案（337-TA-545）为例，ITC 最终裁决绝大多数中国被诉企业在美国销售的地板构成专利侵权，并签发了普遍排除令。此案涉及中国约 5 000 家地板生产企业，涉案金额达 1.75 亿美元，裁决结果无疑大大削弱了中国地板的国际竞争力。上海德克曼地板有限公司总经理蔡卫东就表示："经过 2006 年，尤其是原材料涨价之后，实际上（木地板行业）利润不会超过 10%，也就是说，我们几乎不可能自行消化专利使用费，产品价格也几乎跟欧洲产品的价格持平，也就意味着我们在市场上的竞争力已经几乎完全丧失了。"❷

随着知识产权在国际竞争中越来越重要，未来 337 调查案件将不断增加；同时，中国目前的外向型经济结构以及中国企业的技术现状决定了在

---

❶ 突围 337 调查：中国企业在"实战"中走向成熟［EB/OL］.［2014-07-14］. http://www.istis.sh.cn/list/list.aspx?id=5195.

❷ 很受伤——中国地板产业与美国"337 大棒"的第一次亲密接触［EB/OL］.［2014-07-14］. http://www.cacs.gov.cn/cacs/newfw/webzinedetails.aspx?webzineid=233.

未来相当长一段时间内，中国企业有可能成为重点打击的对象。因此，如何应对337调查，已经不仅仅是中国相关政府机关和已经涉诉的企业所关心的问题，而是打开美国市场和将要打开美国市场的企业，也不得不关注和了解的。

第 2 章

337 调查的实体法规则

尽管《1930 年关税法》第 337 节明确规定，该条款针对的是不公平贸易行为，并非仅针对贸易（包括进口和在美国销售）中侵犯知识产权的行为，但在 ITC 的实践中，依据 337 条款启动的调查绝大部分涉及知识产权侵权问题。为更好地理解 337 调查，本章简要介绍美国专利法、商标法、著作权法和商业秘密等实体法相关内容。

专 利 法

一、美国专利制度的法律渊源以及近年发展

专利侵权争议占历年来 337 调查案件的绝大多数。因此，研究涉及专利侵权的 337 调查，需要对美国专利法有较为深入的了解。

在美国，专利法有数个重要的来源，包括有《美国专利法》(35 U.S.C.)、《联邦法典》(Code of Federal Regulations，C.F.R.)、《专利审查指南》(Manual of Patent Examining Procedure) 以及联邦法院的判例。[1]

自 2005 年以来，美国专利改革引起了诸多关注。争论中有代表经济的所有部门的声音以及专利制度中的所有利益方。当然，各方意见并不统一，当时对专利制度的讨论可以归纳为三个方面。

（1）美国专利商标局授予的专利质量低下。由于专利申请的数量急速

---

[1] ALAN L. DURHAM. Patent Law Essentials [M]. Praeger Publishers, 2009: 7.

增长以及专利申请越来越复杂,专利审查员的工作变得很困难。美国国会上一次大规模修订专利法是在1952年,当时美国专利商标局收到了60 000项专利申请;而在2006年,美国专利商标局收到的专利申请数量已高达440 000项。这显然增加了专利申请的压力,并且影响了所授权的专利的质量。

(2)近年来,专利诉讼的成本和不确定性有所增加,并对创新产生了负面影响。赔偿的判决不具有一致性,并且经常不关注发明对于侵权产品的价值。

(3)随着商业和竞争更加国际化,更多的专利申请人在其他国家寻求对发明的保护。美国一直以来实行的是"先发明制",与其他国家的"先申请制"不同,这导致美国公司和发明人在寻求国际保护时效率低下。❶

基于上述背景,美国对专利法如何改革进行了数年的讨论。2009年3月,美国两党议员同时向参、众两院递交了《2009年专利改革法案》,这是近年来美国议会第三次审议专利改革法案,前两次分别为《2005年专利改革法案》和《2007年专利改革法案》。❷ 最终,该法案(*American Invent Act*,AIA)于2011年9月16日得以通过,成为自1952年以来规模最大的专利制度改革。与中国的通常方式不同,该法案中的条款并非通过后于同一时间点生效,而是分批于不同的时间点生效。到目前为止,该法案中的大部分条款,均已生效且并入了《美国法典》第35编,其中与"先申请制"相关的条款于2013年3月16日起生效。

该法案提出的修改内容主要涉及以下四个方面。

(1)将美国专利法长期采用的"先发明制",修改为"先申请制"——将专利授予首先提出申请的人。这也是世界上其他国家普遍所采用的专利授权原则。而美国以前一直都将专利授予首先发明的人,能够证明是第一个发明人的申请人即使不是第一个申请的人,也可以获得专利。但因为要证明"先发明"这一要素,美国授予专利的制度复杂并且成本高昂。美国的"先发明制"与其他国家的规则不一致,也增加了美国发明人到其他国家寻求专利保护的难度和不确定性。

上述变更是此次法案最重大的改革,也是相关利益方僵持不下的重要

---

❶ 以上背景介绍,参见:Leahy, Hatch, Conyers, Smith Introduce Bipartisan, Bicameral Patent Reform Legislation [EB/OL]. [2014-07-15]. http://leahy.senate.gov/press/press_releases/release/?id=2e870f68-afaf-43e4-9403-d142cfc96ae9.

❷ 张怀印. 美国专利法改革述评[J]. 美国研究, 2010 (1). 转引自: [EB/OL]. [2014-07-15]. http://wenku.baidu.com/link?url=Pz_anriQ5CBgKbEGoj8e_tyAKzEw28NTqlt9PR9_hRrlvkJdG7IQAw7Iret8_DHSodHmUMpm9njVodrDkSMYQZ71OzQncXJ8tEKdyufGaRi.

原因。积极推动美国由"先发明制"转向"先申请制"的动力，除了美国专利商标局、国家科学院知识经济中的知识产权委员会及美国知识产权法协会以外，主要包括微软、苹果等科技巨头在内的高科技企业；而小企业和个人则担心因资源缺乏而使自身处于不利地位。❶

（2）在提高专利质量方面做重要变革，包括允许第三方对未授权的专利申请提意见，向美国专利商标局解释为什么有些现有技术是相关的。❷

（3）改进质疑专利有效性的现有行政制度，取消了双方再审制度，而改为授权后重审（post-grant review）和双方重审（inter partes review）。其中，授权后重审要求在专利授权或重新核发专利证书之日起9个月内提出，允许基于任何现有技术对专利的可专利性进行挑战，以及针对《美国专利法》第112条和第251条的规定进行挑战。双方重审则要求在专利授权或核发专利证书、重新核发专利证书之日起9个月后或授权后重审程序结束后（以两者间较晚时间为准）提出，且只能基于专利或印刷出版物中的现有技术而根据102条或103条请求撤销专利中的一项或多项权利要求。

（4）包含了更为有力的关于法官裁决损害赔偿的程序规则，确保法院在执行专利法时的一致性、统一性和公平性。损害赔偿条款还将为在故意侵权情况下增加赔偿请求方面提供更多的确定性。❸

二、美国专利申请以及授权条件

美国的专利分为发明专利（utility patent）、外观专利（design patent）和植物专利（plant patent）三种。其中，依据目前的《美国专利法》，发明专利的保护期限通常是从申请日起20年❹，外观专利的保护期限是自授权日起14年，而植物专利的相关规定则适用发明专利的规定。

在美国通常由发明人或设计人就自己的智力劳动成果向美国专利商标局提出专利申请。美国专利商标局是隶属于美国商务部的行政机构，美国专利商标局的审查员负责对专利申请进行审查，包括对现有技术进行检索以及对申请文献本身的审查。审查员通常会就专利申请中存在的问题与申请人进行一次或多次沟通，要求申请人修改申请文件或者阐述理由。之

---

❶ 张怀印．美国专利法改革述评［J］．美国研究，2010（1）．转引自：［EB/OL］．［2014-07-15］．http：//wenku.baidu.com/link？url=Pz_anriQ5CBgKbEGoj8e_tyAKzEw28NTqlt9PR9_hRrlvkJdG7IQAw7Iret8_DHSodHmUMpm9njVodrDkSMYQZ71OzQncXJ8tEKdyufGaRi.

❷❸ New Senate Patent Reform Bill Details Released［EB/OL］．［2014-07-15］．http：//www.ip-watch.org/weblog/2010/03/04/new-senate-patent-reform-bill-details-released/.

❹ 《美国专利法》第154（b）条另行规定了几种调整保护期限的情况。

后，对于符合授权条件的申请授予专利权，对于不符合授权条件的申请予以驳回。

在美国，发明专利获得授权的前提条件是满足新颖性和非显而易见性等重要条件。

（一）新　颖　性

1. 美国新专利法新颖性认定标准

《美国专利法》第102条（获得专利授权的条件；新颖性）规定❶：

(a) 新颖性；现有技术

除非存在下列情况，否则申请人有权取得专利权：

（1）在提出专利权要求的发明的有效申请日之前，该项发明已经被授予专利权、记载在印刷出版物中、公开使用、公开销售或因其他方式而能够为公众获得；或者

（2）提出专利权利要求的发明被记载在根据151条核发的专利证书中，或记载在公开的或根据第122（b）条规定视为公开的专利申请中，而专利证书或专利申请中记载的是另外一个发明人，并且是在提出专利权利要求的发明的有效申请日之前提出的有效申请。

(b) 例外

（1）在提出专利权利要求的发明的有效申请日之前1年内（含1年，以下亦同）披露发明的

在提出专利权利要求的发明的有效申请日之前1年内披露发明的，若符合下述条件之一，则不构成（a）(1）项规定的现有技术：

（A）是由发明人、共同发明人或发明人、共同发明人直接或间接披露给其发明并获得发明标的的第三人披露发明的；

（B）被披露的发明标的在披露前，已经由发明人、共同发明人或发明人、共同发明人直接或间接披露给其发明并获得发明标的的第三人公平披露的。

（2）申请或专利证书披露发明

在下述条件下披露发明的，不构成（a）(2）项规定的提出专利要求的发明的现有技术：

（A）披露的标的直接或间接从发明人或共同发明人处获得；

---

❶ 美国专利法［M］. 易继明，译. 北京：知识产权出版社，2013.

(B) 在披露的标的根据 a (2) 项的规定有效提出申请前,发明人、共同发明人或发明人、共同发明人直接或间接披露给其发明并获得发明标的的第三人公开披露标的的;或

(C) 在提出专利权利要求的发明有效申请日或之前,披露的发明标的和提出专利权要求的发明为同一人所有或应该转让给同一人的。

(c) 根据共同研究协议而产生的共同所有

......

(d) 构成现有技术的专利和公开的申请

......

从上述条文的规定可以看出:不同于以前美国采用的"先发明制",现行的美国专利申请制度改用"先申请制",从而与目前绝大多数建立了专利制度的国家保持一致。判断某项专利申请是否具备新颖性,其关键的时间节点是该申请的有效申请日,所谓有效申请日通常是指递交专利申请的实际申请日,在享有优先权时,则是指优先权日。

对于第 102 (a) 条的规定,可以理解为,在两种情况下,专利申请的新颖性将被破坏,即该专利申请不具备新颖性:(1) 在有效申请日前,发明已经被授予专利权、记载在印刷出版物中、公开使用、销售或因其他方式能够被公众获得;(2) 在有效申请日前,该发明被记载在由另外的发明人提出的有效申请中,之后该内容被公开或视为公开。

为了便于理解,我们可以结合我国专利法的相关规定[1]来进行对比说明。

从《美国专利法》的第 102 (a)(1) 条来看,除了文字表述的不同,中美的相应规定是实质相同的,即如果在有效申请日之前,该发明已经公开则该发明不具备新颖性。此处的公开,是指被记载在专利文献及其他印刷出版物,通过公开使用、公开销售等方式而能够被公众获得。

值得注意的是,此处对于地域范围并没有限制,并不区分是否在本国境内。之所以将这点单独提出,是因为在《美国发明法案》(AIA)生效之前,依据《美国专利法》第 102 (a) 条的旧规定[2],仅对于文献公开没

---

[1] 中国《专利法》第 22 条第 2 款规定:"新颖性,是指该发明或实用新型不属于现有技术;也没有任何单位或个人就同样的发明或实用新型在申请日以前向国务院专利行政部门提出过申请,并记载在申请日以后公布的专利申请文件或公开的专利文件中。"第 5 款规定:"本法所称现有技术,是指申请日以前在国内外为公众所知的技术。"

[2] 旧规定原文如下:" (a) the invention was known or used by others in this country, or patented or described in a printed publication in this or a foreign country, before the invention thereof by the applicant for patent, or ... ."

有地域限制，而对于使用公开等要求是在本国境内。简单举例来说，如果一项发明在美国申请发明专利，而该发明在申请专利之前已经在日本被公开使用，按照修改后的《美国专利法》第102（a）条，在日本的公开使用将破坏该发明的新颖性，从而该发明不能被授予专利权；而按照修改前的条款，则在日本的在先公开使用将不破坏发明的新颖性。

实际上，中国《专利法》在第三次修改前也采用了相同的做法，"新颖性，是指在申请日以前没有同样的发明或者实用新型在国内外出版物上公开发表过、在**国内**公开使用过或者以其他方式为公众所知，……"。这种在评价发明的新颖性时，因地域的不同而区别对待的标准，也被称为"相对新颖性标准"。在这种标准下，某项发明可能在国外已经被公开使用了，其实际上不是"新"的，但由于该发明在本国并没有被使用，因此相对而言，仍然认为该发明是"新"的。相应地，如果对文献公开以外的其他公开方式也取消地域限制，则称为"绝对新颖性标准"。近年来，随着通信技术，特别是互联网技术的飞速发展，对于公开技术而言，国与国之间的界限已经非常模糊，一项在某国公开使用的技术，几乎同时就能被其他国家或地区的公众所获知。因此，将"公开使用"等限制在本国范围内已经意义不大。包括中、美在内的许多国家都逐渐将"相对新颖性标准"修改为"绝对新颖性标准"。

另外，需要理解的是，《美国专利法》第102（a）（1）条中的"能够为公众获得"，仅指一种"如果公众想获知则可以获知"的状态，而并不要求公众实际获知了该信息。例如，如果某项发明被记载在某本公开的文献上，该文献存放在某个图书馆且被适当地排列、索引，即使几乎没有人实际去查阅，该发明仍属于"能够为公众获得"。相应地，"技术秘密"即使被多人知晓，也不属于"能够为公众获得"。

《美国专利法》第102（a）（2）条则规定了另外一种破坏发明的新颖性的形式，即该发明被记载于专利或专利申请中，且该专利或专利申请是由"另外的发明人"在该发明的有效申请日以前提出的有效申请。这一规定，与我国专利法第三次修改前的做法相同（"……；也没有同样的发明或者实用新型由**他人**向国务院专利行政部门提出申请并且记载在申请日以后公布的专利申请文件中"）。这种"申请在前，公开在后"的专利申请，也被称为"抵触申请"，除了时间上的要求，还要求是向本国相关机构提出的申请，如我国专利法规定的"向国务院专利行政部门提出申请"。《美国专利法》第102（a）（2）条虽然没有用文字明确记载是向美国专利商标局提出的申请，但"根据151条核发的专利"、"根据第122（b）条规定视为公开的专利申请"也表明了必须是向美国专利商标局提出的专利申请。举例来说，如果发明人甲于 2013 年 10 月 1 日向美国专利商标局就某项发明提出了发明专利申请 A1，而另一位发明人乙于 2013 年 6 月 1 日在中国就相同的发明向中国国家知识产权局提出了发明专利申请 A2，该申请的内容被记载在 2013 年 12 月 1 日公开的专利文献上，且该申请未通过《巴黎公约》途径或 PCT 途径申请的方式进入美国（未申请美国发明专利），则发明专利申请 A2 不构成发明专利申请 A1 的抵触申请。需要指出的是，修改后的我国专利法对于抵触申请，不再要求是"他人"提出的，而《美国专利法》仍然要求是"其他发明人"。

如前所述的，现行《美国专利法》第 102（a）条关于新颖性，其关键的时间节点是"有效申请日"；而在 2011 年修改前，《美国专利法》第 102（a）条关于新颖性，其关键时间节点则是"发明日"。在由"先发明制"向"先申请制"改变的过程中，作为折中，现行《美国专利法》在第 102（b）条中针对第 102（a）条中的两项情形分别规定了例外情形。具体可参见第 102（b）条规定，在此不再赘述。

2. 美国旧专利法新颖性认定标准

需要说明的是，修改后的《美国专利法》第 102 条仅针对在 2013 年 3 月 16 日以后（含）的申请生效。因此，可以预见的是，在相当长的一段时间内，在 337 调查中涉及的专利将仍然适用修改前的第 102 条。修改前的第 102 条共有 7 款，主要规定如下：

申请人应当被授予专利权，除非：
（a）在申请专利的申请人作出该发明之前，该发明已经在国内被他人知晓或使用，或者在国内或国外被授予专利权或记载在印刷出版物中，或者
（b）在美国申请专利权的 1 年之前，该发明已经在国内或国外被授予专利权或被记载在印刷出版物中，或在国内被公开使用或销售，或者
（c）申请人放弃该发明，或者
（d）发明人或发明人的代理人（legal representative）或受让人（assigns）在国外就该发明获得专利授权的日期早于在美国的申请日，且其在国外的申请日是在美国申请日 12 个月以前提出的；或者
（e）该发明被记载在（1）由另外的发明人在本申请的发明人作出发明之前在美国提出的，并依照第 122（b）条出版的专利申请中，或者（2）基于由另外的发明人在本申请的发明人作出发明之前在美

国提出的发明专利申请而授权的专利中,此外,如果依据第351(a)条的条约提出国际申请指定了美国,而且依据相关条约用英文出版,则该国际申请将享有本款规定的在美国提出的申请的效力;或者

(f)申请人并非发明人;或者

(g)(1)在根据第135条或第291条而进行抵触审查的过程中,所涉及的另一发明人在第104条所允许的范围内证明,在该人的发明之前,该发明已经由他人完成且其未予放弃、遏制或者隐藏的,或者(2)在该人的发明之前,该发明已经由其他发明人在本国内完成且其未予放弃、遏制或者隐藏。在依据本项而确定优先权时,不仅应考虑发明构思与付诸实践的日期,而且应当考虑到先完成发明构思而后付诸实践者自其先于他人完成发明构思之时起所付出的合理勤勉。

如上所述,在修改后的《美国专利法》生效前,依据第102(a)条的规定,判断发明的新颖性的关键时间点是"发明作出的时间"。此外,其采用的"相对新颖性标准","被他人知晓或使用"的适用仅限于国内。但是,除了"发明作出的时间"外,"专利申请时间"也是一个重要的时刻,但该时刻点要往前推1年才能作为真正的划分点。

综合来看,发生在专利申请的12个月之前的下列事项,可能破坏该专利申请的新颖性[1]:

国内:任何人的在先的专利,印刷出版物,公开使用或销售;

国外:任何人的在先的专利,印刷出版物,申请人的在先专利申请(仅当该专利申请早于相应的本国申请被授权时)。

发生在发明作出之前的下列事项,可能破坏该专利申请的新颖性:

国内:任何人的在先专利,印刷出版物,他人的未放弃、未遏制、未隐藏的发明或知识,他人的使用,或他人在先提出并出版的专利申请或专利,

国外:任何人的在先专利,印刷出版物。

前文中采用"可能"的说法,是因为要求上面列举的那些内容需要实质上记载了发明的技术方案,才能满足破坏新颖性的要求。

(二)非显而易见性

《美国专利法》第103条(获得专利授权的条件;非显而易见性)

---

[1] ARTHUR R. MILLER, et al. Intellectual Property: Patents, Trademarks, and Copyright [M]. Thomson Reuters, 2012: 44.

规定：

> 虽然未按照本法第102条的规定被完全公开，但如果其与现有技术之间的差别足够小，以至在提出权利要求的发明的有效申请日前，对于具有本专业普通技能的人员来说，提出权利要求的发明作为一个整体是显而易见的，则该发明仍然不能获得专利授权。

非显而易见性类似于中国专利法中的创造性要求❶，均是将申请专利的发明与现有技术相比。是否显而易见，是以"具有本专业普通技能的人员"（a person having ordinary skill in the art to which the claimed invention pertains）的角度出发。该"具有本专业普通技能的人员"并非一个真实存在的人，而是一个假想的人，他被设定为知晓所属技术领域的所有普通技术知识，在中国，通常表述为"本领域普通技术人员"。

判断创造性的基础是"现有技术"，在现行《美国专利法》第102(a)条规定了"现有技术"的范围。需要特别指出的是，美国专利法中的"现有技术"与我国专利法中的"现有技术"的范围不同。在美国专利法中，由另外的申请人在有效申请日之前提出而在有效申请日之后公开的专利文献也属于"现有技术"的范畴。而依据中国专利法的规定，现有技术仅包括在申请日前被公开的技术。❷ 换言之，在中国，"申请在前，公开在后"的专利文献由于不属于"现有技术"的范畴，仅可以用来评述专利申请的新颖性；而在美国，其既可以用来评述新颖性，也可以作为"现有技术"，作为评述发明的非显而易见性的基础。严格来说，由于在"提出权利要求的发明的有效申请日前"，该"申请在前，公开在后"的专利文献实际上尚处于未公开的状态，也就是说处于不为"具有本专业普通技能的人员"所知晓的状态，将其归入"现有技术"的范畴而作为评述非显而易见性的基础，在逻辑上是存在一定的瑕疵的。要解释这现象（同时适用于新颖性与非显而易见性），从对称性的角度要优于逻辑的角度。❸

与新颖性评述时只能采用一篇现有技术文献不同，在对发明的非显而易见性进行评述时，可以采用多篇现有技术文献。其关键点在于，现有技术作为一个整体，是否使得该发明相对于具有本专业普通技能的人员来说

---

❶ 《中国专利法》第22条第3款规定："创造性，是指与现有技术相比，该发明具有突出的实质性特点和显著的进步，该实用新型具有实质性特点进步。"

❷ 《中国专利法》第22条第5款规定："本法所称现有技术，是指申请日以前在国内外为公众所知的技术。"

❸ ARTHUR R. MILLER et al. Intellectual Property: Patents, Trademarks, and Copyright [M]. Thomson Reuters, 2012: 99.

是显而易见的。

在创造性的评述过程中，在认定两篇或多篇现有技术能否结合以证明发明的非显而易见性时，部分联邦法院和美国专利商标局认为，除非在现有技术中本身存在"教导—建议—动机"（teaching, suggestion, or motivation）来促使现有技术结合，否则不能结合，但这一规则缺乏法条支持。而且在KSR案❶中，法院认定不宜机械地适用规则，而应当考虑"具有本专业普通技能的人员可能采取的推理和创造步骤"（inferences and creative steps that a person of ordinary skill in the art would employ），包括"明显的尝试"。联邦法院现已接受该案的观点，并认为适用于所有的技术领域。❷

在非显而易见性的判断过程中，还包括一些所谓"次级考虑因素"（secondary sonsideration），例如发明在商业上的成功、长期渴望解决但未能解决的需要等。

总的来说，非显而易见性的判断过程非常复杂，涉及的因素众多，而且往往充满了争议，在此不进一步展开讨论。

与新颖性判断的重大变化不同，修改后的《美国专利法》对于"非显而易见性"的改变，主要在于时间点的变化，由"发明完成时"（at the time the invention was made）改为"有效申请日"；以及"现有技术"跟随第102条的变化。

三、专利337调查侵权判断以及抗辩理由

《美国专利法》第271条规定了专利侵权的几种情形，分别包括直接侵权（direct infringement）、引诱侵权（induced infringement）和间接侵权（contributory infringement），❸ 其中第271（a）条规定：

> 除本法另有规定外，在专利保护期内，任何人未经许可在美国境内制造、使用、许诺销售或销售，或进口取得专利权的发明创造的，即为侵犯专利权。依据该条款，专利权人得以在专利有效期内排除任何人非经其同意取得制造、使用、进口、销售及许诺销售享有专利权

---

❶ KSR Int'l v. Teleflex Inc., 550 U. S. 398 (2007).
❷ ARTHUR R. MILLER, et al. Intellectual Property: Patents, Trademarks, and Copyright [M]. Thomson Reuters, 2012: 78.
❸ 35 U. S. C. 271 Infringement of patent.

的发明创造。❶

至于如何确定是否构成专利侵权,则根据判例法已经确定的法则,可分为数个步骤,其中一个关键的步骤是对诉争的权利要求作出解释,确定专利的保护范围。在337调查以及美国联邦地区法院的专利诉讼中,由法官对权利要求进行解释。在部分案件中,法官会要求举行马克曼听证会(Markman hearing)。在马克曼听证会上,诉争双方就各自对专利的权利要求的解释发表看法,并提供相应的证据支持,最终由法官裁定专利的保护范围。在确定专利的保护范围之后,再进入下一阶段,即将诉争权利要求的各个要素(element)与被控侵权的对象(产品或方法)进行一一对比。如果被诉对象具备诉争权利要求的各个要素,则相应的被诉对象侵犯对应的权利要求。这种侵害又被称为字面侵害(literal infringement)。换言之,被诉对象属于诉争权利要求的字面意义所覆盖的范围之内。

实践中,他人仅对获得专利权保护的发明创造做微小的改变,躲开专利的权利要求字面意义覆盖的范围,就轻易地规避了专利的保护范围,为防止这种行为不当地损害专利权人的利益,ITC和美国联邦地区法院在判定被诉对象是否侵权时又引入了等同原则(doctrine of equivalents)。在1877年的Union Paper-Bag案中,美国联邦最高法院判定,"如果两个对象以基本相同的手段,解决相同的问题,并取得基本相同的效果,则尽管二者的名称、形式或形状有所不同,二者仍然是等同的。"❷ 而在Warner-Jenkinson案中,美国联邦最高法院对等同原则作了诠释:"即使诉争对象没有字面侵害诉争专利,但在诉争对象与该专利的权利要求的要素(elements)之间存在'等同'关系的,则仍然构成专利侵权。"❸ 由于是否"基本相同"经常存在争议,因此被诉对象与专利之间要素是否"等同"也就往往成为争议的焦点。

除了上述提及的第271(a)条的规定外,《美国专利法》第271条进

---

❶ 35 U.S.C. 271(a):"Except as otherwise provided in this title, whoever without authority make, uses, offers to sell, or sell any patented invention, within the United States or imports into the United States any patented invention during the term of the patent thereof, infringe the patent."

❷ Union Paper-Bag Mach. Co. V. Murphy 97 U.S. 120 (24 L.Ed. 935). 原文如下:"if two devices do the same work in substantially the sameway, and accomplish substantially the same result, they are the same, even, though the differ in name, form or shape."

❸ Warner-Jenkinson Co. V. Hilton Davis Chem. Co. 520 U.S. 17 (1997). 原文如下:"A product or process that does not literally infringe upon the express terms of a patent claim may nonetheless be found to infringe if there is 'equivalence' between the elements of the accused product or process and the claimed element of the patented invention."

一步分别规定：

（b）积极诱使侵害专利权人的人应该作为侵权人承担责任；

（c）任何人在美国境内销售或许诺销售或者向美国进口获得专利权的机器、产品、组合物或合成物的零部件，或者用于实施专利方法的材料、仪器，如上述对象是发明的重要组成部分，且明知上述对象视为用于侵犯专利权而特别制造或改造的，而非通用产品或者非用于不侵权产品的，行为人应当作为辅助侵权人（contributory infringer）而承担责任。

实践中，专利诉讼中的专利权人通常会以上述（b）（c）款同时主张引诱侵权和间接侵权。

以上粗略介绍了几种专利侵权形式以及美国联邦地区法院和ITC判断专利侵权的方法，下面将对在337调查中如何对专利侵权的指控进行抗辩做简单的梳理。

在337条款项下，专利权人可以请求禁止侵权产品（甚至是含有侵权产品的下游产品）的进口以及没收已进入美国流通渠道的侵权产品。作为337调查涉案产品利害关系方的进口商、出口商及生产商，若希望其产品继续进入美国市场，则要针对专利侵权的指控作出相应抗辩。实践中，对专利侵权指控的抗辩主要有三种方式。

（1）挑战专利的有效性。如果专利本身被认定为无效，则根本就谈不上侵权或不侵权问题。

（2）质疑专利的可实施性。如果专利被认定为不可实施，亦不存在侵权问题。

（3）证明进口产品不侵权，即证明涉案产品所含的技术或方法与涉案专利不同。

通俗地讲，前两种方法重点是要证明对方有"污点"，而第三种方法着重要证明的是自身的"清白"。当然，若专利权人对涉案专利的权利有瑕疵，也可以对方不是涉案专利的所有人或者对涉案专利没有权利为由，请求ITC认定申请人没有权利提起337调查。以下简要介绍在专利337调查案件中可以提出的抗辩。

（一）挑战专利的有效性

在美国，有效专利的法定要件包括新颖性、非显而易见性和实用性。❶

---

❶ 李明德. 美国知识产权法 [M]. 北京：法律出版社，2003：72.

一项发明被授予专利以后，会被默认为有效的专利。但是，如果被诉企业能够证明该项发明实际上不符合专利的有效要件，会导致专利无效。如果专利无效，自然就不存在侵权。

1. 新颖性与非显而易见性抗辩

一项发明要想获得专利保护，则必须具有新颖性与非显而易见性。上文已经对新颖性及非显而易见性进行了简单的介绍。

实践中，由于各国审查机构对于现有技术的检索都具有一定局限性，不可能做到完全穷尽，因此负责审查的专利审查员未能发现相关的现有技术，而导致不能被授予专利权的发明被授予专利权的现象时有发生。因此，被控专利侵权的当事人，往往会针对涉案专利的内容进行重新检索，以求在现有技术中找到可以证明涉案专利缺乏新颖性或非显而易见性的证据。一旦发现存在相关的现有技术可以证明涉案专利缺乏新颖性或非显而易见性，特别是对那些美国专利商标局在专利审查过程中未被引用的现有技术，就应当仔细进行分析，积极地推进新颖性与非显而易见性的抗辩。这两种抗辩是挑战专利有效性中最重要也最常见的抗辩理由。

2. 实用性抗辩

《美国宪法》第1条第8款规定要推动"实用性技术"（useful arts），《美国专利法》第101条也规定专利可以授予"新颖和具有实用性"（new and useful）发明的发明人。[1] 美国法院在审判实践中确立了一条规则，即一项发明在被授予专利前必须具有实用性，这也就是所谓的"实用性"要求。

从专利法的角度讲，绝大多数发明都被认为具有实用性，尽管其用途可能是微不足道的。一般来讲，如果认定了一个专利中的某项权利请求被侵权，则法院通常不愿再裁定发明缺乏实用性，因为法院认为人们很少会盗用无用的发明。[2] 因此，在专利侵权抗辩中，实用性抗辩的作用有限。

（二）可实施性抗辩

关于发明的可实施性（enablement），《美国专利法》第112条明确规定，专利说明中必须包括一份关于发明以及运用该项发明的方式和程序的书面描述，描述必须全面、清晰、精确，应使技术人员能够准确运用该项发明。

---

[1][2] ALAN L. DURHAM. Patent Law Essentials [M]. Praeger Publishers, 2009: 77.

为了满足这项要求,专利文件必须非常清楚并且准确地描述发明的内容,从而使得本领域的普通技术人员在不做过分实验的情况下就能实施该发明。[1] 这一规定与中国专利法中关于说明书应当充分公开发明的要求类似。

如果专利申请人将实施发明所必要的信息作为商业秘密保留起来,那么它就违反了可实施性要求。通常的发明只需用文字或者图表说明如何实施,但对于一些利用活体材料的发明,例如微生物或者培育的细胞,语言表述可能不足以使所属领域的普通技术人员实施该发明,那就需要把这样的材料向特定的机构提交样品加以保藏。[2]

如果被诉企业发现涉诉的专利违反了可实施性要求,则可以以此为由抗辩专利无效。

(三) 不侵权抗辩

如果被诉产品的技术特征没有落入涉诉专利的权利要求范围,那就不构成专利侵权。这也是专利纠纷案件中通常采纳的抗辩方案。

(四) 申请人并非涉案专利的权利人

美国专利法要求,必须以发明人的名义申请专利且发明人为专利所有权人。但是,劳动合同通常会要求雇员在受雇期间所做的可获得专利的发明必须转让给雇主,即使劳动合同没有明确约定,如果发明属于雇员的职责范围内,也会认为存在默示的转让义务,因此专利最终的所有权人往往是作为受让人的雇主公司。[3] 这与我国的职务发明类似。

当然,这只是许多美国专利发生的第一次转让行为。通常情况下,涉案专利经过多次转让,或者由于公司合并、分立、并购等事项的发生,权利所有人多次变更,可能会导致权利权属不清或者出现其他权利瑕疵。如果有证据能够证明申请人不是涉诉专利的正当权利人,那被诉企业可以以此为抗辩理由,请求 ITC 认定申请人没有权利提起 337 调查。

---

[1] ALAN L. DURHAM. Patent Law Essentials [M]. Praeger Publishers, 2009: 81.
[2] ALAN L. DURHAM. Patent Law Essentials [M]. Praeger Publishers, 2009: 82. 原文如下:
"In the case of inventions that depend on the use of living materials, such as microorganisms or cultured cells, words alone may be insufficient to enable one skilled in the art to make and use the invention. A sample of the biological materials may be necessary to begin. In such cases, inventors can satisfy the enablement requirement by depositing samples of the material in a certified depository where they are available to researchers in the field."
[3] ALAN L. DURHAM. Patent Law Essentials [M]. Praeger Publishers, 2009: 48.

(五) 其他抗辩理由

在337调查中，被申请人还可以提出如下抗辩：

(1) 申请人存在懈怠行为 (laches)，不合理地拖延起诉并导致被申请人利益受到实质损害。

(2) 申请人存在搭售、一揽子许可、拒绝许可、滥用标准专利权等专利滥用行为，导致专利不可实施 (unenforceable)。例如，在337-TA-474调查案中，ITC以专利权滥用为由驳回了飞利浦公司的请求，其主要理由是飞利浦公司的强制一揽子许可CD-R以及CD-RW光盘必要专利和其他非必要专利行为构成专利权滥用。

(3) 申请人违反禁反言 (estoppel) 原则或存在不洁之手 (unclean hands) 的情形。例如，337调查的申请人在专利申请过程中为了顺利获得专利授权而同意对保护范围作出限制，则其在337调查中不能再要求保护其已放弃的内容，否则，其违反了禁反言这一衡平法基本原则。

(4) 被申请人已经获得专利权人直接或者间接的许可。

商 标 法

一、概 述

相较于专利侵权，商标侵权作为案由的337调查数量较少，中国企业因商标侵权而被提起337调查的案例也不多。2001~2013，中国企业因涉嫌商标和商业外观侵权被提起337调查案件共计12起。

美国现行商标法是1946年颁布的《兰哈姆法》(Lanham Act, 15 U.S.C.)，后来陆续有小的修订。《美国商标法》第1091 (c) 条规定，可申请注册的商标可由任何标识、符号、标签、包装、商品外形、名称、文字、口号、短语、姓氏、地理名称、数字、图形或上述形式的任何组合组成，但这种商标必须能区别申请人的商品或服务。商标可以是平面视觉商标、立体的（三维）视觉商标、声音商标或者颜色商标等。❶

---

❶ 15 U.S.C. 1091 (c): For the purposes of registration on the supplemental register, a mark may consist of any trademark, symbol, label, package, configuration of goods, name, word, slogan, phrase, surname, geographical name, numeral, device, any matter that as a whole is not functional, or any combination of any of the foregoing, but such mark must be capable of distinguishing the applicant's goods or services.

二、商标的注册

美国商标制度独特之处在于，美国各州均有商标立法权和商标的"州级注册权"，并设有州级注册机关。在美国，商标权的地域性特点不仅反映在国与国之间，而且还反映在州与州之间，在各州注册的商标在本地区内得到保护，而联邦注册商标则可以在全国范围得到保护。

美国申请商标注册有四种基础：

（1）在先使用：可以在申请时一并提供使用证据。将商标附在商品上并在美国两个州以上的市场上销售（如果是中美之间贸易只要一个州有销售即可），被视为"已经使用"。依据在先使用原则申请注册登记的商标，在美国专利商标局确认没有异议后就会颁发商标注册证，而不需要再递交其他声明。因此程序相对简单，费用也较低。❶

（2）意向使用：美国专利商标局可以先接受相关申请，在商标公告期满之后，申请人须提供在美国实际使用的证据，否则不予注册。

（3）单独申请：与美国有条约关系的国家的国民可基于其商标在国内注册，在美国提交商标申请，但申请人在美国提交的商标标样与商品项目要与本国注册的完全一致。选择"本国注册"为申请基础，美国专利商标局在确认没有异议后就会颁发商标注册证，而不需要再递交其他声明。

（4）国际申请：申请人根据《巴黎公约》的规定，在本国申请提交之日起6个月内，可基于国内申请的优先权在美国提交商标申请，以本国的申请日作为在美国的申请日。选择本条作为申请基础，要等到该商标在本国注册成功，并向美国专利商标局递交相应的注册证明后才能获准颁发注册证。如果在本国未能注册成功，该申请将会被撤销。

三、商标侵权判断以及抗辩理由

商标的功能在于区分商品或服务的来源，而商标侵权是指在类似商品或者服务上未经许可使用与他人相同或者近似的商标，并且可能造成消费者对于商品或服务来源的混淆。

根据《美国商标法》第32条，获得联邦注册的商标所有人，可以在两种情况下提起诉讼：

（1）他人未经许可而复制、假冒、模仿或欺骗性地仿造其商标，用于

---

❶ [EB/OL].[2011-07-21]. http://www.canvisas.com/Corporation/USA/brand.html.

商品或服务的销售、提供、广告等商业活动，并且有可能造成混淆、误导、欺骗。

（2）他人未经许可而复制、假冒、模仿或欺骗性地仿造其商标，并在商业活动中将此种商标用于标签、标记、印刷物、包装盒、包装纸、包装容器和广告，有可能造成混淆、误导、欺骗。❶

从上述内容可以看出，商标是否侵权的根本问题在于，商标的相同或者近似是否会导致消费者对于商品或服务来源可能混淆。

在判断消费者是否可能混淆时，存在以下的考虑因素：
（1）商标在外观、声音、含义以及感观方面的相似度；
（2）商品或服务的相似度；
（3）"商业渠道"的相似度；
（4）销售情况（属于冲动消费还是深思熟虑的消费）；
（5）竞争商标的力度；
（6）实际混淆的情况；
（7）在类似（similar）商品上的类似商标的数量和种类；
（8）同时使用而未导致混淆的使用时间；
（9）使用商标的商品的种类。❷

其中，商标的相似度以及商品或服务的相似度往往是最重要的考虑因素，但也并非全部。如果只是商标近似，即使是使用在同样的商品或服务上，但由于该产品或服务的销售途径、销售方法的原因，消费者不会因为商标的近似而混淆商品或服务的来源，则仍然不构成商标侵权。例如在某雪茄商标纠纷案中，被告的证据证明不同雪茄在展示时用非常不同的盒子，而购买者往往通过盒子来选择雪茄。因此，法院认定，尽管"SAN MARCO"和"DON MARCOS"这两个商标具有一定的相似性，但在实际销售中不会导致消费者因为商标的相似而混淆这两种产品的来源。❸

相应地，在不侵权抗辩时，商标337调查中的被申请人也可以从上述

---

❶ 李明德. 美国知识产权法 [M]. 北京：法律出版社，2003：297..

❷ ARTHUR R. MILLER, et al. Intellectual Property: Patents, Trademarks, and Copyright [M]. Thomson Reuters, 2012: 277. 原文如下：There are specific inquiries probative of the likelihood of confusion: (1) the similarity of the marks with respect to appearance, sound, connotation, and impression; (2) similarity of the goods or services; (3) similarity of "trade channels"; (4) conditions of sale-that is "impulse" V. considered purchases; (5) strength of the competing marks; (6) actual confusion; (7) number and nature of similar marks on similar goods; (8) length of time of concurrent use without actual confusion; and (9) variety of goods with which each of the marks is used.

❸ ALBERT ROBIN. The Defense of a Trademark Infringement Case [J]. The Journal of Law and Technology, 1992.

几个方面入手，论述不会导致消费者可能混淆，进而主张不侵权。当然，被申请人也可以挑战诉争商标的有效性和权属。此外，如果诉争商标所有人在日常经营中停止使用该商标或者没有对诉争商标被许可人销售的产品进行充分质量控制，则被申请人可以主张申请人已经放弃该商标，从而有权使用该商标。

最后，传统衡平法上的抗辩也可以适用商标337调查，包括懈怠、禁反言和不洁之手等。❶ 其他的抗辩还包括合理使用（fair use）以及附带使用（collateral use）。其中，附带使用的范畴包括转售旧商品或者翻新商品时，可以保持原商标不去除；还包括可以在商品上标示零部件的商标。但这种标示仅限于以非显著的形式来标示，仅用作表明相应的零部件的来源，而不得使消费者产生误解或混淆，认为整个商品均来自拥有该零部件商标的制造商。而合理使用则较多地体现在广告宣传时，引用他人商标来进行合理评价（fair comment），宣传自身的商标能比得上（comparable）商标拥有者的商品。❷

著作权法

一、概　　述

以著作权侵权作为案由的337调查数量较少。2001~2013年，中国企业因著作权侵权而被提起的337调查仅有4起。

美国著作权法来自《美国宪法》第1条第8款第8项的授权："议会有权为促进科学和实用技艺的进步，对作家的著作在一定期限内给予专有权利的保障。"❸

美国著作权保护存在联邦法和州法在不同领域的保护。规范著作权的联邦法律主要有《著作权法》（17 U.S.C.）。❹ 具体而言，受《美国著作

---

❶ ARTHUR R. MILLER, et al. Intellectual Property Patents, Trademarks, and Copyright [M]. Thomson Reuters, 2012: 293.

❷ ARTHUR R. MILLER, et al. Intellectual Property Patents, Trademarks, and Copyright [M]. Thomson Reuters, 2012: 294.

❸ 英文原文如下："To promote the Progress of Science and useful Arts, by securing for limited Times to Authors and Inventors the exclusive Right to their respective Writings and Discoveries."

❹ 《美国著作权法》最早于1790年颁布，之后在1909年和1976年进行了修改。此后通过的相关法案包括1998年《松尼波诺著作权期限延长法案》（Sonny Bono Copyright Term Extension Act）、1998年《数字千年著作权法》（Digital Millennium Copyright Act）和2005年《家庭娱乐和著作权法》（Family Entertainment and Copyright Act）。

权法》保护的作品种类包括但不限于以下 8 种：文字作品；音乐作品；戏剧作品；表意动作和舞蹈作品；绘画图形和雕刻作品；电影和其他视听作品；录音作品；建筑作品。其中，计算机软件被归于文字作品。

二、获得著作权的条件

美国目前是《保护文学和艺术作品伯尔尼公约》（*Berne Convention for the Protection of Literary and Artistic Works*，以下简称《伯尔尼公约》）的成员国。依据《伯尔尼公约》的第 5（2）条的规定：享有及行使依国民待遇所提供的有关权利时，不需要履行任何手续。这就是自动保护原则。按照这一原则，公约成员国国民及在成员国有长期居所的其他人，在作品创作完成时即自动享有著作权；非成员国国民又在成员国无长期居所者，其作品首先在成员国出版时即享有著作权。

可见，在美国，著作权登记并不是获得著作权的先决条件。但实际上，美国的著作权登记量非常大。这是因为，实践中，在美国进行著作权登记有着非常重要的意义，这主要体现在：（1）著作权登记可以作为证明著作权归属的初步证据；（2）依据《美国著作权法》第 412 条，登记是获取法定损害赔偿（statutory damages）和律师费的前提。

在著作权法领域，保护对象是表述或表现形式，而非保护特定的思想、观点。《美国著作权法》第 102（b）条规定：

在任何情况下，对于作者原创性作品的著作权保护，都不延及思想观念、程序、工艺、系统、操作方法、概念、原则和发现，不论它们在该作品中是以何种方式描述、解释、说明或体现的。

那什么样的作品可以获得著作权保护呢？著作权法保护范围限于"固定在任何有形表述工具上的原创性作品"，因此，著作权保护需要满足至少两个条件：一是作品的独创性，二是作品在有形表述工具的固定。

（一）独　创　性

美国著作权法并没有对"独创性"作出定义，但美国法院在多个判例中对"独创性"做了阐释。美国联邦最高法院在 1991 年 Feist 案[1]中对独创性要求阐述如下："著作权的绝对必要条件是独创性。为了符合著作权

---

[1] Feist Publications, Inc., v. Rural Telephone Service Co., 499 U.S. 340 (1991).

保护的要求，一部作品必须是由作者原创的。著作权中所使用的原创性这一术语，仅仅意味着作品是由作者独立创作的（与复制他人的作品相反），而且至少具有某种最低限度的创造性。当然，创造性要求的水平是极低的，甚至有一点点就可以满足。"[1]

但是如何判断和把握作品的独创性，就不同种类的作品如何判断，需要具体分析，而法院也尽量避免采用艺术的或文学的标准判断"独创性"。[2]

（二）作品的固定

《美国著作权法》第102（a）条规定："著作权保护固定在任何有形表述工具上的原创性作品。通过有形的表述工具（不论是现在已知的还是以后产生的），作品可以或直接或借助机器、设备而被感知、复制或传送。"此外，《美国著作权法》第101条规定了作品固定的两种形式：一是复制品，二是唱片。唱片是指录音得以固定的有形物质，而复制品是指除唱片以外，作品得以首次固定的有形物质，其有形物质范围非常广泛，包括纸张、金属片、石板、纺织物和软盘等。[3]

三、著作权337调查侵权判断以及抗辩理由

美国的司法实践确定了认定著作权侵权的两步法：第一步，是否存在复制行为；第二步，这种复制是否已经达到非法占用的程度，即两部作品之间是否存在实质性相同或相似。需要注意的是，这里的"复制"不仅包括复制，还包括抄袭、改变、演绎等。以下对这两项步骤做一简单介绍。

（一）复 制 行 为

复制或者抄袭权利人（原告）的作品，大概可以分为三种情形：（1）有直接证据证明被告复制了原告的作品；（2）被告接触过原告的作品，并且二者的作品的表述相似；（3）被告的作品与原告的作品具有显著的相似性，以致可以依此断定存在复制行为。[4]

---

[1] 李明德. 美国知识产权法 [M]. 北京：法律出版社，2003：145.
[2] 李明德. 美国知识产权法 [M]. 北京：法律出版社，2003：148.
[3] 李明德. 美国知识产权法 [M]. 北京：法律出版社，2003：151.
[4] 李明德. 美国知识产权法 [M]. 北京：法律出版社，2003：207.

（二）实质性相同或相似

实质性相似可以分为两种情形：一是字面相似性，即被告逐字逐句地抄袭了原告的作品；二是对原告的作品稍作修改使用，例如，在文学作品中，与原告的作品相比，被告的作品使用了相似的人物、场景和情节等。第一种情形，是否存在实质性相似，比较容易判断。但第二种情形则比较难以判断，因为著作权保护所要求的创造性非常低，超过一定程度，则被告的作品可能构成新的创作，此时区分是否侵权的这条线存在主观性，如美国法官曾经说过："从来也没有人确立过，而且也没有人能够确立那个界限。"❶

相应地，作为未侵犯著作权的抗辩，也主要是从上述两方面入手，包括未对享有著作权保护的对象进行复制，以及被指控对象与其不存在实质性相同或相似。此外，被申请人可以主张申请人的作品不具有原创性或者申请人并不是著作权人，其不存在有效的著作权。

对于侵犯著作权的指控，还可以"合理使用"（fair use）作为抗辩理由。实践中，要清晰地确定合理使用的边界通常比较困难。合理使用的抗辩通常出现在教育活动（educational activities）、文学及社会批评（literary and social criticism）和戏仿（parody）活动中。合理使用往往是法官整体考虑案情的具体事实后作出的判断，人们并不能泛泛地认为，教育活动、戏仿或其他的活动肯定能适用"合理使用"这一抗辩理由。❷

《美国著作权法》中以列举的形式指出了"批评（criticism）、评论（comment）、新闻报道（news reporting）、教学（teaching）、学术研究（scholarship）"有可能适用"合理使用"，同时还提供了一些指导原则，例如应当考虑行为的目的、该行为是否以营利为目的以及对著作权人的经济损害等。但同时其明确地说明了以上指导原则并不是穷尽的。❸

商业秘密法

一、法律渊源

以商业秘密为案由的337调查与专利案件相比数量较少，但近几年呈

---

❶ 李明德. 美国知识产权法 [M]. 北京：法律出版社，2003：212.
❷❸ ARTHUR R. MILLER, et al. Intellectual Property: Patents, Trademarks, and Copyright [M]. Thomson Reuters, 2012: 375-376.

快速增长趋势。2002年至2014年7月，中国企业因侵犯商业秘密而被提起的337调查有8起。

美国对商业秘密的保护不同于专利权、商标权及著作权，没有制定统一的联邦商业秘密法。❶ 但从20世纪30年代末开始，美国法学会和律师协会分别相继发布了《侵权法重述》（Restatement of Torts）、《统一商业秘密法》（Uniform Trade Secrets Act）、《不正当竞争法重述》（Restatement of Unfair Competition）。这些文件中所涉及的主要内容及确立的基本原则，业已被美国多数州立法所接受，成为处理商业秘密纠纷的重要法律渊源。而1996年克林顿总统签署了《1996年美国经济间谍法案》（Economic Espionage Act of 1996），诞生了美国历史上第一个成文的联邦商业秘密法案，作为刑事处罚的法律依据。此外，对于未经授权或者超越权限使用计算机中信息的行为（例如窃取计算机中的机密信息），权利人可以根据美国《计算机欺诈与滥用法》（Computer Fraud & Abuse Act）寻求相应民事和刑事救济。最后，判例是美国法律中的重要渊源。因此，美国商业秘密保护法律体系包含了判例法、各州的商业秘密成文法、联邦商业秘密成文法以及商业秘密示范法。❷

尽管保护体系内容丰富，但是"商业秘密"却没有统一的定义。以下我们从商业秘密构成要件的角度，来阐释美国商业秘密的内涵。与中国的商业秘密构成要件相似，美国的商业秘密也需具有秘密性、经济价值性和保密性。

（一）秘　密　性

美国第三次《反不正当竞争法重述》第39节指出："构成商业秘密的信息必须是秘密，然而并不要求绝对的秘密。如果他人不通过第40节所述违法手段，而以合法手段得到该信息是困难的或代价是昂贵的，该信息即可满足秘密性要求。"

在生产经营和商业交易活动中，有限地公开或披露商业信息往往是不可避免的。例如，为了工作的需要，雇主必须向一定范围内的雇员披露其商业信息；在进行商业谈判时，信息所有人不可避免地向其合作者披露一些商业信息；为了业务需要，人们势必向其代理人披露商业信息。在这些情况下，如果不接受相对秘密性概念，人们则无法保护有价值的信息。况

---

❶ 2014年4月，数名美国参议员向美国参议院（Senate）提交了《2014年保护商业秘密法》（Defend Trade Secrets Act of 2014）（S2667号法案）。如果该法案获得通过，商业秘密所有人将首次获得联邦诉权，拥有《美国专利法》规定的联邦救济权利。

❷ 祝磊. 美国商业秘密法律制度研究[M]. 长沙：湖南人民出版社，2008：5.

且，除信息所有人以外，任何人均可通过反向工程或自主研究开发获得同类的商业秘密，在这种情况下并不构成对他人商业秘密的损害。

美国法官在审判实践中提出了判断秘密性的一些标准，包括：信息在行业内被知晓的程度；信息被其雇员或其他业务有关人知晓的程度；信息所有人采取保密措施的程度；他人可正当获得或复制的难易程度。❶

（二）具有价值

若是毫无价值的事物，则无须费时费力进行保护。美国对商业秘密的保护，很重视经济性要求，其内容也不断发展。在1939年第一次《侵权法重述》中，商业秘密是指其所有人在商业业务中使用的，并提供机会使其较之其他不知或没有使用该信息的竞争对手更具优势的信息。1985年的《统一商业秘密法》提出了商业秘密是"具有实际存在的或潜在的独立经济价值的信息"的观点，即具有"潜在的价值"的信息也属于商业秘密。需要说明的是，商业秘密的经济价值不限于直接的正面的价值，如正处于研究开发中的阶段性成果，以及那些无法使用的技术和经营信息，即所谓的消极信息（negative information），也是人们劳动的成果，一旦被竞争对手获知，便可在开发研究上少走弯路，缩短研究时间和节约开发成本，从而取得在商业领域中的竞争优势。❷

（三）采取合理保密措施

主张商业秘密的一方对其所声称的商业秘密具有采取合理保密措施的义务。如果商业信息的拥有者对相关信息未采取合理的保密措施，甚至未采取任何措施，例如将记载有相关信息的载体放置在公开的可供公众浏览的展窗等，则相关的信息不会被认定为商业秘密。实践中，对保密措施的要求较低，对员工或有权接触到信息的人员告知保密义务，以告示的形式告知非相关人员不得入内，都可被视为采取了"合理"的保密措施。

二、商业秘密337调查侵权判断和抗辩理由

证明侵犯商业秘密成立的关键，一是证明存在商业秘密，即所涉的信息符合商业秘密的构成要件；二是证明商业秘密被侵犯了。具体而言，美国1979年《统一商业秘密法》的定义部分对"不正当手段"和商业秘密

---

❶❷ 单海玲. 中美商业秘密保护制度比较研究［EB/OL］.［2014-07-15］. http://smbh.suzhou.gov.cn/news/bmj/2006/11/19/bmj-14-03-28-1005.shtml.

的"侵占"规定如下：

"不正当手段"包括盗窃、贿赂、虚假陈述、违反或诱使违反保密义务，或通过电子或者其他手段进行间谍活动。

"侵占"：（1）明知或者应知所获得的他人的商业秘密是通过不正当手段获取的，而获得该商业秘密。

（2）未经明示或暗示的同意，披露或使用他人的商业秘密，且该人

（A）使用了不正当获取的商业秘密；或

（B）在披露或使用时知道或者应该知道他对商业秘密的了解是（I）源于或经由使用了不正当手段获取了商业秘密的人获得，（II）在负有保密义务或者限制使用义务的情况下获取，或（III）源于或经由对寻求救济以保护商业秘密的秘密性或限制其使用的人负有保密义务的人获得；

（C）在他的地位发生实质性变更以前，知道或者应该知道这是商业秘密，但因意外或者错误而获得。❶

从上述规定可以看出，未经权利人授权许可的商业秘密的获取及其后续披露和使用，都构成侵犯商业秘密而侵权当事人获得商业秘密的途径可能是通过非法手段或违反保密义务。

在涉及商业秘密的337调查案件中，被申请人通常会从以下几个角度进行抗辩：

（1）申请人的技术秘密已经是业内公开的信息，不属于商业秘密。

（2）被商业使用的技术是自主研发或者通过反向工程方式开发的，并非通过不正当行为获取。

（3）被商业所使用的技术与申请人所主张的技术秘密不同。

（4）申请人未采取合理的保密措施保护其所谓的技术秘密。

---

❶ 美国《统一商业秘密法》第1（2）条相关规定。

第 3 章
337 调查的程序规则

与美国反倾销调查不同，337 调查程序更接近于美国法院的民事诉讼程序，美国知识产权实体法均适用于美国法院的民事诉讼程序和 337 调查程序。但与美国的民事诉讼相比，337 调查是一种准司法程序，其程序具有自身的特殊性，对提起 337 调查有独特的要件要求。本章将分析提起 337 调查的条件，分析讨论 337 调查的程序规则，阐述违反 337 条款的处罚措施与执行程序，及讨论 337 调查之后的上诉程序及平行诉讼问题。

申请 337 调查的条件

只有满足 337 条款规定的要件，ITC 才会接受申请人提起的 337 调查申请或主动发起调查。337 调查的立案条件因涉案的不公平行为类型不同而有所差异。对于侵犯注册知识产权类型的案件，如专利权、注册的著作权或商标、掩膜作品（集成电路布图设计）的侵权指控，申请人必须证明：（1）被申请人有向美国进口涉案产品的行为；（2）申请人在美国具有与涉案的知识产权有关的国内产业；（3）被申请人进口的产品侵犯了申请人在美国注册的知识产权。

如涉案的不公平行为涉嫌侵犯普通法上的商标权利、侵犯商业秘密、错误标示来源、违反《数字千年著作权法》（Digital Millennium Copyright Act）等（以下合称"其他不公平行为"），申请人除了需要证明被申请人有进口行为、存在国内产业、被申请人的行为构成不公平行为之外，还需要证明存在对国内产业的损害或者损害的威胁，阻止该等产业的建立，或者限制或垄断美国境内的贸易和商业等。

下面根据侵权类型介绍不同 337 调查的立案条件。分别介绍提起侵犯注册知识产权类型的 337 调查案件以及其他不公平行为类型 337 调查案件的要件，以及 ITC 自 2013 年在程序方面的一个试点计划。

一、侵犯注册知识产权类型案件

(一) 被申请人有向美国进口涉案产品的行为

337 条款中的"进口"含义比通常理解更加广泛，它涵盖了进口到美国、为进口而销售，以及进口后在美国境内销售的行为。[1] 实施主体可以是货物的所有人、进口者或者代理人。因此，即使发生在外国的"为进口而销售"行为和在美国境内进行销售的零售及代理行为，若与侵权产品有关，也受到 337 条款的管辖。

337 条款的名称就叫"unfair practices in import trade"（进口贸易中的不公平行为），进口可以说是引发 337 调查的导火索。但是 337 条款并没有对进口的产品数量作出要求，即便只进口了一件产品，例如出于商业目的的样品宣传，也可能被认定构成 337 条款规范的"进口"。

ITC 对"进口"发生的时间并没有特别的限制。事实上，如果在提交申请后甚至在提交申请以前，被申请人就停止进口侵权产品，侵权产品的进口行为仍然可以被认定违反了 337 条款。

(二) 申请人在美国具有与涉案知识产权有关的国内产业

申请人必须在申请书中证明已经满足国内产业的要求，才有可能被受理。此外，关于申请书中的国内产业描述，ITC 于 2013 年开始实施的新规则要求申请人在提起申请时进行更为明确的说明和描述。例如，《程序规则》第 210.12 条要求，申请人在申请书中详细说明是否存在国内产业或者国内产业正在建立；如果属于后者，需要说明申请人正在积极使用知识产权的事实以及相关产业在将来很可能会建立。此项新规主要是为了提高申请书的明确度，使得被申请人和公众对涉案产业更加知情，同时也在一定程度上提高了专利投机公司在 ITC 提起 337 调查的难度。

在侵犯注册知识产权类型的 337 调查中，行政法官通常会从两方面分析判断是否存在国内产业：一是从经济角度证明在美国境内存在除了销售以外的重要运营行为，二是从技术角度说明申请人的经济行为与其所主张的知识产权的利用有关。

---

[1] 《1930 年关税法》第 337 (a) (1) 条。

1. 经济角度

关于联邦注册的知识产权，申请人须证明其在美国境内至少满足以下三个要求之一：(1) 对工厂和设备有相当数量的投资；(2) 有相当数量的劳工和资金的使用；(3) 对知识产权利用（包括研究、工程、开发或许可）有相当数量的投资。

国内产业要求包含两个状态：一是已经有了国内产业，一是国内产业正在设立过程中。

2003年2月13日，ITC应迪尔（Deere）公司的申请发起了基于商标侵权的337调查（337-TA-286），迪尔公司诉称中国农机生产企业如江苏悦达、东风农机集团和江铃摩托有限公司侵犯其商标权并淡化了其注册商标。❶迪尔公司在申请书中为证明相关的美国产业已经建立提供了如下材料：

(1) 在工厂、设备方面的投资，包括自有的27家工厂和租用的另外3家工厂的厂址和生产、办公的总面积，1999~2001年的投资总额，厂房设备的评估总价值和迪尔公司总部在其"黄绿"品牌的管理、广告、研发、市场、信息系统、财经、法务等方面等的费用；

(2) 劳工和资金的使用：迪尔公司提供了员工雇用总数，以及2001年迪尔公司员工劳动时间总计；

(3) 知识产权利用方面的投资，1999~2001年投放在"黄绿"品牌产品的广告和促销费用，产品研发费用，商标许可经营活动，包括迪尔公司商标许可的标准合同文本和已经签订的许可合同文本。❷

可见，迪尔公司提供的是非常详尽的关于"国内产业"要求的材料。

至于"正在设立过程中的国内产业"，可以参考ITC以前裁决的判例。行政法官曾在一个案件中认定，基于申请人之前对生产的投资而继续运营和维护的行为，已经满足国内产业的要求。❸

知识产权的利用行为（实践中较多的是专利许可行为）构成国内产业是在1988年337条款修改时增加的内容。因为这一条件可能被不实际实施专利的专利投机公司利用而成为一个复杂而讨论较多的问题。根据现有判例，就专利许可行为能够满足国内产业要求，申请人应证明以下几个方面：第一，投资与所主张的专利有关；第二，投资与许可有关；第三，投资在美国发生；第四，投资是实质性的。但是，申请人无须证明被许可人

---

❶❷ 参见：迪尔公司在该案的申请书。

❸ TOM M. SCHAUMBERG. A Lawyer's Guide to Section 337 Investigations before the U. S. International Trade Commission [M]. ABA Publishing, 2010：52-53.

实际实施了所主张的专利。❶ 实践中,专利许可行为通常以专利组合许可形式出现。因此,如何确定专利组合许可行为所涉投资中哪一部分与337调查所主张专利有关是一个难点。ITC目前在几个案件中考虑的主要因素是,专利组合所涉及的专利数量,337调查所主张专利占专利组合的数量及价值,专利组合许可谈判时337调查所主张专利对谈判的重要性,等等。以下要素可以强化专利许可行为中的投资与所主张专利的关联度:在专利许可谈判过程中所主张的专利被提及、所主张的专利在相关专利诉讼中取得过成功、与相关技术产业的标准相关、为基础专利、被实际实施及市场上对其价值有其他某种形式的认可。❷ 在半导体芯片案(337-TA-753)中,申请人所主张的专利是一个大型专利组合中的五个,行政法官裁定认为存在国内产业。但委员会复审推翻了行政法官的裁决,认为虽然不需要逐一分析每一专利所占专利许可投资的部分,但总体上应该确定一个所主张专利所占的比例。因为申请人未确定与所主张专利有关的投资份额,因此委员会裁定认为不存在国内产业。

2. 技术角度

在侵犯注册知识产权类型的案件中,申请人需要在申请书中说明它从技术角度上符合国内产业要求,亦即申请人必须证明其国内产业利用了涉案的知识产权。联邦巡回上诉法院在一个337调查上诉案中指出,"技术角度是否符合国内产业要求的审查标准,在本质上与侵权比对并无不同,即应对国内产业产品与所主张的权利要求进行比对。"❸

举例来说,在接地故障断路器案(337-TA-739)中,申请人在申请书中的"国内产业"项下的"技术角度"中说明了如下内容:

(1)申请人在美国研发并销售的所有接地故障断路器至少实施了涉案专利的一项权利要求。申请人分别阐述了四种产品是如何实施涉案专利的,并附有专利的权利对照表,将申请人产品的技术特征和涉案专利的权利要求进行对比。

(2)申请人在美国许可了涉案专利,并详细说明被许可产品如何实施涉案专利技术。

而在实际案件中,也有申请人因在技术角度不符合要求而被认定没有

---

❶ Certain Multimedia Display and Navigation Devices and Systems, Components Thereof, and Products Containing Same, Inv. No. 337-TA-694, Commission. Op. at 7-8 (August 8, 2011).

❷ Navigation Devices (Inv. No. 337-TA-694), LCD Devices (Inv. No. 337-TA-749/741); Semiconductor Chips (Inv. No. 337-TA-753).

❸ Alloc v. Int'l Trade Comm'n, 342 F. 3d 1361, 1375 (Fed. Cir. 2003).

满足国内产业要求。例如，在同轴电缆接头案（337-TA-650）的复审程序中，委员会不同意行政法官对涉案专利的权利要求的解释。相应地，委员会根据修正后的权利要求的解释，认定申请人并没有在美国境内实施一项涉案专利，因而在技术角度上未满足国内产业要求。

（三）存在侵权行为

在侵犯注册知识产权类型的案件中，证明存在侵权行为的条件，其实与美国知识产权实体法中证明存在专利侵权、商标侵权、著作权侵权等规定一致。

对于侵犯注册知识产权类型的337调查案件而言，申请人须证明有一项有效的、可执行的美国知识产权权利，包括专利（含方法专利）、登记的著作权、注册商标或注册的掩模作品（集成电路布图设计）。❶ 在迪尔案中，申请人在申请书中就提供了美国专利商标局颁发的"绿黄"商标的三份商标注册证。❷ 值得一提的是，知识产权权利的独占许可人也可以提起337调查。例如，可拉（Kola Colombiana）公司因克格兰（Colgran）公司和国际谷物交易（International Grain Trade）公司涉嫌软饮料商标侵权而直接要求ITC提起337调查（337-TA-321）中的可拉公司并不是商标的所有权人，而是商标的独占许可人。❸

二、针对其他不公平行为的337调查案件

如前所述，提起其他不公平行为类型337调查案件的要件多了"国内产业损害"的要求。依据《1930年关税法》规定，产品向美国进口或销售中，所有人、进口商或代理人的不公平的竞争方法或不公平的做法（除侵犯联邦注册的著作权、商标权、外观设计权和专利权的行为），其威胁或效果：

（1）破坏或实质上损害美国的产业；

（2）阻止该产业的建立；

（3）限制或垄断美国的贸易或商业。❹

若要证明存在对国内产业的损害，申请人必须证明：

（1）被申请人的行为导致国内产业遭受了实质性损害；

（2）被申请人的行为与国内产业的损害之间具有因果关系。

---

❶❷ 《1930年关税法》337（a）（1）（B）、（C）、（D）等条款。另参见：韩立余.美国关税法［M］.北京：法律出版社，1999.

❸ 可拉公司申请书。

❹ 《1930年关税法》第337（a）（1）（A）条。

ITC 在裁定其他不公平行为是否导致国内产业遭受实质性损害时，考虑的因素包括：

（1）被申请人的进口量及对国内市场的渗透程度；

（2）申请人丧失的销售量；

（3）被申请人低于市场价销售；

（4）申请人产量、利润和销售量的减少。

此外，如果认定存在实质性损害，ITC 还会考虑对商誉的伤害。至于确定是否存在对国内产业的损害威胁，ITC 考虑的因素包括：

（1）外国成本优势和产能；

（2）相当数量的产能加上被申请人渗透美国市场的意图。

此外，申请人必须证明，对国内产业的损害威胁必须是实质性且可预见的，被申请人的不公平行为与诉称的未来的损害之间具有因果关系。❶

三、ITC 最新试点计划及其实践

2013 年 6 月 24 日，ITC 公布一项试点计划。该试点计划拟在案件早期就某些可以决定性地解决案件的问题作出裁决，以减少其他不必要的程序。因为国内产业要件是 337 调查得以成立的前提性条件，因此该试点计划被认为主要是在合适的案件中针对国内产业要件进行早期裁决。实际上，在颁布此试验性计划之前，委员会已经在 2013 年 3 月立案的叠层包装案（337-TA-874）中要求行政法官提前审理申请人是否满足国内产业的经济要件。

叠层包装 337 调查案于 2013 年 3 月 28 日立案，委员会要求关于是否存在国内产业的初裁在立案后 100 日内作出，2013 年 5 月 16、17 日有两天的庭审，2013 年 7 月 5 日行政法官作出初裁。行政法官在其初裁中首先认为，委员会要求立案后 100 日内先行作出初裁的试点计划没有宪法依据，违反了《美国行政程序法》，但同时认定，申请人未证明国内产业存在。2013 年 9 月 3 日，委员会作出终裁，认定行政法官无权认定 ITC 的试点计划是否违法，同时维持行政法官关于申请人未证明国内产业存在的认定。据此，该案在案件早期以国内产业未存在为由，认定不存在违反 337 条款的行为而结案。

ITC 的试点计划改革及在叠层包装案中的成功应用，被业内认为向专利投机公司传达了明显的信号，即不实际实施专利的主体要通过 ITC 成功提出 337 调查，首先要先克服一个难关，即证明国内产业的存在。同时，快速的试点计划极大地减少了被申请人的应诉成本。这两个方面的因素，导致专利投机公司

---

❶ 337-TA-522 案的初裁。

》337 调查突围：写给中国企业的应诉指南

通过 337 调查要挟被申请人的谈判筹码实质性地受损，对被申请人来说总体上是一个利好。

| 337 调查程序规则 |

一、337 调查的基本程序

337 调查的基本程序主要包括立案、证据开示程序、开庭、行政法官初裁、委员会复审和终裁以及总统审查等程序。具体流程图如图 2-1 所示。

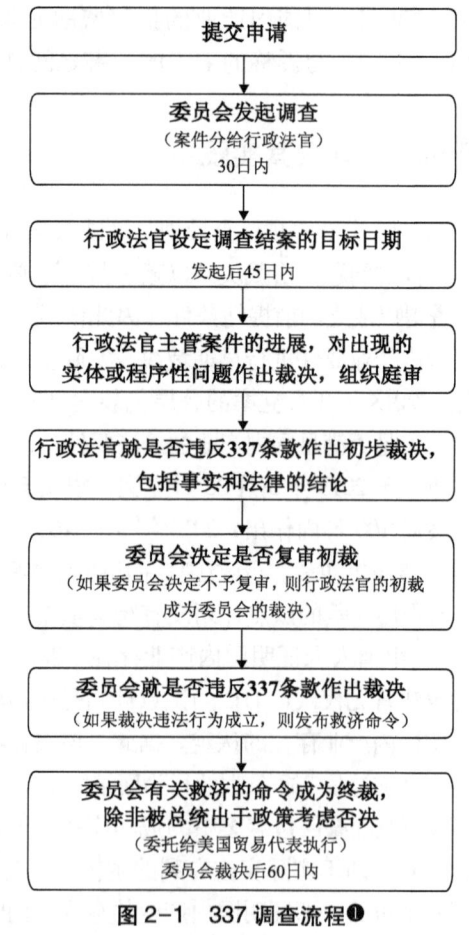

图 2-1　337 调查流程❶

---

❶　商务部进出口公平贸易局编撰的《美国 337 调查应诉指南》（内部出版物）一书第 26 页。

54

一个完整的337调查程序通常持续12~15个月，视案件的复杂程度而定。图2-2以15个月为例列出一个完整的337案件的大致进度时间表。

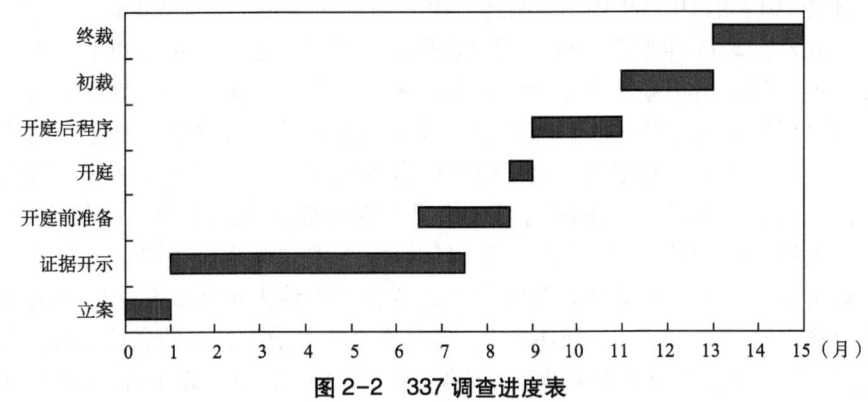

图2-2　337调查进度表

（一）立　　案

337调查可以由申请人向 ITC 提起，也可以由 ITC 主动发起，但 ITC 主动发起的案件很少。当申请人认为进口到美国的产品违反337条款时，可以向 ITC 提出申请，要求 ITC 发起调查。在收到申请人的调查申请书后，ITC 将指定不公平进口调查办公室（OUII）在收到申请书20日之内调查申请书中的背景情况并确定申请是否符合 ITC 的程序性规定，不公平贸易办公室根据调查的情况向 ITC 提出是否立案的建议。❶ 此外，不公平贸易办公室也可能在审查的过程中要求申请人补充或修改申请书。列在申请书中的申请人在得知其被诉之后可以向 ITC 提起动议或直接与不公平贸易办公室调查律师进行非正式沟通要求其不予以立案。实践中，被申请人较多采用的形式是与不公平贸易办公室调查律师进行非正式沟通。ITC 通常在收到申请书之后30日内决定是否立案。❷ 如果申请人提交申请的同时请求 ITC 颁布临时救济措施，ITC 将在收到申请书之后35日内决定是否立案。❸

一旦决定立案，ITC 将在《联邦公报》（*Federal Register*）上发布立案公告，将申请书和立案公告一并送达被申请人以及被申请人所属国家驻美国大使馆，并委派一名行政法官负责审理该案件；同时，不公平贸易办公室的一名调查律师也将作为单独的一方当事人全程参与调查。

如果 ITC 决定不予立案，ITC 则将书面通知申请人和所有被申请人。

---

❶ TOM M. SCHAUMBERG. A Lawyer's Guide to Section 337 Investigations before the U.S. International Trade Commission [M]. ABA Publishing, 2010：66.

❷ 《程序规则》第210.10（a）（1）条。

❸ 《程序规则》第210.10（a）（3）条。

ITC 对申请人提交材料进行形式上的审查，通常都能满足 ITC 相关规则的要求，因此，实践中少有不予立案的情况。近年来，ITC 决定不予立案的案例是 2012 年 10 月美国 KV 制药公司向 ITC 提起的 337 调查申请。

此外，2011 年修改后的《程序规则》在公共利益政策部分对申请人在提起申请时提出了新的要求。❶ 新规要求，申请人在提交 337 调查申请书时应另行提交关于公共利益的陈述：申请书需要说明排除令或制止令的签发对美国公共健康和福利、美国经济的竞争状况、美国境内类似或直接竞争产品的生产状况以及美国消费者状况方面可能造成的影响。新规规定，申请人提出申请后，ITC 会在《联邦公报》上发布公告，被申请人和社会公众可在 8 日内仅就公共利益问题表达意见，申请人可在 3 日之内就前述意见作出答复。此外，新规还规定，委员会在衡量前述各方的意见之后，有权授权行政法官审查公共利益相关证据，并在初裁（initial determination）和救济建议裁决（recommended determination on remedy）中对公共利益问题作出认定，各方应在初裁和救济建议裁决颁布之日起 30 日内提出意见。为避免调查延期或造成不必要的负担，新规对行政法官就公共利益进行证据开示进行了限制。此外，对于委员会指示行政法官处理公共利益问题的案件，被申请人应当在答辩状中单独就公共利益问题作出答复。与之前通常在颁发排除令之后才考虑其是否会给公共利益造成影响不同，新规加强在调查早期阶段即对公共利益问题的关注。

尽管新规仅对公共利益问题的程序性问题进行修改，但其将影响 337 调查的各个阶段。各方需要在公共利益问题方面付出更多的精力。申请人应单独准备公共利益陈述并应对其他方的意见，而被申请人和第三方应当在开始阶段甚至在立案前的阶段即关注公共利益问题。委员会在立案前需要考量各方的意见，行政法官也可能需要花费更多的精力在公共利益问题之上。

在立案之前，申请人可以自主决定修改申请书中的内容；一旦正式立案之后，对申请书的修改必须以动议的方式提出以获得行政法官的批准。对于修改申请书中细微错误的动议，行政法官通常会批准；而对于增加被申请人、增加或变更涉案专利请求、增加涉案专利等动议，行政法官除了考量被申请人和公共利益的需要之外，通常要求申请人应在合理的时间段内提出动议，以避免给他方造成不当损害。

自《联邦公报》发布立案公告之日起，紧凑的 337 调查程序就正式开始。行政法官将在被指派案件后 15~30 日内举行初次庭前会议（prehearing

---

❶ 具体修改见 2011 年 10 月 19 日《联邦公报》。[EB/OL].[2014-07-16]. http://www.usitc.gov/secretary/fed_reg_notices/rules/finalrules210.pdf.

conference）并设定结案期限、审理进程以及基础规则。首先，在立案后的 45 日内，行政法官将确定结束调查的日期（目标日期），通常情况下设定在 12~16 个月内审结；其次，行政法官将确定案件的审理进程，设定相关事项的具体时间；最后，各个行政法官将根据其习惯设定基础规则，这些基本规则将对动议、开示程序、专家报告以及和解会议等事项作出明确的规定。

（二）证据开示程序

1. 证据保管义务

美国独特的证据开示过程和大陆法系国家的证据制度差异较大，美国法下的证据保管义务对于大陆法系国家的公司而言，其实现难度是非常大的。在中国的民事诉讼中，当事人需要保证提交的证据真实、有效，但法律没有要求当事人主动保管和案件有关的证据，因此，企业通常不具备美国法要求的证据保管意识，也不了解这方面的规则。在没有意识的情况下，被申请人违反了证据保管相关的规则，容易被对方律师挑出不当之处，对方可以利用这些问题降低法官对中国企业的信任度，甚至可能排除对中国企业有利的证据的效力。

实践中，在 337 调查开始的时候，申请人和被告双方都有义务保管和案件相关的证据。具体而言，对双方来说，申请人在提出调查的时候，被申请人在收到法官的通知后，双方确定都是有证据保管义务的。但麻烦的是，证据保管的义务可能在调查开始前就已经开始。2001 年的 Silvestri 案中提到，"该义务不仅在诉讼中产生，也会提前至诉讼开始之前，即在当事人合理知晓该证据可能和与其可预见的诉讼相关之时。"❶

纳入证据保管义务范围的，是和案件的主张或抗辩相关的证据。如何判断"相关"，是非常复杂的事，需要根据各个案件的实际情况而定。对于不能确定是否相关的内容，为了安全起见，建议一起保管。在保管义务产生以后，公司需要采取以下步骤保管相关的证据❷：

（1）及时发布证据保管通知（litigation hold notice）。

（2）确定案件的关键人员，包括前雇员。现实的情况是，很多公司没有确定和案件有关的关键人员，导致不能从关键人员那里获取所有的文

---

❶ Silvestri v. General Motors（271 F. 3d 583, 591）.
❷ A Judicial Primer on Litigation Holds [EB/OL]. [2014-07-16]. http：//www.jonesday.com/judicial_primer/.

件。如果前雇员的资料在公司的掌控之下，也需要进行保管。以 Day 案❶为例，2011年1月，离职的一员工向被申请人发函，警告将要提起调查，被申请人公司起草了文件保管的通知，但没有发给一位与争议事项相关的证人。该证人在调查正式发起时已经离职，他的邮件也已经从服务器中清除。法官认定被申请人的内部法律顾问知道或者应该知道该证人的重要性，但却没能把保管证据的通知发给他，存在失职。❷

（3）指派人员监督证据保管人员的证据收集行为。行政法官认为，不能任由员工自己进行搜索文件，确定是否和案件相关。这种行为应该受到律师的监督，并且需要获得不要删改证据的明确的指示。

（4）暂停日常的销毁记录和删除邮件的行为。现在的文件数量巨大，因此，很多公司对于到了保管年限的文件，可能会进行统一的销毁行为，有的邮件系统或者文档管理系统可能具有对一定期限的文件进行自动删除的功能。如果产生了证据保管义务，公司需要立即停止这种行为或功能。

2. 证据开示程序

与法院的诉讼一样，中国企业在337调查应诉中主要的工作之一是在证据开示程序（discovery）中提供证据，在提供证据过程中的一个小小失误很有可能导致整个案件全盘皆输，因此，证据的收集、准备以及提交显得至关重要。为了避免因在证据开示程序中拒绝配合而被行政法官作出不利的事实认定，337调查中各方通常应对方的要求在短时间提供大量的证据，而且ITC对提供证据的格式和形式也有严格的要求，对于收集证据的企业来说是一个很大的负担和挑战，这就需要在律师的指导下合理地调动有关资源进行准备。由于案件各方会进行很多轮的证据开示，企业也应当做好打持久战的准备，通常需要专门的内部应诉小组来配合律师提供证据。

证据开示程序通常在《联邦公报》公布立案公告之后就开始进行。与《联邦民事程序法》相似，一方可以请求对方开示所有与请求和抗辩相关的文件、物品以及知情人的相关信息，只要该信息不受拒证特权保护。拒证特权是英美普通法上一项传统的证据规则，享有拒证特权的人可以拒绝

---

❶ Day v. LSI Corporation（4：2011cv00186）[EB/OL]. [2014-07-16]. http://dockets.justia.com/docket/arizona/azdce/4:2011cv00186/600404/.

❷ SUSAN L. NARDONE. A Bad "Day" for a Company Whose In-House Attorney Failed to Properly Preserve Relevant Documents [EB/OL]. [2014-07-16]. http://www.ediscoverylawalert.com/tags/litigation-hold/.

提供证言或阻止他人提供证明。❶ 在337调查中,享有拒证特权的材料包括律师和客户之间的沟通交流信息、为诉讼作准备的劳动成果(work product)以及与国外的专利代理人之间的某些沟通交流信息。❷ 开示程序通常持续5~10个月。如果任何一方在开示程序中拒不配合他方的开示请求,对方可以请求行政法官颁布命令强制要求开示。❸ 如果该方拒不遵守行政法官的命令,除了罚款之外,行政法官可以作出对该方不利的事实认定、禁止在将来的程序中使用相关证据或采取其他其认为合理的惩罚措施。证据开示的方式包括问卷(interrogatories)、提供文件(production of documents)、现场检查(request for entry on land or inspection)、调取证人证言(deposition)、专家证人(expert witness)以及承认(request for admission)。

(1) 问卷。337调查立案后,一方当事人可以向其他当事人送达问卷,要求被送达的当事人回答。发出问卷的一方可以提出与案件请求或抗辩有关的任何问题,对方当事人作出的答复可以作为证据使用。《程序规则》第210.29条将一方可向对方发送问卷的总数限制在175个以内。除非提交动议要求延期,收到问卷的当事人应当在问卷送达之日起10日内提供答复。❹ 行政法官通常会同意延期的动议,尤其是在对方无反对意见的情况下。

《程序规则》第210.29(b)(2)条对答复问卷提出了具体的要求,主要包括:

(i)答复方应当在每个答案前重复问卷的题目;

(ii)应当逐一回答每一问卷题目,如果对问卷问题有异议,需要列明反对的理由;

(iii)问卷的答案应由提供答复的人员签署,而反对意见应由律师签署。答复方在某些情况下可以通过援引文件或记录的形式代替给予答复,即:"如果对一个问卷的答复可能来自或通过答复人的记录确定,或者来

---

❶ 拒证特权具体是指当证人因负有义务被强迫向法庭作证时,为了保护特定的关系、利益,赋予证人中的一些人因特殊情形而享有在诉讼中拒绝提供证据的一种特殊权利。建立拒证特权规则的目的是保护特定关系和利益(包括婚姻关系、律师与当事人、医生及心理治疗人员与病人、神职人员与忏悔者之间的关系),这些关系或利益比从社会考虑有关证人可能提供的证言更为重要。享有拒证特权者,可以免除出庭作证和就特权事项提供证明,可以制止他人揭示特权范围内的情况。

❷ 关于"与国外的专利代理人之间的沟通交流信息"的拒证特权,参见:TOM M. SCHAUMBERG. A Lawyer's Guide to Section 337 Investigations before the U.S. International Trade Commission [M]. ABA Publishing, 2010:121-122.

❸ 《程序规则》第210.33(a)条。

❹ 《程序规则》第210.29(b)(2)条。

自一个检查、审计或此类记录的检查，或者一个编辑物、文摘或基于上述文件的摘要，对于此类问卷的一个充分的答复是详细说明答复来源的记录，并且给予问卷方合理的机会来核对、审查或检查此类记录，并制作副本、编辑物、文摘或摘要。规范地说明应当包括详细的介绍以便保证问卷方像答复人一样容易地查找以及确定答案所在的文件。"❶

例如，在一个判例中，被申请人向申请人发出问卷，但申请人仅提供了 50 箱的文件而没有告知如何在 50 箱文件中找到答案，被申请人向行政法官提出动议，要求申请人明确答案所在的文件。❷ 如果答复方提供的文件不足以回答相关的问卷问题，答复人应当以描述的方式提供补充答复。此外，如果答复人发现与问卷答复有关的新信息，答复人应当进一步补充答复。❸

（2）提供文件。337 调查启动后，当事人可以"要求被请求方出示或者允许请求方或其代理人检查并复制任何指定的文件（包括书面记录、图画、图表、表格、相片以及其他包含信息的文件），或者检查并复制、测试或者采样任何被请求方所拥有、保管或控制实物"❹。此类请求应当列明要检查的事项，合理描述每一事项，并确定检查的时间、地点以及方式。被请求人应当在请求送达 10 日内作出答复，列明允许的检查和相关的行为，如果反对该请求，应当写明反对的理由。出示待查文件的一方应按照文件在日常业务中保存的样子提供。❺ 如果文件提供人杂乱无章或不按照日常业务中文件保存秩序将文件提供给对方，行政法官有可能要求该方重新提交文件。

（3）现场检查。为了检查、测量、勘测、拍照、测试或者取样相关财产或者任何指定的物体或者运营状况，一方当事人可以请求对方当事人允许其进入对方当事人所拥有或控制的土地或者其他财产。❻ 进入现场检查的请求应当列明要检查的事项，并确定检查的时间、地点和方式。被请求人应当在收到请求 10 日内作出是否同意进行现场检查的答复，如果反对该请求，应当写明反对的理由。❼ 通常情况下，被请求方通常会拒绝进入现场检查的请求，主要是担心相关保密信息可能会被泄露给竞争对手以及可

---

❶ 《程序规则》第 210.29（c）条。
❷ Certain Neodymium-Iron-Boron. Magnets, Magnet Alloys, and Articles Containing Same (No. 337-TA-372). 第 16 号裁决。
❸ 《程序规则》第 210.27（c）条。
❹ 《程序规则》第 210.30（a）（1）条。
❺ 《程序规则》第 210.30（b）（2）条。
❻ 《程序规则》第 210.30（a）（2）条。
❼ 《程序规则》第 210.30（b）（2）条。

能影响日常的生产运营。如果被请求方拒绝，请求方可以向行政法官提交动议，强迫被请求方允许其进入现场检查，而被请求人可以以检查成本过高、扰乱日常运营、与调查事实无关以及无法取得与调查相关的证据作为抗辩理由。在以侵犯商业秘密和方法专利侵权为案由的337调查中，当事人双方通常会参观对方的工厂。

（4）调取证人证言。 与民事诉讼程序一样，为了更好地了解案情，337调查的申请人和被申请人通常会对对方的证人调取证言。在337调查立案之后，任何一方当事人可以向任何有能力宣誓作证的人收集证词。一方当事人想对某人收集证词时应当书面通知调查中其他各方当事人，该通知中应当列明收集证词的时间和地点以及作证人员的姓名和地址。当事人可以请求以电话方式收集证词，但是行政法官可以根据任何当事人的动议要求证词应当当场对证人收集。❶ 除了在美国境内进行宣誓作证，各方也会在美国之外进行取证，但通常必须遵守所在地的相关规定。《程序规则》第210.28条规定，申请人可以在一个调查中最多调取20个证人的宣誓证言，或者对每个被申请人调取至多5个证人的宣誓证言，以多者为准。

在宣誓作证过程中，律师可以在证人宣誓之后开始交叉询问，通常以速记或录像的方式记录整个取证过程。在取证过程中，任何一方律师可以对对方律师提出的问题表示异议并说明异议的理由。❷ 在取证结束之后，记录员将向证人提交作证记录供其签署，之后记录员将在记录上确认证人在其面前作证且该记录真实准确。❸ 有经验的律师通常会在宣誓作证前为己方证人讲解作证的基础常识和技巧。

（5）专家证人。 337调查中的申请人和被申请人通常会聘请各自的专家证人对相关专业问题发表意见。专家证人主要包括三种类型：

（i）技术专家证人，就涉案的技术问题发表专家意见；

（ii）经济学专家证人，就国内产业、公共利益等问题提供专家意见；

（iii）法律专家，就外国法或者专利申请程序提供专家意见。

此外，还可能会出现关于电子取证的专家意见等。337调查中，专家证人参与事项主要包括：在事实证据开示之后出具专家意见、进行相关的宣誓作证、提供针对对方专家意见的反驳意见、为行政法官进行技术辅导（technology tutorial）、在庭审中作证等。在有的案件中，行政法官会专门安排双方提交专利权利要求解释的专家意见，用于马克曼听证程序。

如果打算应诉到底，被申请人通常应在案件开始不久后便物色相关的专家证人，毕竟相关技术领域内具备丰富诉讼作证经验的专家并不多，而

---

❶ 《程序规则》第210.28（c）条。

❷❸ 《程序规则》第210.28（d）条。

申请人因主动提起案件，其在选择专家的时间上占了先机。虽然专家意见提交的时间通常在事实证据开示截止日之后1个月左右，但在证据开示进行到一定程度之后，专家证人便开始专家意见的准备工作，包括审阅双方提交的证据文件，以及搜索、分析公开文献等。专家意见提交以后一两周内，各方需要提交针对对方专家意见的反驳意见。在专家意见以及反驳的专家意见提交之后，双方当事人可以安排对专家的宣誓作证，以借机找出破绽，攻击对方的专家意见。此外，如果涉案技术复杂，行政法官经常会要求或者允许各方当事人在庭审前提供技术辅导，即向行政法官说明涉案技术背景。为争取获得行政法官的支持，常见的是技术专家证人参与技术辅导。

337调查中经常发生针对专家意见的争议。各方当事人总是希望找出对方专家意见的瑕疵，使之全部或部分无效，降低对方专家证人的可信度，影响对方专家意见被法官采纳的可能性。而专家意见可能因为各种原因不为行政法官认可。例如，在3G/4G无线设备案（337-TA-868）中，交互数字（InterDigital）公司的一份专家报告依赖其在事实证据开示截止日期以后提交的文件，而有证据表明Interdigital公司在知晓这些文件存在后7个月才提交，行政法官因此认定由于Interdigital公司的不及时提交文件导致三星公司无法在事实证据开示阶段研究这些文件，因此裁决Interdigital公司的专家报告不得将那些迟交的文件作为支持证据。同在该案中，Interdigital公司的另外一份专家报告的补充版也受到了三星公司的质疑。三星公司认为，对于该补充专家报告增加的信息来源，在专家报告初稿提交之前已经掌握该等信息，不具备事后补充该等内容的正当合理理由。行政法官同意了三星公司的观点，因而不认可该补充专家报告的相应内容。

（6）承认。任何当事人可向任何其他当事人送达一份书面请求，要求其承认与调查有关的事实。❶ 被请求人应当在收到承认请求后10日内或行政法官指定的期限内作出答复；如果被请求人未在前述期限内作出答复，行政法官将推定相关事实成立，除非行政法官根据被请求方的动议撤销或重新考虑该事实推定。被请求人不得以"缺少相关信息或不知情"为由拒绝承认，除非其已进行了合理的调查，且已知的信息不足以作出承认或拒绝承认的决定。❷ 当事人在337调查中作出的任何承认仅适用于该调查，不得在任何其他程序中被用作对其不利的证据。

（7）传票。337调查的一方当事人在无法从对方当事人取得相关证据

---

❶《程序规则》第210.31（a）条。
❷《程序规则》第210.31（b）条。

的情况下，可以请求第三方开示相关信息。对于位于美国境内的第三方，一方当事人可以请求 ITC 采用发传票（subpoena）的方式要求第三人提供相关信息，被请求人通常情况下应在 10 日内作出答复。如果被请求人拒不配合，ITC 可以请求美国联邦地区法院强制执行。❶ 由于 ITC 的传票对位于美国境外的第三方没有约束力，ITC 很难要求美国境外的第三方配合开示程序，除非相关信息由其位于美国境内的关联公司掌握。值得注意的是，如果第三方是任何一方当事人控制的子公司或其母公司，该子公司或母公司掌握的资料视为该方当事人掌控的材料而应予以开示，不论该子公司或母公司位于何处。前述规则和解释解决了 ITC 的传票无法延伸到美国境外第三方的难题。

（8）电子取证。随着越来越多的企业以电子的形式保存资料，电子取证（E-discovery）逐渐成为 ITC 开示程序中很重要的一部分。除非受拒证特权的保护，任何以电子形式保存的与调查有关的文件都有可能落入 337 调查开示的范围，例如电子邮件、即时聊天记录、电脑硬盘上储存的数据、数据库、CAD 文件以及网页等电子信息。值得注意的是，在企业得知其被列为 337 调查的被申请人之后，不得对与调查有关的数据和信息进行修改或删除，一旦被发现，行政法官和 ITC 将作出对被申请人不利的事实推定。由于进驻企业收集电子信息或拷贝硬盘的调查取证人员可以还原被删除的信息或追踪到修改记录，因此，如被申请人对相关的电子信息做手脚，这种举动被暴露的可能性极大。

（9）证据开示制度的最新变化。2013 年 5 月 21 日，《联邦公报》公布了 ITC 的《程序规则》中新修订的第 210.27 条，该条中的相关规则自 2013 年 6 月 20 日起生效。此次修改主要是为了限制 337 调查取证的范围，提高 337 调查证据开示的效率，解决证据开示成本高昂尤其是电子取证程序费用高昂等问题。这些新修订条款参考了《联邦民事程序法》以及部分联邦地区法院的有益做法。

新修订的《程序规则》第 210.27（d）条规定：

> 如果存在下列情形，行政法官必须通过命令限制证据开示的频率和范围：
> （a）所寻求的证据开示不合理地累积、重复，或可以通过更方便的、负担更少的、更便宜的其他途径获取；
> （b）要求证据开示的一方已经有充分的机会去获取调查所需

---

❶ 《程序规则》第 210.32（g）条。

信息；

(c) 回应一方已经放弃了对其调查的正当性的法律抗辩或双方已经就与调查事项相关的事实达成一致；

(d) 考虑到调查的需求，证据开示对需由委员会裁决的事项的重要性以及公共利益，所要求的证据开示的负担或费用超出了可能的利益。

此次修订还对电子证据开示作了特别限制。新修订的《程序规则》第210.27（c）条允许某些电子信息的取证由于一方认为不适当的负担或费用而不可合理获取，可不提供。若另一方要求强制提供，可提交动议强制开示。此时，被要求提供信息的一方必须证明该信息不可合理获取是因为不合理的负担或费用。如果要求强制开示的一方证明存在强制开示的合理理由，行政法官可命令强制开示。如今，企业在经营过程中储存的电子数据往往数量巨大，内容复杂，为了尽量获取更多的信息，从时间上看，要求提供文件的一方往往要求对方提供其现在以及历史上储存的电子数据；从公司的运营角度看，要求提供的数据往往包括研发、生产、销售、管理等方面的电子数据。这些数据可谓浩如烟海，提供这些信息以及从中找出与案件有关的信息，对双方都是耗时费力的事。此次修订豁免的电子取证关键词是"不合理的负担或费用"，给拒绝提供了相关电子证据一个合理的理由，将为各方在337调查中的电子取证提供基本的指导原则，同时有助于减少双方在电子取证方面的成本并提高证据开示的效率。

（三）马克曼听证

马克曼听证（Markman hearing）是指美国专利诉讼中专门解释专利权利要求的程序，在专利案件中具有举足轻重的作用，事关侵权分析、专利的有效性等众多或影响或决定案件胜负的问题。马克曼听证这一独特程序的名称源自美国联邦最高法院1996年在Markman案[1]中所作的判决。在该案中，美国联邦最高法院认定，比起陪审团，法官更具备解释专利权利要求的能力，从而将专利权利要求的解释权利归给法官。之后，美国联邦地区法院逐渐发展并丰富了一套复杂的马克曼听证程序。与联邦地区法院不同的是，ITC并没有就专利权利要求的解释作出特别的规定。对于337调查中的权利要求解释，行政法官可能在下面几个不同的阶段作出裁定：

（1）在庭审后的初裁中作出专利权利要求的解释；

---

[1] Markman v. Westview Instruments, 517 U.S. 370 (1996).

（2）在裁决关于简易裁决的动议时作出专利权利要求的解释；

（3）选择在简易裁决阶段前进行单独的马克曼听证程序，并提前就权利要求解释作出裁定。

在337调查程序中，行政法官有权决定是否进行马克曼听证。通常，马克曼听证程序出现在结案期限长于15个月或专利的权利要求不太复杂，并不需要进行大量的证据开示的337调查。[1] ITC目前的六位行政法官的《基础规则》都提到了马克曼听证，除了行政法官大卫·肖（David P. Shaw）的《基础规则》提到"除非另有裁定，本调查没有马克曼听证程序"以外，其余五位行政法官的基础规则都规定在有利于调查进行或有必要的情况下，将进行马克曼听证，以便理顺双方争议的焦点。

基于337调查程序紧凑的日程安排，希望进行马克曼听证的当事方通常需在行政法官颁布日程表之前提出要求。实践中，如果双方在案件日程表颁布之前没有对此达成一致意见，行政法官会给双方一个缓冲的机会，即在案件日程表中规定，双方就是否需要进行马克曼听证提出书面意见的时间。例如在硅酸锂材料案（337-TA-911）中，被申请人要求进行马克曼听证，而申请人不希望进行马克曼听证，行政法官颁布的案件日程表规定，双方应该在2014年6月10日之前提交关于是否进行马克曼听证的书面意见。

为了提高效率，在进行马克曼听证之前，行政法官会要求双方进行磋商（meet and confer），将双方有争议的内容列出来。有的法官会在案件日程表中列出马克曼听证前双方就专利权利要求的解释进行意见交换的具体步骤，以同步动态随机存储器控制器案（337-TA-661）中日程表的相关内容为例，权利要求解释意见的交换步骤如表2-1所示。

表2-1 权利要求解释意见交换的具体步骤示例

事 件	目标日期
申请人和被申请人交换需要解释的专利权利要求	2009年2月10日
申请人和被申请人交换指定的专利权利要求的初步解释	2009年2月17日
双方就专利权利要求的解释进行会谈的最后期限	2009年2月20日
申请人和被申请人就所争议的专利权利要求提交概要	2009年3月2日
申请人和被申请人就所争议的专利要求提交概要的回复	2009年3月12日

---

[1] PETER S. MENELL, et al. Section 337 Patent Investigation Management Guide [J]. Berkeley Center for Law & Technology, Lexis Nexis, 2010.

续表

事　　件	目标日期
调查律师对所争议的专利权利要求提供意见	2009年3月20日
各方提供提交专利要求解释的表格以及各方拟定的解释	2009年3月23日
支持专利权利要求解释的证人作证	2009年3月3~16日
技术演练及马克曼听证	2009年3月24~25日

需要说明的是，该案于2008年12月10日立案，日程表上事实证据开示的截止时间是2009年5月26日，可见，该案与专利的权利要求解释相关的工作与证据开示同时开始，但大约在事实证据开示结束前2个月就已经举行了马克曼听证。该案中，行政法官在2009年6月22日作出了关于专利权利要求的解释的裁定。

ITC多个行政法官的《基础规则》规定，在马克曼听证的裁定作出后，双方的证据开示以及概要的范围将限于该等专利权利要求解释。这种安排有利于减少双方的争议，缩小证据开示的范围，减少双方的费用。此外，专利权利要求解释在案件早期确定下来也有利于双方预估胜败，从而寻求以和解或其他方式尽早结案。

此外，有的案件日程表中会专门设置专利权利要求解释的专家意见提交时间，以内存控制器案（337-TA-619）的案件日程表相关内容为例，权利要求解释的专家意见提交时间如表2-2所示。

表2-2　权利要求解释的专家意见提交时间示例

事　　件	拟定日期
指出需要解释的专利权利要求	2008年3月3日
交换专利权利要求的初步专家报告	2008年3月17日
交换专利权利要求的反驳专家报告	2008年3月27日

从上述表2-1和表2-2可以看出，337调查中的马克曼听证前的准备工作时间非常紧凑。但需要注意的是，各方针对马克曼听证程序所做的紧张工作未必会带来一个独立的裁定。例如，在电视设备案（337-TA-910）中，行政法官明确提出，即使进行了马克曼听证，也可能在作出初裁时才

会作出对专利权利要求的解释。❶

如前所述,在337调查中进行马克曼听证的好处是可以尽早确定双方有争议的专利权利要求以及行政法官对此的意见,从而减少证据开示的范围,甚至可以导致提前结案,继而提高司法效率并且降低调查成本。由于许多申请人希望通过337调查程序给被申请人施压从而获得有利的商业条件,因此,他们对可能提前导致案件结果明朗化的马克曼听证程序不太积极。实践中,如果双方对是否进行马克曼听证存在不一致意见时,反对的通常会是申请人,赞成的会是被申请人,例如硅酸锂材料案(337-TA-911)和安全通讯设备案(337-TA-858)。

但是,从上述表格也可以看出,围绕着马克曼听证需要做大量的工作,而且在案件早期证据开示义务最繁重时进行,因其结果事关重大,双方当事人需要投入大量的精力,这对双方当事人来说都是不小的负担。对中国企业来说,如果有意争个胜负并且有充分的应诉精力,选择马克曼听证程序通常会更有利——虽然在案件前期需要更多的投入,但对于整个案件而言无疑可降低整体应诉成本。而根据ITC目前的行政法官对马克曼听证的态度,大部分情况下会准予举行马克曼听证。

(四)开 庭

1. 开庭前的准备

在证据开示程序结束后的1~2个月内,各方主要为开庭做准备,包括准备庭审前陈述和证据,提交证据可采性的动议以及某些调查中的技术演练(tutorials),以及召开最后一次开庭前会议。

为了提高庭审的效率,行政法官通常要求调查各方提交庭审前陈述(pre-hearing statement),主要包括如下内容:

(1)列出出庭作证的证人名单;
(2)列出出庭将提交的证据清单;
(3)提出需要由行政法官审理的主要争议点以及表明本方的立场和理由;
(4)庭审前会议将要提出的问题;
(5)对由宣誓作证证言代替现场作证的看法。

调查律师通常在双方提交相关陈述之后的几天内也向行政法官提交其

---

❶ Certain Television Sets, Television Receivers, Television Tuners, and Components Thereof (337-TA-910)案中,行政法官与各方当事人在2014年4月1日的电话会议记录。

庭审前陈述，这是调查律师首次全面对调查的实体问题表明其立场和观点。

准备庭审证据也是开庭前准备的重要内容之一。通常，日程表中会确定交换初步和反驳证据的最迟日期。各方应当准备好相关证据，例如剔除重复的内容以及保证外文证据已有翻译版本。关于相关证据的可采性，各方可以提起可采性动议，要求行政法官排除与调查无关的证词或证据。

在涉及复杂技术的情况下，行政法官可能会要求进行技术演练，帮助其了解相关的技术。通常情况下，技术演练由各方的专家证人进行，各方不得利用技术演练向行政法官表明其立场。

2. 开　　庭

开庭程序是整个337调查程序中至关重要的一步，各方将在主审行政法官面前表明本方的立场、反驳对方的立场并提供支持证据。庭审由行政法官在ITC的法庭内进行，持续数天甚至数周。在实践中，由于337调查通常涉及商业秘密信息，绝大部分的庭审不公开进行。不公平贸易办公室作为独立第三方参加庭审。

开庭通常由申请人的律师进行陈词（presentation）为开端，之后分别由被申请人律师和不公平贸易办公室律师陈词。但有些情况下行政法官会要求各方在陈词之前做开场陈述（opening statement）。各方的开场陈述应当简明扼要，行政法官不赞成冗长的开场陈述，因此持续的时间较短。陈词的过程主要围绕着证据进行，任何一方都应当对自己的陈述和主张承担举证责任。举证的方式包括提供出庭证人和提供相关证据，对方和不公平贸易办公室调查律师将对提供的证据进行询问或提出反对意见。以提供出庭证人为例，申请人和被申请人通常都会提供各自的出庭证人，对方和不公平贸易办公室调查律师将对本方的出庭证人进行交叉询问，有时候行政法官也会向证人提问。尽管有权提供出庭证人，但不公平贸易办公室通常不会提供出庭证人，其主要是对申请人和被申请人提供的出庭证人进行交叉询问。不同行政法官询问证人（witness examination）的方式可能不同。部分行政法官采取传统的模式，即按照本方询问、对方交叉询问、不公平贸易办公室调查律师询问、本方再询问的程序进行；其他行政法官可能要求一方在开庭之前提供本方证人相应的书面证词，这样在开庭时就省去了本方询问，直接进行对方交叉询问和不公平贸易办公室调查律师询问等。❶

---

❶ TOM M. SCHAUMBERG. A Lawyer's Guide to Section 337 Investigations before the U.S. International Trade Commission [M]. ABA Publishing, 2010: 155.

3. 开庭后相关事宜

行政法官不是在开庭后立即作出裁决，而是在审阅各方当事人以及不公平贸易办公室调查律师提交的庭审总结（post-hearing brief）之后作出初裁，这时离庭审结束大约 2 个月左右。行政法官会在庭审结束后设定各方当事人以及不公平贸易办公室调查律师提交庭审总结的日程，通常持续3~5 周。❶❷ 该日程包括提交本方庭审总结以及提交反驳对方庭审总结的安排。本方庭审总结主要就事实和法律争议点发表意见，这也是各方说服行政法官的最好机会。❷ 部分行政法官会在收到庭审总结之后举行总结辩论（closing argument），但大部分的调查中不举行总结辩论。❸

（五）行政法官的初裁

在收到庭审总结之后，行政法官将就是否违反 337 条款作出初裁（initial determination）。❹ 初裁的内容包括事实认定和法律结论。初裁对所有重大问题作出认定，包括不公平竞争行为、进口以及国内产业是否存在等问题。如果调查不涉及在联邦登记注册的知识产权，行政法官还需要就国内产业是否受到损害作出认定。除非委员会在初裁颁布 60 日内作出复审决定，初裁即被视为 ITC 的终裁。在颁布初裁之后的 14 日内，行政法官将颁布建议裁决（recommended determination），主要对一旦委员会认定存在侵权时的救济措施以及总统审查期间的保证金数额提出建议。❺ 与初裁不同，建议裁决不会自动成为 ITC 的裁决，仅供委员会参考。❻

（六）委员会的复审及终裁

不服行政法官初裁的任何一方当事人可以在行政法官初裁送达后 12 日内向委员会提出申诉，要求其进行复审。❼ 委员会可以接受或拒绝复审申请，也可依职权主动决定复审。当事人不提出申请则视为其放弃以后任何

---

❶❷ TOM M. SCHAUMBERG. A Lawyer's Guide to Section 337 Investigations before the U.S. International Trade Commission [M]. ABA Publishing, 2010: 157.

❸ TOM M. SCHAUMBERG. A Lawyer's Guide to Section 337 Investigations before the U.S. International Trade Commission [M]. ABA Publishing, 2010: 158.

❹ 行政法官对某些动议也以初裁的方式作出决定，主要包括确立目标日期动议、缺席判决动议、即席判决动议、没收或归还被申请方保证金动议、终止调查动议等。对于上述动议作出的初裁也要提交 ITC 审议。

❺ 《程序规则》第 210.42（a）（1）（ii）条。

❻ 《程序规则》第 210.50（a）条。

❼ 《程序规则》第 210.43（a）条。

上诉的权利。❶ 如果委员会决定对初裁进行复审，将会就复审范围和问题作出具体规定；如果委员会只是决定审查初裁的部分内容，则未被列入审查范围的内容将自动成为委员会的终裁。❷ 如果委员会不进行复审，则行政法官的初裁在上报 60 日后成为 ITC 的裁决。❸ 对行政法官的初裁，委员会可以在审查之后作出终裁维持、撤销、修改或驳回初裁的部分或全部，也可以发回由行政法官重审。❹ 此外，对于初裁中的某些问题，委员会可以对初裁中的某些问题不发表意见，即不表示赞同也不表示反对。❺ 委员会终裁送达后 14 日内，任何关系方均可以提出申请要求委员会复议。❻ 委员会在收到复议申请后，可以维持、撤销或修改其终裁。❼

（七）总统审查

在 ITC 作出违反 337 条款的终裁后，除了应立即在《联邦公报》公告之外，还应立即将其终裁裁决、救济措施意见以及作出终裁的依据一并呈交美国总统或者美国总统授权的人员。❽ 这里的"美国总统授权的人员"是指美国贸易代表。实践中，终裁以及相关文件最初递交给白宫文书办公室（White House Clerk's Office），之后转交给美国贸易代表办公室，由美国贸易代表处理。❾ 在审查相关文件后，美国贸易代表将向总统建议应采取哪种措施。❿ 美国法律允许在适当的情况下对美国贸易代表开展游说活动。⓫ 美国总统应在收到终裁后 60 日内决定是否批准终裁。如果美国总统收到终裁后 60 日内没有作出否决终裁的决定，则视为美国总统已批准终裁。如果 ITC 认定不违反 337 条款，则没有总统审查程序。如果申请人不服 ITC 作出的被申请人不违反 337 条款的裁决，可以立即启动上诉程序，向联邦巡回上诉法院对 ITC 的裁决提起上诉。

实践中，美国总统一般都会支持 ITC 的终裁，但也有例外。时隔 26 年，美国总统于 2013 年在三星公司诉苹果公司电子设备 337 调查案（337-TA-794）中首次否决 ITC 作出的终裁。2013 年 6 月 4 日，ITC 最终

---

❶ TOM M. SCHAUMBERG. A Lawyer's Guide to Section 337 Investigations before the U.S. International Trade Commission [M]. ABA Publishing, 2010: 180.

❷ 《程序规则》第 210.43 (d) 条。

❸ 《程序规则》第 210.42 (h) (2) 条。

❹❺ 《程序规则》第 210.45 (c) 条。

❻ 《程序规则》第 210.47 条。

❼ 《程序规则》第 210.48 条。

❽ 《程序规则》第 210.49 (b) 条。

❾❿⓫ TOM M. SCHAUMBERG. A Lawyer's Guide to Section 337 Investigations before the U.S. International Trade Commission [M]. ABA Publishing, 2010: 188.

支持了三星公司的主张，在终裁中颁布了针对苹果公司老款 iPhone 的排除令。在颁布终裁之前，苹果公司主张，由于三星公司所持有其中一项专利属于标准必要专利（standard essential patent），考虑到公共利益因素，ITC 应当拒绝颁布排除令，但 ITC 并没有支持苹果公司的该项主张，而是将政策因素留给总统考量。337 条款授权美国总统根据政策原因否决 ITC 排除令，这些政策原因包括公共健康和福利、美国经济的竞争环境、美国制造竞争性产品的情况、美国消费者以及美国政经外交关系。在 2013 年 8 月 3 日给 ITC 委员会主席的信函中，相关贸易代表表示，考虑到对美国经济竞争环境以及消费者的影响，否决 ITC 作出的终裁。具体来说，该信函参考援引了美国司法部和美国商标专利局在 2013 年 1 月 8 日共同发布的关于标准必要专利的政策报告❶作为支持。该政策报告认为对于标准必要专利，只有在美国联邦地区法院无法获得有效救济的情形下（例如存在过错的被许可人拒绝接受条件公平合理的许可），ITC 给予排除令救济才较为合适。

二、337 调查中的商业秘密信息保护

为认定侵权与否，被申请人需要在 337 调查程序中披露涉案产品有关研发、生产和销售等信息。此外，337 调查要求当事人披露的信息，无论是深度还是广度，远远超过了中国企业熟悉的国内民事诉讼程序的要求。例如，在某 337 调查中，中国企业曾被要求提供其逐年财务数据，包括成本、利润和销售渠道等信息，甚至被要求将公司有关工作人员（包括高管）电脑的硬盘全部复制。因此，对 337 调查程序不太熟悉的中国企业首先有疑问的是，是否有必要全面提供文件；如果提供了，这些提供的信息是否能得到保护。

337 调查制度的基石就是商业秘密保护。对于是否必须提供前述全部信息，因案而异，也是考验律师技巧的试金石；且所提供的商业秘密一定能得到严格保护，否则 337 调查将失去其基础和价值。正如曾任 ITC 主席的狄安娜·坦娜·奥肯（Deanna Tanner Okun）在钢制衣架案（337-TA-421）中指出的："……有关法律及规则授权 ITC 保护当事人的商业秘密，以鼓励当事人有信心提交敏感商业信息。一直以来，ITC 尽其所能地保护商业秘密，让信息提供者对他们所提交的商业秘密的安全性产生信心，从而自愿提交有关信息。……ITC 严格保护当事人的商业秘密，当事人不能以此为由而不在调查程序中提供商业秘密……"

---

❶ [EB/OL]．[2014-07-16]．www.justice.gov/atr/public/guidelines/290994.pdf.

（一）法律依据

在337调查程序中，有关商业秘密保护的规则主要见于《1930年关税法》第337节和ITC的《程序规则》。《1930年关税法》第337（n）条规定了商业秘密保护的问题：向ITC提供的或者当事人之间交换的涉及本条规定的审理案件的信息，如果根据ITC规则被适当地确定为机密商业信息的，未经提供人同意不得向任何人披露。例外是政府工作人员（包括参与调查的ITC工作人员、政府官员以及执行有关命令的海关工作人员等）及按照ITC规则受保护令约束的人员。

具体保护商业秘密的规则详见于ITC的《程序规则》，比较重要的条款主要包括《程序规则》第201.6条、第201.8条、第207.7条、第210.5条、第210.34条、第210.39条和第210.72条等。其中，《程序规则》第201.6条界定了商业秘密的概念。根据《程序规则》第201.6（a）条规定，商业秘密基本要素如下：

（1）没有公开；

（2）具有商业价值；

（3）与以下任何因素有关：行业秘密、工艺、运营、工作方式、设备或者生产、销售、装运、购买、转让、客户身份、存货目录或任何人、商号、合伙、公司或其他经济组织的收入、利润、亏损或花费的数额及来源，以及其他类似信息；

（4）未依法律规定披露该信息将导致如下后果：损害ITC对实现法定职能所需信息的获取能力或者对提供信息的人、商号、合伙、公司或其他组织的竞争力造成严重损害。特别是，数值性机密商业信息的非数值性部分（如趋势讨论）只有在提交者基于正当理由提出请求时，才能视为商业秘密。

（二）337调查程序中的商业秘密保护

1. 商业秘密待遇

根据《程序规则》第201.6（b）条，任何人认为其在调查中提交的信息属于商业秘密，且要求得到ITC规则中商业秘密待遇，需向ITC的秘书处说明，提交规则要求的有关材料，并在说明函的信封上标明这是一份要求商业秘密待遇的信函。秘书处将依据前述《程序规则》第201.6条规定的商业秘密概念进行认定。当事人对秘书处认定不服的可申请委员会复议。

那么，商业秘密可以享受哪些待遇？最实质的就是限制商业秘密公开。337调查程序中的商业秘密，只有进入商业秘密保护令名单的人员和特定政府官员能够接触。《程序规则》第210.39条规定了商业秘密不公开待遇的具体表现，主要有三方面的内容：一是有关商业秘密的内容不在公开的记录中出现，只是作为委员会秘密记录的一部分；二是商业秘密只有在特定的情况下，才在联邦地区法院的民事诉讼中使用；三是律师在提交文件时，应善意地尽量避免披露保密状态中的文件和证言中的具体细节，如果确实有必要披露引用其中一些商业秘密，则律师所提交的文件也应该作为保密文件，成为委员会秘密记录的一部分。因此，在ITC所有公开的文件中，商业秘密的部分已经被删除。也就是说，337调查程序中的材料一般都有公开版和保密版之分。同时，庭审中涉及商业秘密的部分也不允许保密令名单之外的人员参与（ITC工作人员除外）。

337调查往往伴随联邦地区法院的平行诉讼。在联邦地区法院的知识产权诉讼可以与337调查同时或先后进行。这就涉及337调查程序中披露的商业秘密是否可以在民事诉讼中使用的问题。《程序规则》第210.5（c）条规定，在联邦地区法院认为必要并发布保护令的情况下，在337调查中获取的商业秘密可移交给法院，在民事诉讼中使用并认定为证据。

2. 保护令制度

337调查的商业秘密保护主要靠保护令（protective order）制度执行。在调查开始后不久，行政法官一般发布一个商业秘密的保护令[1]。其主要内容是规定有权获取该337调查的商业秘密的人员，以及详细规定这些商业秘密的处理等。保护令不仅保护参与调查的当事人的商业秘密，也保护第三方根据委员会的传票提供的商业秘密。

一般而言，有权进入保护令名单可接触商业秘密的人员主要包括当事人的外聘律师和当事人的专家证人及翻译。以上人员需向秘书处递交一份愿意受保护令约束的信函。实践中，该信函内容主要包括：

（1）接受该保护令的约束；

（2）不向其他人泄露经保护令授权才能获得的商业秘密，例外是ITC调查该案的工作人员、该商业秘密的提供者、其他根据保护令有权获取该商业秘密之人以及其他特定的人；

（3）只能为本337调查案的目的使用该商业秘密，特定情况除外。

---

[1] 本书附录5将原文展示碎纸机案的《保护令》。

实践中，外聘律师是非常注意保护令问题的。一旦律师之间谈论的问题涉及对方当事人的商业秘密，外聘律师都会让客户安静地走开，电子邮件抄送的名单也必须删除客户的电子邮件地址。

那么，公司内部律师为什么一般不允许进入保护令的名单呢？在无定型金属合金案（337-TA-143）中，ITC指出，公司的内部律师被排除在保护令的名单之外，并不是由于他们本质上靠不住，而是由于他们与公司的关系紧密。内部律师（或顾问）在公司中虽然只是法律顾问，但他们与公司的管理和操作有千丝万缕的联系，这使得他们作为法律顾问和公司职员这两个角色经常混淆，如果允许他们进入保护令名单，保护令的作用将极大地降低。此外，他们还常常和公司的技术人员定期交流，有可能有意无意地泄露从调查中得到的商业秘密。总之，对于是否泄露商业秘密问题，公司内部法律顾问的角色与外聘律师存在巨大的差异。因此，除非信息提供人特别同意，公司内部法律顾问在337调查程序中不允许接触对方当事人的商业秘密。经典的案例有硫化物案（337-TA-296）。被申请人向该案法官提起动议，请求允许四名在某联邦地区法院中进入保护令名单的公司内部律师在ITC的程序中也有权接触商业秘密。该动议被行政法官驳回。

行政法官指出：

（1）仅仅存在联邦地区法院的平行诉讼和该法院的保护令，并不必然导致公司内部律师在337调查程序中可以接触商业秘密；

（2）本案被申请人并没提供特别事实以证明其内部法律顾问有了解商业秘密的必要，也没有证明前述必要超过了申请人因此承担的风险；

（3）337调查程序中的保护令独立于联邦法院程序的保护令，除非证明有关商业秘密与公司内部律师在联邦地区法院已经了解的商业秘密一致，否则内部律师不能进入337调查程序的保护令名单。

根据《程序规则》第207.7（d）条，进入保护令名单的人员违反保护令将导致严重的后果。例如，违反者及其合伙人、律师、雇员和雇主在ITC案件中执业的权利会被取消，禁入期可高达7年；对于违反保护令的专业人员（如律师和会计师等），ITC向他们各自的职业协会通报该事件，也可采取委员会认为合适的其他制裁手段（例如警告信）。

对于外国律师而言，由于制裁很难落实，因此，ITC一般不允许外国律师接触337程序中的商业秘密。但是，对于拥有美国律师执照的外国律师，ITC的意见另有不同，并曾就一位取得美国律师执照的中国律师是否

可以列入保护令名单作出肯定的裁决。❶

总之，保护令制度旨在保护 337 调查程序中的商业秘密，而这种保护保证当事人和第三方愿意提交其商业秘密，以利于 ITC 查清事实。

违反 337 条款的处罚措施与执行

一、违反 337 条款的处罚措施

（一）排　除　令

排除令（exclusion order）是 337 条款中最重要也是最具威慑力的处罚措施，这直接导致相关产品无法进入美国市场。排除令由美国海关与边境保护局知识产权保护部执行，禁止侵犯申请人知识产权的产品入关。排除令包括有限排除令和普遍排除令。

有限排除令禁止被申请人的涉案产品进入美国。有限排除令也会通常要求被申请人提交报告。如果 ITC 有此种要求，被申请人应当定期向 ITC 报告涉案产品相关的活动。❷ 与普遍排除令相比，如果被认定存在侵权，ITC 通常针对被认定侵权的被申请人颁布有限排除令。例如，在同轴电缆接头案（337-TA-650）中，ITC 支持申请人约翰·梅札奎合伙（John Mezzalingua Associates）公司的请求，终裁认定 4 家中国企业存在侵权行为，并颁布有限排除令禁止这 4 家中国企业的相关产品进入美国市场。

申请人可以要求 ITC 颁布普遍排除令，即裁定所有涉案产品将不问来源地被排除在美国市场之外。与有限排除令不同的是，普遍排除令针对的是产品，且不限于被申请人的产品。也就是说，普遍排除令是一个针对全世界的禁令，而不论产品来自哪个国家和地区。普遍排除令的签发有其严格的前提条件：普遍排除产品进入美国市场对阻止规避有限排除令的行为是必要的，或存在违反 337 条款的侵权模式且难以确定侵权产品的来源。ITC 虽然很少颁布普遍排除令，但一旦颁布将给整个行业带来毁灭性的打

---

❶ 在赖氨酸 337 调查案（337-TA-571）中，2006 年 6 月 22 日申请人提出，鉴于被诉方律师冉瑞雪是中国公民、在中国居住以及在中国律师事务所执业的事实，虽然她是拥有美国纽约州律师执照的中国律师，但也应被排除在商业秘密保护令名单之外。2006 年 7 月 7 日，ITC 行政法官驳回了申请人的动议，从而保证了冉瑞雪律师能够实质参与该案的律师代理工作。

❷ 《程序规则》第 210.71 条。

击。例如，在2005年的复合木地板案（337-TA-545）中，ITC终裁颁布普遍排除令，禁止所有侵犯申请人专利权的复合木地板进入美国市场。对于中国企业而言，这意味着整个行业里所有侵犯涉案专利的复合木地板无缘美国市场，这对中国的复合木地板的生产和出口以及中国复合木地板行业的发展造成了重大冲击。

前述排除令的期限依据所侵犯的知识产权类型的不同而不同。如果产品侵犯的是美国专利，那么排除令的期限就等于该专利的有效期限；专利到期失效，排除令也就自动失效。但是，如果是商标侵权，则没有明确的期限，因为商标可以无限期续展。只要商标仍然合法有效，排除令就继续有效。

由于侵权产品可能以不同的形式进入美国市场，有的是以独立产品的形式，而有的是作为其他产品的一部分组装加工成下游产品后进入美国市场。对于前者的出口，排除令排除的产品容易界定，海关执行起来也较为容易。而对于后者，由于打击面扩大，增加了海关执行的负担。对于下游产品的排除范围，美国联邦巡回上诉法院在著名的京瓷案中确定了ITC仅有权将列为被申请人的下游产品排除在美国市场之外；如果ITC没有颁布普遍排除令，而未被列为被申请人的下游产品仍可以进入美国市场。对于违反有限排除令或普遍排除令的行为，ITC可以命令扣押和没收货物。[1]

（二）制 止 令

与排除令不同，制止令不是交由美国海关执行，而是由ITC自行实施，因为制止令主要针对美国企业，尤其是被调查企业在美国的分支机构。与排除令防止侵权产品进入美国市场不同，制止令主要为了禁止继续销售已经进口到美国的产品。ITC在作出制止令裁决时通常会考量已经进口到美国侵权产品的库存数量。如果库存数量可观，ITC很有可能根据申请人的要求颁布制止令。违反制止令的行为将导致没收侵权产品、罚款或其他制裁。以罚款为例，违反制止令的企业将被处以10万美元/日的罚款，或相当于每天输往美国产品价值两倍的罚款，两者以较高者为准。[2] 制止令也适用于企业的股东、管理人员、董事、雇员、代理人、被许可人、分销商、以股权或其他形式被控制的企业、被诉企业的继承人或被转让人等。[3] 因此，有些作为被申请人的企业在美国设立销售公司，如果这些销售公司销售的进口产品被ITC认定为侵权且ITC颁布了制止令，其也应当遵守制

---

[1] 19 U.S.C. 1337 (i).
[2] 19 U.S.C. 1337 (f) (2).
[3] 冉瑞雪. 337调查 [J]. 中华商标, 2003 (5).

止令的要求，不得继续销售库存的产品。

一旦 ITC 作出侵权裁决，则如果进口商在总统审查期间继续向美国进口侵权产品，则必须向海关缴纳保证金（bond），保证金的数额由 ITC 确定；同样，在总统审查期间，只要被申请人向 ITC 缴纳保证金，则可以不执行制止令，继续在美销售侵权产品。如果总统没有否决 ITC 的救济命令，在 60 日的审查期届满时，制止令将发生效力，上述保证金有可能将归申请人所有。❶

（三）临时救济措施

申请人在提交 337 调查申请书的同时还可以提交要求 ITC 采取临时救济措施的动议，包括临时的制止令和/或排除令。申请人通常应当在提交申请书时一并提交获得临时救济措施的动议。❷ 在有正当理由的情况下，申请人可以在提交申请书之后至 337 调查正式立案之前向 ITC 提起获得临时救济措施的动议。在 337 调查正式立案之后，申请人不得再提起要求临时救济措施的动议。❸ 在 337 调查正式立案之前，申请人可以随时修改临时救济措施的动议；在立案之后，申请人不得增加请求的临时救济措施的范围。❹ ITC 通常在决定是否立案的同时决定是否受理申请人的临时救济动议。❺ 被申请人通常应在收到临时救济措施动议申请后 10 日内作出答复；在案情复杂的情况下，可以延长至 20 日。❻

ITC 在判断是否采取临时救济措施时，通常需要考虑如下因素：申请人在调查中胜诉的可能性；如不采取临时救济措施可能对美国国内产业造成的损害；采取临时救济措施对被申请人可能造成的损害以及对公众利益的影响程度。被申请人可以提出的反驳理由通常有：

（1）专利无效的有力证据。
（2）不侵权的证据，只要对是否侵权提出实质性疑问即可。
（3）申请人不存在国内产业。
（4）申请人不能证明其不颁布临时救济将造成不可弥补的损害，具体例如申请人提出的不可弥补的损害的各种情形不存在；即使有，也有很多其他可能的原因。例如，在 337-TA-777 案中，申请人说自己的产品因为

---

❶ 19 U.S.C. 1337 (j) (3)。
❷ 《程序规则》第 210.52 条。
❸ 《程序规则》第 210.53 条。
❹ 《程序规则》第 210.57 条。
❺ 《程序规则》第 210.58 条。
❻ 《程序规则》第 210.59 条。

被申请人的进口被迫降价。被申请人指出，第一，申请人没能证明其特定产品的价格应该更高，第二，申请人的平均价格变低是因为它销售了更多的低端产品。

(5) 被申请人将会因为临时救济受到重大损害。

(6) 公共利益因为临时救济受到损害。

(7) 如果要颁发临时救济，申请人应该提供充分的保证金（bond），等等。

是否采取临时救济措施，行政法官通常在立案后不迟于70日（疑难案件延长至120日）内裁定。对于行政法官采取临时救济措施的初裁，委员会的审查应在立案后90日（疑难案件延长至150日）完成。《程序规则》第210.60条对如何认定哪些案件属于疑难案件作出了规定：既可以由ITC作出认定，也可以由行政法官依职权或动议作出认定。[1] 通常，被申请人会倾向于主张属于疑难案件，以争取更多的时间来做案件准备工作。被申请人主张属于疑难案件的通常理由是：

(1) 涉案证据不在美国境内；

(2) 关键证人进入美国作证需要复杂的程序；

(3) 涉案专利较多，被申请人要做的专利检索较多；

(4) 涉案证据与证人不使用英文，语言上存在较大障碍，等等。

临时的排除令签发后，涉嫌侵权的产品仍然可以进入美国，前提是被申请人交纳了保证金。保证金的数额应当足以保护申请人的利益。如果案件裁决被申请人确实侵犯了申请人的知识产权，那么被申请人先前缴纳的保证金将归申请人所有。[2]

另外，ITC也可以要求申请人交纳保证金以保护被申请人在临时排除令实施期间的利益。与前述被申请人提交的保证金不同，美国有关法律法规没有强制性要求申请人在提交临时救济措施申请时必须缴纳保证金。当然，如果案件裁决被申请人并没有违反337条款，那么，申请人的保证金将归被申请人所有。类似的机制也用于针对美国国内厂商的临时制止令。

与在专利侵权诉讼中原告通常请求法院颁布诉前禁令不同，337调查的申请人通常不提交获得临时救济的动议，主要原因是337调查程序快速推进的特点以及颁布临时救济措施的标准与联邦法院颁布诉前禁令的标准一样严格。[3] 1976~2012年，申请人总共向ITC提交了45个临时救济动

---

[1] 《程序规则》第210.60条。

[2] 19 U.S.C. 1337 (e) (1)。

[3] TOM M. SCHAUMBERG. A Lawyer's Guide to Section 337 Investigations before the U.S. International Trade Commission [M]. ABA Publishing, 2010: 79.

议，获得批准的仅有 9 个。例如，在 1996 年的逻辑仿真系统硬件案（337-TA-359）中，经过 11 日的开庭审理，行政法官裁决颁布临时救济措施，并要求被申请人缴纳等值于与货物价值的 45% 的保证金。❶

在 337 调查程序中，即便认定存在违反 337 条款的情形，ITC 无权给予侵权人罚款或者裁决侵权人应当给知识产权所有人以民事赔偿；只有在侵权人不遵守 ITC 颁布的救济措施时，ITC 才有权申请法院给予罚款。

二、执　行

(一) 执行机关

在执行方面，排除令和制止令分别由美国不同的机关执行。

美国海关负责执行与进口相关的排除令和临时排除令，由其判断相关进口的产品是否落入 ITC 裁决中的侵权产品范围。如果进口产品落入侵权产品范围，则美国海关将阻止相关产品进入美国市场。尽管美国海关无权对是否侵权等实体问题发表意见，但在执行 ITC 颁布的排除令的时候，美国海关具有一定的自主性，可以对相关产品是否落入排除令的范畴作出判断。通常情况下，在收到 ITC 的排除令通知后，由美国海关与边境保护局知识产权保护部具体负责执行，知识产权保护部将在《海关知识产权搜查通告》(*Customs' Intellectual Property Rights Search*) 上公布排除令通知并列入海关数据库，由美国全境海关执行。该通知列出 ITC 调查案号，排除货物清单，简要介绍排除进口的货物，列出专利权人并说明专利的有效期限等。除了那些很容易判断是否落入排除令的产品外，知识产权保护部通常会列出一些判断是否侵权的标准。此外，美国海关还有一些实验室来判断一些复杂产品是否落入排除令。美国海关通常在 60 日总统审查期间结束之后才颁布排除令通知。当某一海关口岸判断进口产品落入排除令后，将禁止其进口，但通常会允许其运离美国；但如果是第二次进口落入排除令的产品，美国海关将有权直接予以没收。

ITC 负责制止令和临时制止令的执行。如果被申请人违反制止令，ITC 可以对相关申请人处以罚款。ITC 同时有权监督以同意令结案的 337 调查的执行情况。此外，如果申请人认为相关产品的进口已经违反 ITC 颁布的救济措施，该申请人可以请求 ITC 启动执行程序。❷ 根据法律规定，ITC 有

---

❶ [EB/OL]. [2014-07-16]. www.usitc.gov/publications/docs/pubs/337/pub3074.pdf.
❷ 具体见《程序规则》第 210.75 (b) 条。

权对违反制止令和同意令的被申请人处以每天 10 万美元罚款或者违令进入美国市场的产品价值两倍的罚款，以多者为准。ITC 作出处罚决定后，便向联邦地区法院申请予以执行。联邦地区法院的程序是一个纯粹的执行程序，通常不对 ITC 作出处罚决定的事实与法律适用予以全面审查。实践中，中国企业遇到过类似的案子。例如，在特种磁铁案（337-TA-372）中，两家中国企业以同意令方式结案，但后来申请人于 1996 年以中国企业违反同意令为由请求 ITC 启动执行程序。1997 年，ITC 作出裁定，认为中国企业违反了同意令并处以罚款。❶

需要注意的是，虽然海关负责执行排除令而 ITC 负责执行制止令，但两家机构在执行过程中有信息共享机制，以确保有关救济措施能够得到落实。例如，在 ITC 有关程序规则中❷，ITC 有广泛的权力要求"任何人"（any person）向其提供有助于 ITC 或海关执行救济措施的信息。被要求的人必须以书面和宣誓形式报告有关信息，如果被要求人不配合（拒绝提供或者不实提供），ITC 可以向法院申请对被要求人进行惩罚。

（二）被申请人在执行程序中能做什么

在 ITC 作出排除令或者制止令后，并不意味着被申请人在整个程序中的机会完全丧失。恰恰相反，被申请人此时还有一系列机会全部或者部分扳回案件结果，这方面也有很多成功的案例。具体来说，首先，ITC 的裁决不是终局性的，在 ITC 作出裁决后，在总统审查期间，被申请人可以通过缴纳保证金的形式继续向美国进口产品。其次，被申请人还可以就 ITC 的裁决向联邦巡回上诉法院上诉，虽然在上诉期间联邦巡回上诉法院批准中止执行排除令和制止令的可能性极低，但对于被申请人来说，在提出上诉的同时申请中止执行排除令或者制止令仍然是一个较好的选择。最后，充分利用其他程序性机会，积极进行规避设计并寻求合法进入美国市场。

在 ITC 作出的救济措施进入执行阶段后，被申请人还有很多程序性机会。就海关执行程序来说，例如，被申请人可以向海关申请认定某一产品未落入排除令，海关就此作出的决定将可以上诉至美国国际贸易法院（United States Court of International Trade）。此外，被申请人也可以对特定批次的被排除的产品向海关提出申诉，美国海关作出的决定也可以上诉至美国国际贸易法院。

就 ITC 程序来说，例如，被申请人可以依照 ITC 的有关程序规则基于情

---

❶ 此案申请人和两家中国企业在 1999 年达成和解，共同请求 ITC 撤销罚款裁决。
❷ 19 C. F. R. § 210.71（a）(1)。

势变更（如申请人的知识产权被无效或者商业秘密被公开等）向ITC申请变更或者撤销排除令和撤销令。同时，被申请人还可以申请ITC启动咨询意见程序，就被申请人的产品是否落入被禁止进入美国的范围寻求咨询意见。当然，ITC是否启动咨询意见程序需要考虑被申请人是否有真正需求，是否有利于已有排除令（制止令）的执行，是否符合公共利益等因素。

在实践中，以上执行过程中程序性机会主要用于被申请人经规避设计后的产品。实务操作中，被申请人大体有四种选择：

第一种选择是什么都不做，即被申请人直接向美国市场进口完成规避设计后的产品。但这么做风险较高。法律上的风险主要是美国海关可能直接禁止进口以及337调查程序中的申请人可能启动执行程序要求处罚被申请人。当然，如果海关禁止进口被申请人可以提出抗议，海关就抗议作出的决定；如果被申请人还不满意，可以向美国国际贸易法院提出上诉。

第二种选择是在进口前向美国海关申请认定规避设计后的产品未落入排除令。

第三，要求ITC启动咨询意见程序认定规避设计后的产品未落入排除令。

第四，向联邦地区法院提出确认之诉，要求联邦地区法院宣告规避设计后的产品未侵犯337调查程序中的申请人的知识产权。但联邦地区法院就这种确认之诉有一定的立案门槛，在本质上如果属于纯粹地就未来可能出现的问题或者理论上存在的问题寻求咨询意见的起诉，联邦地区法院通常不予立案。因此，为使用第四种方案，被申请人通常需要证明有一种实际的案件或者争议存在。

在实践中，较多被申请人选择适用第二种和第三种方式。

337调查的后续和关联司法程序

一、不服337调查裁决的上诉程序

ITC是一个准司法性质的行政机构，其裁决结果不具有终局性。任何受到ITC的终裁不利影响的人（包括申请人和被申请人之外的第三人），可在ITC终裁生效之日起60日内向联邦巡回上诉法院上诉。[1] 2007~2010年，各方就337调查裁决向联邦巡回上诉法院提起上诉的数量分别占ITC

---

[1] 19 U.S.C. 1337 (c).

当年作出裁决总量的 69%、53%、71% 和 48%。❶ 因此，如果中国企业对 ITC 的终裁不服，就可以通过向联邦巡回上诉法院提起上诉的方式保护自身利益。但上诉程序是独立于 337 调查的一个新程序，对于中国企业来说是一笔不小的诉讼成本。为了避免不必要的费用，中国企业应在充分评估推翻委员会终裁可能性的基础上，斟酌确定是否通过联邦巡回上诉法院上诉程序保护自身权益。

联邦巡回上诉法院审理的范围包括事实问题和法律问题。对于事实问题，只有在缺乏实质性证据之时，往往是 ITC 基于案卷证据不能自证其说时，联邦巡回上诉法院才会推翻 ITC 的事实认定。对于法律问题，联邦巡回上诉法院可以依据其自身对法律的理解作出结论。❷ 至于可以向联邦巡回上诉法院提起上诉的事项，必须首先在 ITC 用尽行政救济。因此，如果一方对行政法官在初裁中作出的对其不利的认定不服，应当首先向委员会提起复审；如果该方没有就相关问题向委员会提起复审，视为其放弃对相关问题提起复审的权利，通常情况下这些问题也就无法上诉至联邦巡回上诉法院。❸ 关于上诉时间表，取决于行政法官设定口头辩论的日期以及假定不存在延期的情形，从终裁生效到最终取得联邦巡回上诉法院的判决，通常持续约 12~18 个月。❹ 表 2-3 列出了 ITC 终裁在联邦巡回上诉法院上诉的主要事项和大致时间表。

表 2-3　337 调查上诉事项和时间样❺

事件	法定或实践期限	案例期限
向书记员提交上诉通知	在 ITC 终裁生效之日起 60 日内提交	2011 年 3 月 2 日
提交介入上诉动议	在上诉人提交上诉通知之日起 30 日内提起	2011 年 4 月 1 日
提交认证清单/目录（certified list/index）	在 ITC 收到联邦巡回上诉法院发出的上诉通知之日起 40 日内提交	2011 年 5 月 11 日
上诉人案情摘要（brief）	在 ITC 提交认证清单/目录之日起 60 日内提交	大约在 2011 年 7 月 18 日

---

❶ G. BRIAN BUSEY 和 CYNTHIA BEVERAGE 撰写的文章 "Appealing ITC Determinations to the Federal Circuit"，引自其在由 American Conference Institute 于 2011 年 2 月 23~24 日举行的 ITC Litigation & Enforcement 研讨会的演讲资料。

❷ TOM M. SCHAUMBERG. A Lawyer's Guide to Section 337 Investigations before the U. S. International Trade Commission [M]. ABA Publishing, 2010：195.

❸❹❺ G. BRIAN BUSEY 和 CYNTHIA BEVERAGE 撰写的文章 "Appealing ITC Determinations to the Federal Circuit"，引自其在由 American Conference Institute 于 2011 年 2 月 23~24 日举行的 ITC Litigation & Enforcement 研讨会的演讲资料。

续表

事件	法定或实践期限	案例期限
被上诉人和第三人案情摘要	通常在收到上诉人案情摘要之日起40日内提交	大约在2011年8月29日
上诉人答复摘要（reply brief）	通常在收到被上诉人案情摘要之日起14日内提交	大约在2011年9月12日
设定口头辩论日期	通常在提交案情摘要之日起45~90日内决定	在2011年10月27日至12月19日之间
口头辩论	通常在设定口头辩论日期之日起90~180日内进行	在2012年1月26日至2012年3月25日之间
颁布裁决	通常在口头辩论之日起120至180日内作出	在2012年4月25日至2012年9月17日之间

注：假定ITC作出的裁决于2011年1月1日生效。

联邦巡回上诉法院的裁决包括以下几种：根据上诉人的上诉请求决定是否维持ITC的原判或改判，或者发回ITC重审。理论上，如果当事人对联邦巡回上诉法院的判决不服，还可向美国联邦最高法院上诉。但是，美国联邦最高法院极少受理此类案件，因此，在司法实践中，联邦巡回上诉法院的判决通常是终局裁决。2007~2010年，联邦巡回上诉法院在约70%的337调查裁决上诉案中维持了ITC作出的裁决。[1]

实践中，既有中国企业在ITC调查程序中败诉而向联邦巡回上诉法院提起上诉的案例，也有国外的申请人因不服ITC终裁而提起上诉的案例。以中国企业提起上诉为例，在复合木地板案（337-TA-545）中，ITC颁布普遍排除令，禁止任何未经许可的侵犯申请人专利的复合木地板进口到美国，并对部分被诉企业签发了制止令。考虑到ITC的终裁对中国木地板在未来十多年将对美出口造成重大影响，在商务部和中国林产工业协会组织和协调下，广东盈彬大自然木业有限公司等公司于2007年5月向联邦巡回上诉法院提起上诉。联邦巡回上诉法院在2009年5月作出判决，维持了ITC此前作出的终裁。

国外企业在337调查败诉之后提起上诉的案例也不少。例如，在无汞碱性电池案（337-TA-493）中，申请人美国劲量公司在ITC败诉后，向联邦巡回上诉法院提起上诉。联邦巡回上诉法院判决美国劲量公司专利无效，并拒绝了其重审请求。此后，美国劲量公司继续向美国联邦最高法院

---

[1] G. BRIAN BUSEY 和 CYNTHIA BEVERAGE 撰写的文章 "Appealing ITC Determinations to the Federal Circuit"，引自其由 American Conference Institute 于2011年2月23~24日举行的 ITC Litigation & Enforcement 研讨会的演讲资料。

提起上诉，此案最终以美国联邦最高法院拒绝受理该案告终。此外，在赖氨酸案（337-TA-571）中，行政法官于2008年7月颁布初裁，认定涉案的相关专利无效，裁决中国企业大成生化集团有限公司等并未违反337条款，委员会在之后的复审中同样认定大成生化集团有限公司等并未违反337条款。申请人日本味之素公司随后上诉至联邦巡回上诉法院。经过一年多的审理，2010年3月8日，联邦巡回上诉法院就赖氨酸上诉一案作出判决，维持了ITC对赖氨酸案所作的不违反337条款的裁决。该案是中国企业应诉337调查在初裁、终裁和上诉全胜的首例。

二、平行诉讼和关联诉讼的处理

为了弥补ITC无法就损害赔偿问题作出裁定的不足，以及通过诉讼的手段拖垮对手，337调查的申请人在向ITC提起调查请求的同时会向美国联邦地区法院提起专利诉讼（一般称为"平行诉讼"），甚至有可能在其他国家和地区对中国企业提起诉讼（一般称为"关联诉讼"）。对中国企业应诉337调查应诉来说，主要是如何处理在美国联邦地区法院的平行诉讼，当然，如何利用和解决关联诉讼，也对美国337调查的结果有重要影响。以下重点介绍与平行诉讼有关的规则与实务。

（一）被申请人可以申请中止平行诉讼

根据《美国法典》第28编第1659（a）条❶，发现自己处于这样平行诉讼程序的被申请人有权向联邦地区法院提出动议，中止联邦地区法院的程序。根据该条款，联邦地区法院必须中止与ITC程序中涉及相同争议的主张相关的民事诉讼程序。但是，联邦地区法院的诉讼经常包含ITC程序中没有出现的主张，在这种情况下，联邦地区法院可以自主决定是否中止案件的非平行部分。例如，在Form Factor案❷中，法院对于决定中止整个案件还是仅中止该案中适用《美国法典》第28编第1659（a）条的部分，提出了以下考虑的因素：

（1）同意中止可能导致的损害；

---

❶ 在当事人也是ITC程序当事人的民事诉讼中……，经作为委员会程序的被申请人的民事诉讼当事人请求，联邦地区法院应该中止与委员会程序中涉及同样争议的主张相关的民事诉讼程序，直到委员会的决定生效，但是该等请求必须在……该当事人在委员会程序中被确定为被申请人后30日内作出。

❷ Form Factor Inc. v. Micronics Japan Co., Ltd, No. CV-06-07159 JSW, 2008 WL 361128, at *1, *4 (N.D. Cal. Feb. 11, 2008).

(2) 当事人被要求继续可能遭受严重不利或不公平；

(3) 以可预期到的中止可能导致的简化或复杂化争议、证明以及法律问题来衡量的司法公正。

在该案中，申请人在联邦地区法院主张四项专利，其中两项专利没有在 ITC 程序中提出。经过考虑上述三个因素后，法院中止了整个联邦地区法院诉讼。

（二）337 调查结果对平行诉讼的影响

337 调查结束后，平行诉讼将恢复。《美国法典》第 28 编第 1659 （b）条允许各方在联邦地区法院程序中使用来自 ITC 程序的记录。但是，对该记录的使用不必然保证联邦地区法院得出一个相同的结果。联邦巡回上诉法院已经确定 ITC 在专利方面的认定，例如专利的有效性和是否侵权，对于之后在美国联邦地区法院进行的专利侵权诉讼没有排除效力。基于专利的抗辩的裁决也不具有排除效力，如专利有效性或专利滥用。但需要注意的是，联邦巡回上诉法院在判例中认定，ITC 对于与专利无关的争议点的裁决，例如，商标侵权，在后续联邦地区法院诉讼中具有既判力。❶ 在另一个判例中，ITC 关于被申请人未能证明反垄断抗辩和不洁之手抗辩的裁决被认定具有排除效力，在后的联邦地区法院关于不公平竞争的诉讼请求被驳回，如果允许，将构成之前 ITC 程序中已经裁决过的抗辩的重复诉讼。❷

但是，通常美国联邦地区法院在平行程序中会认可 ITC 的决定和认定的说服力价值（persuasive value）。另外，由于联邦地区法院的法官通常尊重 ITC 行政法官对是否侵权的事实认定，因此，在 ITC 调查程序中获得行政法官的支持至关重要。以赖氨酸案（337-TA-571）为例，日本味之素公司于 2006 年 4 月向 ITC 请求对大成生化集团有限公司等启动 337 调查，在 ITC 决定启动调查后，其向美国特拉华州联邦地区法院提起平行诉讼。后该法院中止审理该平行诉讼，直到 2010 年 3 月联邦巡回上诉法院就味之素提起的上诉作出判决之后才继续审理。经过双方协商，美国特拉华州联邦地区法院于 2010 年 6 月裁定终止审理该关联民事诉讼。除了在美国外，味之素公司分别在荷兰、法国、波兰、德国和比利时等国家对大成公司提起数起关联民事诉讼。

---

❶ Union Mfg. Co., Inc. v. Han Baek Trading Co., Ltd., 763 F. 2d 42, 46 (2d Cir. 1985).

❷ Baltimore Luggage Co. v. Samsonite Corp., 727 F. Supp. 202, 205 (D. Md. 1989), aff'd, 977 F. 2d 571 (4th Cir. 1992).

(三) ITC 记录的移交

当 337 调查程序结束时：

经联邦地区法院正式请求，或经当事人（包括保密商业信息的第三方提供者）的同意，ITC 程序的记录可以在联邦地区法院中作为证据使用。但是，在 337 调查中因证据开示获取的保密信息，如果没有获取当事人的同意，包括第三方保密商业信息提供者的同意，则不能在联邦地区法院诉讼中使用。

三、反 诉

类似于美国联邦地区法院的民事诉讼，作为 337 调查被申请人的企业可以向 ITC 提起反诉，但为了不拖延案件的审理进程，ITC 并不会审理该反诉，而是自动交由有管辖权的美国联邦地区法院审理。对于提起反诉的时间要求，根据《程序规则》第 210.14（e）条规定，被申请人可以在调查启动后至开庭之前任何时候提出。此外，被申请人提出反诉时应根据《1930 年关税法》第 337（c）条的规定向 ITC 提交单独的文件，并向具有管辖权的联邦地区法院提交移案通知。

尽管在 337 调查中提起反诉可以在一定程度上作为迫使申请人接受和解的筹码，但 337 调查实践中提起反诉的案例较少，主要是因为反诉的程序较为复杂以及不太容易确定管辖法院。[1] 根据我们的研究，目前还没有中国企业在 337 调查中提起过反诉。

---

[1] ［EB/OL］.［2014-07-16］. www.findforms.com/pdf_files/ded/40969/26.pdf.

第 4 章
中国企业应诉 337 调查实务

本章主要就应如何决策是否应诉。组建一个高效的内部应诉小组和外部律师团队。有效地控制应诉费用，如何尽早结案，如何完成规避设计以保障中国企业在美国的市场，如何应对商业秘密 337 调查以及如何利用各种资源为企业应诉服务等，为中国企业应诉 337 调查提供具体的实务指导。

是否应诉的决策

涉案 337 调查的中国企业首先要作出的选择是应诉与否。在决定是否应诉时，中国企业需要综合考量美国市场的重要性、侵权可能性以及诉讼费用承受能力和应诉准备能力等因素。

一、决定是否应诉的主要因素

企业是否应诉是每个涉案企业根据案件具体情况所作出的选择。通常，要综合考虑企业规模、发展方向以及出口量等多种因素。从企业个体利益来讲，应诉与否主要关乎成本利益分析和企业的发展战略。但是，对于一个行业和一个国家的对外经济利益，应诉常常是惟一的选择。选择是否应诉，企业通常会从以下几个方面综合考虑。

（一）考量美国市场对该企业的重要程度

很多企业放弃应诉的首要原因是认为应诉的成本大于能从该市场获得的收益。许多企业对美国市场结构进行分析，认为对美的出口量不大，与其花大力气应诉保住这不起眼的市场份额，还不如集中精力开拓主要市场或另辟蹊径，转售别国市场。值得注意的是，在发现中国企业转战到其他市场之后，这些337调查申请人很有可能会对中国企业在这些市场上继续"穷追猛打"。目前，很多公司在主要的国家和地区都注册有专利和商标，这意味着其专利和商标在这些国家和地区也能获得保护，因此，不排除这些跨国公司在337调查的战场上取胜后利用其他国家和地区的诉讼和海关等知识产权保护措施阻止中国产品进入这些市场。总之，若该企业美国市场份额较大，或者目前不大但将来有较大的潜力，则中国企业在综合考量其他因素之后可以考虑应诉；若该企业在美国市场份额不大，未来美国市场前景不明朗，但该企业与337调查申请人在全球其他主要市场均存在相关知识产权诉讼，则在该企业具备应诉实力的情况下，为了保住美国市场以及维护企业的品牌和公共关系形象，仍可以考虑应诉；当然，若该企业在美国市场份额很小并且以后也没有成为重要市场的潜能，企业也不具备应诉的实力，则企业可以考虑不应诉，但应做好在其他主要市场上与对手进行较量的准备。

（二）分析是否存在不侵权的可能

企业获悉被列为337调查被申请人之后，可以在律师的帮助下初步分析侵权的可能性。例如，如果侵权的可能性较大，且该出口产品美国市场份额小又没有发展前景，则中国企业可以考虑不应诉；如果侵权的可能性较小且美国市场对该企业比较重要，则企业可以考虑积极应诉；如果侵权的可能性较大，但美国市场对该企业比较重要，中国企业可考虑应诉，但在应诉的过程中应尽早开始进行规避设计，同时着手专利无效的抗辩。

（三）考虑诉讼费用的承受能力和应诉的准备能力

337调查案件的应诉费用通常达到几十万美元到几百万美元不等，涉及发明专利的案件的应诉费用突破百万美元的比比皆是，这对于很多中国的中小企业来说无疑是一笔沉重的负担，企业当然需要从成本收益的角度考虑应诉是否值得。应诉费用中的大部分属于律师费。尽管律师费高昂，但由于应诉专业性强，如果没有律师的专业指导，应诉企业难以自行应诉。此外，337调查应诉是一个系统性工程，涉及的部门之多，人员之广，证据材料之多，不亚于任何一个工程项目。因此，337调查将耗费企业大量的精力，这也是企业在决定是否应诉时需要考虑的成本因素之一。

（四）衡量不应诉的后果

337调查涉诉中国企业首先面临的是应不应诉的问题。如中国企业选择不应诉，对于缺席的被申请人，行政法官通常推定申请书中的事实成立并认定其违反337条款，且颁布有限排除令阻止缺席的被申请人的产品进入美国市场。因此，不应诉的后果实质上等于放弃美国市场。❶

二、决定是否应诉的时间把握

337调查进程快速推进的特点决定了被申请人需在很短的时间内作出是否应诉的决定。通常情况下，ITC会在收到申请书以后1个月左右时间正式立案。此后就是密集的证据开示程序。企业需要在短期内准备大量文件并提供大量信息。这种快速推进的程序增加了被申请人尤其是国外被申请人应诉的难度。因此，早日决定应诉就赢得了相当宝贵的准备应诉时间，有助于扭转在案件早期被申请人一方较为被动的局面。实践中，被申请人通常在申请人向ITC提交申请书后不久就能获悉被诉情形，因此，ITC斟酌是否立案的30日期间为被申请人的答辩提供了缓冲时间。实践中，被诉的中国企业最好要在被诉后立案前二十多天的时间内决定是否应诉。

三、未列名企业作为第三人应诉

如果中国企业在337调查中被明确列为被申请人，中国企业自然有资格应诉。但是，那些没有被列为被申请人的中国企业，也可以根据自身利益的考虑申请主动参与337调查。

根据337调查的规则，如果第三方（如消费者、进口商、相关产品的制造商）认为337调查的结果将对其造成重大的影响，则可以向ITC提交动议要求主动加入该调查。❷ 如果某第三方选择介入337调查，必须提交书面动议，但可以选择享有全部权利的或有限权利的方式介入。同时，当选择介入的时候，第三方必须说明希望的角色是站在申请人一方还是被申请人一方。如果第三方选择站在被申请人一方，可以要求获得"介入者"或"被申请人"的地位。❸

---

❶《程序规则》第210.16 (b) (1) 条。

❷《程序规则》第210.19条。

❸ TOM M. SCHAUMBERG. A Lawyer's Guide to Section 337 Investigations before the U.S. International Trade Commission [M]. ABA Publishing, 2010: 37-38.

行政法官有权决定是否准许要求介入的动议。行政法官通常会考虑以下因素，决定是否同意这类动议：

（1）该第三方是否及时提交了动议；

（2）该第三方所主张的利益是否和涉案的知识产权或交易有关；

（3）若不受理该动议，则可能实际上损害或者阻碍了该第三方保护自己利益的能力；

（4）现有的当事方不能充分代表要求介入的第三方。❶

第三方介入案件的典型案例有三氯蔗糖案（337-TA-604）。2007年4月6日，英国泰莱公司向ITC提出申请，指控全球25家企业分别侵犯其在美国的5项三氯蔗糖生产方法专利，其中包括13家中国企业，并申请颁布普遍排除令和制止令。捷康公司在该案中没有被列为被申请人，但如果ITC颁布普遍排除令，就意味着整个行业包括捷康公司产品都会被排除在美国市场之外。❷ 在这种情势下，捷康公司于2007年7月5日主动申请参与该337调查案。该案历时将近两年，花费大约300万美元，但其管理层认为这笔费用是性价比很高的投资，因为"盐城捷康在知识产权竞争中投资于法律的胜利，直接换来了全球第二大三氯蔗糖供应商的市场地位、20年的市场通行证，市场机会估值200多亿元，成为在公司投资理念上的一次突破性创新"。❸ 可以说，捷康公司主动应诉三氯蔗糖案一事充分展现了中国企业积极应战境外知识产权诉讼的态度和能力，已成典范。

实践中，如果申请方申请普遍排除令，则涉案行业的相关企业应当提高警惕，避免因未及时介入而造成损失。部分国外企业通常会利用其掌握的专利发起数轮请求普遍排除令的337调查申请来迫使中国企业在高额许可费和美国市场之间作出抉择。❹ 中国企业在稀土行业的遭遇即是例证。掌握基础专利的日本和美国企业自20世纪90年代开始即提起3起要求获得普遍排除令的337调查。2012年8月17日，日立金属公司及其关联公司日立金属北卡罗来纳州公司（以下合称"日立金属"）向ITC提起有关

---

❶ Hines, Doris Johnson, Lehman, Christine E. Intervention in ITC Investigations [EB/OL]. [2014-07-14]. http://www.finnegan.com/resources/articles/articlesdetail.aspx?news=d3197a32-32f8-498f-a261-3092970abb4d.

❷ 盐城捷康成功布局全球三氯蔗糖市场 [EB/OL]. [2011-07-21]. http://js.takungpao.com/readnews.asp?newsid=5781.

❸ 食品添加剂企业成为中国首例企业胜诉美337调查 [EB/OL]. [2011-07-21]. http://www.clii.com.cn/news/content-4038.aspx.

❹ 部分国外企业的做法是等到中国企业发展到一定规模以及在市场上有一定影响力之后，再提出缴纳许可费要求。因此，每次337调查主要针对的都是达到一定规模的企业，顺带请求ITC颁布普遍排除令，给其他中小企业出口美国制造障碍从而获得许可费。

烧结稀土磁体的337调查申请（337-TA-855），内容涉及烧结稀土磁体、其生产方法以及包含该产品的产品。被申请人包括烟台正海磁性材料股份有限公司、宁波金鸡强磁材料有限公司、安徽大地熊新材料股份有限公司及其下游经销商和客户在内的29家公司。2013年6月20日，ITC发布公告，确认日立与前述三家中国企业因达成和解协议而终止调查。据称，这三家企业与日立金属达成和解的条件是同意支付专利许可费用。❶ 2013年7月，该案以申请人和剩余的三家被申请人❷达成和解协议并撤诉而告终。而在此前的1998年，北京京马永磁材料厂和新环技术开发公司就被美国麦格昆磁公司和日本住友特殊金属公司❸提起337调查（337-TA-413）。该案中，两家中国企业被缺席判决，并且ITC最终颁布了普遍排除令。在更早的1996年，美国熔炉斯伯公司将包括北京三环新材料高技术公司，宁波科宁达工业有限公司在内的8家公司诉至ITC（337-TA-372），两家中国企业在该案中以同意令结案。根据我们了解，在这三起案件中，没有中国稀土企业主动介入337调查中。❹

对于没有被明确列为被申请人的企业来说，未经参加案件调查程序，即被普遍排除令排除在美国市场之外，未免有失程序正义，因此，有必要及时主动介入337调查。此外，相对于ITC颁布普遍排除令之后再去寻求事后解决方案，主动介入还可以为获得较为有利的和解条件。如果中国企业以后遇到类似的情况，如有应诉能力，应该考虑主动介入案件，抓住机会进行不侵权抗辩或者无效抗辩。申请人通常的做法是将大量的下游产品厂商列为被申请人，即使案件最终和解，没有颁布普遍排除令，也警告那些正在以及计划向中国企业购买相关产品的美国客户，从客户那边施压，倒逼没有获得专利许可的中国企业无法对美出口。这种情况下，中国企业

---

❶ 中国稀土产业面前的专利"黑洞" [EB/OL]. [2014-08-28]. http://www.sipo.gov.cn/mtjj/2013/201309/t20130904_816682.html.

❷ 其他被申请人在涉诉三家中国企业和解之前已经与申请人达成和解协议。

❸ 日立金属在2003年收购了日本住友公司，同时也取得住友在钕铁硼烧结方面的专利技术。参见：中国稀土企业欲破日企专利封锁 [EB/OL]. [2014-08-28]. http://futures.hexun.com/2014-08-20/167675836.html.

❹ 尽管337-TA-855案最终以和解告终，ITC最终并没有颁布普遍排除令。但日立金属并没有停止主张其专利权的脚步，通过警告下游客户等方式迫使中国企业缴纳专利许可费，导致国内稀土企业不得不联合采取反垄断以及专利无效程序等方式作为应对措施。参见：张国栋. 欲破稀土"专利迷信" 7家稀土企业赴美和日立金属打官司 [EB/OL]. [2014-08-28]. http://www.yicai.com/news/2014/08/4005807.html.

可以根据实际情况，攻击对方某些专利的有效性，从根本上打掉申请人的专利。❶此外，中国企业还可以通过主动介入程序将其规避设计的产品纳入337调查中，确保规避设计的产品能够获得ITC的认可，从而确保美国市场的稳定性和连续性。

四、对中国企业应诉现状的评价

近年来，中国企业逐渐意识到337调查给企业带来的负面影响，一些企业奋起抗争，选择应诉337调查，以维护自己的合法权益。根据我们的统计，只有小部分的企业选择不应诉。而不应诉的企业绝大多数被缺席判决为侵权，通常在涉案知识产权有效期内丢掉整个美国市场。当然，选择沉默的企业都有自己不得已的苦衷，除了应诉时间短、技术难度大等困难外，光是高昂的律师费就足以令很多中国企业望而却步。其实，某些发动337调查的厂商的真实目的就是以高昂的律师费阻碍外国厂商应诉，从而迫使外国厂商放弃美国市场。

当然，应诉并不一定胜诉，但应诉的企业毕竟能够掌握主动权，而不应诉的企业就基本上处于"任人宰割"的地位。例如，在耦合电源337调查案（337-TA-590）中，三家中国企业被诉，应诉的深圳威龙电子有限公司、深圳航嘉池源有限公司与申请人基于和解协议结案，而没有应诉的广东讯宝电子有限公司被缺席判决，颁布有限排除令，产品被排除在美国市场之外。

可喜的是，近几年选择应诉的中国企业越来越多，获得胜诉的案例也不在少数，例如赖氨酸案、芯片案、三氯蔗糖案、桶装焊丝案等，胜诉不仅保住了这些企业的美国市场，而且大大加强了这些企业在全球产业中的地位，也给这些应诉的企业节省了广告费用和公共关系费用。

| 组建内部应诉团队和控制应诉费用 |

应诉337调查，企业首先要组织好内部应诉团队。因为337调查的节奏快、工作量大，经常需要应诉企业在很短的时间内准备大量的证据材料

---

❶ 在337调查案件中，中国企业有不少专利无效抗辩成功的先例。例如，在无汞碱性电池案（337-TA-493）中，联邦巡回上诉法院判决美国劲量公司专利无效；在赖氨酸案（337-TA-571）中，ITC的初裁、终裁以及联邦巡回上诉法院都认定涉案的相关专利无效，裁决大成生化集团有限公司等并未违反337条款。

和信息，也需要企业在诸多关键点上作出决策。此外，由于337调查应诉成本较高，如何有效地控制应诉费用通常是企业关注的重点。

一、如何组织内部团队

在确定企业内部应诉团队时，应考虑给这个团队配备包括以下几个方面的人员：

（1）领导层的支持，即需要一个能对案件的大部分事情作出决策的人负责整个案件的统筹安排。实践中，往往是公司副总或者总裁助理担当公司内部应诉团队领队。

（2）技术层的支持，即需要精通涉案技术的工程技术人员。在涉及专利的337调查案件中，被申请人的产品技术相关问题往往是核心问题。实践中，通常由技术人员或者技术总监担当此任。

（3）市场层的支持。337调查案件往往是市场之争，申请人一般会要求企业提供大量的市场销售方面的数据和资料，而说明被诉产品进入美国市场的来龙去脉也很重要，因此，内部应诉小组需要负责市场销售的管理人员。

（4）行政层的支持，即需要负责整理文件资料的工作人员。在337调查案件中，应诉企业往往需要在很短的时间内提供大量的证据。若有专门的工作人员负责所需文件资料的整理，及时、有序地将文件资料交给外部律师团队，能够节省外部律师的工作时间，为企业节省费用，并且提高效率。

当然，上述职能需求并非与人数一一对应，根据企业和案件的实际情况，有人可能身兼数职，有的职责可能需要多个人来承担。此外，考虑到337调查的语言是英文，企业内部团队应配备熟悉英文的人员。

如果公司本身有法律部，则法律部的内部律师是前述内部应诉小组的当然成员。公司的法律部门在337调查中也发挥重要的作用。尽管337调查与公司法律部平时处理的事项有差别，但是公司法律部的律师与外部律师是同行，沟通起来比较顺畅，也便于协同工作。

二、如何控制应诉费用

通常情况下，应诉费用主要包括律师费、专家费、翻译费、差旅费、杂费（打印和复印费）以及电子取证等费用，费用的大部分属于律师费。中国企业比较关心的如何在应对337调查过程中最大限度地控制费用节省应诉成本。经过这些年经验的总结,主要有如下方法可以节省律师费用。

(一) 制定科学合理的应诉策略有利于降低应诉费用

在337调查的应诉过程中,制定科学合理的应诉策略将有利于大大降低应诉费用。例如,如果涉诉产品侵权可能性较大且双方达成和解的可能性不大,则企业可以不再花费精力进行不侵权抗辩,而是将抗辩的重点放在专利无效或者规避设计等方面,这将可以降低因进行不侵权抗辩而产生的证据开示以及专家证人等费用。如果涉案专利无效的可能性较大,则应诉的重点应当围绕专利无效展开,而不必花费太多的精力在专利不侵权抗辩上。

(二) 通过和解降低应诉费用

和解既能解决337调查涉及的争议,又能节省律师费用,实际上,和解是337调查结案的主要方式之一。和解的案件,通常在行政法官主持的开庭以前就和解了。根据ITC公布的数据,自2006年5月至2014年第一季度,ITC完成的337调查总数为306起,和解的案件数量为142起,和解率为46.4%。❶ 当然,每个企业都是在对具体案件进行分析和研究的基础上,确定具体的应诉策略。例如,是选择和解,还是选择全程应诉。若是选择和解结案,达成和解协议,可以大大节省律师费。

(三) 代理律师的性价比是省钱关键

代理律师的性价比是337调查律师费用节省的关键。大的代理机构的优势主要包括律师多、业务全、资源广,除了美国337调查外还能为客户提供一站式服务,其劣势是律师小时费率较高。而专业代理机构分两种,一种是专利代理机构,一种是专攻美国337调查业务的代理机构,专利代理机构的优势是专利技术方面很强,在专利之外则缺乏竞争优势,例如无法提供客户需要的在美国市场的其他法律服务 (如海外投资并购);美国337调查业务专业代理机构的优势是拥有一批337调查经验丰富的律师,精通337调查业务,但资源有限,往往需要搭配其他律所的专利律师,这无疑加大了案件协调的工作量。因此,专业代理机构和大的代理机构各有利弊,视被申请人实际情况选择。

---

❶ [EB/OL]. [2014-07-14]. http://www.usitc.gov/press_room/documents/featured_news/sec337factsupdate2014.pdf.

无论大的代理机构还是专业的代理机构，为特定案件指派的特定的律师团队的经验以及人员配置都是律师费性价比的关键。律师账单审查是很麻烦的事情，解决问题最好的方式在签订委托协议前审核代理律师的经验和团队配置。

（四）资源共享节约成本

有些337调查案涉及全球某个或某几个行业的主要企业，但仅有一家中国企业被诉。芯片案（337-TA-630）就是这样的一个典型，此案被诉的企业多达18家，涉及计算机内存芯片的制造厂家、封装厂家、使用芯片的计算机内存制造商以及计算机制造商。在这个案件中，中国企业也是全球计算机内存的主要制造商之一，只是因为使用了他人提供的涉嫌侵权的芯片，而被卷入此案。对于这种类型的337调查，中国企业在应诉中如何"取势"就显得尤为重要。被诉企业可通过签订应诉合作协议，共享信息，联合抗辩。在芯片调查案中，被诉企业分别聘请了律师，但是，在被诉企业全体律师的努力下，所有应诉的被诉企业均签署了联合应诉协议，借此共享专利无效的信息，共用专家证人，等等。这些都为我国企业节省了大量的诉讼费用。

（五）共同聘用律师整合资源

有的337调查案涉及的中国企业很多，例如，复合木地板案中被诉的中国企业就有十几家。从费用的角度来看，被诉中国企业共同聘用律师联合应诉可以整合资源，最大限度减少人力、物力的浪费。因此，如果中国企业联合应诉，数百万美元费用通过分摊就变得更容易让企业接受。而且，联合应诉促使众多中国企业用一种声音说话，无论是和解谈判还是"血战到底"，中方企业作为一个整体的力量就明显增强了。由于337调查的应诉成本很高，如果业内企业能够同心协力，共同应对，就能以最小的成本赢取最大的胜利。

如上所述，共同聘请律师联合应诉具有减少成本、行业利益最大化等诸多好处。但是，联合应诉也不是绝对的。毕竟，被诉的中国企业往往也互为竞争对手。在经济条件允许的情况下，有的也不愿意联合应诉。有些案件中，不同企业的产品千差万别，抗辩理由也随之大相径庭。例如，某些企业根本不存在侵权问题，而另外一些企业涉嫌侵权。如果在此情形下强行捆绑，联合应诉则于事无补。而且，因为企业根本利益的不一致，联合应诉的协调工作也很难有效开展。

但是，即使在应诉企业利益冲突的情况下，仍有可能存在某种程度的联合应诉。例如，337调查的有些重要抗辩（如专利无效），是花销特别大的事情，而这些抗辩对于每个应诉企业都有用。因此，这种联合往往体现在专利无效抗辩方面。对于其他律师代理工作内容，则各自聘请律师按照本公司实际情况处理。实践中，企业的联合应诉不是易事，有些时候，仅仅是企业文化的差异就可能导致联合应诉的格局崩盘。行业协会及商会应在联合应诉中发挥重要作用，行业协会及商会可通过建立合理的费用分摊机制集合更多的同行业中国企业的力量应对337调查，从而维持整个行业的根本利益。

（六）合理控制律师费之外的费用

337调查应诉过程中产生的专家费、差旅费、翻译费、电子取证费和打印复印等杂费的数额也不容小觑，合理地控制这些费用将有利于降低案件总体应诉费用。首先，就专家费来说，部分行业顶尖专家证人的费率也不低，有些专家证人的小时费率高达七八百美元，因此，挑选性价比高且拥有丰富作证经验的专家证人，可以在降低费用的同时保证整个案件的质量。由于在案件代理过程中长期接触专家证人，在337调查领域具有丰富经验的律师可以帮助企业甄别和挑选最合适的专家证人。其次，国际旅行的差旅费也是一笔不小的应诉费用。因此，由位于中国的律师完成主要工作并负责与位于美国的律师沟通，将有利于降低国际差旅的频率，从而降低国际差旅费用。最后，对于翻译费和电子取证费等，拥有长期代理337案件经验的律师，可以帮助企业挑选质量较好且性价比较高的翻译或者电子取证专家，从而降低相应的费用。

在337调查中尽早结案

为控制337调查的应诉成本，减少337调查对正常生产的影响，可以争取通过下列方式以尽早结案。

一、简易裁决

如果涉案企业认为调查中的某些事实已经非常清楚明确且不存在争议，可以请求ITC就该问题先作出简易裁决。简易裁决一方面可以推进调查的进程，使得各方不必在无争议的事实上纠缠，另一方面，ITC作出的某些裁决可以直接导致整个调查程序的终结。

根据337调查相关规则，对于双方没有争议的案件事实，任何一方当事人可以请求ITC就某些问题或全部问题颁布简易裁决。若申请人提起动议，则其可在送达申请书和调查通知20日之后提起；若为被申请人或其他方提起动议，则可在《联邦公报》公布立案公告后的任何时间申请作出简易裁决。❶❷ 但任何简易裁决的动议最迟应当在开庭日60日前提出。❷ 在收到简易裁决动议后，该方应在10日内提交答复。❸ 除无争议的事实之外，当事人也会请求ITC就国内产业是否存在以及被申请人缺席等事宜作出简易裁决。此外，一些当事人会请求ITC作出专利无效的简易裁决，获得专利无效的裁决可直接导致337调查结案。

作为一个有效的策略，实践中，很多被申请人向ITC提出申请要求ITC就专利的有效性作出简易裁决。如果ITC作出认定所有涉案专利无效的简易裁决，则导致整个调查结束。当然，在提出该申请之前，被申请人需要做深入的研究，必须保证有充分的证据和理由证明存在专利无效的情形，否则，行政法官拒绝作出认定无效的简易裁决。此外，实践中，由于NPE作为申请人提起的337调查案件较多，较多被申请人以缺乏国内产业为由申请ITC作出简易裁决。本书第3章所述的ITC在2013年6月开始推行的提前审理一些处置性问题的试点计划有利于被申请人尽早以简易裁决形式结案。

对于中国的被申请人来说，为了尽早从诉讼中解脱出来和节省大笔诉讼费用，可以在申请人提交调查申请后尽快在律师的帮助下分析提起简易裁决申请的可能性，如有可能，则要求ITC作出简易裁决的方式快速结案。中国企业在这方面也存在成功的案例。例如，在绝大多数被申请人为中国企业的双通道锁案（337-TA-689）中，被申请人联合请求ITC颁布简易裁决终止调查，理由是被申请人使用了另外一个美国许可人所授权的技术，该技术未落入涉案专利的保护范围。行政法官支持了被申请人的动议，认定被申请人不存在侵权并初裁裁定终止调查。❹

二、申请人撤诉

为避免深陷337调查之中，被申请人可以通过找出申请人破绽的方式促使申请人主动撤诉（withdrawal）。根据《程序规则》，在337调查立案

---

❶❷ 《程序规则》第210.18（a）条。
❸ 《程序规则》第210.18（b）条。
❹ Paul J. Luckern法官于2010年3月18日颁布的第6号命令。

前，申请人可以自主决定撤回起诉。❶ 在正式立案后，申请人想撤诉，必须在行政法官作出初裁前向其提起撤诉动议，ITC通常情况下会同意申请人的请求，从而避免浪费司法资源。只有在撤诉将严重影响公共利益的情况下，ITC才会拒绝申请人的撤诉动议。❷ ITC同意申请人的撤诉动议不具有"一事不再理"的效力，即申请人将来可以就同一请求再次提起337调查申请，但ITC有可能以公共利益为由拒绝给予立案。

中国企业可以在应诉过程中找出申请人的破绽，迫使其向ITC提出撤诉请求。例如，在桶装焊丝案（337-TA-686）中，四川大西洋焊丝股份有限公司以申请书中所列的所谓侵权产品不是其产品为由，成功迫使申请人撤诉。

三、和 解

为避免两败俱伤，实践中有很大一部分被申请人与申请人以和解（settlement）结案告终。《程序规则》第210.21（b）规定，一方可以基于一项特许协议或其他和解协议，提出动议申请终止调查。达成和解的各方在提交终止调查的动议中应提交保密版和公开版和解协议。❸ 一旦行政法官作出同意和解协议的命令，则该命令构成初裁，委员会有权决定是否继续审查该初裁。为节省各方以及ITC的资源，ITC鼓励各方达成和解，如果申请人和被申请人提出和解动议，ITC一般会同意。但是，如果调查相关方的和解安排影响到公共利益（如涉及垄断问题），则行政法官有权拒绝同意和解动议。此外，为了鼓励各方达成和解，行政法官会在审理日程中安排和解会议，并要求各方向行政法官报告和解会议情况。行政法官通常会在一个337调查的日程表中安排两次或多次和解会议。以铸钢车轮案（337-TA-655）为例，该案于2008年9月11日立案，行政法官于2008年12月8日作出审理进程的命令。在命令中，行政法官要求各方于2009年1月9日之前举行第一次和解会议，和解会议将由各方公司代表及其律师参与；各方应于2009年1月14日前向行政法官递交和解会议报告。该命令还要求，各方于2009年6月12日之前进行第二次和解会议并于2009年6月17日之前提交和解会议报告。❹

---

❶ 《程序规则》第210.10（a）（5）（i）条。
❷ TOM M. SCHAUMBERG. A Lawyer's Guide to Section 337 Investigations before the U.S. International Trade Commission [M]. ABA Publishing, 2010: 145.
❸ 《程序规则》第210.21（b）条。
❹ 337-TA-655案第10号命令。

在和解谈判过程中，选择怎样的策略与对方进行谈判至关重要，而具体的谈判策略取决于每个案件的具体情况。例如，在确定谈判策略时，需要区分申请人是出于何种目的提起337调查，对症下药。有些申请人是中国企业的直接竞争对手，其提起调查的目的主要就是将中国企业赶出美国市场，而并不是获得许可费；而有些申请人尤其是NPE并不生产产品，并不是中国企业的直接竞争对手，其发起337调查的主要目的是获得许可费，且其本质上并不希望将中国产品排除在美国市场之外。有丰富代理经验的律师将会根据案件的具体情况制订合理可行的和解方案，促成双方实现和解。

四、同 意 令

与和解的功能相似，同意令（consent order）可以使被申请人尽早从337调查中脱身。根据《程序规则》规定，对一个或多个被申请人的调查可以基于一个同意令而终止。❶ 同意令本质上是与ITC签订的协议，是对ITC作出的承诺，由ITC监督同意令的执行情况。同意令的动议可以由一方当事人单独提出，也可由双方当事人或不公平进口调查办公室调查律师提出。同意令的动议通常应在开庭前提出。在决定是否准许同意令动议时，委员会将考虑公众健康和社会福利、美国经济的竞争条件、美国同类或直接竞争产品的生产情况、美国消费者利益等因素。❷ 同意令对被申请人具有约束力，并且应当包含某些特殊的条款，例如签字的被申请人已承认所有法律事实、放弃司法审查以及对同意令的有效性提出异议的权利、遵守该同意令。此外，同意令还可以说明"被申请人签署该同意令仅为了和解，并不意味着被申请人承认存在侵权行为"。❸ 如果签署了同意令的被申请人未遵守同意令中的相关规定，申请人可以请求ITC启动执行程序。在执行程序中，ITC可以修改同意令，处以罚款（每日罚款可高达10万美元）以及撤销同意令并颁布制止令和有限排除令。

实践中，有不少中国企业以签署同意令方式结案。例如，在集装箱货保系统案（337-TA-696）中，被申请人青岛奥昂特工贸有限公司签署了同意令并因此结案。

---

❶ 具体见《程序规则》第210.21（c）条。
❷ 具体见《程序规则》第210.21（c）(2)(ii)条。
❸ 具体见《程序规则》第210.21（c）(3)(i)条。

五、仲 裁 协 议

《程序规则》第 210.21（d）条规定，调查可以基于双方的仲裁协议（arbitration agreement）而终止。如果调查双方同意以仲裁的方式解决争议且希望终止调查，其应当提交终止调查的动议，同时附上仲裁协议。行政法官将颁布初裁决定是否同意该动议，ITC 有权决定是否审查行政法官的初裁。实践中申请方同意以仲裁的方式解决争议的情况极少。

| 完成规避设计以保住美国市场 |

美国并不排除经规避设计后的产品进入美国市场。因此，为了保护美国市场，涉诉中国企业应当根据 337 调查具体情况尽早着手进行规避设计。

一、ITC 认可规避设计

ITC 并不限制经过合理规避设计后的产品进入美国市场。在行政法官颁布初裁和委员会颁布终裁前，被申请人可以请求其对规避设计的产品是否侵权发表看法。此外，被申请人也可以在委员会颁布排除令后请求其进行咨询意见程序（advisory opinion proceeding），由其对规避设计的产品是否侵权发表意见。❶

如果被申请人侵权的可能性较大，最保险的做法是由被申请人尽早聘请专业人士开始规避设计的工作，并在行政法官和 ITC 颁发排除令前将规避设计后的产品提交其审阅，保证规避设计产品不落入排除令的范围。进行规避设计并不等同于承认侵权存在，只是企业一种务实的做法。尽早进行规避也有利于促成和解，即如果规避设计后的产品很可能不侵权，则更有利于双方达成和解。例如，在碎纸机案中（337-TA-863），在律师的建议下，被申请人在案件的最开始阶段即着手进行规避设计，且将规避设计后相关产品资料纳入证据开示资料中，经过评估之后，申请人与被申请人达成和解，允许被申请人对美国出口规避设计后的产品。

在进行规避设计时，被申请人应当考虑以下因素：第一，应当确保规避设计的产品在美国拥有市场潜力，同时在法律上也行得通。规避设计的

---

❶ 具体见《程序规则》第 210.79 条。

产品应当与涉案产品可以轻易区分开，即普通的海关人员也能分辨两者的区别。第二，由于337调查具有进程迅速的特点，因此，尽快完成规避设计工作非常重要。最好在各方证据开示期间就完成规避设计，这样专家证人就有时间和机会对规避设计发表意见，各方在庭审过程中也可以就规避设计产品展开讨论。第三，为了保证行政法官将规避设计产品列入相关调查的范围，相关规避设计的产品应当基本成型。如果由于相关规避设计产品未成型，行政法官或委员会有可能拒绝对规避设计产品是否侵权发表意见。一旦ITC颁布排除令后再想进口这些规避设计产品，中国企业必须取得美国海关的认可或启动咨询意见程序，而这些企业的美国客户有可能因等不及而购买他人的产品。

二、美国海关认可规避设计

337调查的排除令由美国海关负责执行，由其判断相关的进口产品是否落入ITC裁决中的侵权产品范围。尽管美国海关无权对是否侵权等实体问题发表意见，但在执行ITC颁布的排除令的时候其具有一定的自主性，可以对相关产品是否落入排除令的范围作出判断。因此，某些进口商或其他利益相关方可以通过信函的方式请求美国海关就其拟进口的产品（通常是进行过规避设计的产品）是否落入排除令的范围发表意见。例如，ITC在一次性相机案（337-TA-406）中颁布普遍排除令后，一名美国经销商在2003年9月致函给美国海关与边境保护局，请求美国海关确认其拟进口的产品是否落入排除令范围。2004年1月，美国海关与边境保护局知识产权保护部颁发认定（ruling），确认该进口商拟进口的相机未落入ITC排除令的范围。[1]

如果美国海关认为规避设计产品没有落入排除令的范围，则相关产品可以进入美国市场。因此，部分被申请人或进口商在ITC颁布排除令之后会请求美国海关确认相关改进后的产品是否落入排除令的范围，部分企业曾经成功地获得海关的支持。在数字电视案（337-TA-617）中，ITC维持了行政法官的初裁，于2009年4月认定数名被申请人侵犯了申请人的专利，并颁布了制止令和有限排除令。数名被申请人在此后向美国海关提出申请，要求其认定其重新设计的产品不侵权。2009年8月5日，美国海关颁布命令，认定重新设计的产品不侵权，相关产品可以进口到美国市场。

因此，如果中国企业的产品被ITC认定为侵权产品而禁止进入美国境内，那么中国企业或其进口商可以就经过改进设计或者规避设计的产品请求

---

[1] 美国海关于2004年1月6日出具的HQ474939号裁定［EB/OL］.［2014-07-14］. http://rulings.cbp.gov/index.asp?ru=474939&qu=474939&vw=detail.

美国海关发表意见。如果海关认为改进后或规避设计产品不落入 ITC 裁决侵权产品的范围，则中国企业可以继续将相关产品出口到美国市场。不过，为了保险起见，被申请人应尽早完成规避设计，争取由 ITC 在 337 调查程序中确定规避设计的产品是否侵权，避免海关程序中可能存在的不确定性。

如果海关不认可规避设计的产品，当事方可将海关诉至美国国际贸易法院，获得进一步的司法救济。在同轴电缆接头案（337-TA-650）中，ITC 发布了普遍排除令，排除的产品包括型号为 Fei Yu FY-037 的插头产品，其产品的柱体（cylindrical body）部分为金属，部分为塑料制成。CorningGilbert 不是电缆连接头案的被申请人，但是海关认定其产品的柱体和 Fei Yu FY-037 的技术特征一样，柱体同为部分为金属，部分为塑料制成，因此受到电缆连接头案的排除令的制约。Corning Gilbert 不服，遂将海关诉至美国国际贸易法院。美国国际贸易法院推翻了美国海关的意见，指出 Corning Gilbert 不是电缆连接头案的被申请人，ITC 对 Fei Yu FY-037 的认定不能直接适用于对 Corning Gilbert 的产品，理由是：（1）没有证据表明 Corning Gilbert 的产品和 Fei Yu FY-037 实质上相似；（2）Corning Gilbert 没有机会参与 Fei Yu FY-037 被确定侵权的过程。换言之，ITC 没有检查过 Corning Gilbert 的产品，也没有对 Corning Gilbert 产品作出侵权认定，也没有允许 Corning Gilbert 有机会参与其产品是否侵权的庭审。法院最终认定 Corning Gilbert 的产品没有侵犯是同轴电缆接头案的涉案专利，因此没有落入该案颁布的排除令的范围，并最终命令美国海关允许进口 Corning Gilbert 的产品。

应对商业秘密 337 调查

337 调查绝大部分案件涉及专利，但近年来商业秘密 337 调查尤其是涉及中国企业的商业秘密 337 调查呈快速增长趋势。在 ITC 的商业秘密 337 调查中，2002 年至 2014 年 7 月，合计约仅有 13 起，但其中有 8 起涉及中国企业，占了一半以上。在这 8 起涉及中国企业的商业秘密 337 调查中，除了 2004 年提起的半导体设备案（337-TA-525）和 2008 年提起的天瑞案（337-TA-655），其余的 6 起均是在 2011 年之后提起的。[1] 针对中国企业的商业秘密 337 调查案件在这两三年爆发增长的一个重要原因，是因

---

[1] 这 6 起 337 调查案号分别为：337-TA-791、337-TA-826、337-TA-849、337-TA-863、337-TA-869 和 337-TA-887。

为联邦巡回上诉法院在 2011 年对天瑞案作出的上诉裁决确定了 ITC 对发生在美国之外的商业秘密侵权行为拥有管辖权先例。❶ 随着越来越多的跨国公司技术人员离职创业或者加入中资国企和民企,可以预见在未来的几年之内,以侵犯商业秘密为案由的 337 调查将更为普遍。下面我们根据近几年代理商业秘密 337 调查案经验总结,梳理中国企业很可能碰到的问题及相应的应对措施。

一、商业秘密范围确定的时间点以及证据开示技巧

(一) 尽早确定商业秘密范围的重要性以及中国企业面临的困难

中国企业在应对商业秘密 337 调查时通常会碰到商业秘密范围披露这一难题。在专利权、商标权和著作权侵权案件中,相应权利的边界体现在提交给政府的公开文件之中,较为容易判断,而商业秘密案件中的诉争权利边界(商业秘密范围)通常不容易确定,主要原因是,尽管申请人掌握初步的侵权线索,但其通常不清楚被申请人侵犯了哪些商业秘密,因此,申请人通常期望推迟圈定商业秘密范围的期限,尤其是希望在获取被申请人的相关证据之后再披露商业秘密范围(disclosure or identification of trade secrets)。但是,推迟披露商业秘密将造成被申请人无法知悉自身侵犯了申请人的哪些秘密以及申请人所谓的商业秘密是否真正构成商业秘密。这会导致不当地扩大证据开示范围,从而增加原被申请人双方的诉讼成本,影响被申请人尽早确定应诉策略、进行有针对性的抗辩(例如申请人的描述过于宽泛,被申请人则无法进行有效的公知信息检索或者根据申请人所主张的秘密点进行相应的规避设计)以及专家报告的准备等。此外,允许申请人在接触被申请人的实质开示信息之后才披露商业秘密范围,还可能导致的后果是申请人根据被申请人提供的文件和信息来圈定商业秘密的范围,甚至不诚信地将属于被申请人的商业秘密宣称为自身的商业秘密,这将明显不利于被申请人。因此,尽早划定商业秘密范围,有助于厘清商业秘密侵权案件的权利边界,为 ITC 商业秘密 337 调查的审理提供更为明确的指引,对商业秘密侵权案件的有序审理意义重大。

但是,商业秘密范围确定这一棘手问题除了在 ITC 的《程序规则》中

---

❶ 天瑞上诉案源于美国 Amsted 公司在 2008 年就铸钢车轮向 ITC 提起的 337 调查。在 337 调查中,ITC 在 2009 年年底终裁认定天瑞集团有限公司和天瑞集团铸造有限公司(合称"天瑞")存在违反 337 条款的侵犯商业秘密行为。天瑞不服 ITC 的终裁,据此向联邦巡回上诉法院提起上诉。2011 年,联邦巡回上诉法院作出判决,维持了 ITC 的终裁。此上诉判决承认了 ITC 对完全发生在中国的商业秘密侵权 337 调查拥有管辖权。

没有提及之外，在337调查审理的重要文件如基础规则和案件进度表中也基本上没有体现。在337调查中，法官主要根据《程序规则》中的相关规定及其在案件初期颁发的基础规则和案件进度表（procedural schedule）来审理案件和掌控整个案件的进展。根据对这些审理商业秘密案件法官在专利案件中的做法进行比较，我们发现，这些法官并没有制作专门针对商业秘密案件的基础规则，而是直接利用专利案件中的基础规则。此外，根据我们的统计，除碎纸机案（337-TA-863）之外，这些法官所颁布的案件进度表中通常没有将商业秘密披露作为时间节点列在其中，而是直接用专利案件的进度表作为模板。行政法官的这种做法，一方面是因为相当一部分商业秘密案件中同时涉及专利侵权，而更主要的原因是商业秘密案件数量太少，还未引起ITC的足够重视，这点在铸钢车轮案（337-TA-655）以及增稠树脂案（337-TA-849）这两起纯粹的商业秘密案件中更加明显。因此，ITC缺乏相应明确的规定，给中国企业应对商业秘密337调查带来了很大的困扰和困难，例如，申请人推迟披露商业秘密或者反复修改商业秘密范围，导致中国企业无法尽早形成有效抗辩策略，证据开示范围过宽导致开示成本过高，或者存在"钓鱼"风险。

（二）ITC确定商业秘密范围的实践

1. 早期披露是否适用于商业秘密337调查案件

对于是否需要进行早期披露问题，在台积电诉中芯国际的337调查中（337-TA-525），ITC法官明确表达了早期披露规则不适用于337调查这一基本立场。在针对申请人提起的强制开示动议作出的命令中，行政法官认为，"在州法院和联邦法院，商业秘密案件的申请人必须在开示过程中详细地确定其商业秘密，通常是证据开示的早期完成披露。在部分州法院，披露商业秘密是进行相关开示的先决条件。尽管申请人需要在开示过程中详细地披露涉案的商业秘密，与州法院的做法不同，在根据337条款提起的不公平竞争调查中［披露商业秘密］不是［迫使被申请人进行开示］先决条件。在337调查中，如果能合理地导致发现可采证据，有关开示即是相关的（《程序规则》第210.27（b）条）。"[1] 此案中的早期披露不适用于337调查的观点在其他商业秘密337调查案件中被广泛引用，例如在增稠树脂案的第7号命令即援引了此观点。因此，根据该先例，部分州所要求的早期披露在337调查中通常不适用。尽管此案明确否定了早期披露制

---

[1] 337-TA-525, Order 7.

度的可适用性，但其所援引的《程序规则》并没有为披露具体时间点以及披露的详尽程度这些核心问题提供指引，也没有解决证据开示范围过宽以及被申请人不能及时形成有效抗辩问题。缺乏统一制度导致各个行政法官根据具体案件情况进行自由裁量，因此，实践中不同行政法官采取相互矛盾的做法也不足为奇。

2. 337调查中确定商业秘密范围的主要方式

在337调查实践中，被申请人通常会在首轮问卷中要求申请人确定商业秘密，但申请人通常会援引申请书的商业秘密描述或者仅作宽泛的回答，双方此后通常会将该争议交由法官解决。例如，在被申请人以商业秘密范围不明确为由拒绝配合开示程序后，申请人提起动议要求强制开示（337-TA-525/337-TA-562）。此外，实践中有被申请人在正式进行实质开示之前主动寻求同意令保护（337-TA-698/337-TA-849）。最后，还有一种情形是双方达成约定，并体现在进度表中，先进行初步披露，在开示进展一段时间后要求申请人确定最终商业秘密范围（337-TA-863）。

表4-1是根据ITC公开信息整理的数起商业秘密337调查中商业秘密披露汇总。

表4-1 商业秘密337调查中商业秘密披露方式汇总

序号	立案年份	案号	商业秘密披露方式
1	2013	337-TA-863	初步披露与最终披露相结合的方式❶
2	2012	337-TA-849	在披露其实质商业秘密之前，被申请人发起动议请求保护令，被法官驳回。❷ 被申请人在保护令被驳回之后披露实质技术信息
3	2010	337-TA-698	被申请人UPI在2010年3月19日提交保护令，同意在申请人确定商业秘密范围之后的10个工作日内答复申请人的开示要求。此外，被申请人在该动议中要求申请人回答被申请人提出来的确定商业秘密范围的问卷问题。行政法官驳回了被申请人的动议，认为申请人之前的披露已经足够使被申请人知道申请人的主张、准备应诉以及回答申请人提出的相关问卷问题❸

---

❶ 此为碎纸机337调查案的实践。
❷ 337-TA-849，Order 7.
❸ 337-TA-698，Order 12.

续表

序号	立案年份	案号	商业秘密披露方式
4	2008	337-TA-655	申请人披露了580个秘密点，范围过宽，被申请人无法有效准备抗辩❶
5	2006	337-TA-562	双方对部分问题的开示存在争议，被申请人拒绝提供的理由是申请人未充分披露商业秘密。申请人据此发起动议请求迫使被申请人开示❷
6	2005	337-TA-550	申请人在调查开始3个月之后才披露商业秘密范围，在证据交换截止日之前回答ITC律师问卷时才确定所有的涉诉商业秘密在2002年给被申请人出示的一个PPT中。被申请人律师据此发起动议，请求法院终止对商业秘密问题进行审理❸
7	2004	337-TA-525	双方先对申请人员工调取宣誓作证证言，之后申请人发动议要求被申请人披露，行政法官支持申请人，要求被申请人披露，申请人应在收到被申请人披露文件之后尽快确定其商业秘密❹

3. 碎纸机案评析及制度建议

与其他案件相比，碎纸机案（337-TA-863）中的商业秘密披露方式比较特殊，主要得益于双方律师尤其是被申请人律师的推动，要求采取初步披露和最终披露相结合的方式，最终获得行政法官的认可，并固定在案件进度表中。固定在进度表之前的协商谈判以及重要事项日期具体见表4-2所示。

表4-2 碎纸机案（337-TA-863）进度表

序号	日期	事项
1	2012年12月20日	范罗士提起337调查请求
2	2013年1月25日	ITC立案

---

❶ 2008年12月8日庭审会议记录公开版。
❷ 337-TA-562案的申请人律师在2006年5月11日发起的强迫被告开示的动议。
❸ 安卡拉牛痘病毒（337-TA-550）案的被申请人的律师在2006年4月7日提交的终止调查动议。此外，因为双方就商业秘密问题有仲裁协议，ITC最后终止审理此案中的商业秘密问题。
❹ 半导体设备案（337-TA-525），第7号命令。

续表

序号	日期	事项
3	2013年1月29日	主审法官根据专利案件的模板颁布"基础规则"
4	2013年2月13日	被申请人提交答辩状
5	2013年2月21日	在双方共同提交的案件进度计划中，双方同意在案件程序进度表中加入申请人初步和最终披露商业秘密日期
6	2013年2月26日	在被申请人提交的案件管理陈述中，被申请人要求申请人方尽早披露商业秘密范围，从而可以在案件早期确定调查的范围，可以有序地为案件审理做准备。在该陈述中，被申请人要求其产品披露应当在申请人方初步披露商业秘密之后，否则被申请人无法确定哪些产品可能落入商业秘密侵权的指控
7	2013年2月28日	在行政法官主持召开的证据开示会议中，被申请人律师要求申请人建议一个披露其商业秘密的日期，申请人方建议的初步披露日期为2013年4月8日，最终披露日期为2013年6月7日
8	2013年3月5日	法官对案件进程作出决定，要求申请人分别在2013年3月21日和2013年5月15日披露初步和最终商业秘密，要求被申请人在2013年4月1日之前披露涉案产品及其相关技术信息。2013年7月19日为双方证据交换截止日

根据行政法官确定的进度表，申请人在案件初期先初步披露其商业秘密，类似于加利福尼亚州早期披露制度，❶ 被申请人在申请人未披露之前并无义务提供与商业秘密实质相关的开示信息。在申请人进行初步披露之后，被申请人才开始提供与商业秘密相关的实质信息，尤其是相关涉案产品的研发生产信息。申请人在开示进展一段时间后（证据交换截止日前2个月左右）确定最终商业秘密范围，这符合在开示过程中尽早确定最终商

---

❶ 加利福尼亚州的《民事程序法》（Code of Civil Procedure）第 2019.210 规定："在任何根据 UTSA 提起的侵犯商业秘密诉讼中，在商业秘密相关的证据开示开始之前，诉称侵犯商业秘密的一方应当合理详细地披露商业秘密，除非有根据 UTSA 第 5 部分做出的合适的命令。"[In any action alleging the misappropriation of a trade secret under the Uniform Trade Secrets Act (Title 5 (commencing with Section 3426) of Part 1 of Division 4 of the Civil Code), before commencing discovery relating to the trade secret, the party alleging the misappropriation shall identify the trade secret with reasonable particularity subject to any orders that may be appropriate under Section 3426.5 of the Civil Code.]

业秘密范围这一基本原则，就最终版的商业秘密范围给予被申请人足够的开示机会。相较于其他案件，碎纸机案中的初步披露和最终披露相结合的方式较为科学合理，理由如下：

（1）申请人方先披露初步商业秘密范围，是一种平衡双方利益的合理举措，可以在某种程度上缩小开示范围，降低双方的证据开示成本。

（2）双方首先在案件的早期约定进行初步披露，避免申请人发起强制开示动议或者被申请人发起保护令动议，一方面可以推进337调查证据开示的进度，保证能符合337调查快速推进的要求；另一方面，可以降低因动议而产生的法律费用。

（三）制度建议以及中国企业的应对实务

综上，考虑到ITC目前没有明确规则的现状以及商业秘密337调查案件日益增多的趋势，我们建议ITC采纳碎纸机337调查案中的披露方式，并借鉴美国加州的早期披露制度以及其他相关判例，具体制度构成内容如下：

（1）建议采用初步披露和最终披露相结合的模式，明确在337调查案件进度表中，保证开示的进度和效果。

（2）要求申请人进行合理、详细的初步披露，被申请人在初步披露之后进行商业秘密相关实质证据开示，从而避免"钓鱼"行为以及避免过宽的证据开示。此外，基础规则中应当明确初步披露不应仅是申请书的重复或者宽泛的描述，而应当合理地详细，应当与公开或者业内公知信息相区别。

（3）除非有正当的理由，最终披露之后不得修改或者扩大商业秘密范围。

（4）初步披露的时间节点尽量安排在立案之后的案件初期。最终披露商业秘密的时间节点与证据交换截止日的时间节点应当有充分间隔，为被申请人留出充分的开示机会。

此外，对于中国被申请人来说，在ITC没有对该问题点进行制度化之前，可以考虑借鉴碎纸机案（337-TA-863）的做法，确保让申请人尽早完成早期披露，从而降低证据开示成本，尽早形成有效抗辩策略，并避免"钓鱼"风险。

二、自然人作为被申请人问题

（一）中国自然人碰到的问题

在近年数起针对中国的商业秘密337调查中，申请人将相关自然人也列为被申请人,这些案例包括增稠树脂案(337-TA-849)、碎纸机案(337-TA-863)和电子壁炉案(337-TA-791/337-TA-826)。在前两起案件中,涉案的自然人只是公司的实际控制人,并不是申请人的前雇员。将这些涉案企业的股东或者管理人员列为被申请人会引起不少的问题,主要包括以下方面。

(1)申请人和被申请人都需要处理针对自然人的证据开示要求,增加了双方的证据开示成本;

(2)商业秘密337调查的申请书必然包含被申请人窃取商业秘密的指控,因此,将自然人列为被申请人将对其信誉带来负面影响,影响其与他人的商业关系;

(3)被列为申请人给这些涉案的自然人造成一定的恐慌,某种程度上影响到相关当事人到美国进行市场开拓。

我们认为,不合适将纯属公司实际控制人或者管理层的自然人列为被申请人,具体原因包括以下几点。

(1)ITC的裁决不但对公司被申请人有约束力,同时对作为股东和管理人员的自然人也具有约束力。例如,制止令中通常包括如下语言:委员会的制止令将一概适用于被申请人的"负责人、股东、管理人员、董事、雇员、代理、被许可人、经销商、被控制方(股权控制或其他方式)和绝对持有的商业实体、承继方、受让方每一方,只要其参与了所禁止的行为"。❶

(2)ITC拥有对物管辖权,未将自然人列为被申请人并不会影响申请人救济,增加自然人作为被申请人反而增加了337调查负担,浪费资源。"不将有关自然人列为被申请人不影响申请人拟将涉案产品排除在美国境外的完整救济",而将有关自然人列为被申请人也不为"针对在美国境内销售和经销的完整救济所必需"。❷

(二)制度建议以及中国企业应对实务

基于以上原因,我们建议ITC将商业秘密案件中的自然人作为被申请人这一事项的审查制度化并程序化,不公平进口调查办公室在受理案件时不将公司的实际控制人或管理人员列为商业秘密337调查被申请人,即若申请人针对自然人提出的指控与违反337条款的行为无关——自然人没有

---

❶ Certain Digital Televisions & Certain Products Containing Same, Inv. No. 337-TA-617, Order to Cease and Desist Issued Against Envision Peripherals, Inc. at 2 (Apr. 10, 2009).

❷ Certain Floppy Disk Drives & Components Thereof, Inv. No. 337-TA-203, Order No. 8 at 2 (Oct. 12, 1984).

以自身名义直接参与如销售、进口、进口至美国并销售不公平交易行为，而指控纯属关注被申请企业的所有权和控制权，则不公平进口调查办公室受案时不应将公司的实际控制人或管理人员列为商业秘密337调查的被申请人。

值得注意的是，不公平进口调查办公室在碎纸机案（337-TA-863）中已经开始注意到自然人被申请人引起的问题。在2012年12月20日，申请人范罗士（Fellowes）在碎纸机案的申请书中列出337调查涉案被申请人包括三名中国自然人。2013年1月8日，范罗士就不公平进口调查办公室所提问题，向委员会递交回复信。范罗士在该回复信中，范罗士试图解释为何将三位自然人列为涉案被申请人。值得欣慰的是，碎纸机案最后公开的和解条件是申请人撤回了针对三位自然人的指控。此外，增稠树脂案复审终裁也撤销了对自然人的指控。对于中国企业来说，在ITC未将前述建议制度化和程序化之前，我们建议，中国涉案自然人积极与ITC进行沟通，确保在正式立案之前将自然人排除在337调查之外，从而降低不必要的应诉成本，提高应诉效率。

利用各种资源为应诉服务

自2002年以来，我国企业已经逐渐成为337调查的最大目标之一。毋庸置疑，应诉主要是企业自身的事情，同时，企业还可利用其他资源为应诉服务。

一、政　府

中国政府对337调查非常重视，因为很多337调查直接关系到某些产业的发展乃至生死存亡。

政府层面，商务部是我国企业应对337调查工作的主管机构。商务部提出了"企业为主体、行业组织协调、政府指导"的337调查应对工作机制，出台了《关于做好美国337调查应对工作的指导意见》，并注重整合应对资源，开展对外交涉和规则评议，拓展信息经验交流渠道，加强理论指导，加强相关知识培训和人才培养等工作，强化对重大案件的应对指导，为企业"走出去"创建具有国际影响力和竞争力的品牌提供有力支持，等等。

商务部进出口公平贸易局具体负责指导中国企业应诉337调查相关工

作。在其官方网站中开设了337调查专栏,该专题含有"337简介""最新动态""相关法规""案件查询"和"理论研究"五个版块,其中的"案件查询"包含中国企业至今遭遇的337调查的简要信息,包括案件名称、申请人、申请人代理律师事务所、国内被申请人、被申请人代理律师事务所、申请时间、立案时间、诉由、涉案产品、案件结果等内容,而"最新动态"及时跟进中国企业遭受337调查的情况,例如,若有中国企业在337调查中被列为被申请人,在"最新动态"在第一时间就会有报道。❶其他版块内容对于企业了解337调查的历史、规则和发展趋势也会有所帮助。

同时,各地方商务主管部门对当地企业应诉337调查也会给予指导和帮助,例如,组织所在地区337调查应对知识的培训和经验交流,指导企业如何应对337调查和如何避免被诉;对涉案企业给予应诉指导,进行协调以方便企业应诉;积极总结当地企业值得借鉴的应诉经验,并与当地企业分享;调查了解当地企业应对337调查存在的困难,帮助企业反映和协调解决困难。此外,部分地方商务部门专立研究课题,研究337调查对该省相关产业的影响,并积极寻找相应的应对策略。

因此,遭遇337调查的中国企业可以及时与商务部以及地方商务主管部门沟通,谋求政府部门的帮助和指导。

二、行业组织

如果337调查案件中,同行业的多个中国企业一同被列为被申请人,此时,该行业的商会(见表4-3)或者行业协会可以起到很好的协调作用。

表4-3 我国主要进出口商会及其网址

序号	商会名称	网　　址
1	中国机电产品进出口商会	http://www.cccme.org.cn/
2	中国轻工工艺品进出口商会	http://www.cccla.org.cn/
3	中国五矿化工进出口商会	http://www.cccmc.org.cn/
4	中国医药保健品进出口商会	http://www.cccmhpie.org.cn/

---

❶ [EB/OL]. [2014-07-14]. http://trb.mofcom.gov.cn/article/cx/cp/.

续表

序号	商会名称	网　　址
5	中国食品土畜进出口商会	http：//www.cccfna.org.cn/
6	中国纺织品进出口商会	http：//www.ccct.org.cn/
7	中国对外承包工程商会	http：//www.chinca.org/

商会和协会对企业的帮助可以从几个方面体现出来。

（一）在应诉中的组织协调作用

从 ITC 公布 337 调查申请信息时起，商务部下属的各大商会就开始密切关注案件的进展，查询相关出口企业，并向企业发出预警信息。对于出口金额较多，企业规模较大，或在其他方面影响较大的案件，商会还会迅速召开预警或应诉工作会。通过分析申请方情况，中国企业出口产品的专利情况，为企业应诉提供合理的建议。在应诉进程中，商会还会根据案件的不同特点，发挥重要的作用。

如橡胶防老剂调查案，中国五矿化工进出口商会曾专门召开会议帮助应诉企业处理其在应诉期间与上下游企业的关系，尤其是与涉案商品主要卖家的关系。

2002 年、2007 年和 2009 年的接地故障断路器案，中国机电产品进出口商会都召开了应诉会，组织企业积极应诉。2002 年的案件中，以申请方专利无效结案。2009 年的案件中，机电商会除积极推进案件应诉外，还尝试通过协调各银行机构和地方商务主管部门，解决企业案件中反映出的一些融资问题。

而在无汞碱性电池案中，中国电池工业协会（以下简称"电池协会"）组织、协调、组织涉案企业积极应诉，特别是在费用协调方面，通过分摊费用，根据企业出口量多少、生产规模大小、市场开拓潜力和为行业做贡献，降低了企业的应诉成本。而且，除被诉企业承担 70% 费用外，还动员非列名被申请人的涉案企业承担了 30% 费用。

商会和协会在案件应诉过程中对费用的协调非常重要。实践中，由于国内同行业的企业是竞争对手的关系，他们往往不愿意在调查中与其他中国企业合作，这导致应诉成本增加。此外，受京瓷案的影响，更多申请人要求 ITC 颁发普遍排除令，如果得到 ITC 支持，这将会对中国整个行业的出口造成致命的影响。因此，相关商会可以充当协调者，解决好被诉企业之间，甚至是未被列入被诉企业的同行业企业之间的费用分摊和协作问

题,以免一些企业搭便车造成不公。❶

(二) 加强培训

337调查程序快、费用高,如果立案以后再进行应对,对于大多数企业来说为时已晚。为帮助企业了解相关程序,提前应对,商会和行业协会还在日常工作中为企业提供与知识产权和海外诉讼有关的信息。很多商会或行业协会在对会员企业有关知识产权的宣传、指导、培训以及预警机制的建立方面发挥着重要作用。例如,中国半导体行业协会成立了知识产权工作部,下设教育培训组,政策研究组和法律研究服务组,该知识产权工作部的职责主要包括普及知识产权教育,健全保护知识产权的机构,建立公共平台,以及完善专利登记授权合同等。机电商会就彩电专利分析协助企业建立了专门的课题研究小组。同时,还充分利用政府、律师等各种渠道邀请ITC及知名律师对会员企业进行培训。❷

三、公共信息和媒介资源

除了来自国内的政府部门、商会或者行业协会提供的帮助和指引,企业还可以通过一些公共渠道获取涉案知识产权的相关信息。例如,中国国家知识产权局的官方网站(http://www.sipo.gov.cn)的中国专利数据库。

其他主要国家的知识产权数据库信息如下:

(1) 美国的注册专利和商标信息可以从美国专利商标局网站进行查询,其检索地址为http://www.uspto.gov/patents/process/search/index.jsp。

(2) 欧洲专利组织的世界专利数据(http://ep.espacenet.com/)提供1970年至今的多国专利英文摘要以及1920年至今的公开专利申请案的数据。

(3) 日本专利数据库(http://www.ipdl.inpit.go.jp/homepg.ipdl)提供1971年至今未审查的日本专利申请案数据以及1922年至今的经过审查的日本专利申请案公开资料。

此外,以下新媒体提供了与337调查或美国专利制度发展的最新信息:

(1) ITC Law Blog:http://www.itcblog.com。

(2) IP Watchdog:http://www.ipwatchdog.com。

---

❶ 在知识产权海外保护中行业协会大有可为——美国337碱锰电池调查案评析 [EB/OL]. [2011-07-21]. http://www.cta315.com/infor_vewe.asp?infor_id=27043&class1_id=15&class2_id=58.

❷ 知识产权局协会解决知识产权争端讲义 [EB/OL]. [2011-07-21]. http://rjls.fyfz.cn/art/449503.htm.

（3）Patent Law Blog：http：//patentlyo.com/patent。

（4）微信订阅号："中国企业海外知识产权争议解决"（IP Litigation）。

最后，在应对337调查过程中，中国企业还可以利用媒介以及公共关系资源，发出自己的声音。通过媒体发布的内容可以是针对对方的不当言论作出的积极回应，避免公众以及ITC等相关机关受到误导。企业也可以在胜诉之后利用媒介资源进行积极宣传，提升企业的知名度、美誉度和影响力。

第5章

中国企业对外贸易中的知识产权战略

前面四章主要讨论了中国企业在面对337调查时的危机处理。那么,中国企业如何从根本上解决对美贸易中的知识产权纠纷?我们认为,对外贸易知识产权战略是中国企业避免卷入337调查并遏制竞争对手的基石。本章将重点介绍中国企业对外贸易相关知识产权战略的工作重点,主要包括知识产权的尽职调查以及专利权、商标权、著作权以及商业秘密等相应的保护战略。此外,本章也将讨论中国企业如何利用337调查机制维护自身在海外市场的合法权益。

| 概　　述 |

一、企业对外贸易知识产权战略的重要性

企业知识产权战略可以简单地定义为"企业为获取与保持市场竞争优势,运用知识产权保护手段谋取最佳经济效益的策略与手段"。❶ 具体地讲,企业知识产权战略是企业在知识产权创造、保护、利用、实施和管理中,为提高企业的核心竞争力和谋求最佳经济效益,运用现行的知识产权制度而进行的整体性筹划和采取的一系列的策略与手段。❷ 企业知识产权

---

❶ 冯晓青. 企业知识产权战略初论[J]. 湘潭大学学报:社会科学版,2000(5).
❷ 马克伟. 企业知识产权战略刍议[EB/OL]. [2011-07-21]. www.join-highlaw.com/system/2006/05/16/000121017.shtml.

战略属于企业经营发展战略的一部分，其实施与企业的其他战略（如营销战略、市场竞争战略、财务战略和人力资源战略）是相互影响的。此外，根据面对的市场不同，企业知识产权战略可以分为国内贸易知识产权战略和对外贸易知识产权战略。

为了避免在337调查中屡屡被诉，在知识产权保护上通常处于劣势的中国出口企业应当重视知识产权的战略地位，建立符合自身特点的知识产权战略，尤其是对外贸易中的知识产权战略。这才是解决中国企业海外知识产权纠纷的根本所在。这方面值得我们学习的是日本、韩国和我国台湾地区的一些企业，他们从开始在337调查中总是作为被申请人逐渐演变成以申请人的身份利用337调查机制保护其知识产权。这得益于这些企业在微观层面上吸取337调查中的经验教训、制定相应的企业知识产权战略并严格执行；而在宏观层面上，这些国家/地区鼓励和支持企业发展和完善知识产权等因素。例如，我国台湾地区的企业在国际化的进程中不断完善自身知识产权的布局，开始作为申请人在ITC提起337调查申请，宏达电子（HTC）在2010年5月份向ITC提起调查请求，要求ITC认定苹果公司的可携带电子产品侵犯其5项专利（337-TA-721）。

二、中国企业对外贸易知识产权战略的现状

从整体上讲，中国企业对外贸易知识产权战略布局不容乐观。知识产权作为一种移植到中国的制度，公众从接受这个概念到避免侵犯他人合法权益及自觉利用知识产权维护自身合法权益是一个漫长的过程。历年来，中国许多科技企业将重点放在科研开发、技术应用和推广科技成果上，忽略了知识产权取得以及知识产权战略问题。近年来，中国企业在高速发展中，知识产权并未相应跟上企业发展的节奏。仅就最基础的知识产权权利获得而言，中国企业还有很长的路要走。很多企业没有商标、没有专利。对于少数较为重视知识产权的中国企业来说，只是取得了商标、专利等知识产权，也并没有形成企业自身的知识产权战略。企业通过专利申请和商标注册等途径获得知识产权仅仅是"万里长征第一步"，企业知识产权战略涉及企业管理的方方面面，包括知识产权许可转让、公司标准合同、诉讼风险控制以及合资合作的知识产权管理等多个方面。在美国市场上与我国企业相竞争的却是成熟的美国企业，或者是在美国市场上久经考验的外国企业（比如日本或者欧洲企业等），这些企业大多数早就跨越了中国企业目前所处的发展阶段。

以我国的生物质产业为例，尽管我国的生物质产业起步较晚，但发展

很快。以生物能源领域为例，目前，中国四川、安徽等地已经出现设计产能超 10 万吨的大型生物能源工厂。遗憾的是，中国生物质企业在知识产权保护和战略方面远没有与其发展同步：国内专利申请和国际专利申请（PCT 申请）数量少且质量不高，为数不多的专利还是侧重工艺方法，少有设备专利，更缺乏有较大产业覆盖面及较强市场独占性的生物能源产品专利。中国某些投资巨大的生物技术研究在产业化过程中，已经遭遇知识产权损失，典型例子如中国企业没有就相关技术突破及时申请专利，而国外已经就此授予了专利，从而造成中国产品丧失该国的市场。

资料显示，在中国确定的优先发展的许多产业领域，如 IT、基因技术等，80%～90%的发明专利都来自国外。就 PCT 申请而言，中国生物质企业的 PCT 国际申请和/或在重要国际市场如美国和欧洲国家的专利申请更是寥若晨星，无论是数量还是质量，均不足以保护国内生物质产业的国际竞争力。日本在生物质利用技术研究方面取得的专利已占世界的 52%，其中生物能源领域的专利占全世界总量的 81%。知识产权显然已经成为中国生物质产业发展的短板。

以上对很多企业而言仅仅是些枯燥的数字，最多是隐患而已。但是，一旦知识产权问题在中国生物质公司成长过程中凸显，那么，知识产权短板问题很容易让该公司发展"短路"。知识产权短板问题不仅会造成国内市场惨淡，也是中国出口企业进军国际市场的重大障碍。很多中国出口企业的国际竞争对手利用美国的 337 调查机制阻碍中国产品进入美国市场。例如，英国泰莱公司在 2007 年向 ITC 提出申请，要求 ITC 依据 337 条款对数家中国企业的三氯蔗糖产品启动 337 调查。中国是目前公认的 337 调查的高发地区。事实上，目前中国成为 337 调查的重点地区是有其深刻的经济背景的。日益增长的中国出口企业遭遇 337 调查案件与中国外贸出口结构转型不无关系。试想，当标有"中国制造"的产品，不仅仅是长毛玩具和服装，而且包括电子通信设施和生物质产品纷纷涌入包括美国在内的国际市场，外国厂商不得不采取种种措施应对来自中国的压力。尤其是在像生物质产业这种高科技主导的行业中，外国厂商更有可能用知识产权作为武器干扰中国企业前进的步伐。这就是为什么中国正在成为日本、韩国之后又一 337 调查案件的多发地带。中国出口企业产品要升级换代，在美国的知识产权纠纷就不可避免。中国出口企业要成全球市场的"领头羊"，商战的过五关斩六将无疑也包括知识产权这一关，而这一关却异常艰险。因此，中国企业应当以"走出去"为契机，建立自身的对外贸易知识产权战略以顺利渡过险关。

制订和实施对外贸易知识产权战略

一、制订和实施对外贸易知识产权战略的工作重点

实践中,对于大多数中国企业而言,对外贸易知识产权战略首先需要考虑的不是打击竞争对手,而是控制知识产权风险,避免陷入侵权诉讼的漩涡中。知识产权的长期性和后效性特点,以及国际竞争对手数十年的知识产权部署又决定了中国企业不可能企望短短数年完全控制风险,需要长期坚持才能逐渐形成同发达国家企业对抗的能力。❶ 因此,为了保证能有效防范被动卷入337调查等知识产权纠纷中,中国出口企业在制订知识产权战略和部署工作重点时应首要考虑苦练内功,在羽翼丰满之后,中国企业可以考虑利用自身的知识产权优势在全球范围之内遏制竞争对手。

根据我们的经验,对于那些很有可能面临337调查的中国出口企业来说,苦练内功主要应当包括如下三个方面:第一,完善自身的基本知识产权架构,稳扎稳打做好基础工作;第二,密切跟踪国际竞争对手的知识产权动态,进行相应的知识产权调查;第三,根据竞争对手和自身的情况制订和实施包括专利、商标、著作权以及商业秘密在内的具体知识产权保护策略。这三个方面的工作并不是互相孤立的,而是相互影响的,某一方面工作的不利有可能给其他方面的工作造成负面影响。

(一)做好企业知识产权基础工作

在打好基本功并提升企业自身知识产权竞争力方面,以下经验值得相关中国企业借鉴。

(1)针对企业自身的特点制订近期、中期以及长期的知识产权战略和目标。策略的重点应当是促进技术和产品转型升级,打造国际知名品牌,掌握具有自主知识产权的核心技术,增强企业核心竞争力。

(2)加大知识产权投入,获得相应知识产权(包括商标、专利等),主要包括发挥和增强企业的科研实力,加大重点领域重大关键技术的科研投入,加强科研成果的转化,合理申请专利和注册商标等。在研发投入方

---

❶ 王海波. 中兴通讯:国际化进程里的知识产权战略 [J]. 法人,2008 (7).

面，企业应当根据自身的特点确定研发投入占企业营业收入的比例。对于高新技术技术企业，其研发投入通常占营业收入的比重较大。例如，我国通信设备制造商中兴通讯公司每年研发投入占企业销售收入的10%左右。[1]

（3）建立完善的内部知识产权管理制度，包括建立符合企业实际情况的专利权、商标权、著作权和商业秘密等管理制度。例如，在与员工的劳动合同中，根据需要加入保密条款和竞业限制义务条款，以及明确员工在履行职责过程中取得的知识产权的归属。

（4）建立科研激励机制，建立相应科研人员的激励机制，保证科研人员的待遇与科研成果以及转化成果相挂钩，鼓励员工积极创新，在企业中树立技术创新的风气。

（5）在确保不违反反垄断法的前提下与同行或者合作伙伴形成技术联盟，在联合创造、联合运用、联合保护和联合防御中一致行动。联合创造一方面可以降低取得科研成果的成本，另一方面通过相互的技术合作增加取得科研成果的可能性。实践证明，联盟对于加快技术开发速度和提高技术开发能力有着积极的推动作用。例如，用液化石油气制芳烃的Cyclear技术，是由英国石油公司与环球油品公司联合开发的；烯烃异构化工工艺是由英国石油与美国莫比尔公司联合开发的。[2] 联合运用包括通过交叉许可、技术互换、共享资源等方式进行合作。联合保护可以集中力量对外部竞争对手提出挑战。联合防御可以共同应对竞争对手提出的诉讼、许可费谈判以及技术标准的争议等。我国部分地方政府也在积极推进知识产权联盟计划。例如，北京市知识产权局和中关村科技园区管委会推进实施《中关村重点产业联盟知识产权推进计划》，将依托中关村现有产业联盟，加强成员单位在知识产权上的交流与合作，适时引导和促进在相同或相近领域具有自主知识产权优势的示范区企业建立知识产权联盟。[3]

（6）积极参与国内和国际标准的制订，提升国内国际影响力。在国内，企业积极争取将企业标准上升为行业标准和国家标准。同时，企业应进一步加强国际交流与合作，主动参与国际行业标准的制订，努力将我国优势领域拥有自主知识产权的核心技术上升为国际标准。

---

[1] 王海波. 中兴通讯：国际化进程里的知识产权战略 [J]. 法人, 2008 (7).
[2] 张志成. 跨国公司知识产权战略研究与评析 [G] //郑胜利. 北大知识产权评论（第2卷）. 北京：法律出版社, 2004.
[3] 中关村制定重点产业联盟知识产权推进计划 [EB/OL]. [2011-07-21]. http://www.sipo.gov.cn/sipo2008/mtjj/2010/201006/t20100602_520807.html.

（二）跟踪竞争对手知识产权动态和知识产权尽职调查

在国际商战中，竞争对手所掌握的大量、有效的美国专利、商标等知识产权，恰恰是竞争对手借以制胜的关键武器。尽管我们并不愿意看到这样的情景发生，但是由于事先缺乏对本行业海外市场主要企业的知识产权状况的调研，国内很多涉案企业，特别是一些中小企业，直到337调查兵临城下那一刻才惊觉。《孙子兵法》云："知己知彼，百战不殆。"对于每一个已面临或即将面临这场战争的中国企业而言，及时而深入地了解本企业所在领域或行业的主要知识产权的分布情况，特别是对本企业竞争对手在美国所取得的专利权、商标权以及著作权等知识产权状况，进行知识产权尽职调查，是中国企业打赢这场战争所迈出的第一步，也是至关重要的一步。

1. 调查监控竞争对手知识产权状况的目的和方法

不是只有那些技术主导型企业或大公司在做技术研发以及构建企业知识产权体系的过程中才需要对本行业主要企业的知识产权分布进行调查及监控。事实上，对出口产品核心技术的调研以及对企业所在行业海外市场主要企业知识产权状况的及时了解，以避免因侵犯相关知识产权权利而惹讼，对于任何出口企业都是非常重要的。当然，由于企业规模、技术研发能力、自身知识产权状况、策略以及此类调查欲达成的目的不同，在知识产权调研及监控方面，大企业与小企业可以采取的不同的实施策略。简单一句话，需视"大""小"，因事制宜。

从目前发展情况来看，国内大企业以及那些技术主导型的高新技术企业，不仅一直致力于本企业核心技术的研发，以及自有知识产权体系的构建和完善，而且越来越注意海外知识产权的取得。原因很简单，在开发海外市场的过程中不断地遭遇知识产权问题，已经使这些大企业充分意识到，在海外市场上与之竞争的对手多为该行业中技术一直处于领先地位的国外巨头。这些国外巨头一般都有独特的专利策略。通过巨额的研发投资，取得基础专利和核心专利以后，通常围绕该基础专利和核心专利不断进行研究开发，并且申请众多的外围专利，利用这些外围专利进一步覆盖该技术领域。如美国菲利浦石油公司在取得奇异特性的聚苯硫醚树脂（PPS）基础专利和核心专利后，不断改进，陆续取得了从制造、应用到加工领域的外围专利300余件，形成了有关PPS树脂的专利网。要规避甚至洞穿这些巨头企业经多年构建起来的针对该行业核心技术的专利网，是解决中国企业在知识产权问题上被动挨打状况最积极的应对措施。因此，大企业对其产品主要出口国在行业核心技术领域的知识产权做调研工作时，并不是单纯了解对方而能避其锋芒，更重要的是，在调查的基础上，对对方的核心专利做进一步的分析研究及改进，希望通过改进及创新取得新的知识产权权利；如果新的专利技术使得原有的专利权人也愿意采用改进的技术满足市场要求，双方就将形成相互需要的意向，进而能够通过协商达成双方的知识产权交叉许可，该领域内的知识产权壁垒就有可能被冲破。❶

鉴于此，国内一些大企业多倾向于由专门的技术及法律人员来负责本企业的知识产权的监控、取得、管理及实施工作。同时，考虑到不同国家或地方的法律体系的差异，以及此种知识产权调查分析工作本身的专业性和深入性，大企业也相当注重聘请专业的知识产权律师等，通过国内外律师的联手合作，对其主要竞争对手在其主要出口国甚至全球的知识产权状况做定期的检索、监控，并针对在监测过程中发现的可能对本企业的知识产权产生影响的问题做预警分析，提供反馈，让企业在开拓某一海外市场前或过程中即对可能出现的知识产权问题有一个明确而全面的认识，同时也避免了企业在知识产权的取得上贻误战机，或导致技术研发方向上的偏离。这种"内外结合"的方式使企业内部的技术资源和外部专业人士的法律资源得以有效融合，一般会达到事半功倍的效果。

相较于大企业而言，中小企业对该行业海外市场主要知识产权状况进行调查的目的是单一而明确的，就是为了在将来的出口中，尽可能地避免本企业的产品遭遇侵犯他人知识产权的风险，因此其调查的范围会更广泛一些。而在我国中小企业普遍自主知识产权较少的情况下，这种广泛的调查更主要体现了一个行业在该出口地区的整体知识产权状况。也就是说，具有行业普遍性的一份调查极有可能对该行业的大多数企业而言，都将产生预警作用。另外，如前所述，该类调查的专业性很强，需要知识产权律师等专业人士的介入，考虑到中小企业本身资源有限，定期提供大量的检索和分析报告的费用对单个中小企业也将会是一个较大负担。

考虑到如上差异，中小企业在这方面所采用的策略和举措应与大企业不同。一个基本的思路就是"商协会牵头，企业联动"。各中小企业在做"防患于未然"这一工作时，利用商会或行业协会统揽全局并能迅速整合各方面信息和资源的优势，将各中小企业联合起来，建立本行业知识产权预警及联络机制；商会或行业协会接受所属企业的共同委托，聘请知识产权律师对本行业重大知识产权变动及事件进行跟踪调查，并及时反馈给各个企业，同时由商会或行业协会定期为该行业所属的中小企业提供专业性

---

❶ 曹世华. 国际贸易中的知识产权壁垒及其战略应对 [EB/OL]. [2011-07-21]. http://www.cipedu.com/admin/ReadNews.jsp? NewsId=519.

的意见和指导,产生的费用采用"分摊机制"由受益的各个企业共同承担。❶ 这种模式不仅保证了各中小企业能迅速、及时了解本行业的知识产权状况,避免成为知识产权侵权的被告方,同时也大大降低了中小企业在此方面的费用负担,不失为一个一举两得的方法。有关调查显示,目前已经有越来越多的中小企业认识到商会或行业协会在此方面所起的积极作用,特别是商会或行业协会在企业面临 337 调查时所表现出来的重视态度和其迅捷的反馈机制,将促使商会或行业协会在这一领域发挥越来越大的作用。❷

2. 知识产权尽职调查

前小节主要介绍中国企业调查跟踪国外竞争对手知识产权的目的、方法和策略,本小节主要介绍调查国外竞争对手有哪些知识产权以及获取对手知识产权内容的途径。严格来讲,某一行业或企业的知识产权体系应涵盖专利权、商标权、著作权、非专利技术、商业秘密等诸方面。但是,鉴于非专利技术、商业秘密本身的特性,一般是无法不经所有人的许可取得,或通过公共渠道获取的。关于著作权,目前大多数国家对著作权采取"自动保护"原则,即著作权随着作品的创作完成而依法自动产生,或随着作品的出版或其他形式的发表而自动产生,不需要履行任何形式的手续。❸ 著作权登记并不是权利产生的前提。因此,亦很难通过公共渠道统计一个企业或公司实际享有著作权的情况。鉴于以上理由,我们在此所指的对企业竞争对手或某行业知识产权调查(以下简称"知识产权尽职调查")中通常侧重于专利、商标的申请及取得情况的跟踪、监测和分析。

由于专利权、商标权的地域性特点,这种知识产权尽职调查所选取的区域范围及检索的侧重点均要视企业的具体需求而定。企业是仅关注竞争对手在某一国家(例如美国、日本)的专利、商标申请及取得情况,还是关注其竞争对手在全球专利权及商标权的分布状况,不同的需求会导致检索范围、检索方法的不同。正如我们在前面所提及的,知识产权尽职调查是一项专业性很强的工作,需要检索者不仅熟悉相关国家或地区的有关知识产权的立法,而且对企业所在行业的核心及非核心技术有一定的涉猎。因此,为确保知识产权尽职调查的准确性,我们建议企业最好聘请专业的

---

❶ 曹世华. 国际贸易中的知识产权壁垒及其战略应对 [EB/OL]. [2011-07-21]. http://www.cipedu.com/admin/ReadNews.jsp? NewsId=519.

❷ 国家知识产权局. 民营企业知识产权状况调查报告 (2006 年) [EB/OL]. [2011-07-21]. www.sipo.gov.cn/sipo2008/zfxxgk/zlgzdt/2006/200804/t20080419_385569.html.

❸ 郑成思. 知识产权法 [M]. 北京:法律出版社,2001:322.

知识产权律师来进行上述工作。

337调查涉及的主要是出口到美国的产品/产品制造方法是否侵犯有效的可执行的美国专利权、商标权或著作权,目前针对中国企业提起的337调查涉及专利侵权的居多。对于在美国注册专利,可以通过美国专利商标局(USPTO)网上专利检索数据库进行检索,该数据库分为两部分:(1)1790年以来出版的所有授权的美国专利说明书扫描图形,其中,1976年以后的说明书实现了全文代码化;(2)2001年3月15日以来所有公开(未授权)的美国专利申请说明书扫描图形。数据库数据每周公开日(周二)更新。美国专利商标局的网址是http://www.uspto.gov/。美国注册商标的相关信息也可以在美国专利商标局的商标数据库中查询。应当注意的是,专利或商标的检索只是知识产权尽职调查中最基础的部分。而针对企业的需求,针对检索结果所作出的判断以及进一步的深度分析,才是一份知识产权尽职调查的核心部分。

除美国专利商标局网站之外,中国企业可以利用中国国家知识产权局公开的相关信息。由于外国企业通常在中国申请同族专利,中国企业可以通过国家知识产权局数据库了解相关专利信息。此外,中国企业可以利用国家知识产权局提供的指引或者链接获取其他有用的信息。

二、制订和实施对外贸易知识产权战略的具体内容

从微观层面上看,中国出口企业对外贸易知识产权战略包括专利权、商标权、著作权及商业秘密保护等具体战略。本部分仅对企业知识产权战略所涉及的基本和共性的问题进行抛砖引玉的介绍。

(一)企业专利战略

337调查中以专利为案由的案件占绝大多数,专利应当是中国企业关注的重点。专利是一个企业特别是技术主导型企业最重要的知识产权资源。对于专利这种垄断性资源而言,谁掌握了专利,就意味着谁拥有了某种竞争优势。因此,企业尤其是技术主导型企业在研发方面需要也愿意投入巨大的人力物力资源。例如,IBM在2009年前三个季度共投入58亿美元用以科研,占其同期营业收入的6%。[1] 尽管技术主导型企业研发投入巨

---

[1] Steve LeVine. IBM May Not Be the Patent King After All [EB/OL]. [2011-07-21]. www.businessweek.com/magazine/content/10_04/b4164051608050.htm.

大，但产出具有不确定性，一项技术创新的成功就得弥补这些行业中相关企业在其他启发项目的失败。所以，创新成果利润最大化是这些企业的要求，而前述的专利垄断性这一优势正好能满足前述要求，是排除竞争对手进入特定领域的有效手段。虽然我们不能一般性地谈论专利对于所有企业都具有特殊重要的意义，但是专利战略是技术主导型企业知识产权战略的核心是毋庸置疑的。具体而言，一个企业的专利战略主要包括以下几方面。

1. 专利取得策略

专利取得的方式主要包括自主研发以及购买专利。企业在研发的过程中可以针对自己的科研实力以及竞争对手的专利状况制定相应的研发和申请策略。第一，如果企业的研发能力允许，企业应当争取开发原创性技术并获得相应专利，这一类专利是最有价值的专利。第二，针对国外公司的原创技术专利，迅速申请外围技术专利。例如，欧美国家在日本特许厅申请了一种新型自行车的技术方案，日本企业就赶紧申请自行车脚踏板、车把手等众多外围小专利（包括外观专利）。国外厂商如想满足市场要求，实施有市场竞争力的新型自行车设计方案，就躲不开这些外围专利，只好与日本公司签订专利使用的交叉许可协议。也就是说，外国公司无偿使用日本企业拥有的外围小专利，日本企业也得以无偿或者低代价利用外国公司拥有的涉及新型自行车关键技术的专利。这就做到了"以小制大"。[1] 目前，中国企业在技术上与欧美国家还有一定差距，基础专利和核心专利不多，但可借鉴日本的专利战略，采取"农村包围城市"的方式，通过技术引进掌握国外的先进技术，再全力围绕这些技术主动进行应用性的开发研究，构筑外围专利网，突破欧美企业的技术垄断，变被动为主动。从解决专利纠纷的角度来看，外围专利意义重大，至少可以作为中国企业在 337 调查或者专利诉讼和解谈判方面的筹码。

由于专利申请和维护需要一定的费用，从成本收益角度出发，<u>企业应当对技术成果进行严格筛选</u>，对于决定不申请专利的技术成果可以定期公开，从而限制对手申请专利的可能性。例如，IBM 公司自 1950 年开始就自行出版技术公报，每月公开那些未申请专利的发明。有统计称 IBM 公司每年申请的专利约有六七百件，但刊载在技术公报上的发明却超过 8 000 件，可见其选择申请专利之严谨。[2] 此外，从便于集中管理的角度，建议由集团公司总部统一管理专利的筛选、申请和维护。首先，由该部门与研究开

---

[1] 许先福. 值得借鉴的日本企业专利战略 [J]. 江苏科技信息, 2004 (7).
[2] [EB/OL]. [2014-07-14]. http://blog.sina.com.cn/s/blog_511bf90101009260.html.

发人员、技术人员合作从中发掘有价值的发明。其次，将专利统一归属到集团公司总部名下，如果关联公司需要使用相关的技术，则单独授权给关联公司使用。最后，由集团公司统一管理专利的维护和授权许可，在节约成本的同时，也提高了管理的效率。

此外，为了完善在相关产业中的专利和技术布局，巩固和增强企业在行业中的地位，中国企业可以根据行业未来的发展方向以及自身的实际情况购买专利。购买专利的周期通常比研发申请获得专利的周期短很多，且成本不一定比自主研发申请成本高，尤其是从科研机构购买专利通常具有较高的性价比。

2. 实施策略

企业在获得专利之后，通常可以通过两种途径获得收益，一种方法是实施专利（生产专利产品并销售），另一种方法是在获得专利之后以许可或转让专利的方式获得收益。部分高科技跨国公司的很大一部分收入来自专利许可。例如，IBM 在 2009 年前三个季度的专利许可收入为 11 亿美元。高通 2009 年的 104 亿美元收入中的绝大部分来源于 3G 的专利技术许可。❶在 2013 年度，高通芯片和许可费收入总计 243 亿美元，许可费收入占 30%，高达 70 亿美元。❷部分拥有优质专利的中国企业可以考虑将专利货币化作为其实施策略的一部分，即充分运营这些专利，对外授予专利许可或者转让相关专利，实现专利的资产化。

此外，对于已经授予的专利，企业还应定期评估，对于没有必要维持的专利则及时放弃。在专利纠纷中，如果企业确实存在侵权，即以自己所拥有的专利为筹码，和对方谈判交叉许可，从而可以减少侵权诉讼所需要的时间和经费上的投入。

（二）企业商标战略

商标的主要目的是便于消费者对不同企业的商品和服务进行区别。除了前述的是识别意义之外，由于消费者倾向于将商标与该企业的产品质量和品牌形象等联系起来，因此，商标还具有重要的经济价值。对致力于长远发展的企业来说，在不断创新提升产品和服务质量的同时，制定一份完整、有效的商标战略同样至关重要。企业的商标战略主要包括商标注册和

---

❶ Steve LeVine. IBM May Not Be the Patent King After All [EB/OL]. [2011-07-21]. www.businessweek.com/ magazine/content/10 _ 04/b4164051608050.htm.

❷ [EB/OL]. [2014-08-19]. http://news.xinhuanet.com/fortune/2014-07/24/c _ 1111769247.htm.

维护。

1. 商标注册

企业在最初商标注册布局时应关注三个基本问题是：由谁来注册、何时注册、注册哪些商标，在哪些国家或地区注册。

第一，在选择由谁来注册商标时，通常需要考虑企业的组织架构和长远规划。目前绝大部分的跨国公司都是由集团总公司对集团进行统一管理，即将商标权利集中注册在集团总公司名下。在商标注册之后，授权许可给境内外的关联公司使用。

第二，随着中国产品在国际市场上的竞争力不断增强，近年来很多中国企业的商标在海外遭到抢注。例如，"王致和公司从20世纪90年代起开始策划走出国门，逐步在市场潜力较大的国家进行注册商标。2006年7月，其在德国进行商标注册时，王致和商标已被德国欧凯公司于2005年抢注。"❶ 海外抢注的目的主要包括阻碍中国企业的产品进入该国市场以及通过高价转让商标或许可商标获利。尽管中国企业可以依据已被抢注国的商标法或不正当竞争法主张权利，但往往高额的诉讼成本将给中国企业造成较大的损失。因此，中国企业在"走出去"之前最好就根据其市场发展情况提前进行商标注册。

第三，在选择哪些商标注册时，我们通常建议企业注意商标与企业名称（商号）一体化策略运用。如果企业能够将商标与企业名称统一起来，将自己的商号作为商标进行注册，就能够达到同时宣传、交叉保护的效果，企业的权益可以得到更好地保护。此外，在选择注册类别时，企业是想仅在主营业务上申请注册商标，还是在更多相关类别甚至进行全类注册，主要取决于企业对自身业务发展，以及对成本收益的评估。如果企业的业务或产品有较大的发展空间，则要考虑防御商标的注册，一是为了防御他人在非类似商品上使用其商标，影响其商标的声誉，冲淡其显著性；二是为企业以后发展新的生产经营项目保留形成系列商标的充分余地。

第四，商标注册的地理范围取决于一个企业的商业运营的范围和发展方向。至少，企业应考虑在产品的主要出口国或将来有可能开拓市场的国家提起有关商标注册申请。

2. 商标维护

企业的商业运营中品牌策略是其中重要的一环。商标注册仅仅是开

---

❶ 裴红，吴艳. 王致和以小代价打赢海外商标抢注大官司 [EB/OL]. (2009-07-14) [2014-07-14]. http://www.cipnews.com.cn/showArticle.asp?Articleid=11059.

始，有人误以为商标注册就是企业商标策略的全部，其实不然，商标的维护是防范他人侵权的重要保证。

首先，要建立商标跟踪监测制度。通过商标跟踪监测，可监视他人尤其是主要竞争对手的商标申请和使用情形，以便及时提出商标异议和撤销申请，更及时地保护企业自身的利益。我国商标法以及前面提及的美国商标法均规定了长短不一的异议期，如果在异议期内无人提出异议，那么商标将被核准注册。常常就有企业错失良机，没有在异议期内提出异议，以致与自有商标相同或近似的商标顺利注册在类似的商品上。显然，一个企业的商标在取得一定知名度后，定期查阅商标公告，跟踪商标初审信息和监视市场上商标使用情况对于维护企业的已有商标至关重要。而且，在监视市场上商标侵权时一旦发现侵权行为，也可立即采取诉讼或其他方式解决。

其次，要重视标准合同的商标条款的运用。起草企业标准合同中的商标条款，使合同也成为保护企业商标的工具。同时，制定企业商标使用规则，规范业务中商标的使用，减少争议并防止企业商标被淡化或成为通用名称等。

最后，要规范商标的许可使用、转让。起草标准的商标许可使用和转让合同，制定商标许可使用和转让的内部管理细则。

（三）企业著作权战略

随着计算机软件行业的兴旺发达，受著作权保护的客体越来越丰富，这使著作权战略逐渐也成为目前企业不可或缺的重要经营战略。正如我们在前面所提及的，关于著作权，目前大多数国家对著作权采取"自动保护"原则，即著作权随着作品的创作完成而依法自动产生，或随着作品的出版或其他形式的发表而自动产生，不需要履行任何形式的手续。❶ 但同时，一些国家相应地建立了著作权登记制度，以更好地保护作品著作权。例如我国《作品自愿登记试行办法》就规定，著作权登记可作为解决著作权纠纷的初步证据。因此，如企业认为有必要，可申请著作权的登记。

（四）商业秘密保护战略

商业秘密是指不为公众所知悉、能为权利人带来经济利益、具有实用性并经权利人采取保密措施的技术信息和经营信息。商业秘密构成企业知识产权的重要组成部分，事实上对某些技术而言，商业秘密的保护手段比

---

❶ 郑成思. 知识产权法 [M]. 北京：法律出版社，2001：322.

专利更为有效，主要原因是专利存在如下局限：首先，专利保护存在期限性。例如，根据我国《专利法》规定，发明专利权的保护期限为20年，实用新型专利权和外观设计专利权的期限为10年。一旦专利期限届满，任何企业和个人均可免费使用该发明或技术创新。其次，专利不具有保密的特点，因为申请专利必须将企业技术公之于众，其他企业可以在公开技术的基础之上开发新的技术申请新的专利或者申请外围专利，有可能限制专利权人的竞争力。此外，技术资料的公开也给不法企业侵犯专利权提供了现实条件。与专利相比，只要符合商业秘密的构成要件，商业秘密的保护不受期限的限制。

因此，企业在判断是否对取得的科研成果申请专利保护时，应当考虑如下几个因素：

第一，反向工程的难易程度，反向工程是指通过对产品进行解剖和分析，从而得知其构造、成分以及制造方法或工艺，各国一般允许对相关技术进行反向工程。如果竞争对手很难通过反向工程而获得该技术，适合选择采用商业秘密保护方式。对于容易被竞争对手反向工程获得技术的科研成果，适合选择采用专利保护方式。

第二，科研成果寿命的长短，有些领域如电子设备的技术更新非常快，企业应当评估相关技术的寿命并确定相应的保护方式。通常情况下，如果该科研成果的寿命短于专利法保护的期限，可以选择专利保护。但是，对于企业的科研成果如配方等，企业可以选择商业秘密保护，采取这种策略最成功的案例就是"可口可乐"的配方。

第三，获得专利的可能性，由于获得专利尤其是发明专利的要求比较高，部分技术在公开之后未必获得专利授权，因此，对于那些被授予专利可能性低的科研成果，可以考虑采用商业秘密保护方式。

第四，成本收益考虑。由于专利的申请和维护需要一定的成本，企业应当从成本收益的角度分析专利申请的利弊，对于这些价值不高的科研成果，除采用商业秘密的保护方式，也可以通过公开技术信息方式以防止他人申请专利。

在实践中，防止商业秘密外泄的方法主要分为对内和对外两种，对内主要是与员工签订保密协议以及与高级管理人员、高级技术人员签署竞业禁止协议，在员工离职之前进行离职面试；对外主要是与相对方签署保密协议。此外，为了防止新员工入职而引起商业秘密纠纷，可以考虑与新入职员工签订相关协议，由其承诺不使用任何前用人单位的秘密信息。

三、中国企业利用337调查机制维护其市场权益

进攻是最好的防守。日本、韩国和我国台湾地区的一些企业在饱受337调查之苦后，逐步开始学会利用337调查机制遏制包括美国企业在内的国际竞争对手，且大有不可阻挡之势。自2004年6月起受理的163件337调查中，有47起是非美国企业依据其在美国注册的商标和专利提起的，占了四分之一。❶此外，在2009年度提起的337调查中，有近1/3的申请人是非美国的企业。这些非美国企业申请人主要来自欧洲以及亚洲的日本、韩国及我国的台湾地区。来自欧洲的企业包括飞利浦和诺基亚等。来自日本的申请人主要包括东芝、佳能、索尼、松下、尼康和爱普生等世界知名企业。来自韩国的申请人包括三星和LG等世界知名企业。来自我国台湾地区的申请人主要包括义隆电子、宏达电子和联华电子等新兴高科技电子企业。这些企业能利用ITC这个平台来保护其自身利益主要归结于以下几个因素。

首先，要利用337调查的平台，企业必须具有一定的实力。这种实力主要是指技术上的实力，具有一定的技术优势且存在胜诉的把握，其次是指经济上的实力，能承担包括律师费在内的高额调查成本。前文提到的这些能作为337调查申请人的企业并不是天生具有这些能力的，而是在经历痛苦的转型之后才取得今天的成果。他们一般是在体会到337调查的威力之后，痛定思痛后奋起直追，重视知识产权在产品出口中的重要性，在以提升自身技术水平的基础之上不断提升其知识产权管理水平。在经历了长期的技术积累之后，这些企业在某些技术上逐步可以与美国的企业相抗衡，有底气利用337调查制度或者美国诉讼制度叫板美国和其他国家和地区的企业。

其次，这些企业之所以趋之若鹜地选择337调查制度作为保护其利益的机制，与ITC在处理337调查案件的专业性有关。尽管337调查制度的最初目标是保护美国境内的生产型企业，但随着近年来美国的制造业纷纷转移到劳动力成本较低的国家，很多产品在美国境外制造完成之后进口到美国市场，这使得很多总部位于美国的跨国公司也沦为337调查的被申请人，例如前面提到在2个月之内连遭到我国台湾地区两家公司起诉的苹果公司，其产品由美国之外的生产商代工生产后进口美国，这些进口的产品

---

❶ Evolving Domestic Industry Requirement Enhances Foreign Companies' Ability to Use Section 337 to Exclude Imported Products of U.S. and Foreign Competitors [EB/OL]. [2011-07-21]. http://www.millerchevalier.com/Publications/MillerChevalierPublications? find=4911.

就落入337条款的管辖范围内。此外，美国生产模式的转变同时也使得ITC逐渐成为美国企业之间尤其是高科技企业之间的重要战场。客观地说，ITC行政法官对知识产权尤其是专利比较精通，所以这些企业能够放心地把纠纷交由ITC解决。

最后，非美企业能利用337调查的平台保护其利益得益于337调查中"国内产业"的认定标准不断降低且更加灵活。在1988年之前，非美国企业要在美国提起337调查，在"国内产业"方面需要证明全部产品或者产品的重要部件是在美国境内生产。根据1988年修改之后的337条款，关于在联邦注册的知识产权，要证明"国内产业"存在，申请人须证明其在美国境内至少满足以下三个要求之一：

(a) 对工厂和设备有相当数量的投资；
(b) 有相当数量的劳工和资金的使用；
(c) 对知识产权利用（包括研究、工程、开发或许可）有相当数量的投资。

因此，从满足"国内产业"的角度来看，中国企业既可以采取传统在美国设立工厂和雇用当地人员的方式，从而切实享受"美国国内产业"的待遇，还可以通过更为简单明了的投资研发或许可的方式满足有关要求。

与日本、韩国的企业发展轨迹一样，随着中国企业自身技术实力的提高以及驾驭知识产权能力的不断提升，我国企业可以利用337调查制度的平台保护自身的权益。337调查制度也可成为中国企业与国外竞争对手在美国市场抗衡的有效方式之一。

四、利用中国版337调查保护中国知识产权的必要性和可行性

除上文所述利用美国337调查的平台来保护自身的利益外，为维护中国知识产权所有人合法权益，可以考虑建立中国版337调查制度。本书抛砖引玉，探讨建立中国版的337调查的必要性和可行性。

目前，我国外贸方面的法律制度中很大一部分与"两反一保"有关，鲜有法律条文和相关配套制度规制和管理进口过程中的知识产权保护。随着国内市场消费能力不断提升，必定有更多的国外产品涌入中国市场，因此，未雨绸缪，进口和出口两方面的法律规制必须并重，特别是应适当加强对国外企业对我国进口贸易中不公平竞争行为的规制。❶例如，中国可以考虑建立中国版337调查制度。下文简要阐述建立中国版337调查制度的

---

❶ 吴平民. 337法律条款研究 [D]. 华东政法大学，2008：181.

必要性和可行性。

（一）建立中国版337调查制度的必要性

中国以后的进口贸易应该会扩大，进口中的贸易摩擦也可能相应增加。为了实现经济增长方式从量变到质变的发展，中国正致力于经济转型，其中一个重要的方面就是扩大内需，摆脱对外贸的过度依赖。当中国成为全球其他国家的重要市场时，维护该市场的公平竞争秩序就非常必要。伴随着中国市场的不断对外开放，不可避免地出现国外企业不公平进口的情形，这些不公平进口的行为既包括低价倾销占领国内市场，也包括侵犯中国专利权、商标权、著作权等知识产权。因此，为了保护中国的知识产权以及有效规制进口贸易中的知识产权保护秩序，完全有必要建立中国版的337调查制度。

中国目前在进口过程中的知识产权保护机制在实践中存在一定的不足。

（1）在目前的海关知识产权保护体制下，对于侵犯商标权和著作权的商品，中国海关可以提供一定的保护；但对于侵犯专利权的产品，由于判断侵权的难度较大且缺乏专业人员，中国海关很难提供有效的保护。正如海关总署的一位官员在采访中所述，"专利的保护目前海关还是比较谨慎的。这有两个原因：一个原因是专利不像商标那么醒目，特别是发明和实用新型，并没有什么外在的特征，实际上它们是固化在商品里的技术。海关是凭肉眼去监管货物的，要求海关关员一眼就能鉴别一项发明或实用新型这不现实。所以如果没有权利人的申请查处几乎不可能。外观设计虽然凭肉眼可以发现，但根据专利法其权利状态却不稳定—授权不经过实质审查，经常造成海关误扣。我们有这样的案例。对专利权的保护，海关发现后能够断定是侵权产品我们会严格按照条例去做，但我们会很谨慎，不会像查商标那样主动作为。"[1] 而以处理专利纠纷见长的337制度可以有效地解决这个问题。

（2）设立中国版337调查，有助于进口贸易中的专利侵权案件快速解决。在国内的专利侵权诉讼尤其是实用新型和外观专利案件中，很多被告为了拖延时间，通常会向专利审查部门提起专利无效程序后要求法院中止审理。一旦法院同意中止审理，由于任何一方对专利审查部门的决定不服

---

[1] 余涛. 世界关注我们：我们关心世界—采访中国海关总署知识产权处李群英处长 [J]. China IP, 2006 (2).

可以请求启动行政诉讼程序，这将导致整个案件持续周期较长。❶ 有些法院在部分案件中甚至同意中止审理发明专利纠纷，直至专利效力问题得到最终的解决。相较于美国联邦地区法院，美国337调查制度的一个优势是利用行政法官的专业知识快速推进案件的进程。

（3）目前，法院在保护进口贸易中的知识产权上的效果上仍存在一定的不足，这主要是由于法院在执行禁令时不具有海关的优势。法院通常是单打独斗，而海关可以在整个系统内步调一致地行动，如果在设计337调查制度时由海关来执行禁令，337调查的保护效果将优于法院的诉讼。因此，只要在制度上进行合理设计，中国版337调查制度也可以解决法院诉讼进程较慢、耗时较长和潜在的执行效果不佳的问题。

（4）中国版337调查将促成我国企业真正重视知识产权。因为337调查适用的前提是企业自有相当数量的专利权、商标权、著作权等，否则，它将无法利用中国版337调查保护其知识产权。

（二）建立中国版337调查制度的可行性

就可行性来说，从国内立法层面上看，我国《对外贸易法》已确立了保护对外贸易有关的知识产权的原则，《对外贸易法》第29条规定："国家依照有关知识产权的法律、行政法规，保护与对外贸易有关的知识产权。进口货物侵犯知识产权，并危害对外贸易秩序的，国务院对外贸易主管部门可以采取在一定期限内禁止侵权人生产、销售的有关货物进口等措施。"在我国现有知识产权保护规则基础之上，可以借鉴美国337制度架构设计中国版的337调查制度。

从国际条约层面来考虑，尽管美国337调查制度在过去饱受争议，一些国家认为该制度违反了WTO中的国民待遇原则。我国可以吸取美国的经验教训，在不违背WTO制度的前提下设计337调查制度架构，最大限度保护本土知识产权。

综上，在目前内部和外部环境已经不断成熟的背景下，我国可以考虑建立中国版337调查制度，将337调查机制与我国海关的知识产权保护机制有机结合起来，建立完备而有体系的外贸救济法律和执法构架。

---

❶ 我国《专利法》第46条规定："专利复审委员会对宣告专利权无效的请求应当及时审查和作出决定，并通知请求人和专利权人。宣告专利权无效的决定，由国务院专利行政部门登记和公告。对专利复审委员会宣告专利权无效或者维持专利权的决定不服的，可以自收到通知之日起3个月内向人民法院起诉。人民法院应当通知无效宣告请求程序的对方当事人作为第三人参加诉讼。"

第 6 章
中国企业应诉 337 调查典型案例评析

本章选取和评析中国企业应对美国 337 调查的代表性案例，均由本书作者代理。这些案例的案由多为专利侵权和侵犯商业秘密，对中国企业具有较大的参考和指导意义。这些案例在不同阶段结案，有走完 337 调查全程（经过初裁、终裁以及上诉程序）的案例，例如安捷达诉天瑞铸钢车轮 337 调查案、味之素诉大成公司赖氨酸 337 调查案、Unilin 木地板 337 调查案、Tessera 诉记忆科技芯片 337 调查案和 SI 公司诉华奇公司增稠树脂 337 调查案；有在案件早期即获得成功和解的案例，例如雷米诉临海永磁起动机 337 调查案和英维康诉顺隆公司可调节通用病床 337 调查案；有在证据开示截止日之后达成和解的案例，例如范罗士诉新誉碎纸机 337 调查案；有在案件早期即迫使对方撤诉的案例，例如林肯公司诉大西洋公司桶装焊丝 337 调查案。具体在哪个阶段结案取决于案件的实际情况以及适合于各个案件的应对策略。

这些案例各有特点。味之素诉大成公司赖氨酸 337 调查案是中国企业成功应诉的经典案例，大成公司在本案的初裁、终裁和联邦巡回上诉法院上诉审获得全胜。Tessera 诉记忆科技芯片 337 调查案的意义在于，位于产业链下游的中国企业如何在 337 调查中借势联合其他相关方应诉，从而以最低的成本实现最佳的应诉效果。安捷达诉天瑞铸钢车轮 337 调查案是 CAFC 确认 ITC 对发生在美国境外的侵犯商业秘密行为拥有管辖权以及在商业秘密 337 调查案件中适用美国的商业秘密法的先例，此案成为 337 调查领域的经典案例。林肯公司诉大西洋公司桶装焊丝 337 调查案为在应诉与不应诉之间摇摆的企业提供了方向和指导，即可以通过积极应诉的方式发现对方的破绽，从而迫使对方撤诉。英维康诉顺隆公司可调节通用病床

337调查案的意义在于，中国的港、澳、台资企业如何应对337调查，以及规避设计在达成和解中的重要性。雷米诉临海永磁起动机337调查案的典型意义在于，数量众多的中国代工企业如何在美国客户之间的纠纷中保护自身的商业利益，以及如何通过合理的和解方案尽早结束337调查。SI公司诉华奇公司增稠树脂337调查案的重要特点是，该案在中国有同时进行的关联诉讼，本书作者同时作为代理律师参与其中，根据两边程序的进展确定合理的应诉策略。范罗士诉新誉碎纸机337调查案中的案件事实复杂，在申请人提起337调查之前双方之间已有多起诉讼，经过各方努力，双方达成和解且申请人同意撤回对自然人的指控，是中国企业在商业秘密337调查案中目前所获得的最好结果。

在介绍这些案例的基本案情的同时，本章分析各个案件中涉及的相关法律问题，并总结经验教训，希冀能为中国企业应对337调查提供指导和参考。

味之素诉大成赖氨酸案

一、案件意义

2010年3月8日，美国联邦巡回上诉法院就赖氨酸337调查上诉一案作出判决，维持ITC对赖氨酸337调查案（337-TA-571）所作的裁决——大成公司没有违反337条款。[1]

该案的独特意义在于，本案不仅是近年来中国企业在美国知识产权大战中取得胜利的样本，也是中国律师代理中国企业在美国知识产权大战取得初裁、终裁、上诉以及关联诉讼全部实质性胜诉的第一案。

此外，在该案中，行政法官对于冉瑞雪律师有权签署商业秘密保护令的裁决，是ITC历史上首次裁决持有美国律师执照，同时在外国律师事务所执业的外国律师也有权签署商业秘密保护令。

值得一提的是，大成公司在本案中的对手——日本的味之素公司（AJINOMOTO CO., INC.），是一家具有百年历史的公司，味精就是味之素发明的。1965年之后，在随后的半个世纪里成为发酵氨基酸（赖氨酸、苏氨酸、色氨酸）的市场领导者，曾一度占据赖氨酸全世界60%的市场

---

[1] 见美国联邦巡回上诉法院在2010年3月8日作出的AJINOMOTO CO., INC. V. ITC (2009-1081) 案判决意见。

份额。

　　大成公司如今是中国最大的赖氨酸生产厂商，也是亚太地区最大的玉米提炼商。曾几何时，我国赖氨酸市场一度为美国和日本的公司垄断，90%以上的市场供应依靠进口。大成公司自投产后，我国赖氨酸产品价格下降了40%，且实现了赖氨酸产品从依赖进口到大批出口。❶ 至2010年，大成公司凭借60万吨产能、超过30%的市场份额牢牢掌握着赖氨酸行业的定价权和话语权。❷

二、案情简介

　　2006年5月，ITC根据味之素公司在美国的子公司味之素（美国）哈特兰德公司（Ajinomoto Heartland LLC.）提交的申请而发起赖氨酸337调查（337-TA-571）。味之素公司后来加入成为申请人，以下将这两个申请人合称"味之素"。被申请人为中国香港大成生化科技集团有限公司、中国长春大成生化工程开发有限公司、中国长春宝成生化开发有限公司、中国长春大合生物技术开发有限公司和香港Bio-Chem技术有限公司（以下合称"大成公司"）。味之素声称大成公司侵犯其两项美国专利，分别是"通过发酵生产L-赖氨酸的一种方法"（6,040,160号美国专利，以下简称"160专利"）和"赖氨酸脱羧酶基因以及生产L-赖氨酸的方法"（5,827,698号美国专利，以下简称"698专利"）。

　　该案行政法官在2008年7月发布了该案的初裁，认定味之素的两个涉案专利请求因为违反"最佳模式"要求无效，且因专利申请过程中存在不当行为导致专利不可执行，故大成公司没有违反337条款。❸ ITC于2008年9月发布的终裁维持了初裁。❹ 味之素随后上诉至联邦巡回上诉法院。

　　2010年3月8日，美国联邦巡回上诉法院就此案作出判决，维持ITC对赖氨酸案（337-TA-571）所作的裁决，即被申请人没有违反337

---

　　❶ [EB/OL]. [2014-07-14]. http：//www.legaldaily.com.cn/bm/content/2008-10/12/content_958726.htm.

　　❷ [EB/OL]. [2014-07-14]. http：//www.feedtrade.com.cn/additive/news11/2010/0602/865711.html.

　　❸ [EB/OL]. [2014-07-14]. http：//gpj.mofcom.gov.cn/accessory/200809/1222157372893.pdf.

　　❹ [EB/OL]. [2014-07-14]. http：//www.usitc.gov/secretary/fed_reg_notices/337/337-TA-571..1222718754.pdf.

条款。❶

三、案例评析——最佳模式抗辩

需要说明的是，美国2011年通过的《美国发明法案》（AIA）推翻了专利因未披露最佳模式而被宣告无效的规定。尽管根据现行《美国专利法》第112条的要求，发明人仍然必须披露发明的最佳模式，但是专利不能仅仅由于没有披露最佳模式而被宣告无效。根据之前的法律，《美国专利法》第112条要求披露实施发明的最佳模式；如果发明人未披露最佳模式，那么即使已经获得授权的专利也可能会根据《美国专利法》第282条被宣告无效。因此，以后不会有类似赖氨酸337调查案这样的利用对方没有披露专利的最佳模式而使专利无效的案件。

本案中，大成公司利用美国专利法的最佳模式要求打败了味之素。最佳模式要求来源于《美国专利法》第112条规定，是该条对专利申请说明书的三个要求之一。第112（a）条规定：

专利说明书应……说明发明者所认为的实施其发明的最佳模式。❷

因不符合最佳模式要求而导致权利要求无效的第一个案件是Flick-Reedy v. Hydro-Line Manufacturing案（1966年）。❸在该案中，发明说明书中披露实现该专利需用到一种特殊的工具，但该专利并没有进一步描述该工具，权利要求中也没有该工具。而法官认定该工具对实现该发明而言是必要的，故披露该工具是强制的，法官因此裁决该涉案专利无效。

在长期的实践中，联邦巡回上诉法院逐步发展了最佳模式分析的方法，并在1990年的Chemcast案❹中建立了最佳模式的两步分析法：第一步是确定在提交申请时，发明人是否知道一种实施其发明的方法比其他的任何方法更好。第二步是对发明人所知道的与他所披露的内容进行比较：该披露情况能否使得该领域内的普通技术人员可以实施该最佳模式，或该发明人是否对公众隐瞒了他所认为的最优的模式。

---

❶ 见联邦巡回上诉法院在2010年3月8日作出的AJINOMOTO CO., INC. V. ITC（2009-1081）案判决意见。

❷ 35 U.S.C. §112 (a).

❸ ROY E. HOFER, L. ANN FITZGERALD. New Rules for Old Problems: Defining the Contours of the Best Mode Requirement in Patent Law [J]. The American University Law Review, 1995 (44): 2309-2349.

❹ Chemcast Corp. v. Arco Industries Corp., 913 F. 2d 923 (Fed. Cir. 1990).

值得一提的是，赖氨酸337调查案不是味之素第一次遇到最佳模式的质疑。在味之素诉Archer-Daniels-Midland公司案❶中，被告试图运用最佳模式使味之素的专利无效，主张4,278,765号美国专利的专利没有披露发明人认为的最佳模式，但没能成功，最终被认定侵权成立。

以下简单介绍法官在赖氨酸案中对最佳模式的分析。

（一）160专利

法官认为，160专利的权利要求15明确包含了发生特定基因变异的一种菌种。法官认定，证据清楚地显示，在1993年12月生效的申请日时，发明人主观上认为AE-70菌种是实施160专利的权利要求15的最佳宿主菌。虽然AE-70菌种不是完美的，但是证据表明，AE-70菌种在实际操作的所有方面上比味之素的发明人当时研究的其他宿主菌都好，即在1993年12月，发明人认为AE-70菌种优于其他菌种，但专利说明书上却没有披露AE-70菌种。法官认为，味之素隐瞒了其认为的实施160专利的权利要求15的最优方案的事实，违反了最佳模式要求，因此是无效的。

此外，法官认定，发明人并没有实际做过160专利中所描述的利用所披露的菌种（W3110（tyrA））进行的赖氨酸生产实验，所以该专利中的实施例是虚假的，故无效。

（二）698专利

法官认定发明人所认为的最优菌种是WC80-196s。但味之素所保藏的菌种❷，比发明人所认为的最好的WC80-196s菌种缺少一种蔗糖利用基因。法官认为，保藏菌种与专利中误导性的描述之间的不一致说明味之素隐瞒了情况。发明人有意将该蔗糖利用基因植入他们认为是最优的宿主菌这一事实可以表明，发明人认为用蔗糖作为碳源是最好的。法官认定，在1994年12月698专利的申请日时，味之素的发明人主观上认为利用蔗糖作为碳源是实施权利要求15的最好方案。法官进一步认为，即使当时该领域内的普通技术人员知道蔗糖可以作为大肠杆菌（通过增加蔗糖利用基因后）的碳源，698专利仍然没有告知普通技术人员发明人认为蔗糖是最优的。味之素隐瞒了其认为的最优的碳源即蔗糖，违反了最佳模式要求。

---

❶ Ajinomoto Co. v. Archer-Daniel-Midland Co., 1998 U. S. Dist. LEXIS 3833（D. Del. Mar. 13, 1998）.

❷ 化学领域发明专利申请的审查存在许多特殊的问题。某些涉及生物材料的发明仅仅按照说明书的文字描述很难实现，必须借助于保藏生物材料作为补充手段。国际上的相关条约主要有《国际承认用于专利程序的微生物保存布达佩斯条约》。

698专利说明书上"最佳模式"一节中的实施例1说明了利用WC196来制造WC196LC的过程，实施例2中说明了实施例1中所提到的各种菌种生产、积累赖氨酸的实验结果。但因为WC80-196s及其衍生物是进行基因敲除实验所使用的惟一菌种，法官认为专利说明书上所谓的实验示例1和示例2根本没有用说明书上的那个菌种或作微生物保藏的那个菌种完成，故698专利说明书中所列示例1和示例2中的菌种是虚假的，且结果也是虚假的。法院认为，通过披露虚假的数据来披露最佳模式，这本身违反了最佳模式的要求。

但在美国的司法实践中，无论是在联邦法院的诉讼还是在337调查中，基于最佳模式抗辩而导致专利无效的案例极少。随着整个证据交换的深入，我们逐渐提炼出几个主要的抗辩理由，最佳模式只是其中之一。我们收集了大量对我方有利的证据，例如味之素公司多年的实验记录和证人证言。特别是在调取对方证人证言的时候，成功地调取了对方一个证人的证言。这个证人是专利发明人之一，他的证言证明了对方在专利申请中隐瞒了一系列重要的信息。由此，我们形成了非常强大的证据链，证明原告的专利申请中有隐瞒种种重要信息等不当行为，由此导致法官在初裁中就认定味之素的专利基于最佳模式被无效。

四、启示与建议

（一）结合企业实际情况制订应诉策略并根据案件进展进行调整

本案应诉的正确策略对于初裁和终裁胜诉起到了决定性的作用。在案件前期，我们为本案制订了切实可行的应诉策略，在专利不侵权的抗辩外同时帮助大成公司开展规避设计，避免在最坏的情况下失去美国市场。因此，大成公司先后研发了两种规避设计。尽管味之素以种种理由阻挠大成公司的规避设计进入本案，但是，大成公司律师团队在规避设计方面赢得了ITC调查律师和行政法官的支持，终于以行政法官裁决的方式确认了两种规避设计的合法性。自此，即使大成公司在专利侵权和专利有效等问题上失利，从商业利益上来讲，大成公司仍然可保有其美国市场。反之，如果大成公司没有进行规避设计，或者规避设计没有成功进入本案，那么，一旦大成公司在专利侵权和专利有效等问题上败诉，大成公司就将失去美国市场。即使大成公司届时已经成功研发出规避设计，也需花费一年或更多的时间重新通过ITC或其他途径认定其规避设计的合法性，这样将重新耗费大量律师费和公司的时间和精力，更重要的是，大成公司将在一年甚至更长的时间里被迫退出美国市场。

随着本案证据交换的进展,大成公司律师团队发现味之素公司在专利申请以及调查启动前与大成公司恶意协商股权交易等方面不当行为的初步证据后,律师团队协助公司调整了案件应诉策略,采取了积极进攻的诉讼策略,利用美国337调查程序,如调取证人证言和强迫取证等,获得大量对味之素不利的证据,包括但不限于涉案专利无效或不可执行的证据。这直接导致味之素在案件进行近一年后撤换了原来的律师团队。而案件中途更换律师往往会产生更为高昂的律师费用,且新的律师团队需要时间熟悉超过50万页的案卷和复杂的案件背景情况。事实上,这些既已发现的证据也为案件的胜诉打下了基础。

(二) 组建搭配合理的律师团队

案件应诉策略的制订和执行都离不开律师的经验和智慧。因此,本案的胜诉得益于大成公司组建了一支搭配合理的律师团队。尽管参与本案的律师有30多人,但是本案的核心律师只有四位,一位是在美国337调查领域有30多年经验的老律师,负责案件应诉策略和美国337调查程序;一位是专利诉讼律师,负责涉及专利方面的出庭和证人盘询等;一位是专长于生物化学专利申请的律师,负责本案专利的技术问题,如规避设计和专利无效有关材料的检索;以及一位同时有美国律师执照且熟悉美国337调查业务的律师,负责本案证据工作、律师团队和大成公司的沟通联系以及为大成公司决策提供咨询等。本案四位核心律师带领团队各司其职,紧密配合,才有本案的胜诉。

值得一提的是,本案中方律师全程深入参与案件代理也是本案胜诉因素之一。目前,我国律师在美国337调查案应诉中通常从事辅助性的工作,甚至没有作为代理人正式出现在ITC的法律文书上,无法接触包含有商业秘密的案件实质性内容(很多案件连起诉书都包含商业秘密),这对我国企业应诉相当不利。为避免此情况对赖氨酸案的负面影响,本案之初,应诉团队就积极争取,通过行政法官的裁决确认了同时持有中国及美国纽约州律师执照的冉瑞雪律师有权签署商业秘密保护令,可以实质代理美国337调查案,从而成为本案四位核心律师团队成员之一。这是ITC历史上第一次对外国律师的商业秘密保护问题进行裁决,也为在中国律师事务所执业的有美国某个州律师执照的中国律师实质性代理其他337调查案件提供了先例。

(三) 公司管理层与律师团队相互信任密切配合

如果律师团队缺乏公司管理层的大力支持以及配合，律师的经验和智慧也无法实现其价值。举例而言，规避设计意味着公司人力物力的投入等。具体到本案，大成公司的规避设计在实验室做出来之后必须放在工业化大生产中试产，以检验实际生产中的可行性。这在实际工艺流程中就意味着原来生产线的停产以及清洗生产设备等大量的工作和费用支出。又如，美国337调查过程中要使用一些专业公司完成电子邮件的取证、证人证言调取的录像以及开庭时音像剪辑等，这也是一笔不小的费用支出。通过中方律师的努力，本案公司管理层和律师沟通无碍并密切配合，大大推动了案件的顺利进行。

Tessera诉记忆科技芯片案

一、案情简介

2007年12月21日，美国加利福尼亚州的特信华公司（Tessera Inc.，以下简称"Tessera"）向ITC提交申请，对包括中国记忆科技有限公司（Ramaxel Technology, Ltd.，以下简称"记忆科技"）在内的18家公司提起对涉及最小尺寸封装半导体芯片以及含有此芯片产品的337调查请求（337-TA-630，以下简称"630案"），声称侵犯其5,663,106号美国专利（以下简称"106专利"）、5,679,977号美国专利（以下简称"977专利"）、6,133,627号美国专利（以下简称"627专利"）和6,548,681号美国专利（以下简称"681专利"），并请求ITC对涉诉产品颁发普遍排除令，将包括那些未被列为被申请人的企业所生产和销售的涉诉产品也排除在美国市场之外；若ITC无法颁发普遍排除令，则应向被申请人颁发有限排除令，将被申请人的涉诉产品排除在美国市场之外。2008年1月14日，ITC开始对此案进行调查。

630案涉案的18家公司多为中国台湾地区公司及相关美国公司，包括台湾宏碁公司（Acer, Inc.）及宏碁美国公司（Acer America Corp.）、台湾南亚科技公司（Nanya Technology Corporation）及南亚科技美国公司（Nanya Technology Corp. USA）、美国金士顿科技公司（Kingston Technology Corporation）及日本尔必达内存公司（Elpida Memory, Inc.）等。记忆科技是涉案的惟一一家中国大陆公司。

其实，除630案外，Tessera还在2007年4月17日和2008年4月21日分别提起涉及最小尺寸封装半导体芯片以及含有此芯片产品的337调查（337-TA-605，以下简称"605案"；337-TA-649，以下简称"649案"），其打击面基本覆盖了芯片行业主要制造商以及与芯片有关的中下游厂商。Tessera于2009年3月申请对649案终止调查；而在605案中，ITC裁决包括高通公司在内的几家企业违反337条款，颁布了有限排除令和制止令。

630案立案后，记忆科技积极联络律师等专业人士分析案情，在初步判断胜诉把握较大之后决定应诉。案件受理之后，各方即迅速展开证据交换程序。经过几个回合的较量，申请人Tessera迫于被申请人联合抗辩的压力，于2008年5月29日撤回681号专利的请求。在2008年6月至2008年9月，三名被申请人先后与申请人Tessera达成和解。

2008年9月22日至2008年10月3日，ITC开庭审理此案，记忆科技的代理律师参与了庭审。由于等待与本案相关的605案裁决及其他种种原因，行政法官两次推迟了结案日期。2009年8月28日，主审该案的行政法官颁布初裁裁决。在初裁裁决中，行政法官认定申请人Tessera已经证明存在国内产业以及存在相关产品的进口行为，不存在使106号、977号和627号专利无效的情形，但申请人Tessera诉称的专利侵权并不成立，因此，本案缺乏颁布普遍排除令和有限排除令的必要性。

申请人Tessera和调查律师不服行政法官的初裁，于2009年9月17日提出复审申请，要求ITC复审该初裁。2010年1月4日，ITC作出终裁，维持了行政法官的初裁裁决，认定包括记忆科技在内的被申请人不存在侵权行为，因此并未违反337条款。Tessera不服该终裁裁决，向联邦巡回上诉法院提起上诉。2011年5月23日，联邦巡回上诉法院维持了ITC的终裁。[1]

2011年12月28日，Tessera向美国联邦最高法院提起调卷令申请（案卷号为11-903），请求联邦最高法院对630案的终裁裁决进行审查。2012年5月29日，联邦最高法院驳回了Tessera的调卷令申请，为630案画上了句号。[2] 此案以记忆科技等被诉企业完胜而结案。

---

[1] 见联邦巡回上诉法院在2011年5月23日作出的TESSERA, INC. V. ITC（2010-1176）案判决意见。

[2] [EB/OL]. [2014-07-14]. http://www.supremecourt.gov/Search.aspx? FileName=/docketfiles/11-903.htm.

二、联邦巡回上诉法院判决简析

对于 ITC 作出的终裁，申请人 Tessera 在上诉中请求联邦巡回上诉法院认定：第一，ITC 对 106 号专利权利要求第 1 项的解释有误；第二，ITC 对 wBGA❶ 产品不侵权的认定有误；第三，ITC 根据权利用尽原则作出的尔必达（Elpida）公司的 μBGA❷ 产品不侵犯 106 号专利的认定有误。

联邦巡回上诉法院对当事人提出的不服 ITC 终裁的上诉案件审查包括两方面：对于 ITC 作出的法律方面的决定，联邦巡回上诉法院将重新审查；对于 ITC 作出的事实方面的认定，联邦巡回上诉法院将审查 ITC 是否有充分的证据作出该认定。联邦巡回上诉法院在其判决中逐一驳回了 Tessera 提出的各项上诉请求。

（一）wBGA 产品侵犯 106 号专利分析

联邦巡回上诉法院在判决中提到，专利侵权的分析包含两个步骤：第一步，解释涉案专利的权利要求；第二步，分析被诉侵权产品或程序是否侵犯了该权利要求。

第一步关于权利要求的分析是一个法律方面的问题，联邦巡回上诉法院将重新审查。对于 Tessera 提出的 ITC 对 106 号专利权利要求第 1 项的解释有误，联邦巡回上诉法院认为是没有根据的，因为 ITC 完全采纳了 Tessera 对该项权利要求作出的解释。

第二步关于被诉产品或程序是否侵权的认定是一个事实方面的问题，联邦巡回上诉法院将审查 ITC 是否有充分的证据作出该认定。Tessera 提出，ITC 对 wBGA 产品不侵权的认定有误，联邦巡回上诉法院在审查了相关证据之后，认为 ITC 作出的不侵权认定有充分的证据支持。

（二）μBGA 产品专利权利用尽分析

Tessera 诉称，ITC 根据权利用尽原则作出的尔必达的 μBGA 产品不侵犯 106 号专利的认定有误。根据 Tessera 与被许可人签订的专利许可合同，被许可人除应付给 Tessera 一次性专利许可费（license fee），还要根据卖出产品的数量付给 Tessera 相应的专利使用费（royalties）。此外，合同还包含"许可限制"条款，约定被许可人仅对被许可人或第三方支付给 Tessera 相

---

❶ 基层为层压材料（laminate-based）的封装基板。
❷ 基层为聚酰亚胺（polyimide-based）的封装基板。

应专利使用费的产品享有该许可。

Tessera 诉称，μBGA 产品供应商虽然与 Tessera 签订了专利许可合同，但没有在卖出该产品后支付相应的专利使用费，根据"许可限制"条款，μBGA 产品没有得到 Tessera 的合法授权，因而侵犯了 Tessera 的专利权。尔必达公司从该供应商处购买 μBGA 产品，因而也侵犯了 Tessera 的专利权。尔必达和 ITC 均认为，μBGA 产品的供应商与 Tessera 签订了专利许可合同，根据权利用尽原则，Tessera 的专利在包含该专利的产品进入流通领域时（尔必达从供应商处购买该产品时）就用尽了。因而尔必达作为第三方购买 μBGA 产品并不侵犯 Tessera 的专利权。

联邦巡回上诉法院同意 ITC 和尔必达的观点。联邦巡回上诉法院认为，只有尔必达进口了 μBGA 产品，且 ITC 作出的尔必达所购买的全部涉案产品都来自 Tessera 的被许可人的事实认定不存在争议。根据权利用尽原则，不存在侵权行为。联邦巡回上诉法院还提出，如果被许可人没有按时向 Tessera 支付专利使用费，Tessera 可以基于合同违约责任，而非专利侵权来要求供应商支付相应的专利使用费。如果因为被许可人没有向 Tessera 支付专利使用费，就认定从被许可人处购买产品的第三方侵权，则每一笔销售都会充满不确定性，这违背了权利用尽原则，不利于正常的市场交易秩序。对于记忆科技来说，由于记忆科技制造的芯片采购自尔必达公司，因此根据该权利用尽原则，记忆科技不承担任何侵权责任。

三、案件胜诉的意义

本案比较复杂，不仅涉及芯片的制造商和封装商，也牵涉了使用芯片的中下游厂商。记忆科技在本案中属于外购芯片的厂商。记忆科技是中国最大的动态随机存取存储产品制造商，是国际和国内著名个人电脑厂商和通信设备厂商的战略供应商。记忆科技将自本案另一被诉企业购买的涉诉芯片安装进其模块之后提供给相关个人电脑和通信设备厂商。在产业垂直整合序列中，记忆科技处于中间位置。中国企业如联想等主要使用了记忆科技生产的内存产品生产电脑以及其他产品。

本案中，申请人 Tessera 要求 ITC 发布普遍排除令，要求未被列为被申请人所生产和制造的涉案产品也被排除出美国市场。一旦普遍排除令得到支持，将极大地损害中国芯片行业上下游相关产品的出口，对中国的芯片行业及其上下游产业造成严重的打击。记忆科技的胜诉，从大的方面来讲，化解了行业大案对于中国数个相关产业的威胁，为相关产业的未来发展营造了有利的外部环境。就企业自身而言，记忆科技通过联合上下游共同应诉，形成了彼此信任的伙伴关系，确立和巩固了其行业地位。

四、启示和建议

（一）产业链中下游企业谨防间接侵权

337调查申请人可以要求ITC在排除令中包含涉案产品的下游产品，ITC在考虑相关因素之后决定是否支持申请人的请求。在2008年10月的京瓷案❶之后，由于ITC无法将未被列为被申请人的制造商的下游产品列入有限排除令中，因此，为了寻求下游产品排除令，作为申请人的国外企业在诉讼策略方面发生了如下变化：（1）请求ITC颁布普遍排除令；（2）将更多公司列为被申请人。这意味着更多的处于产业链中下游任何一环的中国企业可能会被列为被申请人。随着更多的下游生产商或进口商被牵涉进来，包括ITC和申请人在内的各方337调查的成本将大大增加。此外，若申请人更多地选择普遍排除令，由于可能需要同时满足美国的各种测试规则及其他法定要求，证明难度将加大，申请人的成本也将相应地增加；对于ITC来说，其将要解决更多的问题（如公共利益因素的审查），除了增加调查成本之外，还将有可能使337调查的期限拖得更长。

在这个背景和趋势之下，本案对于处于全球业务垂直整合链条中处于中游或者下游的中国企业来说，具有借鉴意义。中国企业在某个领域的产业链中往往处于中游或者下游。越来越多的企业因为使用他人制造的产品而被指控为间接侵权，因此被卷入美国337调查中。因此，即使中国企业并没有使用侵权技术或者生产侵权产品，也要谨防自己被卷入相关的供应商涉嫌的侵权调查案中。中国企业事先应注意供应商有无产品的知识产权权利证明文件或适当的授权证明文件，合同中也应订立相应条款，以防范

---

❶ 2005年5月，博通公司向ITC申请涉及某些基带处理芯片的337调查。博通诉称高通公司制造的某些基带处理芯片侵犯其所拥有的专利权。博通知道绝大部分的芯片都已在海外被其他下游制造商安装入手机或其他装置后进口到美国，但博通考虑到相关下游制造商是自己的客户或其他因素，所以仅将高通列为被申请人。在救济阶段，几家下游手机制造商和美国移动运营商主动要求介入芯片337调查案。2007年6月19日，ITC认定高通侵犯了博通的一项专利，并针对高通的侵权芯片以及包含该侵权芯片的下游产品如手机等发布有限排除令，不论其生产商是谁。该有限排除令对京瓷无线公司（Kyocera Wireless Corporation）等手机制造商及美国的电信运营商产生了负面影响，因此，高通、未被列为芯片337调查被申请人的京瓷无线公司及其他相关方共同向美国联邦巡回上诉法院提起上诉，诉称ITC此项裁决超越其权限范围。经过审理，美国联邦巡回上诉法院于2008年10月14日作出判决，认定"委员会无权针对未被列为被申请人的下游产品发布有限排除令"，撤销了有限排除令并将该案件发回委员会重新审理。

知识产权侵权的法律风险。

(二) 联合应诉等案件策略对于中国企业具有借鉴意义

考虑到行业的特殊性，本案在应诉之初就结合企业和案件实际情况制订了案件策略——联合应诉，伺机而动。这一策略而后被证明是可行而且有效的。这也是本案律师工作的一大亮点。此种联合上下游厂商共同应诉的模式对将来涉诉的中国企业具有借鉴意义。

鉴于本案属于"打群架"类型的337调查案，涉案企业涉及产业的上、中、下游，数量众多，而且中国企业并不是被打击的重点，因此，在案件动态进展过程中取势借力以达到既节省费用又胜诉的目的，这是对律师最大的考验。本案代理过程中，应诉之初我们就帮助记忆科技和本案的其他应诉企业签署了联合应诉协议。尽管应诉企业各自聘请律师，但是，案件的有关信息资料可依据联合应诉协议共享。像专利无效等大量的工作我们完全依赖于本案对其有重大利害关系的芯片封装厂商，部分抗辩理由我们也采用了芯片供应商律师的工作成果，专家证人等费用也由应诉企业分摊，等等。在案件发展的数个关键点，由于本案的代理律师能在全案高度为企业提供参谋意见，帮助企业决策，站到了最终取胜的团队里。特别是在部分企业与申请人和解退出本案后，中国应诉企业也面临了严峻的考验。但是，最后的坚持也帮助中国企业取得了最终的胜利。

安捷达诉天瑞铸钢车轮案

一、案件意义

2011年10月11日，联邦巡回上诉法院在天瑞诉ITC一案中作出判决，维持了ITC的终裁，认定ITC对完全发生在国外的侵犯商业秘密行为具有管辖权。[1] 在法律适用部分，联邦巡回上诉法院认定应该适用《美国统一商业秘密法》，而非ITC适用的《伊利诺伊州商业秘密法》，但适用《美国统一商业秘密法》并不会改变案件结果，即认定天瑞侵犯了安捷达的商业秘密。

---

[1] 见联邦巡回上诉法院在2011年10月11日作出的 TIANRUI GROUP CO V. ITC (2010-1395) 案的判决书。

该案中，引发调查的员工跳槽行为发生在两家中国企业之间，员工前后的工作地点也都在中国，与美国的联系除了安捷达通过多层子公司在一家中国公司持有股权以外，便是天瑞生产的铸钢车轮进口到了美国。

此上诉判决一经作出，即引起了美国媒体和律师界的重点关注。美国的一些重要法律媒体如《法律360》（*Law* 360）和《全国法律期刊》（*National Law Journal*）等在当天和次日即对此案进行了重点报道。一些美国的知识产权律师事务所在获悉判决之后也纷纷撰写客户提示，向客户告知此案的判决情况以及此判决对美国公司的潜在深远影响。

之所以如此轰动，不仅是因为该案的判例意义，还因为该案在数个法律问题方面存在较大的争议，包括：

（1）ITC对完全发生在国外的侵犯商业秘密案件是否具有管辖权；

（2）对完全发生在国外的侵犯商业秘密案件是否应适用美国法；

（3）申请人已经不在美国境内使用涉案的商业秘密，是否也满足国内产业要求。

但是，无论争议如何，该案成为ITC审理类似商业秘密337调查案件的先例。

二、案情简介

2008年8月，应安捷达工业公司（Amsted Industries Incorporated，以下简称"安捷达"）的申请，ITC就铸钢铁路车轮产品启动337调查（331-TA-655）。共有四家涉案企业（以下合称"天瑞"），其中两家中国企业：天瑞集团有限公司及其下属的天瑞集团铸造有限公司（以下简称"天瑞"），而两家美国企业是天瑞在美国的合作商，一是标准卡车公司（Standard Car Truck），另外一家叫巴布尔天瑞铁路产品公司（Barber Tianrui Railway Supply），后者是天瑞和标准卡车公司在美国设立的合资公司。

本案背景是，2005~2007年，数位工程师陆续从安捷达在中国的合资公司大同ABC铸造有限公司（以下简称"DACC"）辞职，跳槽到天瑞，继续从事老本行——铸钢车轮铸造等相关工作。安捷达以其所有的铸钢车轮ABC工艺的商业秘密被天瑞通过雇用这些前DACC员工盗取并且天瑞生产的铸钢车轮已经进口到美国为由，提起美国337调查。

当时，为了满足美国铁路协会的产品认证要求，天瑞已经向美国进口了非常少量的铸钢车轮。

2009年10月16日，行政法官就此案发布初裁，认定侵权成立。[1]随后，该初裁在复审中获得ITC的支持。天瑞遂上诉至联邦巡回上诉法院。2011年10月11日，联邦巡回上诉法院作出判决，维持了ITC的终裁。[2]

三、案例评析

在ITC的337调查程序中，天瑞提出过关于管辖权及法律适用异议的动议，要求驳回安捷达的申请并终止调查，但没有获得行政法官的支持。后来，管辖权、法律适用和国内产业问题成了天瑞上诉的主要理由。

（一）管 辖 权

1. ITC阶段

天瑞认为，申请人描述的事件发生在中国以及世界其他地区，与美国没有关联，唯一的关联是一家美国公司收购了位于南非、加拿大、巴西、中国等多个位于外国共享诉称的商业秘密的实体，被诉的行为没有源于美国的任何行为，而是发生在中国，因此，被诉的行为不涉及美国法，仅涉及中国法，而337条款不适用于发生在外国的侵犯商业秘密行为。即使337条款的适用范围有这么宽泛，基于国际礼让和不方便法院的原理，行政法官也应该终止本调查。中国的法律法规对商业秘密以及员工离职纠纷有明确的规定，能够给予充分的救济；被诉离职员工全部居住在中国，证据也在中国，安捷达甚至曾经在中国提起过相关的刑事调查。比起ITC，中国的法院属于更方便管辖的法院。

安捷达则提出，如果同意天瑞提出的动议，那么大家可以盗取美国公司的商业秘密，然后将利用这些商业秘密生产的产品进口到美国。盗取商业秘密的行为加上天瑞及其美国销售商已经把利用盗取的商业秘密生产的产品进口到了美国，这种不公平竞争行为属于ITC的管辖范围。而天瑞提到的不方便法院理由不足以采信，因为337条款的特殊性，其调查必然会涉及外国的行为，对外国的被申请人而言不方便。

ITC的调查律师支持了安捷达的意见。

行政法官在驳回天瑞的动议的命令中也支持了安捷达的意见，指出：

---

[1] 337-TA-655案的Initial Determination（公开版），2009年10月16日。
[2] 见联邦巡回上诉法院在2011年10月11日作出的TIANRUI GROUP CO V. ITC（2010-1395）案判决意见。

（1）"进口产品中的不公平竞争方式和不公平行为"是337条款的关键内容。双方都没有争议的是，天瑞的涉案产品已经进口到美国，而这些产品涉嫌使用盗取的安捷达公司的商业秘密；如果同意了天瑞的观点，337条款将变得相对没用了。

（2）337调查的先例香肠肠衣案（337-TA-148/169）可以支持ITC对发生在国外的侵犯商业秘密案件具有管辖权。ITC在该案中指出，"没有异议的是，盗取商业秘密，如果证明成立，属于337调查管辖范围的不公平竞争方法或不公平行为"。

（3）诉称的商业秘密盗取行为发生在阿拉巴马的卡里拉工厂，三个被诉的前DACC雇员在卡里拉工厂接受教育和培训，都被授权接触过卡里拉手册——该手册含有生产铸钢车轮的ABC工艺。此外，天瑞没能证明在中国同时进行关于涉诉商业秘密的法律程序，以及终止本调查以让位于可能的中国法律程序可以让各方利益以及公共利益获得最好的照顾。

2. 上诉程序

在上诉中，对于管辖权问题，天瑞关注的重点在于，其披露被诉的商业秘密的地点在中国，337条款没有域外效力，因此不适用于在美国之外发生的行为。而安捷达则坚持ITC没有域外适用337条款，因为盗取商业秘密行为发生在美国，而且使用了涉诉商业秘密的产品已经进口到美国。

对这个问题，三位主审法官分成了两派，两位法官支持安捷达，一位则支持天瑞的意见。

威廉·布莱森（William C. Bryson）和阿尔文·沙尔（Alvin A. Schall）法官认定ITC对此337调查案拥有管辖权。这两位法官认为，尽管美国法通常适用于域内行为，但此原则不适用于该案，原因有三：

（1）337条款明确适用于进口过程中的不正当竞争行为，具有域外因素，其自然而然会牵涉域外发生的行为。

（2）ITC的终裁并不是单纯为了规制境外行为，而规制的是对美国国内产业有负面影响的境外不正当行为；如果使用涉案商业秘密生产的产品没有进口到美国境内，则ITC无权管辖域外发生的行为。

（3）337条款的立法历史和立法意图支持ITC可以审理在境外发生的行为。基于前述理由，两位法官认为，为了保护美国国内产业免于遭受境外不公平竞争行为的影响，ITC理应对铸钢车轮337调查案拥有管辖权。

另外一位法官金柏莉·摩尔（Kimberly A. Moore）支持了天瑞的观点，认为ITC无权适用美国的法律惩罚天瑞在中国的行为，其依据是美国国会并没有明确授权ITC将337条款适用于全部行为发生在境外的侵犯商业秘密案件。金柏莉·摩尔法官认为，跳槽员工是在中国将诉称的商业秘密披露给天瑞，且天瑞是在中国使用诉称商业秘密制造车轮，所有构成侵犯商业秘密的行为都发生在中国，天瑞在美国的行为不构成对商业秘密的侵犯，因此，ITC对铸钢车轮337调查案无管辖权。金柏莉·摩尔法官进一步指出，美国没有权力管辖中国的商业行为，否则，其后果将令人震惊，例如，由在没有满足美国劳动法的劳动条件下工作的或没有获得最低劳动报酬甚至是没有报酬的工人生产的产品，因为更低廉的价格，会对美国国内产业产生损害，此时是否需要考虑这些行为不公平？美国国会并没有明确表示将法律适用于美国境外，因此，"我认为我们没有权力判断完全发生在国外的哪些商业行为是不公平的"。而本案的"不公平行为"完全发生在美国境外。

此外，金柏莉·摩尔法官认为，安捷达本可以通过申请专利的方式从337条款获得保护，或者选择将其生产工艺完全保密，但安捷达既拒绝完全公开其技术，又选择将之许可给一家中国企业在中国境内适用，因此其遭遇不值得同情。最后，金柏莉·摩尔法官认为，前述两位法官所作的判决将会鼓励发明人通过商业秘密而不是专利的方式获得保护，从而将最终影响消费者的利益。

（二）法律适用

1. ITC阶段

天瑞在要求终止调查的动议中提出，如果ITC认为337条款可以管辖发生在国外的侵犯商业秘密案件，那么本案的首要问题便成了选择适用哪里的法律的问题。根据美国相关法律和判例以及本案的事实，本案要么适用安捷达所在（伊利诺伊州）的商业秘密法，要么适用中国法。即使ITC认为应该选择伊利诺伊州的法律而非中国法，根据伊利诺伊州的商业秘密法，侵权发生地、被告从侵权中获利所在地或被告主营业地的法院具有管辖权。具体到本案，这三点要素全部在中国，因此，中国法院享有管辖权。而事实上，被诉的行为发生在中国，不涉及美国法，仅涉及中国法；对案件事实至关重要的涉案的离职员工签署的劳动合同和保密协议都是在中国签署，应该按照中国法解释。

安捷达则提出，应该适用伊利诺伊州的商业秘密法，因为伊利诺伊州是安捷达的注册地，也是商业秘密被侵犯的损害发生地；同样也是包括天瑞的美国合作者或合资公司在内的被申请人的注册地。至于伊利诺伊州的商业秘密法中提到的被告主营业地，与天瑞所说不同的是，中国并不是本案被申请人的主营业地，实际情况是，本案两个被申请人的主营业地位于中国，另外两个被申请人的主营业地位于美国伊利诺伊州。而盗取商业秘密行为的发生地，至少包括中国和美国（伊利诺伊州）。

行政法官在驳回天瑞要求终止调查的动议的命令中没有提及法律适用的问题，而是在初裁中对此有阐述。行政法官认为，根据联邦法院的判例，侵犯商业秘密属于州法调整的内容。而本案的申请人和两个被申请人的主营业地位于伊利诺伊州，因此，应该适用伊利诺伊州的法律。

2. 上诉程序

该案上诉的主要问题在于，337 条款是否授权 ITC 对部分发生在国外的侵犯商业秘密行为适用美国国内的商业秘密法。

天瑞指出，不能适用美国的商业秘密法，否则会导致产生与中国法的矛盾。对于天瑞所提出的美国商业秘密法不适用于该案的主张，威廉·布莱森和阿尔文·沙尔法官也不予以支持，理由主要如下：（1）美国的商业秘密法之所以可以适用是因为域外发生的行为对美国的国内市场造成了影响；（2）天瑞未指出中国和美国的商业秘密法有冲突之处。但商品是否因违反美国国会的规定而应该被排除的认定，属于联邦问题，不应该适用州的商业秘密法，而应该适用《统一商业秘密法》《不正当竞争法重述》等普遍认可的规则，但本案中，适用联邦的商业秘密法还是伊利诺伊州的商业秘密法，不会影响案件的审理结果。

（三）国内产业损害问题

根据 337 条款，在商业秘密案中，申请人需要证明被申请人的侵权行为损害了其国内产业。在本案中，是否存在国内产业以及是否存在对国内产业的损害，是另外一个有重大争议的问题。

该案中，安捷达在美国境内已经不再使用涉案的商业秘密——ABC 工艺，而是使用另外一种商业秘密生产车轮，即格里芬工艺。对此，天瑞主张，根据 337 条款的立法史，商业秘密类型的 337 调查应该满足国内产业要求，即在存在利用争议技术的产业，而安捷达在美国境内已经没有使用 ABC 工艺，不满足 337 条款所规定的提起 337 调查应当具备的国内产业要件。

对该问题，行政法官在初裁中的表述是"证明存在受到被申请人的不公平行为损害或者毁灭的国内产业"，即"不公平行为的'目标'"。具体而言，行政法官认定："对于利用格里芬工艺和 ABC 工艺生产的车轮，并不存在客户更喜欢哪一种产品或功能的差异。安捷达和天瑞都生产经

AAR认证的CH-36和CJ-33铸钢车轮。事实上，在美国销售或试图销售铸钢车轮的公司仅仅是安捷达的格里芬车轮公司和被申请人。在被申请人进入国内市场以前，除格里芬工厂以外，并没有其他公司在美国销售铸钢车轮。证据表明，被申请人采用了和安捷达用于销售铁路车轮的相同营销渠道。"

上诉判决采用了与ITC一致的观点，认定存在相应的国内产业，其理由是不论安捷达是否在美国境内使用涉案商业秘密，只要使用涉案商业秘密制造的产品与安捷达在美国境内生产的产品构成竞争，则可以认定在美国存在国内产业。至于天瑞所援引的立法史，虽然属实，但没有被写入最终版的法条，因此不可作为依据。

后来的增稠树脂337调查案（337-TA-849）直接采用了天瑞案的这一观点。

自该案之后，ITC发起了越来越多的商业秘密337调查案，例如增稠树脂337调查案（337-TA-849）和碎纸机案（337-TA-863），这些案件也涉及在中国工作的中美合资企业的员工跳槽问题，都以本案为先例，确定ITC对这种类型的侵犯商业秘密案件具有管辖权，适用美国联邦的商业秘密法。

林肯诉大西洋桶装焊丝案

一、案情简介

2009年8月7日，总部位于美国俄亥俄州克利夫兰市的老牌电焊产品生产商林肯电气公司（Lincoln Global, Inc.，以下简称"林肯公司"）将来自不同国家的几家主要竞争对手一并提起337调查（337-TA-686）。该337调查的涉案产品为焊丝和桶装焊丝容器及其组件，被申请人包括来自中国的四川大西洋焊接材料股份有限公司（以下简称"大西洋公司"），瑞典的伊萨公司（ESAB AB），韩国的现代综合金属株式会社（Hyundai Welding Co., Ltd.），意大利的塞得加斯公司（Sidergas SpA）以及韩国的高丽公司（Kiswel Co., Ltd.），这些公司都是桶装焊丝产品全球知名生产商。

在获悉林肯公司对大西洋公司提出申请后，为了保住美国市场和维护大西洋公司的声誉，大西洋公司决定聘请在337调查领域具有丰富经验的律师作为其代理人应诉。作为大西洋公司的代理律师，我们在调查及与员工沟通的过程中，发现林肯公司337调查申请书中所声称的属于大西洋公司的侵权产品并不是出自大西洋公司之手。发现这一重大纰漏之后，我们迅速与林肯公司进行沟通，利用充分的证据证明林肯公司在申请书中所指控的所谓大西洋公司产品并非大西洋公司的产品，所有针对大西洋公司的指控没有基础和依据，并要求林肯公司立即撤销对大西洋公司的337调查申请。在此期间，我们也积极争取ITC调查律师的支持，请求其给林肯公司施加压力以迫使其撤诉。2009年12月10日，大西洋公司以林肯公司未尽到案前调查义务为由提起惩罚动议，林肯公司随后于2009年12月18日向ITC提交撤销关于对大西洋公司的所有指控的动议。ITC调查律师也于2009年12月28日提交文件支持林肯公司的上述动议。2010年1月11日，ITC的行政法官裁定同意林肯公司的动议申请，并初步裁决终止针对大西洋公司的调查。ITC于美国时间2010年1月27日决定不对行政法官的上述初裁进行复审。至此，针对大西洋公司桶装焊丝337调查案以大西洋公司成功迫使申请人林肯公司撤诉告终。

二、案例评析

本案的中国大西洋公司是一家在上海证券交易所上市的国内著名电焊产品制造商，除在国内市场属于行业龙头企业外，其产品也畅销于多个国家和地区，其中北美市场占据重要地位。林肯公司在337调查的申请书中请求ITC针对大西洋公司的涉案产品颁发永久有限排除令，一旦获得ITC的支持，大西洋公司将会丧失涉诉产品的美国市场。通常情况下，申请人在提出337调查申请之前会做足功课，调查获得确切证据以证实被申请人的基本信息以及涉案产品的相关情况等。但事实远大于想象，林肯公司恰巧在该案中用其他公司的产品来充当大西洋公司的产品并提起337调查。若大西洋公司在获悉337调查之后消极对待，林肯公司就非常可能阻止大西洋公司相应产品进入美国市场。

该案另一个值得注意之处是，大西洋公司提起了惩罚动议，要求对方承担合理的律师费用，理由是林肯公司在提起337调查之前未进行充分的调查，误将他人的产品列为大西洋公司的产品，违反了ITC的规则。该案行政法官并没有支持大西洋公司的动议。《程序规则》第210.4条明确要求申请人保证其诉称的事实需要有相应的证据支持，否则，ITC有权主动或者根据对方当事人的动议对申请人处以惩罚。惩罚的目的是阻止重犯类似行为。惩罚的内容包括金钱性和非金钱性惩罚，前者包括支付罚款或者支付对方律师因提起动议而引起的合理费用；非金钱性惩罚包括认定对方拒绝开示的证据存在，等等。总体来说，除非有非常强的证据和事实，要求对方赔偿合理律师费的惩罚动议获得 ITC 支持的概率不高。此外，值得中国企业注意的是，在目前 ITC 和美国专利诉讼制度下，双方通常各自承担各自的律师费，败诉方通常不承担胜诉方的律师费。

三、启示和建议

这个成功案例给中国企业的重要启示是，面对 337 调查，不要轻言放弃，积极应对，借用专业支持，挖掘对手的漏洞，从而顺利地继续保持和维护美国市场以及企业的声誉。与大西洋公司不同的是，目前部分中国企业尤其是中小企业在碰到 337 调查之后选择不应诉。如前所述，不应诉的后果实质上等于放弃美国市场。其实，很多外国企业发起美国 337 调查的目的就是通过 337 调查来争取市场份额，或者有意通过诉讼拖垮一些实力不是特别雄厚的中小竞争对手，以高昂的律师费阻碍竞争对手应诉，从而迫使竞争对手放弃美国市场。

根据经验，中国企业之所以不应诉，主要原因是 337 调查的应诉费用较高，公司内部缺乏能掌控管理跨国案件的专业人才，以及美国的市场份额较小应诉不值当等。如果因为市场份额小而不应诉，从企业成本收益的角度来讲是合理的，我们认为，也不宜鼓吹企业不计成本地应诉。但是，对于有实力的企业，美国 337 调查就是商业竞争的手段，放弃应诉就是放弃市场。数百万美元的律师费对大多企业来说确实是个负担，但美国 337 调查应诉中确实有很多成本控制的方式和方法。而且，此类案件费用虽高，但应诉将使企业从广告价值、公共关系、行业地位等多方面受益。更激进的观点认为，美国 337 调查案件的应诉费用其实是一种投资。至于公司内部缺乏能掌控管理案件的专业人才，就可以借力和倚重美国 337 调查领域有经验的律师，协助公司掌控案件进程，控制案件成本，少花钱，多办事，办好事。

英维康诉顺隆可调节通用病床案

一、案情简介

2010 年 8 月 5 日，美国英维康公司（Invacare Incorporation，以下简称

"英维康")向 ITC 提出申请，请求发起涉及可调节高度通用病床的 337 调查，被申请人为来自美国动力医疗设计及制造公司（Drive Medical Design and Manufacturing，以下简称"Drive"）和中国上海顺隆医疗器械有限公司（以下简称"顺隆公司"）。申请人认为，被申请人侵犯其 6,983,495 号、6,997,082 号、7,302,716 号和 7,441,289 号专利，并请求 ITC 发布永久排除令和制止令。

本案中的顺隆公司是一家台资企业，是 Drive 公司在中国的 OEM（Origin Entrusted Manufacture，贴牌生产）厂商。顺隆公司根据 Drive 公司的要求为其加工涉案产品，其由于制造商的地位而被牵连到该 337 调查（337-TA-734）中。对于涉案专利，英维康公司已于 2009 年 7 月 21 日向俄亥俄州北区联邦地区法院仅对 Drive 公司提起专利诉讼。Drive 公司和顺隆公司在 2010 年上半年联合对涉嫌侵权的产品进行了规避设计。在 337 调查发生后，Drive 公司同意为顺隆公司聘请律师并支付相关应诉费用。在进行两轮证据交换之后，各方基于自身的商业利益考虑，于 2011 年 3 月以同意令（consent order）方式结束 337 调查。英维康同意顺隆公司继续向美国出口规避设计后的产品，另外，英维康和 Drive 公司也同意对其他关联诉讼达成和解。

二、案例评析

该案的顺利和解具有重要意义。从微观的层面看，和解为顺隆公司对美出口扫清了障碍，保证了顺隆公司可以继续对 Drive 公司出口相关产品。此外，该案也为中国 OEM 厂商应对美国 337 调查提供了重要的指导意义。在该案中，顺隆公司因其 OEM 生产商身份而被牵连到该案中。顺隆公司是根据 Drive 公司提供的技术要求进行生产，并不知道也没有能力知道 Drive 公司提供的技术存在侵犯他人知识产权的问题，其在这个国际贸易链条中仅仅是产品的生产加工者。从法律的角度看，Drive 公司应当保证其使用的技术不存在侵犯他人知识产权的情形；如果其提供的技术存在权利瑕疵，Drive 公司通常需要承担因此给顺隆公司造成损失。由于中国 OEM 厂商对国外客户的议价能力较低，很多情况下，中国企业可能无法要求国外客户赔偿相关的损失。经过顺隆公司的努力，本案中的 Drive 公司同意为顺隆公司聘请律师应诉。

本案另一个亮点是 Drive 公司和顺隆公司合作对涉案产品进行规避设计，并利用该规避设计作为与申请人达成和解的筹码。在本案中，Drive 公司在联邦地区法院被诉之后即与顺隆公司联合进行规避设计，以有效的规避设计促使英维康重新从成本收益角度考量是否有必要继续进行昂贵的337调查程序。在意识到ITC很可能会允许规避设计后的产品进入美国市场时，进行和解反而是英维康最切合实际的选择。

此外，本案是，位于中国大陆的台资企业应诉337调查的一个典型案例。改革开放之后，部分产业从我国香港和台湾地区转移到内地，这些港、澳、台资企业成为中国出口美国市场的一支重要力量。随着这些港、澳、台资企业的发展，不少企业被列为337调查的被申请人。在这些企业中，部分企业出于各种原因放弃应诉，最后导致失去美国市场。例如，在电源设备案（337-TA-646）中，台湾一纮兴业有限公司（Sunbeam Company，Taiwan）未应诉；在短波发光二极管案（337-TA-640）中，台湾洲磊科技有限公司（Uni-light Touchtek Corp.，Taiwan）没有应诉；在发光二极管案（337-TA-674）中，台湾东莱科技股份有限公司（Toyolite Technologies Corp.，Taiwan）没有应诉；在烫发器案（337-TA-637）中，香港卡玛斯国际公司（Kamashi International，Hong Kong）没有应诉。而在本案中，具有台资背景的顺隆公司积极联合Drive公司应诉，成功地保住了美国市场，为其他企业树立了良好的榜样。

三、启示和建议

（1）中国目前的出口加工企业中有不少从事OEM业务。由于知识产权意识较为薄弱，部分中国OEM企业并不要求国外客户就其提供的相关资料和技术等不存在侵权作出保证。一旦因知识产权问题在美国产生诉讼或者337调查，由于本身利润比较薄且没有要求国外客户承担知识产权瑕疵引起损失的议价能力，OEM厂商通常没有经济能力也没有意愿去应对成本高昂的诉讼或337调查，这样不应诉的后果将导致之前的OEM厂商无法继续对美出口相关产品，而不得不选择改为生产和出口其他产品。为了缓解这一被动局面，建议中国OEM企业应当与客户签订书面文件，明确由客户承担因其提供的资料和技术等存在知识产权瑕疵所引起的损失，这些损失包括相关的应诉费用以及其他损失等，这样可以在一定程度上与国外客户捆绑在一起，取得应诉上的主动，防止国外竞争对手以高昂的应诉费用轻而易举地限制中国企业的出口。

（2）应对仅是OEM厂商的被动选择，建议OEM企业增强自身的研发设计能力，争取从OEM转型为ODM（Original Designed Manufacturer，原始设计制造商），直至变为OBM（Original Brand Manufacturer，原始品牌制造商）。此外，为了保证该实力能真正为中国OEM企业所用，在与国外客户进行联合研发设计时，中国 OEM 企业需要注重积极争取研发设计成果的知识产权。

（3）港、澳、台资企业在面临 337 调查时，也应当不畏艰难，积极应诉，避免因不应诉导致失去美国市场。

（4）不论是代工企业还是自主品牌企业，在面临 337 调查或者专利诉讼时，都应尽早进行透彻的技术分析和权利要求比对，在侵权可能性较大且专利无效的可能性较小时，应尽早着手进行规避设计，将规避设计的产品纳入程序中。这样一方面可以确保经认可的规避设计产品进入美国市场，保证在美国市场的延续性，避免因排除令而出现一定时期的市场空白；另一方面，有效的规避设计将提高被诉企业的和解谈判筹码，为和解创造条件。本案即是一个很好的例子。

雷米诉临海永磁起动机案

一、案情简介

2011 年 1 月 19 日，ITC 受理了雷米国际公司（Remy International, Inc.）和雷米科技有限公司（Remy Technologies, LLC.）（以下合称"雷米"）提起的关于起动机和交流发电机的 337 调查申请（337-TA-755）。被申请人既包括中国公司，也包括美国公司。中国公司为临海市永磁电机有限公司（以下简称"临海永磁"）和永康博宇汽车电机公司等；美国公司为 Wetherill Associates, Inc.（以下简称"WAI"）和 Motorcar Parts of America, Inc. 等公司。雷米在申请书中指控临海永磁侵犯其 5,252,878 号、5,295,404 号和 5,307,700 号美国专利，并请求 ITC 颁布排除令和制止令。2011 年 6 月，雷米与临海永磁达成和解，并向 ITC 申请终止对永磁的调查。

本案各方当事人的关系比较复杂。首先，临海永磁为雷米生产涉案产品，且雷米在提起 337 调查之后仍继续下单要求临海永磁为其生产产品。其次，临海永磁也为同案被诉企业 WAI（雷米在美国市场最大的竞争对手以及本案最重要的另一被申请人）代工生产涉案产品。此外，雷米对临海永磁主张的专利都在 2012 年到期。基于前述特殊情况以及为避免临海永磁在该调查中耗费过多的精力，我们建议临海永磁应对该 337 调查的基本思路是与雷米进行和解。由于雷米需要临海永磁继续为其供货，因此，雷米也有与临海永磁和解的动力。经过几轮与雷米的代理律师的沟通，临海永磁和雷米顺利达成和解的初步意向；但在后续和解协议文本的确定上，双方却几经周折，经过四五轮修改之后才最终确定和解协议具体内容。我们就文本确定与临海永磁进行了多次的沟通，向临海永磁逐一介绍和解协议条款的含义，并从临海永磁的商业利益角度出发对雷米提供的合同版本进行了相应的修改，并最终获得了雷米的同意。最后，经过艰难的谈判，双方同意以和解方式结案。

二、案例评析

本案的特点是"敌友难分"，临海永磁需要艰难地平衡雷米和WAI这两个竞争对手之间的利益，这种复杂的商业关系为和解增加了难度。因此，需要律师和客户之间进行充分的沟通，律师在理解客户商业意图的情形下制订切实可行的和解方案。在本案中，临海永磁的代理律师在各方沟通以及利益平衡方面中显示出了重要的作用，捍卫了临海永磁的利益。此案的顺利和解具有重要的意义。

首先，从微观的层面看，和解为临海永磁对美出口扫清了障碍，保证了临海永磁可以继续对美出口相关产品。在成功和解之后，临海永磁顺利地保住了美国市场，近年在美国的市场份额不断增长，其对当初代理律师设计的和解思路以及和解的结果非常满意。

其次，该案也为中国代工企业应对美国337调查提供了重要的指导意义。在该案中，临海永磁因其代工企业身份而被牵连到该案中。临海永磁根据WAI提供的技术要求进行生产，其并不知道也没有能力知道WAI提供的技术存在侵犯他人知识产权的问题。从法律的角度看，WAI应当保证其使用的技术不存在侵犯他人知识产权的情形；如果其提供的技术存在权利瑕疵，WAI通常需要承担因此给临海永磁造成损失。实践中，由于很多代工企业并不知道通过与外方的合同安排以保护自身的权利，以及中国代工厂商对国外客户的议价能力较低，很多情况下，中国企业可能无法要求国外客户赔偿相关的损失。本案中，由于临海永磁与WAI之间没有就知识产权瑕疵问题进行相应的安排，最终由临海永磁承担了本应由WAI承担的337调查应诉费用，这无疑为企业的正常运营增加了不必要的成本。

本案同时也体现了与中国不同的诉讼文化。在临海永磁被雷米诉至ITC之后，雷米仍然继续下订单购买临海永磁的产品。这对于讲究"和为贵"的中国企业来说较难理解。按照中国企业的文化逻辑，在雷米以在ITC提起337调查这种"宣战"方式之后，雷米按道理不应该继续与临海永磁进行合作。这恰恰体现了中美文化尤其是诉讼文化的差异。在美国商业环境下，一切从商业利益角度出发，提起337调查是为了通过排除竞争对手的产品而保住自身的市场，而继续从对方手中采购优质的产品也有利于维护自身的商业利益，因此，在两者不冲突的情况下，经常会出现双方一边争讼，一边合作的情形。这种"亦敌亦友"的关系同样体现在苹果公司和三星公司之间的关系。例如，苹果公司和三星公司的专利大战中，尽管双方自2010年下半年开始即产生纠纷和诉讼，但在诉讼期间，苹果公司仍从三星公司采购处理器、内存、闪存和显示屏，双方旷日持久的专利战并没有影响双方之间的合作关系。

三、启示和建议

随着中国企业对美出口的不断增加以及中国出口产品的技术含量不断提高，越来越多的中国代工企业被牵涉进美国的知识产权纠纷中。

首先，中国目前的出口加工企业中有不少从事OEM业务。由于知识产权意识较为薄弱，部分中国代工企业并不要求国外客户就其提供的相关资料和技术等不存在侵权作出保证。一旦因知识产权问题在美国产生诉讼或者337调查，由于本身利润比较薄且没有要求国外客户承担知识产权瑕疵引起损失的议价能力，代工企业通常没有经济能力也没有意愿去应对成本高昂的诉讼或337调查，而不应诉的后果是该代工企业无法继续对美出口相关产品，最后不得不选择改为生产和出口其他产品。为了缓解这一被动局面，建议中国代工企业应当与客户签订书面文件，明确由客户承担因其提供的资料和技术等存在知识产权瑕疵所引起的损失，这些损失包括相关的应诉费用以及其他损失等。这样，可以在一定程度上与国外客户捆绑在一起，取得应诉上的主动，防止国外竞争对手以应诉的高昂费用轻而易举地限制中国企业的出口。

其次，如果碰到外方地位强势而无法获得合同保护的情形，建议由有关政府部门和行业协会牵头，对重点产业建立预警机制并对相关产业进行知识产权尽职调查，从而最大限度避免因侵犯知识产权所造成的损失。尽职调查的内容包括严格审查外方是否为合法的知识产权权利人、许可人，是否享有商标、专利等知识产权权利。此外，除了调查外方授权的商标等知识产权在中国是否享有权利外，还要调查外方在加工产品最终到达地是否拥有该知识产权等权利，以免出口在目标国市场遭遇知识产权侵权的指控。此外，中国代工企业也可以根据知识产权尽职调查结果进行相应的规避设计和创新，并可将相应的成果固化成专利等知识产权，从而形成对国外客户和竞争对手的牵制，改变中国代工企业在知识产权领域被动挨打的局面。例如，代工企业可增强自身的研发设计能力，争取从代工企业转型为 ODM 直至变为 OBM。此外，为了保证该实力能真正为中国代工企业所用，在与国外客户进行联合研发设计时，中国代工企业需要注重积极争取研发设计成果的知识产权。

最后，对于涉案 337 调查的企业来说，和解通常是一种比较理性的选择。和解既能解决 337 调查涉及的争议，又能节省律师费用。ITC 的制度设计也鼓励各方和解，和解是 337 调查结案的最主要方式之一，337 调查中将近 50%的案件以和解结案。我们通常鼓励涉诉企业寻找一切合理可行的和解方案。当然，和解是一门艺术，一个案件的顺利和解离不开律师与客户的充分沟通以及律师对案件整体策略和思路的有效把握，越是复杂的案件，越能体现律师处理疑难复杂问题的能力，因此，挑选合适的律师是企业实现顺利和解的重要条件之一。

SI 诉华奇增稠树脂案

一、案情简介

2012 年 5 月 21 日，美国圣莱科特集团公司（SI Group, Inc.，以下简称"SI 公司"）向 ITC 申请针对包括华奇（张家港）化工有限公司在内的多家公司以及两位中国自然人（以下合称"华奇公司"）发起 337 调查（337-TA-849）。SI 公司在申请书中指控华奇公司通过招聘其上海子公司（以下简称"上海圣莱科特"）的高管获得与 SP-1068 增稠树脂生产工艺和 C&R 橡胶树脂生产工艺相关的技术秘密，并诉称华奇公司使用前述生产工艺制造相关产品，并准备出口 SP-1068 增稠树脂至美国市场。2012 年 6 月 20 日，ITC 决定立案调查。

在提起 337 调查之前，SI 公司与华奇公司的争议在我国已经有多起刑事调查与民事诉讼。2008 年年底，上海圣莱科特向上海市公安局松江分局报案，要求就华奇公司雇用其公司高管人员侵犯其商业秘密刑事立案。2009 年，公安局以没有犯罪事实为由不予刑事立案。2010 年 5 月 7 日，上海圣莱科特以华奇公司侵犯商业秘密和专利权权属纠纷向上海市第二中级人民法院提起民事诉讼；2011 年 3 月 24 日，法院准予上海圣莱科特撤诉。2011 年 4 月 2 日，上海圣莱科特及其母公司以同一案由在上海市第二中级人民法院提起民事诉讼。2013年6月17日,上海市第二中级人民法院作出判决,驳回上海圣莱科特及其母公司的全部诉讼请求。SI公司对此判决不服,上诉至上海市高级人民法院。经过审理,上海市高级人民法院在2013年10月12日作出二审判决,维持原判。该案被最高人民法院评为"2013年中国法院十大知识产权案件"。

与国内法院判决结果不同,ITC行政法官在2013年6月18日的初裁中认定华奇公司侵犯了SI公司的商业秘密,并建议对相关涉案产品颁布普遍排除令。[1] 华奇公司对该初裁不服,于2013年7月9日请求ITC进行复审。华奇公司请求复审的理由包括:(1)行政法官认定SI公司的相关信息构成商业秘密没有事实和法律依据;(2)SI公司没有尽到证明相关信息构成商业秘密的证明义务;(3)SI公司也没有证据证明华奇公司接触了SI公司的所有商业秘密;(4)SI公司没有提供证据证明华奇公司规避设计之后的产品构成侵权;(5)行政法官建议的为期10年的排除令期限过于严苛;(6)行政法官认定构成对美国国内产业的损害缺乏事实和法律依据;(7)ITC对本案缺乏管辖权。在此后的2013年7月16日,华奇公司又向ITC提交上海市第二中级人民法院在2013年6月17日作出的华奇公司胜诉判决,申请将其作为新的支持依据;2013年7月24日,SI公司提交反对意见,反对将该胜诉判决作为新的依据,理由是该胜诉判决与行政法官的初裁几乎同时作出,不构成新依据,且华奇公司在2013年7月9日提交的复审申请中并未提交这一新的依据。2013年9月9日,委员会发布通知,决定全面复审初裁。2014年1月15日,ITC作出终裁。除少数几个秘密点外,ITC认定SI公司的商业秘密点绝大多数并不受法律保护,并推翻了初裁最初建议的普遍排除令,改为颁布有限排除令;同时,ITC在终裁中允许华奇公司可以继续对美出口SL-7015树脂。[2] 由于ITC终裁仍认定华奇公司侵犯了SI公司的几个秘密点,华奇公司对此结果不服,已向美国联邦巡回上诉法院提起上诉,目前上诉案件仍在审理过程中。

二、案例评析

(一)管辖问题和法律适用问题

与安捷达诉天瑞铸钢车轮337调查案(337-TA-655)类似,本案首

---

[1] 见337-TA-849案公开版 Initial Determination on Violation of Section 337 and Recommended Determination on Remedy and Bond, 2013年6月17日。

[2] 见337-TA-849案公开版 Commission Opinion, 2014年2月26日。

先值得关注的法律问题即是管辖问题以及法律适用问题。与天瑞案不同的是，本案中中国法院已经就实质相同的争议受理了 SI 公司的诉讼请求，因此，管辖问题更为复杂，也更值得关注。

1. 管 辖 问 题

就管辖问题，行政法官在初裁中分别分析了主题管辖权（subject matter jurisdiction）、属人管辖权（personal jurisdiction）和属物管辖权（in rem jurisdiction），双方对主题管辖权争议较大。

对于主题管辖权，SI 公司认为尽管侵权行为发生在美国境外，但根据天瑞集团诉 ITC 案中 CAFC 的判决，ITC 拥有管辖权，有权管辖对美国国内产业造成损害的发生在域外的不正当竞争行为。❶而华奇公司认为《1930 年关税法》并未明文授权 ITC 就发生在美国境外的商业秘密争议行使管辖权，《1930 年关税法》第 337（a）(1)(A) 条不适用于域外发生的行为（extraterritorial activity）。美国联邦最高法院在最近的判例❷中重申："这是美国法律中一项确立已久的原则，除非明文表达相反的意图，否则国会立法仅在美国司法管辖领域内适用。"换句话说，除非有明文表达的意图，否则国会立法不适用于发生在美国以外的行为。而对《1930 年关税法》第 337（a）(1)(A) 条❸的正常理解，无法解释出它能够适用于发生在美国以外的行为。第 337（a）(1)(A) 条的措辞如下：

> 在产品向美国进口或者销售过程中，所有人、进口商或代理人的不公平的竞争方法或不公平的做法，产生或可能产生以下后果：(i) 破坏或者实质损害美国的产业；(ii) 阻止该产业的建立；(iii) 限制或垄断美国的贸易或商业。

法条中强调了"不公平的竞争方法或不公平的做法"应当是"在产品向美国进口或者销售过程中"❹。但对于完全发生在中国境内的商业秘密争议，及有争议商业秘密的使用，只发生在产品的生产过程中，发生"在产品向美国进口或者销售"之前的过程中，并没有发生"在产品向美国进口或者销售过程中"。因此，第 337（a）(1)(A) 条并不适用于发生在美国

---

❶ Tianrui Group Co. v. ITC, 661 F. 3d 1322 (Fed. Cir. 2011).
❷ Morrison v. Nat'l Australia Bank Ltd., 130 S. Ct. 2869 (2010).
❸ 该条仅适用于对以侵犯商业秘密等不公平的竞争方法或不公平的做法进口到美国的产品发起的 337 调查，不包括针对侵犯专利等注册类知识产权产品的 337 调查。
❹ 原文为"Unfair methods of competition and unfair acts in the importation of articles"。

域外的行为。换句话说，ITC 不能根据第 337（a）（1）（A）条对完全发生在中国境内的商业秘密争议及有争议商业秘密的使用行使管辖权。华奇公司认为 SI 公司诉称的侵权行为发生在中国，与美国仅有的联系在于华奇公司仅向美国出口了价值 3 万美元的货物。因此，本案的所有事实基本发生在美国之外，ITC 不享有主题管辖权。此外，对于天瑞集团诉 ITC 案中判决，华奇公司认为，CAFC 的该项判决与联邦最高法院的 Morrison 案判决相冲突，不应采纳。最后，华奇公司认为，即使《1930 年关税法》第 337（a）（1）（A）条可以被解释为适用于域外行为，根据自制和国际礼让原则（principles of abstention and international comity），ITC 也应当撤销或者至少暂停该案，原因是诉争双方在中国已有数起争议实质相同的关联诉讼。

调查律师赞同 SI 公司的观点，认为根据天瑞诉 ITC 案中 CAFC 的判决，ITC 拥有主题管辖权。

对于 337（a）（1）（A）是否适用于域外行为，本案行政法官认为，该案事实与天瑞案基本相同（侵权事实发生在中国，之后向美国进口了使用涉案商业秘密生产的产品以及进口行为给美国的国内产业造成损害），应适用天瑞诉 ITC 案判例。对于自制和国际礼让原则，行政法官认为，被告没有提供具有说服力的论据。中国法院受理的案件与 ITC 受理的案件不同，中国法院不解决侵权产品进口到美国以及对美国国内产业造成损害的问题。

综上来看，由于 CAFC 在天瑞诉 ITC 一案中确定的先例以及 337 调查程序的属物性，要挑战 ITC 对发生在中国的侵犯商业秘密行为的主题管辖权比较困难。因此，中国企业在应对 337 调查时，应诉重点可以转向不侵权以及商业秘密不存在等实体方面的法律抗辩。

2. 法律适用问题

与天瑞案类似，本案中也存在法律适用的问题，即对基本上发生在中国的侵权行为，应该适用中国法还是美国法作为基本准据法判定哪些信息构成商业秘密信息以及哪些行为构成侵犯商业秘密的行为。由于两国法律在认定相关信息是否构成商业秘密以及相关行为是否构成侵权行为的认定标准存在差异，同样的事实在不同的国家可能会有不同的法律后果。在本案中，SI 公司认为，根据天瑞诉 ITC 案的判决，ITC 应当适用美国法审理该案。在天瑞诉 ITC 案中，天瑞主张对于发生在中国的侵权行为不应适用美国的商业秘密法，否则将干涉中国法律，但 CAFC 没有认可天瑞的该项主张。本案的行政法官援引了天瑞案，认为本案适用的法律是《美国统一商业秘密法》以及联邦普通法,侵犯商业秘密的构成要件则遵照香肠肠衣案(337-TA-148/169)判例。终裁裁决也援引了天瑞案,认为本案适用的法律为《美国统一商业秘密法》、联邦普通法以及香肠盒案判例。

此外,由于劳动关系的特殊性,在因员工跳槽引起的商业秘密案件中还存在《中国劳动合同法》规定的保密义务与美国相关法律的冲突问题。在本案中,由于跳槽的员工与上海圣莱科特签订的劳动合同明确约定适用中国法律,华奇公司认为应当适用中国的相关法律解释员工的保密义务。而 SI 公司认为员工的保密义务源自其与员工直接签订的一份保密协议,而不是员工与上海圣莱科特签订的劳动合同;要求员工签署这份保密协议是 SI 公司与上海圣莱科特的技术许可协议中的明确要求,该技术许可协议明确约定适用美国纽约州法律,因此,SI 公司认为应当适用美国纽约州法律解释本案中上海圣莱科特跳槽员工的保密义务。行政法官采纳了 SI 公司的观点。

在实践中,因员工跳槽引起的商业秘密案件中通常会涉及保密条款的解释以及竞业限制条款的解释问题;同时,还涉及哪些信息是否构成商业秘密以及哪些行为构成侵权行为问题。本案中,上海圣莱科特与员工按照中国相关劳动法律签订的劳动合同明确约定适用中国法律,因此,主张相关保密义务的解释适用中国法律具有合理的根据。但是,ITC 在确定适用的法律时通常只参考联邦巡回上诉法院在天瑞诉 ITC 案中确定的一条规则:在处理完全发生在中国境内的商业秘密争议时,应当适用美国的商业秘密法律而不是适用中国法律。❶对该项法律适用规则,美国国内也存在一定的争议。例如,联邦巡回上诉法院法官金柏莉·摩尔(Kimberly A. Moore)在天瑞诉 ITC 一案的异议判词中指出,如果 ITC 适用美国法律来判定那些与美国没有任何实质联结因素的案件中是否存在商业秘密、是否存在对商业秘密的侵犯,最后限制中国制造的产品进入美国市场,从逻辑上来看就意味着美国同样可以限制以不符合美国劳动法律规定的劳动标准但在中国生产的产品进入美国市场。这将对已经形成的国际贸易秩序形成灾难性的影响——美国单方背离了两国多年来达成的共识,在大家公认的反倾销、反补贴等国际贸易制度框架之外单方引入对外国产品进口的限制。❷ 中美两国在某些法律制度方面差异较大,适用不同的法律将可能导致不同的法律后果。例如,美国加利福尼亚州通常不承认竞业限制的法律效力,而中国通常会承认竞业限制协议安排的有效性。因此,为预防适用美国法律引起的法律风险,中国出口企业需要考虑并适当关注美国的相关商业秘密法

---

❶❷ Tianrui Group Co. v. ITC, 661 F. 3d 1322 (Fed. Cir. 2011).

律。例如，中国企业在招聘在美国拥有商业秘密的企业前员工时，需要考虑采取国际上较为通行的做法（例如，要求跳槽的员工签订承诺书，承诺不使用或者披露前雇主的商业秘密信息），以确保不被卷入商业秘密337调查中。

（二）ITC允许在中国律师事务所执业律师可以同时代理337调查及其国内关联诉讼

此案另外一个值得关注的点是，ITC允许当时在中国律师事务所执业的冉瑞雪律师同时代理337调查和中国国内的关联诉讼。2012年10月1日，SI公司向ITC提交动议，请求ITC禁止被申请人华奇公司的代理律师冉瑞雪等律师（以下合称"华奇代理律师"）接触SI公司的商业秘密，请求ITC要求冉瑞雪律师停止代理该337调查以及在中国的关联诉讼。SI公司称，华奇公司代理律师同时代理中美两边的诉讼，会造成对SI公司商业秘密的泄露和不当使用，因而违反了ITC于2012年6月26日发布的商业秘密保护令。

2012年10月10日，华奇公司和ITC指派的本案调查律师均对此动议提出了反对。ITC于2012年11月6日作出裁决，对SI公司的动议不予支持，肯定该337案的代理律师冉瑞雪可以同时代理中国国内关联诉讼。[1] ITC认为SI公司的主张是毫无根据的，如果ITC认可SI公司的主张，则意味着337案的代理律师无法代理其他相关诉讼。在美国，337调查案件的关联诉讼普遍存在，律师能够同时代理337案和联邦法院的专利诉讼。本案华奇公司代理律师同时代理337案和相关联的中国国内诉讼与此类似，并不应当被禁止。并且，冉瑞雪律师参与本案对于华奇公司来说，具有至关重要的意义，因为跟案件相关的许多事实都发生在中国。

ITC本案第13号命令肯定了337调查的代理律师冉瑞雪可以同时代理中国国内的关联诉讼。这对于帮助我国企业进行337调查及关联诉讼的应诉工作具有重要的意义。337调查程序较为复杂，专业性很强，具有快速推进的特点，要求企业在短时间内准备大量文件并提供大量信息，对于涉案的中国企业而言，已是很大的挑战。而中国企业涉案的重要的337调查案，大多在中国国内有关联诉讼。如果337案代理律师能够同时代理国内关联诉讼，有利于建立全面的应诉策略，统筹安排两边的应诉工作，从而帮助企业节约应诉成本，提高应诉效率。

---

[1] 337-TA-849案第13号命令。

范罗士诉新誉碎纸机案

一、案情简介

2012年12月,范罗士公司(Fellowes, Inc.)和范罗士办公用品(苏州)有限公司(Fellowes Office Products (Suzhou) Co., Ltd.,以下合称"范罗士")向ITC提起337调查,指控江苏新誉集团有限公司、江苏新誉办公设备有限公司、深圳艾兰特办公设备有限公司、香港艾兰特办公设备有限公司、新誉办公设备(美国)有限公司、江苏新瑞重工科技有限公司(以下统称"新誉")以及前述公司创始人等自然人侵犯其商业秘密和外观专利(D583,859和D598,048),请求判定侵权成立,禁止新誉涉案产品出口到美国,并禁止已输美产品在美销售。该337调查案(337-TA-863)源于范罗士公司和新誉公司之间的股权合作纠纷。双方在江苏建有合资企业,后因种种原因双方合作关系终止。在提起美国337调查之前,范罗士和新誉在国内已有多起关联诉讼和仲裁。

2013年1月,此调查正式立案。双方在此后进行了数轮的证据交换,检查了双方各自的工厂,在美国和中国香港地区进行宣誓作证,调取了相关证人的证言,以及进行了数次的和解谈判。双方最终在2013年11月达成和解,并据此提交联合动议,请求ITC终止该调查。2013年11月20日,行政法官颁布初裁,准许了该动议并决定终止该调查。2013年12月20日,委员会作出终裁,决定不审查行政法官作出的初裁。至此,历时近一年的碎纸机案顺利结案。

二、案例评析

首先,此案在双方结怨已久的背景下能够获得和解,实属不易,这是新誉及其代理律师共同努力的成果,尤其是新誉在其代理律师下进行的规避设计成为和解的重要筹码,积极促成了和解的达成。其次,本案的行政法官在商业秘密披露方面作出的决定可圈可点,保证了证据开示的顺利进行,避免了不必要的证据开示争议。最后,经过谈判,范罗士同意将三名自然人从被申请人的名单中剔除,解决了相关自然人的后顾之忧。

1. 和解的策略

在 ITC 的商业秘密 337 调查中，2002 年以来共有 13 起，但其中有 7 起涉及中国企业，占了一半以上。在本案之前，中国企业应诉商业秘密类337 调查，无一胜诉。

该案件背景异常复杂，远超出一般商业秘密案件或专利侵权案件。争议双方范罗士和新誉曾长期合作，后因合资公司控制权发生纠纷，争讼近三年。在美国 337 调查提起之前，已另有 8 起诉讼/仲裁（中国国内诉讼仲裁 5 起，美国诉讼 2 起以及德国诉讼 1 起），原合资公司涉及的债权人诉讼超过 100 起。2013 年 3 月，范罗士还就与新誉相关争议在美国国会参加听证，并试图通过外交途径解决相关争议。

在整体环境不利且和解难度极大的情况下，新誉的代理律师根据代理在美商业秘密案件的经验，为其制订了积极的诉讼策略，通过艰苦的诉讼拉锯战，确保新誉在美国 337 调查中的诉讼利益，并在和解一事上付出了巨大的努力。早在案件之初，新誉的代理律师就与对方总法律顾问及其代理律师在华盛顿谈判和解。此后 8 个月，和解谈判破裂多次，在全球和解失败后，新誉的代理律师没有放弃，提出美国 337 调查单案和解，在协调客户内部以及与对方律师谈判过程中承担了主要工作，在双方毫无互信任全靠律师支撑谈判的情况下，终于在开庭前促成和解。

本案早期制订的规避设计策略是本案能够获得和解的一个重要因素。如果新誉规避设计的产品获得 ITC 的认可，那么即便范罗士最终获得排除令，新誉仍可保住美国市场，范罗士通过 337 调查阻止新誉进入美国市场的最初目的将落空。因此，在律师的指导下，新誉在短期内开发了多款规避设计产品，并将相关产品作为证据开示的一部分纳入案件中。范罗士在充分评估规避设计产品的相关技术之后，最终在和解协议中同意新誉继续对美国出口这些规避设计的产品。

2. 商业秘密的披露

此案的一个创新之处是，通过双方律师的努力解决了商业秘密案件中的商业秘密范围披露问题。中国企业在应对商业秘密 337 调查时通常会碰到商业秘密范围披露这一难题。在专利、商标和著作权侵权案件中，相应权利的边界较为容易判断，而商业秘密案件中的诉争权利边界（商业秘密范围）通常不容易确定。申请人通常期望推迟圈定商业秘密范围的期限，尤其是希望在获取被申请人的相关证据之后再披露商业秘密范围。但是，推迟披露商业秘密将造成被申请人无法知悉自身侵犯了申请人的哪些秘密以及申请人所谓的商业秘密是否真正构成商业秘密。这会导致不当地扩大证据开示范围，从而增加原被申请人双方的诉讼成本、影响被申请人尽早确定应诉策略、进行有针对性的抗辩以及专家报告的准备等。此外，允许申请人在接触被申请人的实质开示信息之后才披露商业秘密范围，还可能导致的后果是申请人根据被申请人提供的文件和信息来圈定商业秘密的范围，甚至不诚信地将属于被申请人的商业秘密宣称为自身的商业秘密，这将明显不利于被申请人。

尽管在商业秘密337调查中普遍存在前述问题，但ITC没有明确的规则来指引如何进行商业秘密范围圈定，实践存在多种操作。例如，被申请人通常会在首轮问卷中要求申请人确定商业秘密，但申请人通常会援引申请书的商业秘密描述或者仅作宽泛的回答，双方此后通常会将该争议交由法官解决。又如，在被申请人以商业秘密范围不明确为由拒绝配合开示程序后，申请人会提起动议要求强制开示。此外，实践中有被申请人在正式进行实质开示之前主动寻求同意令保护。这两种方式存在的主要问题是，双方在调查过程中互相推诿和指责，相关问题很难在双方之间获得解决，最终不得不由行政法官解决，大大影响案件的进度并增加了双方的成本。

本案的做法跟之前的做法不同。双方在案件早期事先达成约定，并体现在进度表里面，先进行初步披露，在证据开示进展一段时间后要求申请人确定最终商业秘密范围。被申请人在申请人未披露之前无义务提供与商业秘密实质相关的开示信息。在申请人进行初步披露之后，被申请人才开始提供与商业秘密相关实质信息，尤其是相关涉案产品的研发生产信息。申请人在证据开示进展一段时间后，到证据交换截止日前两个月左右确定最终商业秘密范围，这符合在开示过程中尽早确定最终商业秘密范围这一基本原则，就最终版的商业秘密范围给予被申请人足够的开示机会。相对于其他案件，本案中的初步披露和最终披露相结合的方式较为科学合理：（1）申请人方先披露初步商业秘密范围，是一种平衡双方利益的合理举措，可以从某种程度上缩小开示范围，降低双方的证据开示成本；（2）双方首先在案件的早期约定进行初步披露，避免申请人发起强制开示动议或者被申请人发起保护令动议。如此操作，一方面可以推进337调查证据开示的进度，保证能符合337调查快速推进的要求；另一方面可以降低因动议而产生的法律费用。

对于中国企业来说，可以考虑借鉴本案中的做法，采取初步披露和最终披露相结合的方式，确保让申请人尽早完成早期披露，从而降低证据开示成本，尽早形成有效抗辩策略，并避免"钓鱼"风险。

3. 自然人作为被申请人的问题

本案中，三名自然人被列为337调查的被申请人，这三名自然人并不是申请人的前雇员，而是其中几个被申请人的股东或管理人员。将这些自然人列为被申请人，不仅增加了中方的应诉成本，还将给其商业信誉带来负面影响。因此，这些自然人通常比较关注其"被申请人"地位的问题，通常希望能将其从被申请人的名单中剔除。在本案中，经过谈判，范罗士最终同意主动撤回针对三名自然人的侵权指控，顺利解决了这三名自然人的顾虑。

自然人被列为被申请人在其他案件中也存在。例如增稠树脂案（337-TA-849）和电子壁炉案（337-TA-791/337-TA-826）均将自然人列为被申请人，这些自然人都是公司被申请人的股东或者管理人员，但增稠树脂案的终裁中撤销了对自然人的商业秘密侵权指控。由于ITC的排除令和制止令通常对被申请人的公司股东和管理人员均具有约束力，以及将自然人列为被申请人并不影响申请人获得的救济，将相关自然人列为被申请人在实践中仍存在争议，ITC也没有发表明确的态度。因此，对于国内的相关自然人来说，在被列为337调查的被申请人后，我们建议，积极与ITC进行沟通，确保在正式立案之前将自然人排除在337调查之外，从而降低不必要的应诉成本，提高应诉效率。

三、启示和建议

总结本案能够成功和解，最大限度地维护新誉利益，最主要的经验在于以下方面。

首先，选择了合适的应诉团队。337调查程序是美国独有的制度，我国没有类似制度；337调查程序和美国其他诉讼程序也存在较大差别，没有在337调查中丰富经验的律师代理，很容易出错，也不容易把握程序中的机会。如何有策略地在337调查程序中进行攻防，非常考验律师的功力。一个有经验的、足够好的律师（团队）应当至少能够：（1）很好地对案件作整体管理；（2）在337调查规则允许的范围内以最有效、最节约法律服务费用地方式应对337调查中迅速和宽泛的证据开示程序；（3）还要能够有节奏地"出牌"，以在案件早期、中期争取各种不同的有利于中国企业的结案方式。

其次，抓住对方软肋并着手进行规避设计。在碎纸机市场上，范罗士在美国市场上除了面对新誉的竞争外，还需要面对其他从多厂家的竞争。

因此，范罗士为了最大限度地保护其利益，必然最大范围地主张其商业秘密。如此，范罗士就必然会暴露其软肋——担心其主张的商业秘密被ITC认定不成立。范罗士的部分商业秘密点一旦被认定不成立，将使其在行业内受到很大的影响。抓住范罗士的这一软肋后，新誉律师团队收集了大量证据，逐一证明范罗士主张的商业秘密点不存在秘密性从而不属于商业秘密。虽然在某些商业秘密点上可能范罗士能"笑到最后"，但范罗士迫于压力，权衡利弊后，最终选择与新誉达成和解。此外，新誉成功的规避设计也成为其和解谈判的重要筹码。

最后，把握好案件重点。范罗士的本意是利用其美国"主场"之利，逼迫新誉接受其不合理的和解条件。虽然新誉在案件之初也有希望利用美国337调查的机会彻底解决双方争议的想法，但随着案件的推进，新誉慢慢开始只关注337调查的案件重点，将解决美国337调查作为优先考虑。当范罗士的早期算盘落空后，又被新誉方抓到软肋，美国337调查单独达成和解也就容易得多。

从本案来看，中国企业走出国门，进入美国市场，难免会遇到美国的知识产权壁垒。从碎纸机案来看，中国企业要顺利地进入美国市场，既要做好预防；也要做好应对。从预防的角度来说，成本可控下的知识产权管理是最好的预防。这里说的知识产权管理包括两个方面：一方面是请专业人士做好知识产权侵权预警，避免出现知识产权侵权；另一方面是练好"内功"，加强研发能力与知识产权保护，做到与对手进行谈判时有相应的筹码，走出"以中国市场换知识产权"的劣势。从应对的角度来说，选择合适的应诉团队非常重要；还要注意避免把"美国战场"当作惟一的战场，要在一定程度上利用反客为主、诱敌深入等应诉策略。

附录 1

重要术语对照

术语	英文对照	缩写	解释
A			
案件进度命令	Procedural schedule order	—	337调查的行政法官（ALJ）在案件开始初期颁布的命令，确定整个调查大致的进度和结案目标日期
B			
保护令	Protective order	PO	通常由行政法官在337调查发起后不久发布，主要内容是规定有权获取该337调查案商业秘密的人员，以及详细规定这些商业秘密的处理。只有签署保护令的人才能接触337调查中的商业秘密信息
被申请人	Respondent	—	被申请人相当于一般法院程序中的被告
标准必要专利	Standard-essential patent	SEP	在实施行业标准时必然要被实施的专利技术
不公平进口调查办公室	Office of Unfair Import Investigations	OUII	是美国国际贸易委员会的机构之一，在337调查中代表公共利益，也处理337调查申请前的审查程序

续表

C			
《程序规则》	The Commission's Rules of Practice and Procedure	—	美国国际贸易委员会处理337调查案件的程序规则
初裁	Initial determination	ID	行政法官对337调查案件中的事实或程序性问题作出的裁决
D			
调查律师	Staff Attorney/Investigative Attorney	—	不公平进口调查办公室委派的参与337调查的代表公共利益的律师，是美国国际贸易委员会的职员
动议	Motion	—	向法院或法官申请作出命令
F			
反向工程	Reverse engineering	—	反向工程是指通过对产品进行解剖和分析，从而得出其构造、成分以及制造方法或工艺
G			
专利规避设计	Patent design-around/work-a-round	—	指为规避专利保护范围来修改现有产品或方法，避免侵犯他人权利
国内产业	Domestic industry	—	337调查中，有国内产业是指在美国境内满足以下条件之一：（1）对工厂和设备有相当数量的投资；（2）有相当数量的劳工和资金的使用；（3）对知识产权利用（包括研究、工程、开发或许可）有相当数量的投资
J			
《基础规则》	Ground Rules	—	337调查行政法官在案件的开始阶段颁布的其审理案件的基本规则，各方在调查过程中需要遵守
简易裁决	Summary determination	—	法院无须经审理程序而迳行裁决诉讼请求或特定争议点的程序

171

续表

建议裁决	Recommended determination	RD	在颁布初裁之后的14日内，行政法官将颁布建议裁决，主要对委员会一旦认定存在侵权时的救济措施以及总统审查期间的保证金数额作出裁决
介入者	Intervenor	—	没有被列为被申请人的第三方因认为337调查的结果将对其造成重大的影响而可以向ITC提出书面申请加入案件
L			
《联邦公报》	Federal Register	—	刊登美国各种行政规章的议案、会议通知、刊登条例规章的议案等信息的政府刊物
联合抗辩	Joint defense	—	在337调查中，各方联合应对调查，例如，共同进行专利无效抗辩
M			
马克曼听证	Markman hearing	—	美国专利案件中专门解释专利权利要求的程序
《美国发明法案》	American Invent Act	AIA	2011年9月16日得以通过，2013年3月16日最终生效，是自1952年以来对美国专利法最大的改革
美国国际贸易委员会	U. S. International Trade Commission	ITC	337调查的主管机关
美国海关与边境保护局知识产权保护部	Intellectual Property Rights Branch of U. S. Customs and Border Protection	—	具体负责执行ITC颁布的排除令的行政机关
美国联邦巡回上诉法院	Court of Appeals for the Federal Circuit	CAFC	是对专利确权、侵权诉讼的专属上诉法院，受理来自美国专利商标局（USPTO）的关于专利审查案件、美国联邦地区法院（DCT）专利侵权案件和来自美国国际贸易委员会（ITC）的337调查案件的上诉

续表

美国专利商标局	United States Patent and Trademark Office	USPTO	在美国主管专利和商标审查及注册的国家机关
目标日期	Target date	—	在337调查程序中，是指预定的结案日期
P			
普遍排除令	General exclusion order	—	普遍排除令将不问来源地禁止所有涉案进入美国市场，是337条款的救济方式之一
Q			
请求自认	Eequest for admission	—	337调查程序中，要求对方确认相关事实是否属实
S			
337调查	Section 337 investigation	—	337调查是指美国针对进口贸易中的不公平行为（主要是指知识产权侵权）采取的一种措施，其名称得名于美国《1930年关税法》第337节
申请人	Complainant	—	提起337调查的当事人，相当于一般法院程序中的原告
损害	Injury	—	是指不公平贸易行为的威胁或效果下列情形之一：（1）破坏或实质上损害美国的产业；（2）阻止该产业的建立；（3）限制或垄断美国的贸易或商业
T			
同意令	Consent order	—	同意令本质上与和解协议相同，只不过是由ITC来监督同意令的执行
W			
文件要求	Document request	—	337调查程序中，要求对方提供文件证据的书面要求

续表

问卷	Written interrogatories	—	337调查程序中，要求对方回答所提出的特定问题的书面要求
X			
《行政程序法》	Administrative Procedure Act	—	适用于包括337调查在内的行政程序
行政法官	Administrative Law Judge	ALJ	主持337调查案件的法官
宣誓作证	Deposition	—	337调查程序中获取证人证言的一种方式
Y			
掩膜作品	Mask work	—	集成电路布图设计
《1988年综合贸易与竞争法》	Omnibus Trade and Competitiveness Act of 1988	—	由美国国会制定，对337条款修订的内容主要涉及：（1）删除对知识产权侵权类型案件的国内产业损害要求；（2）扩大国内产业的范围
意见发表程序	Advisory opinion proceeding	—	被申请人在ITC颁布排除令之后请求其发动的，由其对规避设计的产品是否侵权发表意见的程序
有限排除令	Limited exclusion order	—	禁止特定来源的涉案产品进入美国的一种救济方式
Z			
制止令	Cease and desist order	—	要求美国境内的实体停止侵权的命令，是337条款的救济形式之一
专利投机公司	Non-practicing entity	NPE	以独立研发或受让获得专利，但不进行实体生产，通过谈判或者诉讼等手段，收取专利许可费为其主要业务收入的机构，又称专利运营公司
终裁	Final determination	FD	ITC对337调查案件的最终裁决

附录 2
中国企业应诉 337 调查 2009~2014 年年度评论系列报告[1]

| 2009 年度报告 |

一、简要回顾

（一）2009 年 337 调查案件的中国企业立案情况

在过去的 10 年中，很多企业逐渐意识到 337 调查审理便捷、迅速以及排除令法律威力强的两大特点，开始选择利用美国国际贸易委员会（ITC）作为其知识产权纠纷的裁判场所，这导致了 337 调查案件数量迅速增长，例如，2006 年后 337 调查案件的数量几乎是 2000 年的两倍（见附录图 2-09-1[2]）。

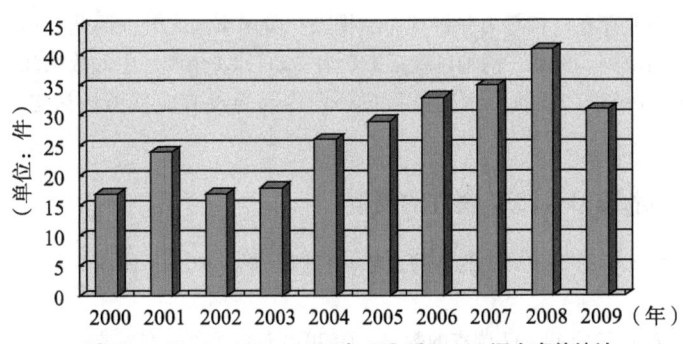

附录图 2-09-1 2000~2009 年 ITC 受理 337 调查案件统计

---

[1] 冉瑞雪律师团队自 2009 年以来根据 337 调查的历年整体数据及趋势、涉及 337 调查的美国知识产权实体法修订和 ITC 程序规则更新进展、当年新立和已决案件概况，连续六年撰写针对 337 调查的独立年度评论（2009~2014 年度，共计 6 篇）。这些年度报告此前一直作为内部业务交流用，借此机缘，各报告的部分内容已根据本书正文介绍和阐述需要进行整合。考虑到有历年数据分析和相当数量的案例评析无法一一展示，特附于此，以飨读者。另需说明，各报告除细微体例调整和明显表述错误改正外，仍保持年度报告的原貌。

[2] 因附录 2 涵盖 6 篇年度报告，且图、表较多，为便于编序和区分，图题和表题均体现"附录 2"和相应年度简称，示例如下：附录图 2-09-1（表示附录 2 之 2009 年度报告图 1），附录表 2-13-3（表示附录 2 之 2013 年度报告表 3），以此类推。

》337调查突围：写给中国企业的应诉指南

在过去的3年中，2009年ITC新发起的337调查案件为31件，与2007年持平，但少于2008年的41件。在2009年的调查中被申请人为中国企业的就有8件，2007年和2008年分别为10件和11件。在过去的3年中，中国企业一直保持较高的涉案比例。

2009年337调查涉及中国企业的产品包括葡萄糖胺、发光二极管、协作系统、闪存读卡器、桶装焊丝、密码锁、墨盒、塑料折叠凳以及集装箱货保系统，与往年337调查涉案的产品相似，机电产品仍占有较高的比例。

2009年涉诉的中国企业多有二十多家，但根据我们的统计，葡萄糖胺和桶装焊丝2起调查案中，3家被诉中国企业江苏南通外贸医药保健品有限公司、上海技源科技（中国）有限公司和四川大西洋焊接材料股份有限公司选择应诉。从应诉比例来看，与其他国家和地区的企业相比，尽管中国企业的涉诉比例高，但应诉比例偏低。

（二）2009年中国企业涉案337调查的案件裁决情况

2009年美国国际贸易委员会作出了6项涉及中国企业的裁决，其中中国企业在三氯蔗糖案（337-TA-604）、芯片案（337-TA-630）和葡萄糖胺案（337-TA-668）等337调查案中获胜，而在接地故障漏电保护器案（337-TA-615）、同轴电缆接头案（337-TA-650）和铸钢车轮案（337-TA-655）败诉。此外，2010年1月结束的桶装焊丝案（337-TA-686）也以中国企业迫使对方撤诉而告终。可以看出，应诉的中国企业还是有相当数量的胜诉案例。

但实践中，中国企业不应诉的较多。而对于选择不应诉的企业，ITC通常会缺席裁决不应诉的企业存在侵权行为并将其产品排除在美国市场之外，因此，不应诉实质上等于放弃美国市场。例如，同轴电缆接头盒案（337-TA-650）中的数家江苏企业和芯片案（337-TA-630）中的台湾勤茂科技公司均因为没有应诉而被认定为存在侵权行为。

（三）对2010年337调查的展望

纵观过去3年的337调查案件的走势，我们理解，2010年的337调查可能有如下走势。

首先，关于2010年337调查的数量，因2010年的形势比较复杂，但考虑到目前的经济形势和中国企业的出口情况，以及337调查的成本较高，很多企业不会贸然提起诉讼，可以预见2010年的调查案件数量可能基本上与2009年持平或者略高一些，且中国企业涉诉的比例仍会比较高。

其次，近年来，美国国际贸易委员会对于提起337调查的要求之一是，申请人须证明存在涉案知识产权相应的美国国内产业，其掌握尺度有所放松。以专利为例，目前的判例是只要对诉称专利在美国境内投入了足够的投资即可以，比如存在专利许可就可以满足前述要求。因此，这有助于美国之外的公司利用337条款来保护其在美国市场的利益。值得关注的是，2009年中可以看到很多国际性的企业利用337调查保护自己的利益，有近1/3的企业是非美国企业。可以预见，在不远的将来中国企业也会开始利用337调查这种程序机制来保护其美国市场。

二、与中国企业相关的重大案件

（一）2009 年裁决案件

1. 三氯蔗糖案（337-TA-604）

2007 年 5 月 10 日，英国的泰莱科技有限公司（Tate & Lyle Technology Ltd.，以下简称"英国泰莱"）向 ITC 提出申请，要求 ITC 依据 337 条款对三氯蔗糖产品启动 337 调查。英国泰莱对包括广东食品所、河北苏科瑞公司、常州市牛塘化工厂有限公司及南通化学科技等在内 25 家公司提起调查请求，声称侵犯其 4,980,463 号、5,470,969 号、5,034,551 号、5,498,709 号以及 7,049,435 号专利。这 25 个被申请人中绝大部分是中国公司。在本案立案之后，江苏盐城捷康三氯蔗糖有限公司主动要求介入该调查并获得 ITC 的准许。

2008 年 9 月 22 日，行政法官对该案作出初裁，裁决应诉的广东食品所、常州市牛塘化工厂有限公司、盐城捷康三氯蔗糖制造有限公司、南通化学科技、河北苏科瑞公司等不存在侵权行为。2008 年 10 月 6 日，英国泰莱公司不服行政法官的初裁并请求 ITC 审核初裁。2009 年 4 月 7 日，ITC 作出终裁，认定广东食品所、常州市牛塘化工厂有限公司、盐城捷康三氯蔗糖制造有限公司、南通化学科技、河北苏科瑞科技有限公司等几家公司不存在任何侵权行为。对于部分没有应诉的中国被申请人，ITC 认定其存在侵权行为并颁布有限排除令，禁止这些被申请人的相关产品进口到美国境内。

此案的亮点是没有被列为被诉企业的盐城捷康三氯蔗糖制造有限公司敢于应诉并胜诉，成为中国企业应诉 337 调查的范例之一。

2. 接地故障漏电保护器案（337-TA-615）

2007 年 8 月 14 日，帕斯及西摩尔（Pass & Seymour）公司向 ITC 提起申请，要求 ITC 依据 337 条款对接地故障断路器产品启动 337 调查。帕斯及西摩尔公司对浙江通领科技集团、温州三蒙科技电气有限公司、上海益而益电器制造公司、上海美好电子公司等 15 家公司提起调查请求，声称其侵犯其 5,594,398 号、7,283,340 号、7,154,718 号和 7,164,564 号专利。

2008 年 9 月 24 日，行政法官颁布初裁认定上述 4 家中国公司存在侵权行为。上述 4 家公司此后请求 ITC 审核初裁。2009 年 5 月 9 日，ITC 终裁维持了行政法官的初裁，认定 15 名被申请人存在侵权行为并颁布有限排除令，禁止相关产品进入美国市场。

3. 芯片案（337-TA-630）

2007 年 12 月 7 日，特信华公司（Tessera Inc.，以下简称"Tessera"）向 ITC 提出申请，要求 ITC 依据 337 条款对最小尺寸封装芯片以及含有此芯片产品启动 337 调查。Tessera 对包括中国的记忆科技在内的 18 家公司提起了调查请求，声称侵犯其 5,663,106 号、5,679,977 号、6,133,627 号和 6,548,681 号专利。部分被申请人在调查过程中与申请人达成和解，一家中国台湾地区公司没有应诉，包括记忆科技和台湾宏基在内的其他被申请人一直坚持到 ITC 作出终裁。2009 年 8 月 29 日，主审该案的行政法官颁布初裁，认定没有发现存在侵犯上述专利的行为。2009 年 9 月 17 日，申请人和调查律师要求 ITC 审核该初裁。2009 年 10 月 30 日，ITC 同意审核初裁中的部分内容。2009 年 12 月 29 日，ITC 作出终裁维持了行政法官初裁的决定，认定包括记忆科技在内的被申请人不存在侵权行为。此案持续大约两年，在 337 调查中属于周期比较长的案件，主要原因是申请人提起了另外一起与该案件有关的 337 调查申请（337-TA-605，以下简称"605 案"），而本案的裁定需要援引 605 案认定，因此，行政法官两次推迟了结案日期。

本案属于"打群架"类型的 337 调查，被诉企业众多，而且中国企业并不是申请方想要打击的重点，因此，在案件动态进展中取势借力以达到既节省费用又胜诉的目的，是对律师最大的考验。本案在应诉之初就结合企业和案件实际情况制订了案件策略——联合应诉，相机而动。这一策略而后被证明是可行而且有效的。此案中联合上下游厂商共同应诉的模式可供将来要面对类似诉讼的中国企业借鉴。

4. 同轴电缆接头（337-TA-650）

2008 年 4 月 28 日，约翰·梅札奎合伙（John Mezzalingua Associates）公司向 ITC 提出申请，要求 ITC 依据 337 条款对同轴电缆接头启动 337 调查。申请人对包括中国的邗江飞宇电子设备厂、中广电子有限公司、扬州中广电子有限公司、扬州中广对外贸易有限公司等 8 名被申请人提起调查申请，声称这些厂商侵犯其 6,558,194 号、5,470,257 号专利（以下简称"257 专利"）以及 D440,593 号、D519,076 号外观专利。上述 4 家中国公司没有应诉。

行政法官于 2009 年 10 月 13 日作出初裁，认定应诉的两家公司不存在侵犯 257 专利的行为，但行政法官作出裁决认定未应诉的 4 家中国公司侵犯前述 4 项专利。2009 年 12 月 14 日，ITC 决定部分复审初裁。2010 年 4 月 14 日，ITC 颁布终裁，维持了行政法官对中国企业所作出的侵权裁定，并对此案中争议较大的"国内产业"问题作出了裁定。

本案中飞宇等中国公司因为没有应诉被判侵权，是中国企业不应诉而导致缺席判决的典型案件。

5. 铸钢车轮案（337-TA-655）

2008 年 8 月 14 日，安捷达工业（Amsted Industries）公司向 ITC 提出申请，要求 ITC 依据 337 条款对铸钢车轮启动 337 调查。被申请人为包括中国天瑞集团在内的 4 家公司。该案起源于申请人在中国境内的一家合资公司的数名员工跳槽到天瑞集团，申请人依此诉称天瑞集团侵犯其商业秘密。该案是中国企业因侵犯商业秘密而被诉的首例案件。

2009 年 10 月 16 日，行政法官颁布初裁，认定被申请人存在侵犯商业秘密的行为。数名被申请人在之后分别提出申请要求 ITC 审核该初裁。2009 年 12 月 17 日，ITC 作出了维持行政法官初裁的决定。此案天瑞集团已上诉，尚在审理过程中。

(二) 2009 年新立案件

1. 葡萄糖胺（337-TA-668）

2009年1月28日，美国嘉吉公司（Cargill, Incorporated）向 ITC 提交申请，指控江苏南通外贸医药保健品有限公司和上海技源科技（中国）有限公司等6家公司在美国销售的素食氨糖（非贝类葡萄糖胺）侵犯嘉吉公司在美国已经注册的7,049,433号专利，请求 ITC 启动 337 调查，并对被申请人签发普遍排除令，禁止侵犯专利的非贝类葡萄糖胺及含此物质的产品进入美国市场。ITC 于 2009 年 3 月 4 日同意立案。上海技源科技（中国）有限公司于 2009 年 4 月底与嘉吉公司达成和解。2009 年 6 月 22 日，嘉吉公司向 ITC 提出动议，请求终止对南通外贸医药保健品公司的 337 调查。

2. 桶装焊丝案（337-TA-686）

桶装焊丝 337 调查案是 ITC 于 2009 年 9 月 8 日根据申请人林肯电气公司（以下简称"林肯"）提交的申请而发动的，涉案产品为焊丝和桶装焊丝容器及其组件，被申请人为中国的大西洋焊接材料股份有限公司（以下简称"大西洋"）、瑞典的伊萨公司（ESAB AB）、韩国的现代综合金属株式会社（Hyundai Welding Co., Ltd.）、意大利的塞得加斯公司（Sidergas SpA）以及韩国的高丽公司（Kiswel Co., Ltd.），这些公司都是桶装焊丝产品全球知名生产商。

案件受理之后，大西洋积极而迅速地与林肯公司进行沟通，利用充分的证据证明林肯公司在申请书中所指控的所谓大西洋产品并非大西洋公司的产品，所有针对大西洋的指控没有基础，林肯公司应该立即终止对大西洋公司的 337 调查。经过双方来回较量，林肯最终于 2009 年 12 月 18 日向 ITC 交撤销关于对大西洋的所有指控的动议。ITC 调查律师也于 2009 年 12 月 28 日提交文件，支持林肯的上述动议。2010 年 1 月 11 日，ITC 的行政法官裁定同意林肯的动议申请，并初步裁定终止针对大西洋的调查。ITC 于美国时间 2010 年 1 月 27 日决定不对行政法官的上述初裁进行复审。至此，针对大西洋桶装焊丝 337 调查案以大西洋成功迫使申请人林肯撤诉而告终。

桶装焊丝案的胜利主要归功于这家中国企业对待 337 调查的态度，即在碰到 337 调查之后没有选择回避，而是积极应诉。如果大西洋不应诉，在原告提起的"糊涂案"中就会被缺席裁决侵权。这个案例给中国企业的重要启示是，直面 337 调查，不要轻言放弃，以维护美国市场以及企业的声誉。

三、近年来与 337 调查有关的法律进展

近年来 337 调查无论从程序规则还是实体法上均有显著变化，无疑，这将对涉案的中国企业产生影响。

在 337 调查程序方面，2008 年美国联邦巡回上诉法院判决的京瓷案重要影响开始逐渐显现，这意味着更多的申请人请求 ITC 颁布普遍调查令，且有越来越多的下游厂商被列为被申请人。同时，对于部分拒不履行 ITC 裁决的被申请人，ITC 于 2009 年 5 月向 7 家中国公司开出了巨额罚单，以此警告被申请人严格服从 ITC 的权威。

在美国专利制度实体立法方面，专利法的修改在美国的参众两院如火如荼地进行。在判例法方面，美国的法院就专利构成要件之一的"非显而易见性"认定标准、商业方法专利是否具有可专利性、专利审查机关限制权利要求的数量和连续申请次数的合法性、绑定许可是否构成专利权滥用、不正当行为的构成要件以及未向标准组织披露专利权是否导致专利权无法执行等问题作出裁决。

下文将对相关法律制度和相关案例逐一介绍。

1. 京瓷案

2005年5月，博通公司向ITC申请涉及某些基带处理芯片的337调查（337-TA-543）。博通诉称，高通公司制造的某些基带处理芯片侵犯其所拥有的专利权。博通知道，绝大部分的芯片都已在海外被其他下游制造商安装入手机或其他装置后进口到美国，但考虑到相关下游制造商是自己的客户或其他因素，所以仅将高通列为被申请人。在救济阶段，几家下游手机制造商和美国移动运营商主动要求介入芯片337调查案。2007年6月19日，ITC认定高通侵犯了博通的一项专利，并针对高通的侵权芯片以及包含该侵权芯片的下游产品如手机等发布有限排除令，不论其生产商是谁。该有限排除令对京瓷无线公司（Kyocera Wireless Corporation）等手机制造商及美国的电信运营商产生了负面影响，因此，高通、未被列为芯片337调查被申请人的京瓷无线公司及其他相关方共同向美国联邦巡回上诉法院（CAFC）提起上诉，诉称ITC此项裁决超越其权限范围。经过审理，联邦巡回上诉法院于2008年10月14日作出判决，认定"ITC无权针对未被列为被申请人的下游产品发布有限排除令"，撤销了有限排除令，并将该案件发回ITC重新审理。

京瓷案之后，由于ITC无法将未被列为被申请人的下游制造商的下游产品列入有限排除令中，因此，为了寻求针对下游产品的排除令，通常作为申请的国外企业在诉讼策略方面发生了如下变化：（1）请求ITC颁布普遍排除令；（2）将更多公司列为被申请人。

这些影响可以通过2009年的新立337案件中看出来。如在涉及闪存芯片及包含该芯片的产品调查（337-TA-664）中，申请人将33家公司列为被申请人。这意味着更多的中国企业可能会被列为被申请人。随着更多的下游生产商或进口商将被牵涉进来，将大大增加包括ITC和申请人在内的各方337调查的成本。此外，若申请人更多地选择普遍排除令，由于可能需要同时满足美国的各种测试规则及其他法定要求，证明难度将加大，申请人的成本也将相应地增加；对于ITC来说，ITC将要解决更多的问题（如公共利益因素的审查），除增加调查成本之外，这将有可能使337调查的期限拖得更长。

2. 巨额罚款的执行案

2009年8月17日，ITC颁布以拒不履行ITC裁决中的停止令为由，对墨盒案（337-TA-565）中数名被申请人判处超过3 000万美元的罚款，其中判处中国珠海纳思达公司的罚款最高，达1 100万美元。在该案中，数名被申请人在ITC裁决要求其停止在美国境内的销售行为之后，仍在美国境内从事销售行为。因此，此案主审行政法官要求适用最高的单日罚金规定，以确保ITC能够有效保护知识产权。《1930年关税法》

第337（f）（2）条规定，如果被申请人违反停止令进口或销售产品，ITC可以处以罚款，且最高的罚款金额可达每日10万美元或当日销售收入的2倍。因此，行政法官建议ITC给予违规销售长达187日的中国珠海纳思达公司处以2 000万美元的罚款，这是ITC行政法官所建议的最严厉罚单。❶ ITC最终将其限定在1 100万美元。这一案例给中国企业的启示是，必须严格服从ITC所作出的裁决，否则，巨额的罚款可能将自身置于非常不利的境地。

3. 近年美国专利制度发展

在过去几年中，《美国发明法案》（AIA）引起了诸多的关注。该法案的焦点问题涉及三个方面：一是专利审查程序，二是诉讼程序，三是损害赔偿计算。

①在专利审查方面，最大的变化是将美国专利法长期采用的"先发明制"，修改为"先申请制"。

②在诉讼程序方面，若在侵权行为地提起诉讼，则要求在构成被告人经营实质部分的一个实体营业机构所在地法院起诉，并对在被告所在地起诉增加了诸多限制，此外，还提高了被告"故意"侵权的证明标准等。

③在损害赔偿方面，设置了"合理的许可费"标准和计算损害赔偿的方法。美国现行专利法将合理的专利许可费作为"合理赔偿"的最低限额，而法案规定损害赔偿的计算基础是专利对现有技术的贡献所具有的市场价值，即"不将侵害他人专利产品的全部市场价值作为赔偿额，而仅对该产品中侵害他人专利的部分计算赔偿额"。上述改革法案仍有待美国的立法机关批准。

除上述的专利立法改革方面的趋势，在过去的几年中，下列案例对美国的实体专利制度产生了重要的影响。

（1）非显而易见性的认定标准。

KSR案是近年来美国联邦最高院对于非显而易见性的认定标准的重要案件。在2002年11月8日泰利福（Teleflex）公司及其关联公司科技控股（Technology Holding）向美国密歇根州的联邦地区法院起诉康赛尔公司，称康赛尔的可调节油门踏板装置侵犯其Engelgau专利（6,237,565）权利要求4。2003年12月12日，美国密歇根州的联邦地区法院作出简易判决：根据《1952年专利法》第103（a）条，判决Engelgau专利权利要求4具有显而易见性因而无效。随后，泰利福公司不服判决，上诉至联邦巡回上诉法院。2005年1月6日，联邦巡回上诉法院裁定联邦地区法院在判断Engelgau专利权利要求4时，错误地运用了"教导—启示—动机"的判断标准，因此撤销联邦地区法院对Engelgau专利不具有非显而易见性（类似于中国专利法要求的"创造性"）的判决。对于该裁决，康赛尔公司不服，请求美国联邦最高法院签发调卷令，对该案以及联邦巡回上诉法院的非显而易见性判断标准进行审查。2007年4月30日，美国联邦最高法院对此案作出裁决，推翻联邦巡回上诉法院对该案的判决，认为涉案专利具有显而易见性，康赛尔没有侵权；同时，美国联邦最高法院指出，联邦巡回上诉法院

---

❶ [EB/OL]. [2014-07-21]. http://global.epson.com/newsroom/2009/news_20090501_2.html.

在使用"教导—启示—动机"时,错误地认为只有专利权人提出的问题才是对参考技术进行组合的"动机"来源,并且对普通技术人员过于狭隘,剥夺了他们在解决问题时所具有的普通创造力。美国联邦最高法院指出,在判断一项专利是否满足非显而易见性的检测标准上.应采取更加灵活的解释。

该裁决表明美国最高院开始弱化现行的非显而易见性判断标准"教导—启示—动机"的地位,转而采用客观性较低的"常识"和"普通创造力"标准。如此一来,增加了预测专利有效性和新发明可专利性的难度,也导致非显而易见性认定标准提高了,对专利权人不利,对涉嫌侵权人反而有利。由于可以使用修改后的"非显而易见性"认定标准来申请专利无效,该案对通常处于被诉地位的中国企业来说是一个利好消息。

(2) 商业方法的可专利性。

Bilski案[1]是商业方法专利的可专利性的重要案件。美国联邦最高法院于2009年6月1日宣布,将提审联邦巡回上诉法院对比尔斯基诉道尔(Bilski v. Doll)案的判决,并就此案争议中的商业方法是否具有可专利性作出裁决。2008年10月29日,联邦巡回上诉法院对比尔斯基案作出判决,否定了纯粹商业方法的可专利性,即可专利的方法必须满足:(a)与特定机器相联系,或(b)使特定物品产生转化。

本纳德·比尔斯基(Bernard Bilski)和兰德尔·华沙(Rand Warsaw)于1997年4月10日在美国专利商标局申请的一个商业方法专利,涉及商品提供者对以固定价格销售的商品进行消费风险成本管理的方法。该专利权利要求所要求保护的主题是纯粹的商业方法,而且并不含有具体的技术特征对该方案从技术角度进行限定。联邦巡回上诉法院在判决书中认为,"方法权利要求不能覆盖单纯的自然规则、自然现象或者抽象概念";同时认为,"机器或者转化"测试是确定某项方法可专利性的途径。此外,在Bilski案判决中,联邦巡回上诉法院修改了在美国道富银行信托有限公司诉签字金融集团有限公司(State Street Bank&Trust v. Signature Financial Group)中确定的判例,认定"任何能产生有用、具体且有形结果的方法均具有专利适格性"的单纯测试标准不足以认定可专利性。值得注意的是,联邦巡回上诉法院的Bilski案判决只是否定了纯粹商业方法的可专利性,但也明确表示,如果一个商业方法或者软件发明满足了"机器或者转化"的测试,仍然可以得到专利法保护。

联邦巡回上诉法院驳回比尔斯基商业方法专利申请的权利要求后,美国所有的法院都在以不同的方式运用Bilski案确立的原则,许多案件因为遵循该原则而使涉案商业方法专利无效。Bilski案已经影响所有希望为商业方法申请专利的公司,尤其是软件、生物技术和金融服务行业。对于被诉中国企业而言,如果337调查案件中涉案专利为商业方法专利,可以援引此判例从专利无效的角度进行抗辩。

(3) 限制权利要求的数量和连续申请的次数。

2007年8月21日,美国专利商标局(USPTO)颁布了《权利请求和延续申请规则》(*Final Rules on Claims and Continuations*),该规则规定:

(a)要求专利申请的权利要求总数不得超过25项,其中独立权利要求数量不得超过5项,除非申请人可以证明其需要申请更多权利要求的理由;

---

[1] In re Bilski, 545 F. 3d 943 (Fed. Cir. 2008).

(b) 仅允许申请人提出两项连续申请以及一项连续审查的请求,除非申请人提出具有说服力的理由,证明其之前为何没有提交该补充信息以及为何需要更多时间。美国专利商标局上述改革主要目的是减少审查员的工作量、减轻申请案件的积压以及提高专利质量。

美国公司塔法斯(Tafas)和葛兰素史克对此规则不服,在该规则于 2007 年 11 月 1 日生效前分别向弗吉尼亚州东区法院提起诉讼,要求法院颁布禁令停止实施上述规则。该法院将两案合并审理。2008 年 4 月 1 日,弗吉尼亚州东区法院支持了两原告的请求,废除了这一规则,理由是上述规则属于实体法范畴,根据美国专利法的相关规定,美国专利商标局无权发布这些规则。美国专利商标局不服,向联邦巡回上诉法院提起上诉,上诉理由是:①实体与程序之间的区别并不重要;②其所提议的新规则是程序性的,因为其加快了申请进程。2009 年 3 月 20 日,联邦巡回上诉法院公布该案判决,尽管联邦巡回上诉法院认定连续申请从本质上看属于程序问题,但该项限制由于违反美国专利法而不具有法律效力。此外,联邦巡回上诉法院认定,美国专利商标局关于权利请求数量和连续审查申请次数的设定并不违反美国专利法。2009 年 10 月 8 日,美国专利商标局宣布全部撤销《权利请求和延续申请规则》。

(4) 不正当行为的构成要件。

在美国专利诉讼中,除专利无效和不侵权的抗辩理由之外,被告比较普遍采用的抗辩理由是原告存在不正当行为(Inequitable conduct)。

2009 年联邦巡回上诉法院在 Exergen 公司诉沃尔玛案(575 F. 3d 1312 Fed. Cir 2009)中进一步明确了不正当行为的构成要件。在该案中,CAFC 明确要求该抗辩的提出方应该说明"在面对美国专利商标局时,何人、何时、何地及以何种方式存在实质虚假陈述或不如实提交实质信息行为"。尽管"明知"和"故意"的证明标准比较低,但申请人应当提供足够的证据使得法院可以认定某人:(a)明知未如实提供实质信息或作出虚假实质性陈述;以及(b)未如实提供实质信息或作出虚假实质性陈述的目的是欺骗美国商标专利局。在本案中,法官指出:第一,申请人没有指出哪个人存在故意地未如实提交实质性息的行为;第二,没有指出未如实提交实质信息与专利诉讼有关;第三,仅仅指出未提交的信息是"实质的",但没有证明其与专利诉讼请求的关系。联邦巡回上诉法院认为上述理由无法推出专利权人存在欺骗故意。

由于很难取得证据证明主观意图,可以得知被告在将来的专利案件中提起不正当行为抗辩的难度将加大。例如,在交互数字(Interdigital)通讯公司诉诺基亚的 3G 手机 337 调查案(337-TA-613)中,诺基亚提出抗辩,认为交互数字公司存在不正当行为,但在 2009 年 8 月 14 日行政法官作出的初裁中,行政法官以诺基亚未能证明交互数字公司存在欺骗美国商标专利局的故意而驳回诺基亚的这项抗辩。这对通常作为被申请人的中国企业并不是好消息。但是,也有中国企业利用不正当行为抗辩获取胜利的案例。在长春大成赖氨酸 337 调查案中,申请人被裁决在专利申请过程中采取了不正当的行为,因此导致相关专利权利要求无效且不可实施。后申请人上诉到美国联邦巡回上诉法院,联邦巡回上诉法院于本报告成稿前维持了美国国际贸易委员会的裁决。因此,对于中国企业应诉 337 调查,在使用不正当行为抗辩的时候,关键还是证据的收集。

2010 年度报告

一、2010 年中国企业涉诉案件的立案、应诉和裁决情况

本部分用图表的方式重点介绍并分析 2010 年中国企业涉案、应诉情况以及裁决情况。为帮助理解中国企业应诉 337 调查的整体情况，本部分还提供了 2010 年 337 调查立案简介，并对过去 10 年中国企业涉案的产品以及涉案的案由进行了分析。

（一）337 调查立案数量以及中国企业涉案的数量

如附录图 2-10-1 所示，在过去的 10 年中，美国国际贸易委员会（ITC）受理的 337 调查案件数量迅速增长，尤其是 2010 年受理的案件数量大幅攀升。2010 年 ITC 受理 56 件 337 调查，大约是 2009 年的两倍，是 ITC 历史上受理美国 337 案件数量最多的一年。

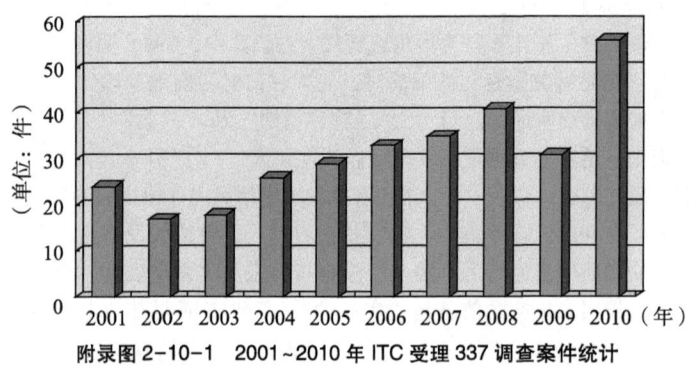

附录图 2-10-1　2001~2010 年 ITC 受理 337 调查案件统计

就过去 10 年涉及中国企业的 337 调查案件数量来看，基本上也呈现了逐年上升的态势。如附录表 2-10-1 所示，涉及中国企业的 337 调查案件数量由 2001 年 1 起增长至 2010 年的 19 起。就涉及中国企业的 337 调查案件数量占全球调查总量的比例来说，中国企业一直保持较高的比例，大约维持在 1/4~1/3。2010 年的 56 起 337 调查中，涉及中国企业的 337 调查数量达到历史最高的 19 起。

附录2　中国企业应诉337调查2009~2014年年度评论系列报告

附录表2-10-1　2001~2010年中国企业涉案337调查数量及占比

年份	全球数量（件）	中国企业涉案数量（件）	中国企业涉案占比（%）
2001	24	1	4.2
2002	17	5	29.4
2003	18	8	44.4
2004	26	10	38.5
2005	29	10	34.5
2006	33	8	24.2
2007	35	10	28.5
2008	41	11	26.8
2009	31	8	25.8
2010	56❶	19	33.9

（二）中国企业涉案337调查的产品分析

如附录表2-10-2所示，在过去10年中，中国企业涉案337调查产品多种多样，但最多的是机电产品，基本上维持在2/3左右，而2010年机电产品的涉案比例比往年更高，占95%左右。

2010年337调查涉及中国企业的产品包括动态随机储存半导体、墨盒、显示器、芯片、汽车产品、可调节高度的床、接地故障断路器、硒鼓、自动媒体库设备和手提包等。

附录表2-10-2　2001~2010年中国企业涉案337调查被诉产品分类统计

单位：件

年份	中国企业涉案数量	机电产品	医药保健品	五矿化工	轻工工艺品	林产、食品土畜
2001	1	1	—	—	—	—
2002	5	3	—	1	1	—
2003	8	5	2	—	1	—
2004	10	6	—	—	3	1
2005	10	7	—	1	1	1
2006	8	7	—	1	—	—

---

❶　[EB/OL].[2014-07-21].www.usitc.gov/intellectual_property/documents/cy_337_institutions.pdf.

续表

年份	中国企业涉案数量	机电产品	医药保健品	五矿化工	轻工工艺品	林产、食品土畜
2007	10	6	1	3	—	—
2008	11	8	—	2	1	—
2009	8	4	—	1	3	—
2010	19❶	18	—	—	1	—

（三）中国企业涉案337调查案由分析

如附录表2-10-3所示，在过去10年中，中国企业涉案的绝大多数案由是专利侵权。以2010为例，涉及专利侵权的案件占了19起中的18起。

附录表2-10-3　2001~2010年中国企业涉案337调查案由统计

单位：件

年份	中国企业涉案数量	专利侵权	商标、商业外观侵权	著作权侵权	侵犯商业秘密及不正当竞争
2001	1	1	—	—	—
2002	5	4	1	—	—
2003	8	5	3	—	—
2004	10	9	1	—	—
2005	10	10	—	—	—
2006	8	6	2	—	—
2007	10	10	—	—	—
2008	11	9	1	—	1
2009	8	8	—	1	1❷
2010	19	18	1	—	—

（四）2010年中国企业应诉情况以及涉及中国企业的337调查案件裁决情况

如附录表2-10-4所示，2010年总共有38家中国企业被起诉至ITC，其中30家中国企业选择应诉，整体来说应诉比例比较高。

---

❶ 2010年的数据截止日期为2010年11月30日。
❷ 集装箱货保系统案（337-TA-696）的案由是专利侵权、著作权侵权以及虚假广告。

附录表 2-10-4　2007~2010 年中国企业 337 调查应诉及结果❶

单位：件

年份	中国企业涉案数量	应诉	胜诉（包括撤诉）	和解	同意令	败诉（包括缺席）
2007	37	27	5	8	5	9
2008	26	20	2	8	2	2
2009	22	14	11❷	3	2	8
2010	38	30	1	5	5❸	—

2010 年 ITC 对中国企业作出裁决的 337 调查案件中，中国企业取得了不俗的战绩。多家企业在 337 调查案件中胜诉，例如，联想集团、北京索爱普天移动通信有限公司在三星闪存芯片案（337-TA-664）中获胜，包括中国中山皇冠皮具有限公司在内的 7 家中国企业在双道锁案（337-TA-689）中胜诉，大西洋焊接材料股份有限公司在桶装焊丝案（337-TA-686）中成功迫使申请人撤诉等。

二、与中国企业相关的重大案件分析

本部分按照时间顺序讲解本年度与我国相关的重大 337 调查案件。"重大案件"是指对于中国企业应诉 337 调查有重要指导意义，涉及中国重要产业/重要企业，或者从法律制度发展的角度具有重大意义的案件。

（一）2010 年 ITC 已决重大案件

1. 桶装焊丝案（337-TA-686）

桶装焊丝 337 调查案是 ITC 于 2009 年 9 月 8 日根据申请人林肯电气公司（以下简称"林肯"）提交的申请而发起的，涉案产品为焊丝和桶装焊丝容器及其组件，被申请人为中国的大西洋焊接材料股份有限公司（以下简称"大西洋"）、瑞典的伊萨公司（ESAB AB）、韩国的现代综合金属株式会社（Hyundai Welding Co., Ltd.）、意大利的塞得加斯公司（Sidergas SpA）以及韩国的高丽公司（Kiswel Co., Ltd.），这些公司都是桶装焊丝产品全球知名生产商。

案件受理之后，大西洋积极而迅速地与林肯进行沟通，利用充分的证据证明林肯在申请书中所指控的所谓大西洋产品并非大西洋的产品，所有针对大西洋的指控没有基础，林肯应该立即终止对大西洋的 337 调查。经过双方来回较量，林肯最终于 2009

---

❶ 该表格的内容为 2007~2009 年立案的 337 调查截至 2011 年 3 月的结果。考虑到还有部分案件的结果还没有出，此处为不完全统计。

❷ 在塑料折叠凳案（337-TA-693）中，被申请人宁波中天工贸有限公司和宁波宁丰进出口有限公司没有应诉，但该案申请人最终撤诉，因此统计在胜诉数量统计中。

❸ 2010 年立案的案件多数还没有裁决，此处数据为不完全统计。

年 12 月 18 日向 ITC 提交撤销关于对大西洋的所有指控的动议。ITC 调查律师也于 2009 年 12 月 28 日提交文件支持林肯的上述动议。2010 年 1 月 11 日，ITC 的行政法官裁定同意林肯的动议申请，并初步裁决终止针对大西洋的调查。ITC 于美国时间 2010 年 1 月 27 日决定不对行政法官的上述初裁进行复审。至此，针对大西洋的桶装焊丝 337 调查案以大西洋成功迫使申请人林肯撤诉而告终。

尽管此案由冉瑞雪律师团队代理并取得了好的结果，但是，我们认为，桶装焊丝案的胜利首先应归功于这家中国企业对待 337 调查的态度，即在碰到 337 调查之后没有选择回避，而是积极应诉。如果大西洋不应诉，在林肯提起的"糊涂案"中就会被缺席裁决侵权。这个案例给中国企业的重要启示是，直面 337 调查，不要轻言放弃，以维护美国市场以及企业的声誉。

2. 双道锁案（337-TA-689）

2009 年 9 月 15 日，安全天空（Safe Skies）有限公司及大卫·特罗普（David Tropp）向 ITC 提出申请，请求发起涉及双道锁的 337 调查。申请人声称，包括 7 家来自中国大陆的被申请人（中山皇冠皮件有限公司、杭州杰玛箱包有限公司、中国江门市丽明珠箱包皮具有限公司、怡丰制造有限公司、珠海市天宏科技实业发展有限公司、宁波先锋工艺饰品有限公司以及杭州信天游贸易有限公司）在内的 20 个被申请人侵犯其 7,021,537 号和 7,036,728 号专利。

在该案中，被申请人联合请求 ITC 颁布简易裁决（Summary determination）终止调查，理由是被申请人使用了另外一个美国许可人所授权的技术，该技术未落入涉案专利的保护范围。行政法官支持了被申请人的动议，认定被申请人不存在侵权并初裁裁定终止调查。❶ 该动议在 2010 年 3 月 18 日获得行政法官和委员会的支持。在该案中，行政法官指出："如果部分方法由消费者实施，部分方法由机场安检部门实施，则不存在对使用行李箱锁具的方法专利的侵权，因为申请人不能证明机场的安检行为受消费者控制。"双道锁案可称为中国企业利用简易裁决的成功案例，不仅迅速从 337 调查案件中脱身，还节省了大笔应诉费用。

3. 三星闪存芯片案（337-TA-664）

2008 年 11 月 17 日，松下公司向 ITC 提交申请，请求发起涉及闪存芯片的 337 调查。松下公司声称包括来自中国的联想集团多家子公司和北京索爱普天移动通信有限公司在内的三十多家公司侵犯其 6,380,029 号、6,080,639 号、6,376,877 号和 5,715,194 号专利（后来调查范围未包括 6,380,029 号和 6,080,639 号专利）。

2010 年 10 月 22 日，行政法官发布初裁，认定被诉产品没有侵犯申请人诉称的两项专利，且行政法官认为 5,715,194 号专利不满足国内产业要求。2010 年 11 月 8 日，调查律师向 ITC 申请复审该初裁中关于申请人于提交申请后在美国进行许可的行为不能满足国内产业要求的内容。2010 年 12 月 23 日，ITC 作出终裁，不对行政法官的上述初裁进行复审。

在该案中，被诉的中国企业因为其产品中使用了三星公司的芯片而被卷入 337 调

---

❶ 保罗·J. 拉肯（Paul J. Luckern）法官于 2010 年 3 月 18 日颁布的第 6 号命令。

查。由于京瓷案的影响，位于产业链下游的中国企业因使用上游企业产品而被诉已日渐普遍。

（二）与中国企业相关的上诉案件

1. 日本味之素诉 ITC 案（337-TA-571）

在赖氨酸337调查案（337-TA-571）中，行政法官于2008年7月颁布初裁，认定涉案的两项专利无效，裁定中国企业大成生化集团有限公司等被申请人不存在侵权行为，委员会在之后的复审中维持了行政法官的初裁。申请人日本味之素公司随后上诉至联邦巡回上诉法院（CAFC）。经过一年多的审理，2010年3月8日，联邦巡回上诉法院就此案作出判决，维持ITC对赖氨酸337调查案所作的裁决。这一案件的最终获胜是对于我们过去四年工作的肯定。

2. 通领等中国企业诉 ITC 案（337-TA-615）

在不服ITC对接地故障断路器案（337-TA-615）作出的违反337条款的终裁之后，浙江通领科技集团有限公司（以下简称"通领"）及其他中国被申请人于2009年9月向联邦巡回上诉法院提起上诉。❶ 2010年8月27日，联邦巡回上诉法院作出判决，推翻ITC终裁的部分认定。以通领产品为例，对于通领2006产品，ITC认定通领侵犯了7,283,340号专利（以下简称"340专利"）的权利要求14和18以及5,594,398号专利（以下简称"398专利"）的权利要求1和7，联邦巡回上诉法院推翻了该认定；对于通领2003产品，ITC也认定通领侵犯了340专利的权利要求14和18以及398专利的权利要求1和7，联邦巡回上诉法院推翻了ITC作出的通领侵犯340专利的认定，但维持了ITC作出的通领侵犯398专利的认定。

值得注意的是，美国立维腾制造公司（Leviton Manufacturing Co., Inc.）于2010年9月针对通领等五家公司向ITC提起了关于接地故障断路器的337调查（337-TA-739），涉案专利包括7,463,124号、7,737,809号和7,764,151号等。此案尚在审理过程中。

该案中，联邦巡回上诉法院是否有权对上诉方没有提起的事宜作出裁断也成为热议的话题。美国337条款规定了ITC的终裁由联邦巡回上诉法院根据《美国行政程序法》（Administrative Procedure Act）第706条进行审理。而第706条规定："在作出判断的必要范围之内且已经提出的情况下，法院应当决定所有相关法律问题，解释宪法和法定条款，并确定适用于政府机关行为条款的含义。"ITC指出该条明确要求联邦巡回上诉法院仅审阅上诉人提出的问题，但在该上诉案中，联邦巡回上诉法院对上诉人没有提起的问题也作出了裁决。该案主审法官之一纽曼（Newman）也对该合议庭是否超越审理权限提出质疑。合议庭多数法官以涉案产品不存在能"发出"（generate）特定信号的电路为由认定涉案产品不侵权，而纽曼法官指出，上诉人并未在337调查以及上诉过程中提出要对"发出"的定义及其对评判侵权问题上的作用作出认定。此案的第三人帕斯和西摩尔（Pass & Seymour），即337调查案中的申请人，据此向联邦巡回

---

❶ 关于此案在 ITC 的程序情况，参见附录2 "2009年度报告"。

上诉法院提出请求，要求重新审理此问题，但联邦巡回上诉法院在 2010 年 12 月拒绝了帕斯西和摩尔的请求，维持了对于通领案的上诉判决。

（三）2010 年重要新立案件

1. 汽车外观设计案（337-TA-722）

2010 年 5 月 14 日，克莱斯勒公司向 ITC 提出申请，请求发起涉及汽车外观的 337 调查。来自中国的被申请人包括中国星月集团和上海星月动力机械公司、上海星月美国公司、浙江星月车业有限公司、上海天顿实业有限公司。申请人声称被申请人侵犯了其 D513, 395 号外观专利。2010 年 10 月 14 日，上海天顿实业有限公司被 ITC 认定缺席。2010 年 11 月 15 日，ITC 同意申请人与应诉的被申请人提交的以同意令的方式终止调查的联合动议。2011 年 3 月 10 日，ITC 作出终裁，对上海天顿实业有限公司发布有限排除令和制止令。

2. 电脑耗材系列案件（337-TA-711/337-TA-723/337-TA-740）

2010 年，涉及中国企业的电脑耗材相关 337 调查案件有 3 起，且这 3 起案件中的被申请人，如广州麦普科技有限公司和纳思达公司等，都已经在 ITC 被诉多次。

2010 年 3 月 5 日，美国惠普公司向 ITC 提起申请，请求 ITC 发起涉及"部分带有打印头的喷墨墨盒"的 337 调查（337-TA-711）。广州麦普科技有限公司是被申请人之一。但是该案在随后的 5 月份撤诉。同时，美国惠普公司之后以同样的涉案专利重新提起一起 337 调查（337-TA-723），广州麦普科技有限公司依旧是被申请人之一。美国麦普科技有限公司和广州麦普科技有限公司最终以同意令的方式结案。

另外一起电脑耗材案件是硒鼓案（337-TA-740）。2010 年 8 月 20 日，利盟国际有限公司（以下简称"利盟"）向 ITC 提起申请，要求 ITC 发起涉及硒鼓的 337 调查，被申请人为包括来自中国大陆的纳思达图像国际有限公司、纳思达科技有限公司、纳思达图像有限公司、赛纳图像国际有限公司和惠州磁化电子有限公司在内的二十多家公司。利盟声称被申请人侵犯其在美国的 15 项专利。ITC 于 2010 年 10 月 6 日立案。除了惠州磁化电子有限公司被缺席判决，来自中国大陆的其他被申请人已经应诉。该案目前正处审理过程中。

3. 可调节高度的床案（337-TA-734）

2010 年 8 月 5 日，英维康公司向 ITC 提出申请，请求发起涉及可调节高度的床的 337 调查，被申请人为来自美国动力医疗设计及制造公司（Drive Medical Design and Manufacturing，以下简称"Drive"）和上海顺隆医疗器械有限公司（以下简称"顺隆"）。申请人认为，被申请人侵犯其 6,983,495 号、6,997,082 号、7,302,716 号和 7,441,289 号专利，并请求 ITC 发布永久排除令和制止令。

顺隆已经由我们代理应诉，并于 2011 年 3 月与英维康公司达成和解。本案中的顺隆是一家台资企业，是 Drive 在中国的 OEM（Original Entrusted Manufacture，贴牌生产）厂商。顺隆根据 Drive 的要求为其制造涉案产品，故而在该 337 调查被诉。同时，英维康公司已于 2009 年 7 月 21 日向俄亥俄州北区联邦地区法院对

Drive 提起专利诉讼。

该案的顺利和解结案具有重要意义。从微观的层面看，和解为顺隆对美出口扫清了障碍，保证了顺隆可以继续对美出口相关产品。此外，该案也为中国 OEM 厂商应对 337 调查提供了重要的指导意义。在该案中，顺隆因其 OEM 生产商身份而被卷入此案，通过积极应诉达到维护其商业利益的目的。OEM 在中国对外贸易中占有重要地位。OEM 厂商往往根据客户提供的技术要求进行生产，对于侵犯他人知识产权的问题并不重视，从而引发大量知识产权纠纷。一旦案发，大多又无力应诉，于己于产业均是极大的损失。事实上，OEM 厂商在国际贸易链条中仅仅是产品的生产加工者角色，如承担知识产权风险，将极大地挤占其利润空间。我国 OEM 企业应提高知识产权意识，防范知识产权风险。鉴于大多 OEM 厂商属于中小企业，也建议相关协会或机构对其提供支持。

三、2010 年与 337 调查有关的法律进展和案例

（一）重大法律进展

1. 公共利益政策修改

2010 年 10 月 1 日，ITC 在《联邦公报》上发布修改《程序规则》第 210 条的征求意见稿。该征求意见稿主要包括如下几点的修改。

第一，要求申请人在申请书中讨论排除令的颁布将对公共利益造成的后果。申请书需要说明排除令或制止令的签发对美国公共健康和福利、美国经济的竞争状况、美国境内类似或直接竞争产品的生产状况以及美国消费者状况方面可能造成的影响，特别是：

（a）说明排除令或制止令针对的产品在美国的应用情况；

（b）说明排除令或制止令可能对美国的公共健康与安全及公共福利所造成的任何影响；

（c）说明美国境内与可能的排除令或制止令所针对的产品类似或直接竞争产品的生产程度或者存在情况；

（d）说明申请人、申请人的授权使用者和/或第三方供应商有能力在一段商业上合理的时间内取代排除令或者制止令所针对的产品的数量。

第二，对于被申请人来说，其可以对申请书中讨论的公共利益问题进行答辩，并可以提供额外的关于公共利益的信息。此外，被申请人也可以对来自公众的关于公共利益的信息发表意见。

第三，要求委员会公布每一申请书的信息并征求公众对申请书请求的排除令对公共利益造成影响的意见。委员会已经在 2010 年 7 月 8 日在《联邦公报》上登载通知的形式采取这种方式，但希望将此条规定列入《程序规则》中。

第四，由委员会授权行政法官审查公共利益相关证据，并在初裁和救济建议裁决（recommended determination on remedy）中讨论公共利益问题。行政法官有权自由裁量是否就公共利益问题进行证据开示程序。此外，要求各方可在行政法官颁布初裁和救

济建议裁决颁布后30日内就公共利益问题发表意见。❶

在征求意见稿之前,《程序规则》要求由委员会判断排除令对公共利益的影响,但并不要求行政法官在调查中考量公共利益相关证据并对公共利益发表意见,除非委员会对行政法官有这样的要求。例如,在混合电动车案（337-TA-688）中,委员会就要求行政法官考量公共利益相关证据并就排除令是否对公共利益造成影响发表意见。总体上来说,公共利益在过去的337调查中作用并不是特别大,仅在几个案件中扮演了重要的角色,但如果新规得以通过实施,则公共利益在337调查中的重要性将不断增强。

2. ITC调解制度

为了应对ITC案件审理负担过重的问题、促使各方达成和解以及巩固337调查高效的优势,ITC在2008年10月开始模仿联邦巡回上诉法院的成功做法,在337调查案件中试点调解制度,并在2010年8月将调解制度纳入ITC正式制度范围。根据ITC的相关规定,所有337调查都可以参与调解。不但行政法官可以提议对个别337调查进行调解,337调查的当事方也可单独或共同请求调解。为了指导各方进行调解,ITC颁布了《调解使用手册》（Section 337 Mediation Program User Manual）❷。

ITC在《调解使用手册》中列出了可供选择的调解员,这些调解员通常都是知识产权领域有经验的调解员或者是之前担任过法官。调解通常持续一天,在《调解使用手册》中列出的调解员的费用由ITC承担;如果需要更长的调解时间,则参与调解各方应当承担该调解员的费用。各当事方还可以聘请《调解使用手册》中列出的调解员之外的人士担任调解员,但调解费用应由各当事方承担。

（二）重大案例

1. ITC阐释国内产业要求中的"许可"含义

最初,美国337条款要求申请人在美国境内具备的"国内产业"侧重于生产制造,《1988年综合贸易与竞争法》扩大了"国内产业"的范围,之后,"对知识产权利用（包括研究、工程、开发或许可）有相当数量的投资"也可以构成国内产业。2010年,ITC在同轴电缆接头337调查案（337-TA-650）中对专利诉讼与"国内产业"要求中的"许可"进行了详细的阐述。

在同轴电缆接头案中,涉及的主要问题是诉讼行为能否构成国内产业要求中的"利用"（exploitation）。❸ 行政法官在初裁中认定存在国内产业,但在2010年4月,委员会认定申请人没有满足国内产业要求。ITC指出:"单纯的专利侵权诉讼行为,即与工程、研究开发或许可无关,不满足国内产业要求。但是,如果申请人能够证明这些

---

❶ 征求意见稿主要内容见2010年10月1日《联邦公报》。[EB/OL]. [2014-07-14]. https://www.federalregister.gov/articles/2010/10/01/2010-24563/rules-of-adjudication-and-enforcement.

❷ 关于调解制度的相关文件详见ITC官网公布材料。[EB/OL]. [2014-07-14]. http://www.usitc.gov/intellectual_property/mediation.htm.

❸ ITC明确指出,该案仅讨论"利用"中的许可,而不讨论工程、开发。

行为与许可有关,以及与涉案专利有关,并且能够证明相关费用,诉讼行为(包括专利侵权诉讼)可能满足该要求。这也适用于声称与许可有关的其他类型的行为。"此外,除了证明行为与知识产权的"利用"有关以外,申请还得证明投入了相当数量的投资。

申请人在行政法官前依赖于在亚利桑那州联邦地区法院就一项涉案专利(专利号为 D440,539,以下简称"539 专利")提出的诉讼(该案以和解方式结案)以证明其满足"国内产业"要求。ITC 认为,申请人并没有证明该专利被许可过,或者证明该诉讼是为了许可的目的,因此,该诉讼行为不作为申请人是否对 539 专利的利用进行相当数量的投资这一问题的考虑因素。

尽管 ITC 最终认定同轴电缆接头案中关于 539 专利的国内产业不存在,但 ITC 明确指出:"在判断是否满足国内产业要求时,我们将考虑其目的仅在于从现有的生产中获利的许可行为。"这无疑对不实际进行生产仅依赖于实施许可获利的公司,即专利投机公司(NPE)是好事。有些人认为,ITC 此番意见是对专利投机公司打开 ITC 的大门的首肯。

2. 发生在境外的商业秘密案件的 ITC 管辖权

在铸钢车轮商业秘密案(337-TA-655)中,因大部分的事实发生在中国,我们代理申请人向 ITC 提出动议,认为 ITC 不适宜管辖该案。但 ITC 驳回了该动议,最终适用了伊利诺伊州的商业秘密法。此案仍在联邦巡回上诉法院的上诉阶段。

在直流—直流控制器案(337-TA-698)中,申请人力智电子股份有限公司和主要的被申请人立錡科技股份有限公司都来自中国台湾地区,申请人声称被申请人雇用了其前雇员,盗取了其商业秘密。该案以签署同意令结案。之前,申请人就该事项已在台湾地区寻求司法救济。

就上述商业秘密案件来看,尽管事实在美国境外,ITC 都认为自己有管辖权。但是美国联邦地区法院没有受理直流—直流控制器案的关联诉讼,理由是:"相关的合同是中文写的。被声称违反合同,盗用商业秘密的人是台湾人。被诉的行为和过失发生在这些个人生活和工作的台湾。"❶

3. 商业方法的可专利性:Bilski 案

Bilski 案是认定商业方法可专利性的重要案件。本纳德·比尔斯基(Bernard Bilski)和兰德尔·华沙(Rand Warsaw)于 1997 年 4 月 10 日在美国专利商标局(USPTO)申请的一个商业方法专利,涉及商品提供者对以固定价格销售的商品进行消费风险成本管理的方法。该专利中权利要求所要求保护的主题是纯粹的商业方法,而且并不含有具体的技术特征对该方案从技术角度进行限定。1999 年 3 月,美国专利商标局开始实质审查后,将其权利要求全部驳回。2000 年 4 月,比尔斯基向美国专利商标局专利复审委员会提出上诉,经 2003 年和 2006 年两次审理后,再遭驳回。比尔斯基不服,于 2006 年 11 月向联邦巡回上诉法院提出上诉。2008 年 10 月 29 日,联邦巡

---

❶ Richtek Technology Corporation v. uPI Semiconductor Corporation, January 3, 2011, Decided, 2011 U. S. Dist. LEXIS 58354.

回上诉法院作出判决[1]，维持美国专利商标局的驳回裁定。美国专利商标局否定了纯粹商业方法的专利性，即可专利的方法必须满足：（a）与特定机器相联系，或（b）使特定物品产生转化。联邦巡回上诉法院在判决书中认为，"方法权利要求不能覆盖单纯的自然规则、自然现象或者抽象概念"；同时认为，"机器或者转化"测试是确定某项方法专利性的途径。此外，在 Bilski 案判决中，联邦巡回上诉法院修改了在美国道富银行信托有限公司诉签字金融集团有限公司（State Street Bank&Trust v. Signature Financial Group）案中确定的判例，认定"任何能产生有用、具体且有形结果的方法均具有专利适格"的单纯测试标准不足以认定可专利性。值得注意的是，联邦巡回上诉法院的 Bilski 案判决只是否定了纯粹商业方法的专利性，但也明确表示，如果一个商业方法或者软件发明满足了"机器或者转化"的测试，仍然可以得到专利法保护。

比尔斯基对联邦巡回上诉法院的判决不服，于 2009 年 1 月向美国联邦最高法院提出上诉。美国联邦最高法院于 2009 年 6 月 1 日决定提审联邦巡回上诉法院判决。2010 年 6 月 28 日，美国联邦最高法院以 5∶4 的比例对此案作出了判决。在判决中，美国联邦最高法院认定，"机器或者转化"测试并不是认定商业方法可专利性的合适方法，其以涉案的方法过于抽象为由认定其不具有可专利性。但在部分否定之前严格的"机器或者转化"标准的同时，美国联邦最高法院没有提出明确的新的审查标准。不过，根据美国联邦最高法院判决中的多数意见，可以总结认为，至少到目前为止，"机器或者转化"标准仍然是有用的判断标准。美国联邦最高法院认识到，随着新兴技术的出现，可能需要制定一些严格性低于"机器或者转化"标准的新的审查方法。[2] 由于美国联邦最高法院并没有为商业方法专利的审查提供一个明确的标准，该判决的实际影响尚不明朗。但有部分美国法律界人士认为，由于否定了苛刻的"机器或者转化"测试标准，使得地方法院在认定商业方法的可专利性时具有更大的自主性，进而将有更多的商业方法在美国取得专利。[3]

4. 337 调查作为竞争的利器

近年来，向 ITC 发起 337 调查已成为很多公司尤其是高科技公司从商业角度遏制竞争对手的有力武器，这在 2010 年表现得尤为明显。三星和夏普、飞思卡尔和松下、LG 和索尼均在 2010 年先后相互提起了 337 调查。此外，2010 年 2~11 月包括苹果、摩托罗拉、诺基亚和宏达电子（中国台湾）在内的四家全球最大的智能手机生产商之间利用 ITC 这个平台总共提起了 6 起 337 调查。

由于苹果、诺基亚和摩托罗拉的产品通常都是在美国领域之外被代工加工完成之后才进口至美国市场，一旦 337 调查申请人拿到 ITC 的排除令并由美国海关执行，这意味着竞争对手的产品无法进入美国市场与申请人竞争。除了排除令的威力巨大之外，

---

[1] 545 F. 3d 943, Fed. Cir. 2008.

[2] William C. Rowland, Weiwei Y. Stiltner. Bilski v. Kappos——关于美国商业方法专利和软件专利的最新评论 [J]. 中国知识产权, 2010 (8).

[3] Ashby Jones. On Bilski：A Business-Method Patent is Dead, Though They Live On [EB/OL]. [2014-07-14]. http：//blogs.wsj.com/law/2010/06/28/a-business-method-patent-is-dead-long-live-business-method-patents/.

这些企业选择提起337调查的另一重要原因是，ITC的行政法官在处理专利争议方面经验丰富且ITC程序进展比美国联邦地区法院更快，这在技术更新异常迅速的时代显得更加重要。2010年1月28日，ITC决定立案调查诺基亚公司请求的对苹果公司337调查（337-TA-701）；2010年2月24日，ITC同意调查苹果公司对诺基亚公司发起的337调查（337-TA-704）；2010年4月6日，ITC决定立案调查苹果公司对宏达电子（中国台湾）提起的337调查（337-TA-710），宏达电子（中国台湾）随后向ITC提起调查申请，ITC于2010年6月17日立案调查其对苹果公司发起的337调查（337-TA-721）；2010年11月8日，ITC立案调查摩托罗拉公司对苹果公司提起的337调查（337-TA-745），而苹果公司随后立即向ITC提起对摩托罗拉公司的337调查（337-TA-750）。此外，在2010年，三星和夏普、飞思卡尔和松下、LG和索尼等公司之间分别相互提起337调查。

（三）对中国企业的影响和启示

1. 国内产业要求的影响

近些年来，由NPE发起的337调查案件数量呈上升趋势。在ITC近期所作出的关于界定"国内产业"中的"许可"行为的相关裁决中，有关NPE的裁决占据重要地位。❶有人认为，这种现象发生的重要原因就是337调查程序中的"国内产业"门槛过低。《1988年综合贸易与竞争法》允许"对许可有相当数量的投资"作为"国内产业"的一种形式。在同轴电缆接头案（337-TA-650）中，法官认为与许可有关的诉讼行为也可以构成国内产业的证据，这可能吸引更多的NPE向ITC寻求救济。有人担心337调查中"国内产业"的要求正在降低标准。例如，在2008年作出裁决的在弦乐器案（337-TA-586）中，申请人是涉案专利的发明人，他当时还没有将专利许可给其他人，只是花了8 500美元用于制作样本。ITC受理了该案，结果是被诉的四家公司中，两家和解结案，另外两家签署了许可协议。另外一个例子是ITC在2009年作出的关于撒克森工业有限公司（Saxon Industries LLC.，一家NPE公司）的裁决中认定，撒克森工业有限公司通过其被许可人的行为满足了国内产业的要求，即被许可人对涉案专利技术的行为和投入也可以作为衡量许可人是否满足国内产业要求的因素。

而根据ITC在2010年同轴电缆接头案中的裁决，与"许可"有关的诉讼行为可以作为考量是否满足"国内产业"的因素。对此，我们不免有两个担忧：一是以诉讼为生的NPE发起的337调查数量会呈增长趋势，二是与"许可"有关的其他行为也可能作为满足国内产业要求的证据，这就意味着越来越多的拥有美国专利的公司或个人可以提起337调查。对于现阶段基本处于被申请人位置的中国企业而言，意味着被诉概率增加了。当然，中国企业在美有专利商标注册的，利用337调查的门槛也降低了。总的来说，由于目前国内产业要求的降低，中国企业涉案的数量将增加。

---

❶ ICT Section 337 Litigation – NAFT – 01-31-10.

2. 337调查作为商业竞争的武器

对于技术不断成熟的中国企业来说，337调查可以作为其竞争的利器。在这方面，我国大陆企业可以日本、韩国和我国台湾地区的企业为榜样。日本、韩国以及我国台湾地区的一些企业在饱受337调查之苦后，逐步开始学会利用337调查机制遏制包括美国企业在内的国际竞争对手。这些企业之所以能利用ITC这个平台来保护其自身利益，主要归结于以下三方面因素。

(1) 这些企业具有一定的技术和经济实力。日本、韩国和我国台湾地区的企业并不是天生具有这些能力的，而是在体会了337调查的威力，痛定思痛后奋起直追，重视知识产权在产品出口中的重要性，在提升自身技术水平的基础之上不断提升其知识产权管理水平。在经历长期的技术积累之后，这些企业在某些技术上逐步可以与美国的企业相抗衡，有底气利用337调查制度或者美国诉讼制度叫板美国和其他国家/地区的企业。

(2) 全球生产模式的变化以及ITC在处理337调查案件专业性为这些企业提供了条件。尽管337调查制度的最初目标是保护美国境内的生产型企业，但随着近年来美国的制造业纷纷转移到劳动力成本较低的国家，很多产品在美国境外制造完成之后进口到美国市场，这使得很多总部位于美国的跨国公司也可以被作为337调查制度的被申请人。此外，客观地说，ITC行政法官对知识产权尤其是专利比较精通，所以这些企业能够放心地把纠纷交由ITC解决。

(3) 非美国企业能利用337调查的平台保护其利益，是得益于337调查制度中"国内产业"的认定标准不断降低且更加灵活。❶从满足提起337调查所必需的"国内产业"角度来看，这些企业既可以采取传统在美国设立工厂和雇用当地人员的方式，从而切实享受"美国国内产业"的待遇，还可以通过更为简单明了的投资研发或许可的方式满足有关要求。

与日本、韩国和我国台湾地区的企业发展轨迹一样，随着我国大陆企业自身技术实力的提高以及驾驭知识产权能力的不断提升，我国大陆企业也可以利用337调查制度的平台保护自身的权益。337调查制度也可成为中国企业与国外竞争对手在美国市场抗衡的有效方式之一。

---

❶ 在1988年之前，非美国企业要在美国提起337调查，在"国内产业"方面需要证明全部产品或者产品的重要部件是在美国境内生产。根据1988年修改之后的《程序规则》，关于在联邦注册的知识产权，要证明"国内产业"存在，申请人须证明其在美国境内至少满足以下三个要求之一：(a) 对工厂和设备有相当数量的投资；(b) 有相当数量的劳工和资金的使用；(c) 对知识产权利用（包括研究、工程、开发或许可）有相当数量的投资。

附录2　中国企业应诉337调查2009~2014年年度评论系列报告

2011年度报告

一、2011年中国企业涉诉案件的立案、应诉和裁决情况

本部分用图表的方式重点介绍并分析2011年中国企业涉案、应诉情况以及裁决情况。为帮助理解中国企业应诉337调查的整体情况，本部分还提供了2011年337调查立案简介，并对过去11年中国企业涉案的产品以及涉案的案由进行了总结分析。

（一）337调查立案数量以及中国企业涉案的调查数量

如附录图2-11-1所示，在过去的11年中，美国国际贸易委员会（ITC）受理的337调查案件数量迅速增长。2011年，ITC受理了69件337调查，是迄今ITC历史上受理美国337案件数量最多的一年。

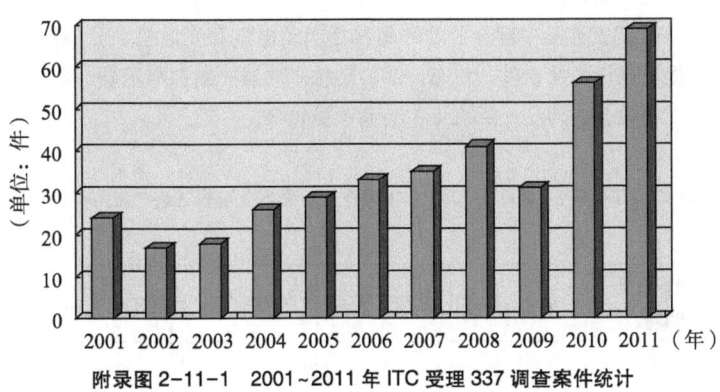

附录图2-11-1　2001~2011年ITC受理337调查案件统计

就过去11年涉及中国企业的337调查案件数量来看，基本上也呈现了不断上升的态势。如附录表2-11-1所示，2011年的69起337调查中，涉及中国企业的调查达到16起，中国是遭受337调查案件最多的国家。就涉及中国企业的337调查占全球调查总量的比例来说，中国企业一直保持较高的比例，大约维持在1/4~1/3。

附录表2-11-1　2001~2011年中国企业涉案337调查数量及占比

年份	全球数量（件）	中国企业涉案数量（件）	中国企业涉案占比（%）
2001	24	1	4.2
2002	17	5	29.4

续表

年份	全球数量（件）	中国企业涉案数量（件）	中国企业涉案占比（%）
2003	18	8	44.4
2004	26	10	38.5
2005	29	10	34.5
2006	33	8	24.2
2007	35	10	28.5
2008	41	11	26.8
2009	31	8	25.8
2010	56❶	19	33.9
2011	69	16❷	23.1

（二）中国企业涉案337调查的产品分析

如附录表2-11-2所示，在过去11年中，中国企业涉案337调查产品多种多样，但最多的是机电产品，至少维持在2/3左右。

2011年337调查涉及中国企业的产品包括起动电机和发电机、分娩模拟器、液晶显示器、手提电脑设备及软件、汽车产品、动感声效器、图像显示器、照明控制设备、电子壁炉、无线设备、药品、手机保护套和手提包等。

附录表2-11-2 2001~2011年中国企业涉案337调查被诉产品分类统计

单位：件

年份	中国企业涉案数量	机电产品	医药保健品	五矿化工	轻工工艺品	林产、食品土畜
2001	1	1	—	—	—	—
2002	5	3	—	1	1	—
2003	8	5	2	—	1	—
2004	10	6	—	—	3	1
2005	10	7	—	1	1	1
2006	8	7	—	1	—	—
2007	10	6	1	3	—	—

---

❶ [EB/OL].[2014-07-14]. http：//www.usitc.gov/intellectual_property/documents/cy_337_institutions.pdf.

❷ 考虑到微处理器及其零配件案（337-TA-781）的两家中国企业均为英特尔公司在中国大陆的子公司，所以并未将其计入统计。

附录2 中国企业应诉337调查2009~2014年年度评论系列报告

续表

年份	中国企业涉案数量	机电产品	医药保健品	五矿化工	轻工工艺品	林产、食品土畜
2008	11	8	—	2	1	—
2009	8	4	—	1	3	—
2010	19	18	—	—	1	—
2011	16	11	3	—	2	—

(三) 中国企业涉案337调查的案由分析

如附录表2-11-3所示,在过去11年中,中国企业涉案的绝大多数案由是专利侵权。以2011为例,涉及专利侵权的案件占了16起中的14起。

附录表2-11-3 2001~2011年中国企业涉案337调查案由统计

单位:件

年份	中国企业涉案数量	专利侵权	商标、商业外观侵权	著作权侵权	侵犯商业秘密及不正当竞争
2001	1	1	—	—	—
2002	5	4	1	—	—
2003	8	5	3	—	—
2004	10	9	1	—	—
2005	10	10	—	—	—
2006	8	6	2	—	—
2007	10	10	—	—	—
2008	11	11	1	—	1
2009	8	8	—	1	1❶
2010	19	18	1	—	—
2011	16	14❷	3	2❸	1❹

---

❶ 集装箱货保系统案(337-TA-696)的案由是专利侵权、著作权侵权以及虚假广告。
❷ 手机保护套案(337-TA-780)的案由是专利侵权和商标侵权。
❸ 无线电遥控发射器和接收器案(337-TA-763)的案由是专利侵权、商标侵权和著作权侵权。
❹ 电子壁炉案的案由(337-TA-791)是著作权侵权、侵犯商业秘密及不正当竞争。

199

(四) 2011 年中国企业应诉情况以及涉及中国企业的 337 调查案件裁决情况

如附录表 2-11-4 所示，2011 年总共有 41 家中国企业被起诉至 ITC，其中 24 家中国企业选择应诉，与其他 337 调查重点被调查的国家和地区（例如日本、韩国和中国台湾地区）的应诉比例相比，整体来说应诉比例偏低。

附录表 2-11-4　2007~2011 年中国企业涉案 337 调查应诉及结果统计❶

单位：件

年份	中国企业涉案总数	应诉	胜诉（包括撤诉）	和解	同意令	败诉（包括缺席）
2007	37	27	5	8	5	9
2008	26	20	2	8	2	2
2009	22	14	11❷	3	2	8
2010	38	30	3	9	7	11
2011	41❸	24	1	8	2	12

在 2011 年已结的 337 调查中，多家企业以和解方式结案。例如，临海永磁、无锡苏盛在起动电机和交流发电机案（337-TA-755）中与申请人和解；包括阿里巴巴在内的多家从事电子商务的中国企业在手机保护套案（337-TA-780）中与申请人和解。

二、与中国企业相关的重大案件分析

本部分按照时间顺序讲解本年度与我国相关的重大 337 调查案件。"重大案件"是指对于中国企业应诉 337 调查有重要指导意义，涉及中国重要产业/重要企业，或者从法律制度发展的角度具有重大意义的案件。

（一）2011 年重要新立案件

1. 手机保护套案（337-TA-780）

2011 年 5 月 25 日，设计并生产 iPhone 手机套的美国奥特产品（Otter Product）公司向 ITC 递交 337 调查申请，指控美国、中国内地及中国香港地区的多家企业对美出

---

❶ 该表格的内容为 2007~2011 年立案的 337 调查截至 2012 年 1 月的结果。考虑到还有部分案件的结果还没有出，此处为不完全统计。

❷ 在塑料折叠凳案（337-TA-693）中，被申请人宁波中天工贸有限公司和宁波宁丰进出口有限公司没有应诉，但该案申请人最终撤诉，因此统计在胜诉企业数量中。

❸ 手机保护套案（337-TA-780）有两家被诉企业为中国香港地区企业，故未将其列入统计范畴。为统计方便，未将中国香港地区和中国台湾地区的企业统计在内。

附录2　中国企业应诉337调查2009~2014年年度评论系列报告

口、在美进口或销售的便携式电子产品保护套及其配件产品涉嫌侵犯其在美注册的有效专利和商标，请求 ITC 对被申请人发起 337 调查。中国共有 12 家企业涉案，均为 B2B 电子商务网站，其中包括阿里巴巴、敦煌网等知名网站。申请方请求 ITC 颁布排除令和制止令。本案是 337 调查框架下第一起中国互联网企业被诉案件。2011 年 6 月 24 日，ITC 立案调查此案。目前，阿里巴巴、敦煌网已分别与申请人达成和解协议，案件得以成功解决。

337 调查旨在禁止知识产权侵权产品的所有人、进口人、进货人及其代理人将有关产品进口至美国、销售以进口或进口后在美国境内销售的行为。在 ITC 正式立案之前，阿里巴巴向 ITC 主张，其作为一家提供电子交易的网站平台，既非涉案产品的制造者，也非涉案产品的进口者，申请人在申请书中也未能有效证明阿里巴巴符合上述其他主体或行为要件，故 ITC 对其无管辖权。而申请人在随后的答复中认为，只要阿里巴巴销售、许诺销售涉案产品和涉案产品随后进口至美国有联系，哪怕其作为中间商或代理商，也可以认定其在 337 调查范围之列。ITC 支持了申请人的主张，认定其拥有管辖权。

ITC 就此案的管辖权认定将对中国乃至全球的电子商务企业产生重要的影响。在过去的 337 调查中，被诉的中国企业通常是传统的制造业，但基于 ITC 确立的对境外的电子商务企业的管辖权以及电子商务企业交易平台涉及商品门类繁多，我们认为，类似的涉电子商务网站的 337 调查案件可能将呈增长势头。随着电子商务公司产品内容的多元化，产品技术含量的增加，涉案产品将不仅有外观专利的内容，还将涉及大量发明创造方面的专利。因此，电子商务企业需在提高应诉能力与做好预警工作方面作出努力。

2. 辅酶 Q10 产品案（337-TA-790）

2011 年 6 月 17 日，日本钟渊化学（Kaneka）公司向 ITC 提出申请，指控美国国内市场销售及美国进口的辅酶 Q10 产品及其制作方法涉嫌侵犯其所拥有的 7,910,340 号专利，要求启动 337 调查，并发布排除令和制止令，中国企业浙江医药公司、厦门金达威集团股份有限公司以及深圳生物科技公司均在被申请人之列。2011 年 7 月 14 日，ITC 决定立案调查，目前调查正在进行当中。实际上，钟渊化学公司曾以相同专利侵权事由针对相同被告于 2011 年 3 月 22 日向加州中区联邦地区法院起诉，之后钟渊化学公司表示因不清楚浙江医药的辅酶 Q10 制备工艺而对浙江医药撤回起诉。

辅酶 Q10 作为主要用于"心脏健康"营养补充剂以及"防衰老"化妆品中的维生素类物质，前些年由日本大型企业垄断生产，但 2005 年之后由于下游旺盛的需求，各国辅酶 Q10 的产能快速增加，中国企业如浙江医药等企业都涉足了该领域。据统计，国际总需求量约为 500 吨，中国辅酶 Q10 出口量约占其一半，美国对辅酶 Q10 的需求量极大，在 2007 年时终端销售额就高达 4 亿美元。❶ 中国企业一旦在调查中败诉从而被 ITC 发布排除令或制止令，对辅酶 Q10 的出口以及相关产业的打击将十分巨大。

---

❶ [EB/OL]. [2014-07-14]. http://tech.ifeng.com/gundong/detail_2011_09/02/8888863_0.shtml.

3. 3G 无线设备案（337-TA-800）

2011 年 7 月 26 日，美国交互数字（InterDigital）通信公司、交互数字科技公司及其知识产权许可（IPR Licensing）公司向 ITC 指控华为、中兴通讯和诺基亚等公司侵犯其 3G 无线设备领域的 7,349,540 号、7,502,406 号等 7 项美国专利，请求发起 337 调查，并发布排除令和制止令。涉案产品包括含有 3G 功能的手机、无线网络设备和手提电脑等产品，范围很广，涉案金额均十分巨大。2011 年 8 月 25 日，ITC 决定立案，该案的调查正在进行当中。

此案涉及我国 IT 行业的两家重量级企业。本案是华为和中兴在美国遭遇的首次 337 调查，二者作为中国 IT 行业的龙头企业，本身拥有大量的专利储备和核心技术，也具备应对 337 调查的实力与经验。华为和中兴对案件作出了积极回应，均已应诉。此案也反映出国外企业开始以中国的大型企业为调查目标的趋势。除华为和中兴案之外，海尔、TCL 和联想等中国大型企业被卷入 337 调查之中，其中海尔被卷入 2 起 337 调查之中。

4. 阿特斯光伏产品案（337-TA-811）

2011 年 10 月 3 日，美国光伏零部件安装企业西屋太阳能（Westinghouse Solar）向 ITC 递交申请，指控阿特斯太阳能及另一家美国当地的光伏组件安装专业公司洁普太阳能（Zep Solar）涉嫌侵犯其 7,406,800 号和 7,987,641 号两项专利（主要用于简化太阳能电池组件的安装及降低安装成本），请求 ITC 对被申请人发起 337 调查，并在调查结束后颁发排除令和制止令，阻止阿斯特和洁普太阳能的产品进入美国市场。2011 年 11 月 2 日，ITC 决定启动调查，目前调查正在进行。

中国光伏产业遭遇 337 调查及专利诉讼的原因多种多样，其中欧债危机、产能过剩均在诱发原因之列，知识产权保护力度不够导致风险过高则是根本原因。光伏行业发展的核心技术就是知识产权，知识产权保护是我国光伏电池产业经久不衰并实现可持续发展的保证。目前欧、美、日光伏产业正在不断强化知识产权保护，大幅度提升知识产权保护水平，并相继制定专利布局战略，同时极力推进国内知识产权保护制度与国际贸易通则的挂钩。中国光伏产业需要进一步重视知识产权保护，否则将因为知识产权问题而无法进入相关国家市场。

（二）与中国企业相关的已决案件

1. 天瑞诉 ITC 案（337-TA-655）

此上诉案源于美国安捷达工业（Amsted Industries）公司在 2008 年就铸钢车轮向 ITC 提起的 337 调查。在 337 调查中，ITC 在 2009 年年底终裁认定天瑞集团有限公司和天瑞集团铸造有限公司（以下合称"天瑞"）存在违反 337 条款的行为。天瑞不服 ITC 的终裁，据此向联邦巡回上诉法院（CAFC）提起上诉。

2011 年 10 月 11 日，联邦巡回上诉法院作出判决。由三位法官组成的合议庭以 2：1 的比例判定 ITC 在 337 调查中所作的认定天瑞违反 337 条款的终裁不存在错误，从而维持了 ITC 的终裁。天瑞在之后请求联邦巡回上诉法院全体法官出席（en banc）审

理该案，但联邦巡回上诉法院在 2012 年 2 月 1 日作出决定，拒绝了天瑞的请求。❶

ITC 对发生在美国之外的侵犯商业秘密是否拥有管辖权问题和涉案商业秘密是否在美国存在国内产业是本案的焦点问题，前者是本案的重中之重和根基。此上诉判决将对中国出口企业造成重大的负面影响。中国目前已成为遭受 337 调查案件最多的国家，但此前针对中国企业的 337 调查主要是专利侵权案件，侵犯商业秘密案件少之又少。此上诉判决承认了 ITC 对完全发生在中国的侵犯商业秘密 337 调查拥有管辖权，创造了先例，这意味着美国或一些其他国家的跨国公司可以中国企业在中国侵犯其商业秘密为由，利用 ITC 对中国企业发起更多的 337 调查，为美国或在美国拥有商业秘密的企业提供法律上的保护。这对目前处在中美贸易摩擦风口浪尖的中国出口企业来说，无疑增加了更多的障碍。因此，我们建议中国企业在生产经营过程中，必须严格遵守商业秘密的相关法律，处理好因人员流动等引起的潜在商业秘密侵权风险。

2. Tessera 诉 ITC 案（337-TA-630）

2011 年 5 月 23 日，美国联邦巡回上诉法院就特信华（Tessera Inc.，以下简称"Tessera"）芯片上诉案作出判决，支持了 ITC 作出的终裁，认定 ITC 作出的不侵权终裁不存在错误。此上诉案源于 2009 年 12 月 29 日 ITC 对涉及最小尺寸封装半导体芯片以及含有此芯片产品 337 调查案（337-TA-630）作出终裁，裁决该案中包括中国记忆科技有限公司（"记忆科技"）在内的被申请人没有违反美国 337 条款。

在联邦巡回上诉法院的判决中，法官首先在判决中指出，wBGA 产品并不侵犯 5,663,106 号专利（以下简称"106 专利"），支持了 ITC 在终裁中的认定。对于 μBGA 产品是否侵犯 106 专利问题，法官认为，只有尔必达（Elpida）进口了 μBGA 产品，且 ITC 作出的尔必达所购买的全部涉案产品都来自 Tessera 的被许可人的事实认定不存在争议，因此，法官根据权利用尽原理，认定尔必达的 μBGA 产品也不侵犯 106 专利。据此，法官认为 ITC 就 106 专利作出的认定有充分的事实基础且不存在适用法律上的错误。此外，由于涉诉的 5,679,977 号和 6,133,627 号专利已经失效，法官命令撤销 ITC 终裁中对这两项专利的认定，不再继续对此问题发表意见。至此，该案以 Tessera 在 ITC 和联邦巡回上诉法院均败诉告终，为中国芯片企业应诉 337 调查提供了借鉴意义。

3. 起动电机和交流发电机案（337-TA-755）

2011 年 1 月 19 日，ITC 受理了雷米国际公司（Remy International, Inc.）和雷米科技有限公司（Remy Technologies, LLC.）（以下合称"雷米"）提起的关于起动机和交流发电机的 337 调查申请。被申请人既包括中国公司，也包括美国公司。中国公司为临海市永磁电机有限公司（以下简称"临海永磁"）等。雷米在申请书中认为临海永磁侵犯其 5,252,878、5 号，295,404 号和 5,307,700 号美国专利，并请求 ITC 颁布排除令和制止令。2011 年 6 月，雷米与临海永磁达成和解，并向 ITC 申请终止对永磁

---

❶ 在美国的上诉司法实践中，对于特别复杂/情况特殊/与之前作出的判决存在冲突的案件，联邦巡回上诉法院在内的联邦上诉法院的多数法官即可决定是否由全体法官出席（en banc）重新进行审理。

的调查。

本案中各方当事人的关系比较复杂。首先，临海永磁为本案申请人雷米生产涉案产品，且雷米在提起337调查之后仍继续下单要求临海永磁为其生产产品。其次，临海永磁也为同案被诉企业WAI（雷米在美国市场最大的竞争对手以及本案最重要的被诉企业）代工生产涉案产品。在本案中，临海永磁需要艰难地平衡雷米和WAI这两个竞争对手之间的利益，因此，律师在各方沟通以及利益平衡方面中显示出了重要的作用。此外，本案比较特殊的是，雷米对临海永磁主张的专利都将在2012年到期。基于前述特殊情况以及为避免临海永磁在该调查中耗费过多的精力，各方拥有进行和解谈判的基础。经过长达数轮的艰难谈判，最终双方达成和解协议结案。

此案的顺利和解为临海永磁对美出口扫清了障碍，保证了临海永磁可以继续对美出口相关产品，同时也为中国OEM企业应对337调查提供了重要的指导意义。

三、2011年与337调查有关的法律进展和案例

（一）重大法律进展

1. 美国专利法修改以及对337调查的影响

经过为期数年的历次修改，美国于2011年9月16日通过了《美国发明法案》（America Invents Act，AIA），该法案是1952年以来对美国专利制度最为彻底的改革，对未来美国专利制度的发展将产生深远影响。新法修改的主要目的是提高专利质量、促进创新以及与他国的专利制度相协调。

该法案主要的修改内容如下：

（1）美国将从2013年3月16日起摒弃其一贯实施的"先发明制"，转而实施大多数国家所采用的"先申请制"。为避免他人抢先申请专利，发明人需要在作出发明之后及时提交申请。

（2）新法案扩大了新颖性评价的范围，采用了绝对新颖性标准，即任何人在申请日之前的公开使用和公开发表都将破坏发明的新颖性。

（3）新法扩大了在先使用抗辩范围。从2011年9月16日起，在先使用抗辩的范围将从原来仅限于方法专利扩展到所有类型的专利。对于在2011年9月16日之后申请或授权的专利的侵权诉讼，如果被告能够证明其在美国境内商业使用涉案专利要求保护的发明的时间比涉案专利的申请日或涉案专利要求保护的发明被公布于众之日（以较早的日期为准）早至少1年，则有权提出在先使用抗辩。

（4）为了提高专利质量，新法增加了专利授权后审查程序。自2012年9月16日起，公众可以在专利授权后的9个月内提出授权后审查请求，要求撤销专利。授权后审查请求可以基于任何无效形理由，但必须在申请材料中确认所有真实的利害关系方、指明所挑战的权利要求理由，并提交相关的宣誓书或声明。专利权人有权在专利商标局规定期限内就不能发起授权后审查的原因进行答辩，专利商标局必须在专利权人答辩后3个月内作出是否发起授权后审查程序的终局性的、不可上诉的决定。如果专利商标局认为请求所呈现的信息可能导致被挑战的权利要求无效，或者请求

提出了新的对其他专利或专利申请有重大影响的未决法律问题，则会决定发起授权后审查。

新法案提高了对多个侵权被告在联邦地区法院合并审理的要求，可以预见，将有更多的专利争议诉诸ITC获得解决。从2011年9月16日起，在联邦地区法院进行专利侵权案件合并审理的前提条件是，多个被告的侵权活动源于共同的交易、使用、进口或销售同一产品，并且基于共同的事实问题，不可仅仅诉称多个被告都侵犯同一个专利就进行合并审理。据此，专利权人必须对独立进行侵权行为的侵权人分别提起侵权诉讼，专利权维权的成本会大大增加。近年兴起的非实施实体（Non-practicing entity）在联邦地区法院提起的针对一系列被告的专利侵权案件将会减少，这对中国企业来说是利好消息。但是，由于337调查程序规则非但不限制针对多个被申请人提起调查，在涉及对下游企业颁发排除令的诉求中，ITC反而鼓励并要求对相关企业一并发起调查。因此，越来越多的专利权人会转而采取启动337调查的方式寻求救济。

2. 公共利益政策修改

2011年10月19日，ITC公布了关于公共利益的新规❶，该新规自2011年11月18日开始生效。❷ 新规主要修改如下：

首先，新规要求申请人在提交337调查申请书时应另行提交关于公共利益的陈述。申请书需要说明排除令或制止令的签发对美国公共健康和福利、美国经济的竞争状况、美国境内类似或直接竞争产品的生产状况以及美国消费者状况方面可能造成的影响。

其次，新规规定申请人提出申请后，ITC会在《联邦公报》上发布公告，被申请人和社会公众可在8日内仅就公共利益问题表达意见，申请人可在3日之内就前述意见作出答复。

最后，新规规定委员会在衡量前述各方的意见之后，有权授权行政法官审查公共利益相关证据，并在初裁（Initial determination）和救济建议裁决（Recommended determination on remedy）中对公共利益问题作出认定，各方应在初裁和救济建议裁决颁布之日起30日内提出意见。

为避免调查延期或造成不必要的负担，新规对行政法官就公共利益进行证据开示进行了限制。此外，对于委员会指示行政法官处理公共利益问题的案件，被申请人应当在答辩状中单独就公共利益问题作出答复。

与过去通常在颁发排除令之后才考虑其是否会给公共利益造成影响不同，新规加强，在调查早期阶段即对公共利益问题的关注。尽管新规仅对公共利益问题的程序性问题进行修改，但其将影响337调查的各个阶段。各方需要在公共利益

---

❶ [EB/OL]. [2014-07-14]. http://www.usitc.gov/secretary/fed_reg_notices/rules/final-rules210.pdf.

❷ 与2010年公布的公共利益问题征求意见稿相比，新规基本采纳了征求意见稿的文本。两者的区别主要是，新规要求申请人应单独提交公共利益陈述文件，而不是放在申请书中一并进行陈述。此外，与征求意见稿中，被申请人在所有案件中应就公共利益问题作出答复不同，新规仅要求被申请人在委员会授权行政法官处理公共利益案件中才需要单独提交公共利益答复。

问题方面付出更多的精力。申请人应单独准备公共利益陈述并应对其他当事方的意见，而被申请人和第三方应当在开始阶段甚至在立案前的阶段即关注公共利益问题。委员会在立案前需要考量各方的意见，行政法官也可能需要花费更多的精力在公共利益问题之上。

3. 不公平进口调查办公室（OUII）角色调整

随着337调查数量的激增以及案件变得更加复杂，ITC不公平进口调查办公室（Office of Unfair Import Investigations，OUII）有限的人员配置已无法全面、有效地参与每件调查。为了让OUII的职责和人员配置模式适应变化中的形势，ITC于2011年5月2日发布公告修改了《程序规则》第210.3条，将该条中的委员会调查律师（Commission investigative attorney）变更为OUII。此项变更旨在调整OUII在337调查中的角色。新规自2011年5月2日起开始实施。

OUII起初是根据《1974年贸易法》设立的，当时为了解决ITC作为行政性的事实发现者不能直接单方面地同私人当事方沟通的问题，就设立了OUII在337调查中有效地扮演独立第三方的角色，以代表公众利益，帮助委员会作出合理而公正的判决。在提交调查申请前、立案后、发布初裁以及终裁后等337调查不同阶段，OUII均参与并扮演着重要角色。

在新规则下，OUII的角色和职责更加灵活，但总体上削弱了OUII参与调查的职责。首先，OUII将继续审核调查申请书并就是否立案向委员会提供建议。其次，OUII在337调查立案之后阶段扮演的角色将被削弱；只有在需要OUII经验（例如公共利益、国内产业以及保证金等问题）的特定案件或事项中，OUII的律师才会参与立案之后的调查阶段。

（二）重大案例

1. 引诱侵权的认定标准：Global-Tech Appliances v. SEB 上诉案

2011年5月31日，美国联邦最高法院就全球技术应用（Global-Tech Appliances）公司诉赛博（SEB）公司上诉案作出判决，此案判决进一步明确了引诱侵权的认定标准。《美国专利法》第271（b）条规定："主动引诱他人侵犯专利权者，亦应负专利侵权之责任。"专利权人赛博公司于1999年在美国纽约州南区联邦地区法院起诉全球技术应用公司的中国香港子公司华利泰（Pentalpha）有限公司将涉诉产品卖给美国阳光（Sunbeam）公司，使阳光公司直接侵犯赛博公司的外观专利，故华利泰公司的行为应属引诱侵权。此外，在阳光公司与赛博公司在专利诉讼中达成和解之后，华利泰公司仍向其他两家公司继续销售侵权产品。尽管此案证据开示程序在2001年10月已结束，但此案在2006年才开始审理。美国纽约州南区联邦地区法院在2008年据此认定华利泰公司存在引诱侵权。华利泰公司败诉后不服该判决，于2008年10月上诉至联邦巡回上诉法院。联邦巡回上诉法院在2010年2月作出的判决中认为，尽管没有直接的证据证明上诉人在一审诉讼之前是否知悉一审原告的专利，但上诉人有意忽视（deliberate indifference）已知的风险且该种忽视构成"明知"，因此，其应承担《美国专利法》271（b）条下的引诱侵权责任。上诉人仍不服联邦巡回上诉法院的判决，请求美国联邦最高法院提审该案。2010年10月,美国联邦最高法院同意提审此案。

美国联邦最高法院以8:1比例判定华利泰公司败诉,其在判决中明确:"引诱侵权的构成要件为引诱侵权者必须知道其所引诱的行为构成专利侵权,只要引诱方对侵权的事实刻意视而不见(willful blindness),即可满足以上'知道'这个法律要件而构成引诱侵权。所谓刻意视而不见,一是引诱方主观相信侵权的事实很可能存在,二是引诱方故意掩盖获悉侵权的事实。在本案中,华利泰公司在设计油炸锅时理应知道赛博公司的产品因其新颖性深受市场欢迎,据此推断其应知道侵权事实很可能存在。同时,华利泰公司刻意购买赛博公司在香港所销售的未贴有专利权标示的油炸锅来拷贝设计,而在聘请律师出具是否侵权法律意见书时却未告知相关拷贝的事实,由此可以推断华利泰公司属于刻意掩盖获悉侵权事实。"尽管此案在联邦巡回上诉法院和美国联邦最高法院的判决结果相同,但美国联邦最高法院提出的"刻意视而不见"标准比联邦巡回上诉法院确定的"有意忽视"要求更高,即原告除了要证明被告"有意忽视风险",还需要证明被告"很可能知道其引诱行为构成专利侵权"。这将导致专利侵权诉讼中的原告更加难以证明引诱侵权的存在。

2. 不公平行为的认定标准:Therasense v. Becton, Dickinson & Co. 上诉案

2011年5月25日,联邦巡回上诉法院作出全体法官出席(en banc)判决,对专利申请过程中的不正当行为(inequitable conduct)提出了新的认定标准。2004年,原告斯尔森(Therasense)公司以被告碧迪(Becton, Dickinson)公司的血糖机相关产品专利侵权为由,向美国加州北区联邦地区法院起诉,联邦地区法院认为,原告所主张的第5,820,551号专利因在向美国专利商标局进行专利申请时隐藏重要信息而构成不正当行为,故该专利不可实施(unenforceable)。原告不服该判决,上诉至联邦巡回上诉法院,三位主审法官以2:1的表决结果维持了联邦地区法院原判。之后,原告成功请求联邦巡回上诉法院全体法官出席对"不正当行为"部分进行了重审。2011年5月25日,联邦巡回上诉法院作出判决,以6:1:4(一名法官表示部分同意,四名法官持反对意见)的比例重新定义不正当行为导致专利不可实施的情形,设立了"but-for"测试标准,认定专利申请人未依法向USPTO揭露的内容对于专利性的判断是否到达实质重要程度(materiality),进而认定是否构成不正当行为导致专利不可实施。

根据"but-for"标准,对于专利申请人未向USPTO揭露的信息,如果美国专利商标局知道此相关信息(例如专利申请人未向美国专利商标局披露的在先技术信息),就不会对该专利予以核准,则未披露的相关信息就具有实质重要的程度。法院没有采纳美国专利商标局的规则(*USPTO Rules of Professional Conduct*)第56条对于实质重要程度的定义,因其标准过低,导致涉诉的被告往往以此提出原告具有"不正当行为"的反诉主张。判定专利申请人是否具有"不正当行为",除了客观上存在误导或不实陈述行为,还需具有主观故意(intent)。联邦巡回上诉法院认为证明专利申请人存在不当误导的行为的责任在被告,其所提证据需达到明确且令人信服的标准,即应当证明专利申请人知道此信息,也应该知道其重要性而后故意决定隐瞒此信息。此判决对美国专利诉讼具有重要影响。由于认定标准的提高,被告在专利诉

讼中将更难以原告存在不正当行为而请求法院认定专利不可实施。

3. 许可构成国内产业的认定标准：John Mezzalingua Associates v. ITC 上诉案以及导航设备案（337-TA-694）

2011年10月4日，联邦巡回上诉法院就约翰·梅札奎合伙（John Mezzalingua Associates）公司上诉 ITC 案作出判决，维持了 ITC 的裁决，认定上诉人未能证明其满足"国内产业"中的经济因素要求。此案判决对 337 调查中如何界定"国内产业"中的"许可"行为给出了重要指引。《1988年综合贸易与竞争法》规定，申请人须证明不公平竞争方式和不公平行为将造成现存的国内产业实质损害或威胁，或阻碍该国内产业的建立，同时，该法允许"对许可、工程、研究和开发等有相当数量的投资"作为满足"国内产业"经济因素的条件。

在同轴电缆接头案（337-TA-650）的裁决中，ITC 认为与许可有关的诉讼行为及花费可以构成国内产业的证据。联邦巡回上诉法院认为这是重要的考虑因素之一，但也同时认为，专利诉讼的花费不会自动构成国内产业的证据，否则将势必削弱 ITC 作为解决贸易争议平台的地位。联邦巡回上诉法院同意 ITC 关于申请人须说明"诉讼花费"和"许可"之间的关系以证明是否符合国内产业的要求。在本案中，联邦巡回上诉法院确认上诉人未能证明"诉讼"和"许可"之间的必要联系，同时其也未能充分证明对"工程、研究和开发进行有相当数量的投资"。联邦巡回上诉法院针对本上诉案的裁决至关重要，因其在某种程度上确认申请人须有效证明"诉讼行为"和"许可"之间的联系，进而将"许可行为"作为界定"国内产业"的因素之一。联邦巡回上诉法院给出的此种指引将直接关系"国内产业"的界定标准，进而影响到实践中当事人尤其是 NPE 寻求 337 调查进行权利救济的数量。

此外，ITC 在 2011年7月的导航设备 337 调查案中就包含涉案专利的一揽子许可是否构成国内产业问题也作出了裁决。委员会在此调查中推翻了行政法官初裁中申请人日本先锋公司满足国内产业要求的认定，提出适合此种情形的十项考虑因素，并据此认定调查申请人并不满足国内产业的要求。❶由于国内产业认定问题需要考虑的因素增多以及认定问题变得更加复杂，因此，可以预计将来通过简易裁决（summary determination）来解决国内产业认定问题将逐渐减少。相反，各方需要在开庭前以及开庭阶段对国内产业问题投入更多的注意力和精力。例如，需要在证据开示过程中投入更多的精力调查与许可相关的事实，以及可能有必要聘请专家证人就包含涉案专利的一揽子许可是否满足国内产业的经济因素和技术因素提供意见。

---

❶ 在委员会的终裁中，委员会提出的十项考虑因素包括涉案专利在一揽子许可中的重要性、涉案专利是否在许可谈判中被提及以及在许可谈判中的分量、涉案专利是否是基础专利或者先进专利以及涉案专利在市场上的认可度等。

附录2 中国企业应诉337调查2009~2014年年度评论系列报告

2012年度报告

一、2012年中国企业涉诉案件的立案、应诉和裁决情况

本部分用图表的方式重点介绍并分析2012年中国企业涉案、应诉情况以及裁决情况。为帮助理解我国企业应诉337调查的整体情况，本部分还提供了2012年337调查立案简介，并对过去12年中国企业涉案的产品以及涉案的案由进行了总结分析。

（一）337调查立案数量以及中国企业涉案的调查数量

如附录图2-12-1所示，在过去的12年中，美国国际贸易委员会（ITC）受理的337调查案件数量迅速增长。2012年ITC受理了40件337调查，与2011年的相比略有减少。

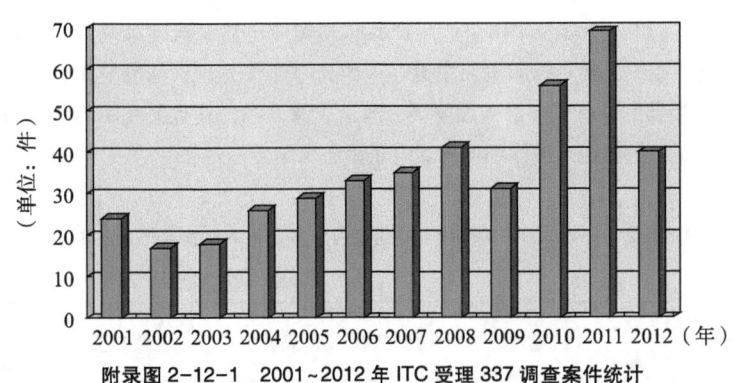

附录图2-12-1　2001~2012年ITC受理337调查案件统计

就过去12年涉及中国企业的337调查案件数量来看，基本上也呈现了不断上升的态势，2012年略有下降。如附录表2-12-1所示，2012年的40起337调查中，涉及中国企业的调查达到13起，这与往年情况相似，占全球调查总量的1/3左右。

附录表2-12-1　2001~2012年中国企业涉案337调查数量及占比

年份	全球数量（件）	中国企业涉案数量（件）	中国企业涉案占比（%）
2001	24	1	4.2
2002	17	5	29.4
2003	18	8	44.4
2004	26	10	38.5

续表

年份	全球数量（件）	中国企业涉案数量（件）	中国企业涉案占比（%）
2005	29	10	34.5
2006	33	8	24.2
2007	35	10	28.5
2008	41	11	26.8
2009	31	8	25.8
2010	56❶	19	33.9
2011	69	16❷	23.1
2012	40	13	32.5

（二）中国企业涉案337调查的产品分析

如附录表2-12-2所示，在过去12年中，中国企业涉案337调查产品多种多样，但最多的是机电产品，占2/3左右。

2012年，337调查涉及中国企业的产品包括集成电路、运动康复设备、蓝光唱片播放器、电子壁炉、激光打印机用墨盒、可调光节能荧光灯、油墨应用设备、带有可伸缩USB连接器的电子设备、橡胶树脂、电子成像设备、具有无线功能的消费电子设备、稀土金属氧化物烧结磁体和便携式电子设备保护套等。

附录表2-12-2 2001~2012年中国企业涉案337调查被诉产品分类统计

单位：件

年份	中国企业涉案数量	机电产品	医药保健品	五矿化工	轻工工艺品	林产、食品土畜
2001	1	1	—	—	—	—
2002	5	3	—	1	1	—
2003	8	5	2	—	1	—
2004	10	6	—	—	3	1
2005	10	7	—	1	1	1
2006	8	7	—	1	—	—
2007	10	6	1	3	—	—

❶ [EB/OL].[2014-07-14]. http://www.usitc.gov/intellectual_property/documents/cy_337_institutions.pdf.

❷ 考虑到微处理器及其零配件案（337-TA-781）的两家中国企业均为英特尔公司在中国大陆的子公司，所以并未将其计入统计。

附录2 中国企业应诉337调查2009~2014年年度评论系列报告

续表

年份	中国企业涉案数量	机电产品	医药保健品	五矿化工	轻工工艺品	林产、食品土畜
2008	11	8	—	2	1	—
2009	8	4	—	1	3	—
2010	19	18	—	—	1	—
2011	16	11	3	—	2	—
2012	13	10	—	2	1	—

（三）中国企业涉案337调查的案由分析

如附录表2-12-3所示，在过去12年中，中国企业涉案的绝大多数案由是专利侵权。以2012为例，涉及专利侵权的案件占了13起中的11起。

附录表2-12-3　2001~2012年中国企业涉案337调查案由统计

单位：件

年份	中国企业涉案数量	专利侵权	商标、商业外观侵权	著作权侵权	侵犯商业秘密及不正当竞争
2001	1	1	—	—	—
2002	5	4	1	—	—
2003	8	5	3	—	—
2004	10	9	1	—	—
2005	10	10	—	—	—
2006	8	6	2	—	—
2007	10	10	—	—	—
2008	11	11	1	—	1
2009	8	8	—	1	1❶
2010	19	18	1	—	—
2011	16	14❷	3	2❸	1❹
2012	13	11	—	1	2❺

❶ 集装箱货保系统案（337-TA-696）的案由是专利侵权、著作权侵权以及虚假广告。
❷ 手机保护套案（337-TA-780）的案由是专利侵权和商标侵权。
❸ 无线电遥控发射器和接收器案（337-TA-763）的案由是专利侵权、商标侵权和著作权侵权。
❹ 电子壁炉案的案由（337-TA-791）是著作权侵权、侵犯商业秘密及不正当竞争。
❺ 电子壁炉案的案由（337-TA-826）是著作权侵权、侵犯商业秘密及不正当竞争。该案与电子壁炉案（337-TA-791）关系密切，ITC已经合并审理这两起案件。

(四) 2012 年中国企业应诉情况以及涉及中国企业的 337 调查案件裁决情况

如附录表 2-12-4 所示，2012 年总共有 33 家中国企业被起诉至 ITC，其中 22 家选择应诉，与往年的应诉比例相比，2012 年的比例有所增高。

附录表 2-12-4 2007~2012 年中国企业涉案 337 调查应诉及结果统计❶

单位：件

年份	中国企业涉案总数	应诉	胜诉（包括撤诉）	和解	同意令	败诉（包括缺席）
2007	37	27	5	8	5	9
2008	26	20	2	8	2	2
2009	22	14	11❷	3	2	8
2010	38	30	3	9	7	11
2011	41❸	24	4	8	2	12
2012	33	22	2	5	—	—

二、与中国企业相关的重大案件分析

"重大案件"是指对于中国企业应诉 337 调查有重要指导意义，涉及中国重要产业/重要企业，或者从法律制度发展的角度具有重大意义的案件。

（一）2012 年重要新立案件

1. 橡胶树脂案（337-TA-849）

2012 年 5 月 21 日，美国圣莱科特集团公司（SI Group, Inc.，以下简称"SI"）指控华奇（张家港）化工有限公司（以下简称"华奇"）通过聘用圣莱科特化工（上海）有限公司（美国 SI 集团的上海子公司，以下简称"上海圣莱科特"）的前厂长获得了与 SP-1068 增稠树脂生产工艺和 C&R 橡胶树脂生产工艺相关的技术秘密，并诉称华奇使用前述生产工艺制造了相关产品并出口至美国市场，请求 ITC 颁布永久排除令和永久制止令。2012 年 6 月 20 日，ITC 决定立案调查（337-TA-849）。目前案件正处

---

❶ 该表格的内容为 2007~2012 年立案的 337 调查截至 2012 年 12 月的结果。考虑到部分案件还未结案，此处为不完全统计。

❷ 在塑料折叠凳案（337-TA-693）中，被申请人宁波中天工贸有限公司和宁波宁丰进出口有限公司没有应诉，但该案申请人最终撤诉，因此统计在胜诉企业数量中。

❸ 手机保护套案（337-TA-780）有两家涉案企业为中国香港地区企业，故未将其列入统计范畴。为统计方便，未将中国香港地区和中国台湾地区的企业数量统计在内。

于调查阶段。

本案的一大特殊之处是案由。中国企业涉案 337 调查绝大多数是由于专利侵权，本案的案由则是外企员工跳槽引发的侵犯商业秘密指控。随着中国企业实力的增长，现在已经出现外国公司在华企业员工到中国企业任职的趋势，在这过程当中不可避免地出现侵犯商业秘密的争议，而通过 337 调查这一平台解决此类争议的案件也已出现并正逐年增多。本案的案情跟铸钢车轮案（337-TA-655）十分类似，诉争的行为发生在美国国境之外，天瑞的代理律师在 ITC 的早期程序中就 ITC 对此 337 调查案的管辖权提出异议，并主张 337 条款并不适用于诉争行为、相关行为不受美国法管辖而中国法院更适合解决此争议，但 ITC 并没有采纳天瑞律师的主张。此案之后上诉至美国联邦巡回上诉法院（CAFC），联邦巡回上诉法院的法官分别就 ITC 的管辖权问题以及该案是否应当适用美国的商业秘密法进行判决的问题进行了论述，最终认定 ITC 对本案具有管辖权，同时应当适用美国的商业秘密法审理有关案件。对于美国公司在华企业员工跳槽到中国企业频频引发 337 调查案这一趋势，也将给处在中美贸易摩擦风口浪尖的中国出口企业增加更多的障碍。我们建议，中国企业在生产经营过程中，必须严格遵守商业秘密的相关法律，处理好因人员流动等引起的潜在商业秘密侵权风险。

本案的另一个特殊之处是在中国具有关联诉讼。2010 年 2 月，上海圣莱科特向上海市第二中级人民法院（以下简称"上海二中院"）提起诉讼，指控华奇和上海圣莱科特前厂长侵犯其商业秘密和专利申请权。2011 年 3 月，上海圣莱科特向上海二中院申请撤诉，而后与 SI 一起以同一案由再次向上海二中院提起诉讼。2012 年 1 月，华奇亦以上海圣莱科特侵犯其技术秘密为由，向上海二中院提起诉讼。华奇聘请了多位知名律师代理国内的系列案件。

该案还作出了一个有利于中国代理律师的裁决。2012 年 10 月 1 日，SI 向 ITC 提交动议，以华奇代理律师同时代理中、美两边的诉讼会造成对 SI 商业秘密的泄露和不当使用为由，请求 ITC 禁止华奇的代理律师冉瑞雪等接触 SI 集团的商业秘密，要求冉瑞雪停止代理该 337 调查以及在中国的关联诉讼。ITC 于 2012 年 11 月 6 日作出裁决，否决了 SI 的动议，肯定了 337 调查代理律师冉瑞雪可以同时代理该案在中国的关联诉讼。ITC 在本案中的上述裁决对于中国企业和中国律师而言都是重大利好，为中国律师代理 337 调查进一步打开了业务空间。

本案尚处于调查阶段，预计于 2013 年 4 月开庭审理，案件的裁决预计于 2013 年 10 月作出。

2. 稀土磁铁案（337-TA-855）

2012 年 8 月 17 日，日本日立金属株式会社及其美国子公司日立金属北卡莱罗纳（Hitachi Metals North Carolina）公司向 ITC 递交申请，指控中国、美国及德国、奥地利等国家的多家企业对美出口、在美进口或销售的稀土金属氧化物烧结磁体、制作方法及其同类产品涉嫌侵犯其 6,461,565 号、6,491,765 号、6,527,874 号、6,537,385 号美国专利，请求 ITC 对被申请人发起 337 调查，并要求颁布排除令及制止令。2012 年 9 月 18 日，ITC 决定立案（337-TA-855）。

该案的涉案产品主要包括含有烧结稀土磁体的音频设备、电动工具、电机、电子电路配件、汽车配件以及运动配件。被诉的诸多企业中包含3家中国内地企业，分别是烟台正海磁性材料股份有限公司、宁波金鸡强磁材料有限公司、安徽大地熊新材料股份有限公司。

截至 2012 年 12 月 31 日，申请人先后与被申请人泰勒梅高尔夫（Taylor Made Golf）、光电科技公司（Electro-Optics Technology, Inc.）、舒尔公司（Shure, Inc.）以及阿迪达斯美国公司（Adidas America, Inc.）等公司和解结案，针对其他被申请人的调查仍在进行中。

我国是稀土的重要出口国，而日本凭借其技术优势在稀土下游产业一直占据着傲视同侪的地位，申请人日立金属株式会社便是日本稀土深加工的龙头企业。日立金属在 2007 年 4 月针对涉案的钕铁硼专利发布的说明显示，来自日本、美国、德国、芬兰和中国的 11 家公司购买了日立金属的该项专利，其中中国内地有 5 家企业在被许可人之列。有关数据显示，本案中作为被申请人的几家中国企业对美国市场的销售规模并非十分可观，本案的结果或将会对其日后对美国市场的开拓产生一定的影响，但就目前来看，日立金属发起 337 调查的行为还有其他方面的考量。我国在稀土深加工方面还处于成长阶段，对日立金属而言，向其支付专利许可费获得专利使用权的中国企业却寥寥数家，多数企业通过挂靠具有专利使用权的企业出口甚至自行出口。日本对我国的稀土原料市场觊觎已久，而我国对稀土原料出口具有诸多的限制，本案的提起不难理解为日本意欲以技术来反制中国对稀土原料出口的控制。因此，就目前来看，我国企业在维护稀土原材料得天独厚的优势的前提下，亦应进一步重视稀土下游产业的知识产权保护，加强自主研发，以实现高端科技产业上的不断创新和进步。

3. 可调光节能荧光灯（337-TA-830）

2012 年 1 月 23 日，美国专利权人安德烈·保贝尔（Andrzej Bobel）和纳普顿灯具（Neptun Light）公司向美国国际贸易委员会（ITC）递交申请，指控中国、美国的多家企业对美出口、在美进口或销售的可调光紧凑型荧光灯及含有该产品的相关产品涉嫌侵犯其 5,434,480 号和 8,035,318 号美国专利，请求 ITC 对被申请人发起 337 调查，并要求颁布普遍排除令/有限排除令及制止令。2012 年 2 月 22 日，ITC 决定立案（337-TA-830）。

申请人安德烈·保贝尔主要从事节能灯的设计和发明，并将所获得的专利许可给全球最大的灯管及灯泡制造企业 Neptun Light 公司；安德烈·保贝尔于 2002 年在美国设立的一家生产包括 LED 灯、紧凑型荧光灯等产品的企业。美国通用电气公司和美国的 TCP 公司在本案中涉诉，中国内地共有 5 家企业涉诉，分别是厦门通士达有限公司、上海天灿宝照明电器贸易有限公司、上海强凌电子有限公司、镇江强凌电子有限公司和深圳金优田照明科技有限公司。❶ 上海天灿宝照明电器贸易有限公司、上海强凌电子有限公司和镇江强凌电子有限公司这 3 家中国企业是美国 TCP 公司的关联公司。根据该调查的申请书，厦门通士达有限公司向美国通用电气公司供应可调光紧凑型荧光灯。

---

❶ 申请人后来澄清其申请书中所列的"TCP 中国"并非一家法律意义上的公司实体，上海 Jensing 电子电气设备有限公司是另外一被诉企业海强凌电子有限公司的以前名称的错误拼写，因此，申请书中所列的 7 家中国企业在中国有法律实体存在的仅为 5 家。

附录2 中国企业应诉337调查2009~2014年年度评论系列报告

2012年6月26日,申请人与美国通用电气公司基于和解协议结案。2012年7月13日,申请人与厦门通士达有限公司亦基于和解协议结案。2012年9月4日,美国TCP公司及其中国关联公司因申请人撤诉从而得以从本案中解脱。

作为近年来国际上炙手可热的产业之一,与照明产业相关的337调查越来越多。早在2008年,ITC就曾针对发光二极管(LED)发起337调查。当时涉案的30家企业中包括4家中国LED下游企业,其中两家中国企业(广州鸿利光电股份有限公司和深圳洲明电子有限公司)应诉,并与申请人美国哥伦比亚大学退休教授格特鲁德·诺伊马克·罗斯柴尔德(Gertrude Neumark Rothschild)和解,并取得了两项专利的全球授权。在和解协议签署不到半个月的时间,同年年底,申请人再次向ITC提起申请,要求在被告名单中增补调查11家亚洲企业,其中包括5家中国企业。

在过去的几年中,跨国公司之间就照明产品提起的337调查共有10余起,包括欧司朗与LG、三星、路创电子和纳普顿灯具公司等公司之间的337调查。❶ 其中,在2011年,这些跨国公司相互提起的与照明产业有关的337调查达4起,占2011年ITC受理的69起337调查中的5%。在过去的几年中,针对中国照明企业的337调查总共4起,除前述2008年的调查及前述最新案件之外,2011年还有路创电子公司针对中国浙江的3家企业发起的关于照明控制设备的调查。这些提起337调查的外国公司通常是照明设备的制造商,其提起337调查的目的就是通过排除令将竞争对手的产品排除在美国市场之外,从而保持其自身在美国的市场份额。

据最新行业资料显示,中国LED照明产业2011年全年的产值约为1 500亿元,从产值上步入LED生产大国。中国照明企业的快速发展给全球的竞争对手带来了不可小觑的威胁。❷ 但是,中国目前的LED照明产业在核心技术的掌握上依然不容乐观,核心技术尤其是基础专利的缺乏成了外国公司制约中国照明企业的软肋,相关核心技术专利成了国外企业遏制中国照明企业与其竞争的制胜法宝。❸ 各照明企业为了保护自身的利益尤其是其在美国的市场份额,可以预见的是,将会有更多的照明企业向ITC提起337调查申请。

(二) 2012年与中国企业相关的已决案件

1. Tessera诉ITC案(337-TA-630)

2011年12月28日,美国加利福尼亚州的特信华(Tessera Inc.,以下简称"Tessera")

---

❶ 重大案件如2011年欧司朗与LG、三星公司相互提起的4起案件(案号分别为337-TA-784/337-TA-785/337-TA-798/337-TA-802),美国路创电子2009年分别针对Neptun Light和Universal Smart Electric提起的照明控制及调光器案(337-TA-681/337-TA-676),Gertrude Neumark Rothschild教授2008年和2009年提起的针对数家中国大陆及台湾地区企业生产的LED调查案(337-TA-640/337-TA-674),美国路创电子2007年针对美国立维腾公司提起的照明控制及调光器案(337-TA-599),Lumileds Lighting 2005年针对中国台湾地区企业晶元光电及国际光电提起的LED灯案(337-TA-556)等。

❷❸ 337调查引发的中国LED技术"血案"[EB/OL]. [2014-07-14]. http://www.ledinside.cn/node/19488.

公司向美国联邦最高法院提起调卷令申请（案卷号为 11-903），请求联邦最高法院对 ITC 于 2009 年 12 月 29 日在涉及最小尺寸封装半导体芯片以及含有此芯片产品 337 调查案（337-TA-630）中作出的包括中国记忆科技有限公司（"记忆科技"）在内的被申请人没有违反美国 337 条款的终裁裁决进行审查。2012 年 5 月 29 日，联邦最高法院驳回了 Tessera 的调卷令申请，为本案画上了句号。此案终以记忆科技等被诉企业完胜而结案。在此之前，Tessera 于 2011 年 5 月 23 日向美国联邦巡回上诉法院提起上诉，要求上诉法院审查 ITC 的终裁裁决。上诉法院支持了 ITC 作出的终裁，认定 ITC 作出的不侵权终裁不存在错误。

在联邦巡回上诉法院的判决中，法官首先在判决中指出 wBGA 产品并不侵犯 106 号专利，支持了 ITC 在终裁中的认定。对于 μBGA 产品是否侵犯 106 号专利问题，法官认为，只有尔必达（Elpida）进口了 μBGA 产品，且 ITC 作出的尔必达所购买的全部涉案产品都来自 Tessera 的被许可人的事实认定不存在争议，因此，法官根据权利用尽原理，认定尔必达的 μBGA 产品也不侵犯 106 号专利。据此，法官认为 ITC 就 106 号专利作出的认定有充分的事实基础且不存在适用法律上的错误。此外，由于涉诉的 977 号专利和 627 号专利已经失效，法官命令撤销 ITC 终裁中对这两项专利的认定，不再继续对此问题发表意见。至此，该案以 Tessera 在 ITC 和联邦巡回上诉法院均败诉告终，为中国芯片企业应诉 337 调查提供了借鉴意义。

2. 辅酶 Q10 产品案（337-TA-790）

2011 年 6 月 17 日，日本钟渊化学（Kaneka Corporation）公司向 ITC 提出申请，指控美国国内市场销售及美国进口的辅酶 Q10 产品及其制作方法涉嫌侵犯其所拥有的 7,910,340 号美国专利（以下简称"340 专利"），要求启动 337 调查，并发布排除令和制止令，中国企业浙江医药公司、厦门金达威集团股份有限公司以及神舟生物科技公司均在被申请人之列。2011 年 7 月 19 日，ITC 决定立案调查（337-TA-790）。

经过调查，2012 年 9 月 27 日，罗杰斯（Rogers）法官作出初裁，认定不侵权，但专利有效。特别需要说明的是，行政法官在该案中认定实施 340 专利的相关国内产业不存在。

随后，申请人钟渊化学请求对初裁进行复审，被申请人和调查律师共同要求复审。ITC 于 2012 年 11 月 29 日作出终裁，维持了不侵权的认定，推翻了初裁关于 340 专利的权利要求 22~45 根据《美国专利法》第 132 条关于新物质的限制有效的裁决。钟渊化学在本案中可谓"赔了夫人又折兵"。

中国企业在本案中的胜利意义重大。辅酶 Q10 作为主要用于"心脏健康"营养补充剂以及"防衰老"化妆品中的维生素类物质，前些年由日本大型企业垄断生产，但 2005 年之后由于下游旺盛的需求，各国辅酶 Q10 的产能快速增加，中国企业如浙江医药等企业都涉足了该领域，本案的涉案企业都是该领域的龙头企业。据有关统计，中国辅酶 Q10 出口量约占国际总需求量的一半，美国对辅酶 Q10 的需求尤为重要。本案的胜利为有关产品的对美出口铺平了道路。

三、2012 年与 337 调查有关的法律进展和案例

(一) 重大法律进展

1. ITC 开示程序修改建议稿

为提高 337 调查证据开示程序的效率，委员会在 2012 年 10 月对其《程序规则》提出了修正案草案，重点解决电子取证程序费用高昂以及容易泄露享有拒证特权的信息等问题。在该草案中，委员会参考了美国联邦民事诉讼程序和联邦证据规则中关于对享有拒证特权证据的保护规则，考虑采纳部分关于证据开示的总体规则、电子取证规则、对拒证特权信息和律师工作信息的保护规则等，这些规则可限制 337 调查取证的范围，并完善 337 调查取证的程序。具体修改内容主要包括以下方面。

(1) 证据开示的一般限制。草案规定，如果存在下列情形，行政法官必须通过命令限制证据开示的频率和范围：(a) 所寻求的证据开示不合理地累积、重复，或可以通过更方便、负担更少、更便宜的其他途径获取；(b) 要求证据开示的一方已经有充分的机会去获取调查所需信息；(c) 回应一方已经放弃对其调查的正当性的法律抗辩或已经描述了与调查事项相关的事实；(d) 考虑到调查的需求，证据开示对需由委员会裁决的事项的重要性以及公共利益，所要求的证据开示的负担或费用超出了可能的利益。

此处修订的内容前三项也是实践中被要求提供信息一方拒绝提供文件的常见理由，也反映了 337 调查证据开示程序中已经存在的常见问题；(d) 项内容涉及追求真相与经济性的古老话题。前述规定将降低双方证据开示的成本以及提供证据开示的效率。

(2) 适用于电子证据的特别限制。草案允许某些电子信息的取证由于一方认为是不适当的负担或费用而不可合理获取的，可不提供。若另一方要求强制提供，可提交动议强制开示。此时，被要求提供信息的一方必须证明该信息不可合理获取是因为不合理的负担或费用。如果要求强制开示的一方证明存在强制开示的合理理由，行政法官可命令强制开示。

如今企业在经营过程中储存的电子数据往往数量巨大，内容复杂，为了尽量获取更多的信息，从时间上看，要求提供文件的一方往往要求对方提供其当前以及历史上储存的电子数据；从公司的运营角度看，要求提供的数据往往包括研发、生产、销售、管理等方面的电子数据。这些数据可谓浩如烟海，提供这些信息以及从中找出与案件有关的信息，对双方都是耗时费力的事。此次修正案豁免的电子取证关键词是"不合理的负担或费用"，给拒绝提供相关电子证据一个合理的理由，将减少双方在电子取证方面的成本并提高证据开示的效率。

(3) 主张拒证特权。对于主张拒证特权，该草案规定：(a) 作为对本条款下提出的证据开示要求的回复，文件保存方应当予以提供，除非其享有拒证特权，其必须在答复某一问题或要求时明确提出其主张，在其提出主张后的 10 日内，制作拒证特权清单，说明不提供或披露的信息的性质，以便提出要求的一方在不披露相关信息的情况下衡量该主张。但是，双方可以达成书面协议放弃遵守以上内容。行政法官可以驳回

强制要求提供该协议所涉及的信息的动议。如果协议所涉及的信息在证据开示中已经提供，行政法官可以决定所提供的信息不享有拒证特权。（b）如果提交的文件享有拒证特权，主张拒证特权的人可以向收到该文件的人说明理由并发拒证特权清单，告知享有拒证特权的信息，收到的人应该在5日内退回、销毁所述信息及其副本，在该主张被消除以前，不得使用、披露该等信息，如果接收方在收到通知前将该等信息披露给别人，那需要在5日内采取必要的手段回收该等信息。需要说明的是，前述期限可以由行政法官基于正当理由作出不同的裁决。

此次草案对已经披露的享有拒证特权的信息规定了挽救措施，考虑到了由于337调查证据繁多导致的可能披露部分享有拒证特权的信息的现实，且具体规定非常详细，方便实际执行。

2. ITC 提高审判效率的修改建议稿

2012年7月，委员会对其《程序规则》提出了修正草案。此次草案的内容主要是对《程序规则》的技术性修正，协调各个部分的内容，解决委员会在实践中遇到的问题。修正的具体内容包括援引其他条款时条款序号错误、调整个别用词以避免疑义、调整部分行为规范以更好地符合实际等。此次草案主要修改内容如下。

（1）送达规则的澄清。《程序规则》原第 201.16（a）条概括性地说明了对当事人的文件送达，第 201.16（b）（3）条规定，以邮件方式的送达在发送邮件时完成。为了避免疑义，委员会的草案将明确这些送达规则同样适用于委员会作出的送达。

原第 201.16（f）条概括性地规定了向委员会提交电子文件的送达需事先达成一致；原第 201.16（e）条规定了以邮件或隔夜送达邮件送达时，回复时间有所增加。草案明确以电子方式送达时，回复时间不予以增加。

（2）统一保密信息公开版的发布时间。《程序规则》原第 210.5 条概括性地规定了在337调查程序中对商业秘密的特殊措施。当委员会或行政法官发布保密版的命令、初步裁决、意见或其他文件，其各自的公开版本的发布时间可能不同。此次草案统一规定，公开版本将在保密版本发布后30日内发布，除非有合理理由推迟该等截止期限。委员会或行政法官也可以通过命令延长该期限。

（3）证据开示程序的数量限制。对于第 210.28 条证据开示的规定，草案建议对双方的证据开示设置次数限制。《程序规则》原第 210.29 条是关于337调查中的问卷的规定。为了与几个行政法官的《基础规则》（*Ground Rules*）相符，草案建议对问卷进行数量限制，一方对另一方提出的问卷不得超过175个。

（二）重大案例

1. 引诱侵权责任主体的认定：Akamai v. Limelight Networks 及 Mckesson v. Epic Systems 上诉案

2012年8月31日，美国联邦巡回上诉法院在阿卡迈（Akamai）诉风光网络（Limelight Networks）及麦克森（Mckesson）诉艾匹克系统（Epic Systems）的上诉案中作出全体法官出席（en banc）判决。该判决认为，认定引诱侵权责任不要求被告实施涉案专利的所有步骤，涉案专利的步骤由不同主体分别实施也可能引起引诱侵权责任。

上诉法院认为，在以下两种情况被告可能承担引诱侵权责任：第一，被告实施了涉案专利的一些步骤并引诱其他主体实施其他步骤（如 Akamai 案）；第二，被告引诱多个不同主体实施涉案专利的各个步骤（如 Mckesson 案）。

根据上诉法院在此判决前的先例，直接侵权和引诱侵权责任的发生是以被诉方实施了涉案专利的所有步骤或者至少主导或控制了所有步骤的实施为前提的。如果涉案专利的所有步骤是由多个不同主体分别实施，上诉法院的处理原则是：如果实施的多个主体之间有代理关系，或者一方主导或者控制其他方的行为，则主导方或控制方可能承担直接侵权责任；如果多个主体之间不存在前述关系（实施涉案专利的不同主体之间不存在代理关系，且一方并未控制或主导其他方行为），某一主体若并未实施涉案专利的所有步骤，则该主体不承担直接侵权责任。即使各方故意安排分别实施涉案专利的所有步骤以避免侵权责任也不例外。而认定引诱侵权责任的前提是实施的某一主体被认定为直接侵权。

在本案中，上诉法院认为，不同主体因第三方引诱而共同实施涉案专利也可能被认定为直接侵权从而导致引诱侵权责任。上诉法院认为，若一方引诱其他方共同实施涉案专利，仅仅因为没有任何一方实施所有步骤或主导控制所有步骤的实施（实施直接侵权），就不认定引诱方的引诱侵权责任，这是毫无道理的，因为这可能是各方为避免侵权责任而故意作出的安排。

上诉法院的这一判决扩宽了在多个被诉方共同实施涉案专利的情形的责任认定。联邦地区法院在审判中实际应用这一判决可能会有更多问题需要解决。

2. 自然现象不具有可专利性：Mayo Collaborative Services v. Prometheus Laboratories, Inc. 案

2012 年 3 月 20 日，美国联邦最高法院在梅奥协作服务公司诉普罗米修斯实验室公司（Mayo Collaborative Services v. Prometheus Laboratories, Inc.）一案中作出判决，该判决认为，根据病人对药物的身体反应来判断最优的用药剂量的方法不具有可专利性，因为该方法包含自然现象，而自然现象是科学所依据的基础，所有人都有权使用。

普罗米修斯（Prometheus）是该涉案专利的所有人，在联邦地区法院起诉梅奥（Mayo）因出售包含该专利的测试方法侵犯其专利。联邦地区法院认定该专利无效，因为该专利仅仅描述了病人对药物的身体反应和药物的效力之间的自然联系。联邦巡回上诉法院则认为，该方法是对自然现象的应用，因为它包含了一系列变革性的步骤，能够优化治疗某种疾病的药物的效力，因而具有可专利性。上诉法院的两个理由如下：第一，管理病人用药改变了病人的身体；第二，决定病人身体的代谢水平需要变革性的测试，仅仅进行简单的检查是不可能完成的。

梅奥请求联邦最高法院审查上诉法院的判决。联邦最高法院的 9 名法官一致认为，自然规律、自然现象及抽象观念不具有可专利性，申请人不能仅仅陈述而必须应用它们，才能使其具有可专利性。联邦最高法院认为，上诉法院的两个理由不成立，因为它们并不是对自然现象的应用，它们仅仅指导医生应当测试病人的代谢水平，而通过众所周知的测试方法和自然规律也能达到同样目的。在此案前，联邦最高法院一贯认为可专利性的主题是很广泛的。在梅奥案中，联邦最高法院认为，不具有可专利性的自然现象要成为发明构思，必须加入足够充分的内容，而"足够充分"的界定无疑具

有主观性，这将给初审和上诉法院及美国专利商标局带来操作判断上的一些困难。

3. 涉案企业应及时向 ITC 提出新一代产品相关问题：有数码相机功能的手机和移动设备 337 调查案

在有数码相机功能的手机和移动设备的 337 调查案（337-TA-703）中，申请人柯达公司称被申请人移动研究公司（RIM）和苹果公司侵犯了柯达一项数码相机领域的专利。2011 年 1 月 24 日，行政法官发布初裁，认为柯达的专利无效，因此被申请人不存在违反 337 条款的行为。2011 年 6 月 30 日，委员会维持了行政法官的部分初裁内容，同时更改了行政法官对核心专利几项权利要求的解释，并将案件发回，要求行政法官根据新的解释判断柯达的专利是否有效。在重新审理过程中，移动研究公司在 2011 年 11 月 5 日提起动议，说明其已经不再向美国进口申请书中所列的特定型号产品，而是准备进口相关产品的下一代产品，且 ITC 已经认定与下一代产品类似的产品不侵犯柯达的专利，因此，移动研究公司要求行政法官将移动研究公司设计的下一代新产品列入 ITC 之前确认的柯达不侵权的产品清单中，或将新产品排除在 337 调查范围之外。

行政法官于 2011 年 12 月 27 日作出裁决，对移动研究公司的动议不予支持。行政法官认为，移动研究公司设计的新产品不能被自动列入之前 ITC 认定的移动研究公司的不侵权产品清单。柯达并没有要求行政法官在重审程序中审查移动研究公司的新产品。行政法官还提出，移动研究公司提出的新产品的问题应该通过另外的程序解决。移动研究公司可以请求 ITC 或美国海关对新产品发表意见，在获得其不侵权的肯定意见后，该产品即可以向美国进口。

这一裁决对于中国企业具有借鉴意义。涉案企业应该在 337 调查的早期及时向 ITC 提出要求审查新产品并确认新产品不侵权的请求，并确保行政法官在初裁中包括对该问题的认定。若不及时提出新产品的相关问题，可能对新产品进入美国市场造成负面影响。

4. 337 调查申请人修改申请书应有正当理由：电子相框 337 调查案与计算机取证设备 337 调查案

根据《程序规则》第 210.14（b）条，申请人在 337 调查程序启动后要求修改申请书和调查通知必须有正当理由。在近期的几个 337 调查中，行政法官对申请人提起的要求修改申请书和调查通知的动议不予支持，理由是申请人不能提供要求修改申请书和调查通知的正当理由。

在电子相框 337 调查案（337-TA-807）中，申请人 TPL 向 ITC 提起动议，要求增加一名被申请人创见美国（Transcend USA）公司。申请人在第一次向 ITC 提交的申请书中仅将台湾创见（Transcend）公司（以下简称"创见公司"）列为被申请人。申请人在动议中提出，申请人在提交申请书后才得知被申请人创见（Transcend）公司的子公司创见美国公司是实际上进口并出售涉案产品的实体。TPL 还提出，迟延向 ITC 提起增加另一被申请人的动议，是因为创见公司没有及时回答 TPL 的问卷。行政法官否决了 TPL 的动议。行政法官认为，TPL 在提交申请书时就应当将创见美国公司列为被申请人。TPL 在提交申请书时同时提交了从创见美国公司的公开网站（transcendusa.com）上获取的屏幕截图作为证据之一。而该网站明确提到创见美国公司出售创见公司的产品。另外，TPL 在向 ITC 提出 337 调查申请的同时，也向联邦地区法院提起诉讼，而在提交给联邦地区法院的起诉状中，TPL 将创见公司和创见美国公司同时列为被申请人。行政法官认为，TPL 提出的追加创见美国公司为被申请人的请求是没有正当理由支持的。

在计算机取证设备 337 调查案（337-TA-799）中，申请人麦吉科技（MyKey Technology）公司提出修改申请书和调查通知的动议，要求将被申请人"Diskology Inc."替换为"Diskology LLC."。麦吉公司提出，在提交申请书时，麦吉公司并不知道 Diskology Inc. 实际上已经解散了。然而，行政法官发现麦吉公司在提交申请书前 3 个星期就已经知道 Diskology Inc. 解散的事实。行政法官认为，麦吉在得知该事实后 4 个月才提起修改申请书的动议，是没有任何正当理由支持的。

根据 ITC 以往的裁决，如果申请人在证据交换的过程中得知新的信息，因而要求修改申请书和调查通知，可被视为有正当理由，但申请人在提起 337 调查请求前，通过尽职调查能够得知该信息的，则不能被视为有正当理由。

2013 年度报告

一、2013 年中国企业涉诉案件的立案、应诉和裁决情况

本部分用图表的方式重点介绍并分析 2013 年中国企业涉案、应诉情况以及裁决情况。为帮助理解我国企业应诉 337 调查的整体情况，本部分还提供了 2013 年 337 调查立案简介，并对过去 13 年中国企业涉案的产品以及涉案的案由进行了总结分析。

（一）337 调查立案数量以及中国企业涉案的调查数量

如附录图 2-13-1 所示，在过去的 13 年中，美国国际贸易委员会（ITC）受理的 337 调查案件数量迅速增长。2013 年，ITC 受理了 42 件 337 调查，比 2012 年略多。

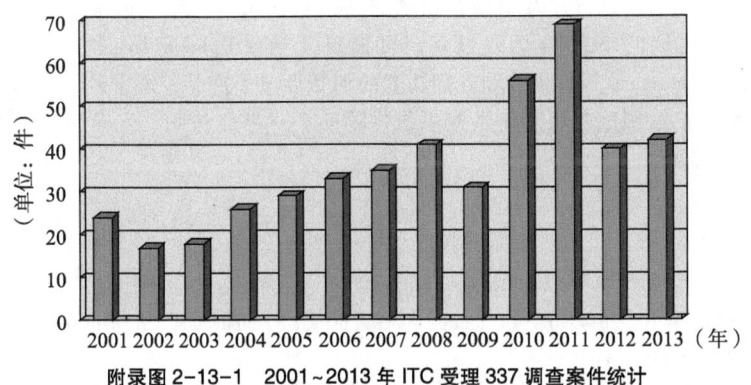

附录图 2-13-1　2001~2013 年 ITC 受理 337 调查案件统计

就过去 13 年涉及中国企业的 337 调查案件数量来看，尽管在 2011 年达到峰值之后案件数量略有下降，但总体上仍呈现了不断上升的态势。如附录表 2-13-1 所示，2013 年的 42 起 337 调查中，涉及中国企业的调查达到 14 起，占全球调查总量的 1/3 左右。

附录表 2-13-1　2001~2013 年中国企业涉案 337 调查数量及占比

年份	全球数量（件）	中国企业涉案数量（件）	中国企业涉案占比（%）
2001	24	1	4.2
2002	17	5	29.4
2003	18	8	44.4
2004	26	10	38.5
2005	29	10	34.5
2006	33	8	24.2
2007	35	10	28.5
2008	41	11	26.8
2009	31	8	25.8
2010	56❶	19	33.9
2011	69	16❷	23.1
2012	40	13	32.5
2013	42	14	33.3

（二）中国企业涉案 337 调查产品分析

如附录表 2-13-2 所示，在过去 13 年中，中国企业涉案 337 调查产品多种多样，但最多的是机电产品，占 2/3 左右。

2013 年，337 调查涉及中国企业的产品包括碎纸机、手机触屏及其软件、便携式设备保护套、3G/4G 无线设备、机械玩具鱼（Robotic Toys）、线性致动器（Linear Actuators）、带有播放和处理功能的消费性电子产品、履带式起重机、硅麦克风封装产品、睡眠呼吸障碍治疗系统、轮胎、户外烧烤炉、光盘驱动器和手持式电子助视器等。

---

❶ [EB/OL]. [2014-07-14]. http://www.usitc.gov/intellectual_property/documents/cy_337_institutions.pdf.

❷ 考虑到微处理器及其零配件案（337-TA-781）的两家中国企业均为英特尔在中国大陆的子公司，所以并未将其计入统计。

附录表 2-13-2 2001~2013 年中国企业涉案 337 调查被诉产品分类统计

单位：件

年份	中国企业涉案数量❶	机电产品	医药保健品	五矿化工	轻工工艺品	林产、食品土畜
2001	1	1	—	—	—	—
2002	5	3	—	1	1	—
2003	8	5	2	—	1	—
2004	10	6	—	—	3	1
2005	10	7	—	1	1	1
2006	8	7	—	1	—	—
2007	10	6	1	3	—	—
2008	11	8	—	2	1	—
2009	8	4	—	1	3	—
2010	19	18	—	—	1	—
2011	16	11	3	—	2	—
2012	13	10	—	2	1	—
2013	14	11	2	1	—	—

（三）中国企业涉案 337 调查案由分析

如附录表 2-13-3 所示，在过去 13 年中，中国企业涉案的绝大多数案由是专利侵权。以 2013 为例，涉及专利侵权的案件占 14 起中的 13 起，其中碎纸机案（337-TA-863）和履带式起重机案（337-TA-887）同时涉及侵犯商业秘密和专利侵权。

需要注意的是，针对中国企业的商业秘密 337 调查有快速增长的趋势。2012 年 ITC 发起过 4 起商业秘密 337 调查，其中起针对中国企业，1 起为酚醛树脂案（337-TA-849），2 起为电子壁炉案（337-TA-791/826）；2013 年 ITC 一共发起过 3 起涉及侵犯商业秘密的 337 调查，全部涉及中国企业，除了前述碎纸机案和履带式起重机案，机械玩具鱼案（337-TA-869）的案由也涉及侵犯商业秘密。

---

❶ 此处仅统计涉及中国企业的数量。

附录表2-13-3 2001~2013年中国企业涉案337调查案由统计

单位：件

年份	中国企业涉案数量	专利侵权	商标、商业外观侵权	著作权侵权	侵犯商业秘密及不正当竞争
2001	1	1	—	—	—
2002	5	4	1	—	—
2003	8	5	3	—	—
2004	10	9	1	—	—
2005	10	10	—	—	—
2006	8	6	2	—	—
2007	10	10	—	—	—
2008	11	11	1	—	1
2009	8	8	—	1	1❶
2010	19	18	1	—	—
2011	16	14❷	3	2❸	1❹
2012	13	11	—	1	2❺
2013	14	13	—	—	3❻

（四）2013年中国企业应诉情况以及涉及中国企业的337调查案件裁决情况

如附录表2-13-4所示，2013年总共有31家中国企业被起诉至ITC，其中23家中国企业选择应诉，与往年的应诉比例相比，2013年的整体比例较高。

---

❶ 集装箱货保系统案（337-TA-696）的案由是专利侵权、著作权侵权以及虚假广告。
❷ 手机保护套案（337-TA-780）的案由是专利侵权和商标侵权。
❸ 无线电遥控发射器和接收器案（337-TA-763）的案由是专利侵权、商标侵权和著作权侵权。
❹ 电子壁炉案（337-TA-791）的案由是著作权侵权、侵犯商业秘密及不正当竞争。
❺ 电子壁炉案（337-TA-826）的案由是著作权侵权、侵犯商业秘密及不正当竞争。该案与电子壁炉案（337-TA-791）关系密切，ITC已经合并审理这两起案件。
❻ 碎纸机案和履带式起重机案同时涉及专利侵权和侵犯商业秘密，故重复计算。

附录 2　中国企业应诉 337 调查 2009~2014 年年度评论系列报告

附录表 2-13-4　2011~2013 年中国企业涉案 337 调查应诉及结果统计❶

单位：件

年份	中国企业涉案总数	应诉	胜诉（包括撤诉）	和解	同意令	败诉（包括缺席）
2011	51❷	27	6	13	8	17
2012	33	22	6	6	1	12
2013	31❸	23	2	2	2	—

二、与中国企业相关的重大案件分析

"重大案件"是指对于中国企业应诉 337 调查有重要指导意义，涉及中国重要产业/重要企业，或者从法律制度发展的角度具有重大意义的案件。

（一）2013 年重要新立案件

1. 履带式起重机案（337-TA-887）

2013 年 6 月 12 日，美国威斯康星州马尼托沃克起重机公司向 ITC 提出申请，指控三一重工在美国市场销售的履带式起重机产品及部件侵犯该公司专利与商业秘密，要求启动 337 调查并发布排除令和禁止令。马尼托沃克起重机公司在申请书中指控三一重工侵犯其 7,546,928 号及 7,967,158 号专利，并通过聘用马尼托沃克起重机公司的高级工程师侵犯其与可变位置配重装置技术等有关的商业秘密。

三一重工在美国的主营产品是履带式起重机和越野式起重机，这是技术难度和对产品要求比较高的。三一重工的履带式起重机产品 2012 年在美国市场的占有率已经达到 8%，排名进入前三。三一重工主管国际业务的高级副总裁周福贵曾在接受媒体采访时称，三一重工的目标是要在美国市场做到第一，2015 年要达到 30%。❹ 正是三一重工在美国市场上的突飞猛进引来了竞争对手的"阻击"。

本案还有一个值得关注之处是，截至目前，双方在证据开示阶段，马尼托沃克起

---

❶ 该表格的数据截止日期为 2013 年 12 月 31 日。考虑到 2012 年和 2013 年立案的部分案件还未结案，此处是不完全统计。

❷ 手机保护套案（337-TA-780）有两家被诉企业为中国香港地区企业，未将其列入统计范畴；箱包案（337-TA-754）和电子壁炉案（337-TA-791）涉及自然人被申请人，没有统计在此处的企业数量中。

❸ 碎纸机案中的三个自然人作为被申请人，没有统计在此处的企业数量中；机械玩具鱼案三个外国被申请人是深圳雨禾信息技术有限公司的关联公司，并且申请书中指控涉案产品是深圳雨禾信息技术有限公司生产的，故统计时作为一个企业。

❹ [EB/OL]. [2014-07-14]. http：//news.xinhuanet.com/energy/2013-07/14/c_125004280.htm.

重机公司多次提出动议,要求三一重工提供若干文件证据,并允许现场查看三一重工某一型号的起重机,马尼托沃克起重机公司甚至提出动议要求对三一重工进行处罚。三一重工在本案证据开示阶段遭遇的激烈对抗可为将来中国企业应对337调查证据开示提供一定的参考。

本案目前处于调查阶段,案件的终裁预计于2014年11月作出。

2. 烧烤炉案(337-TA-895)

2013年8月21日,美国A&J Manufacturing LLC.和A&J Manufacturing Inc向ITC递交申请书,指控中国多家企业对美出口、在美进口或在美销售的户外烧烤炉(multiple mode outdoor grills)侵犯其在美注册的有效专利,请求ITC发起337调查,发布普遍排除令或有限排除令与禁止令。2013年9月20日,ITC决定立案(337-TA-895)。

本案的涉案产品主要是可同时进行多种方式(燃气、固体燃料等)供热的烧烤炉。被诉企业有一个共同特点是,企业规模不是特别大或者涉案产品对涉诉企业的重要程度不高;因为应诉成本的问题,多数企业应诉意愿不强。正是在这一背景下,美国A&J Manufacturing LLC.和A&J Manufacturing Inc在ITC申请普遍排除令。如果普遍排除令获得ITC的支持,将来中国企业生产的可同时进行多种方式(用气、用固体燃料等)供热的烧烤炉将不得出口美国。

因此,本案对我国分散的中小企业如何联合应诉337调查提出了挑战,对我国政府如何支持、帮助分散的中小企业应诉也提出了挑战。从目前案件进展来看,绝大多数中国企业均未积极应诉。

本案目前尚处于调查阶段,案件的终裁预计于2015年1月作出。

(二) 2013年与中国企业相关的已决案件

1. 新誉碎纸机调查案(337-TA-863)

美国时间2013年12月20日,ITC裁定准予碎纸机337调查案和解结案。自此,历时近一年的碎纸机案顺利结案。这是中国企业应诉侵犯商业秘密类337调查取得的最好结果。

2012年12月,美国范罗士公司以及范罗士办公用品(苏州)有限公司(合称"范罗士")向ITC提起337调查,指控江苏新誉集团有限公司、江苏新誉办公设备有限公司、深圳艾兰特办公设备有限公司、香港艾兰特办公设备有限公司、新誉办公设备(美国)有限公司、江苏新瑞重工科技有限公司(合称"新誉"),以及前述公司创始人等自然人侵犯其商业秘密和外观专利(D583,859和D598,048),请求判定侵权成立,禁止新誉涉案产品出口到美国并禁止已输美产品在美销售。

本案和解难度极大。该案件背景异常复杂,远超出一般商业秘密案件或专利侵权案件。争议双方范罗士和新誉曾长期合作,后因合资公司控制权发生纠纷,争讼近3年,在337调查提起之前,已另有8个诉讼/仲裁(国内诉讼仲裁5起,美国诉讼2起以及德国诉讼1起),原合资公司涉及的债权人诉讼有100多起。2013年3月,范罗士还就与新誉相关争议在美国国会参加听证,并试图通过外交途径解决相关争议。在国内,本案也引起商务部等部委的高度关注。

在本案代理难度极大且和解难度极大的情况下,我们根据代理在美商业秘密案件的经验,为新誉制订积极的诉讼策略,通过艰苦的诉讼拉锯战确保新誉在337调查中的诉讼利益,并在和解一事上付出了巨大的努力。冉瑞雪律师在协调新誉内部以及与对方律师谈判过程中承担了主要工作,终于在开庭前促成和解,最大限度地维护了新誉的商业利益。

根据公开信息,新誉的新款产品可以继续出口美国市场,范罗士还撤回了对于新誉创始人等自然人的起诉。

2. 中兴、华为无线3G设备及其组件调查案(337-TA-800)

2011年7月,美国一家NPE交互数字(InterDigital)公司向ITC提出申请,指控美华为、中兴通讯、诺基亚等企业侵犯其专利,要求启动337调查并发布排除令,禁止被诉公司在美国销售3G移动设备。2011年8月31日,ITC决定立案调查(337-TA-800)。

经过调查,2013年6月28日,行政法官大卫·肖(David P. Shaw)作出初裁,认定华为、中兴未侵犯原告专利权,原告三项专利权中的若干权利要求因在先技术而无效。随后,申请人交互数字公司请求对初裁进行复审。ITC于2012年12月19日作出终裁,维持行政法官关于华为、中兴未侵权的初裁。

华为、中兴在本案中的胜利意义重大。商务部进出口公平贸易局在其网站上发布公告称:"自2011年8月起,我华为、中兴公司连续遭遇5起337调查。本案涉案金额14亿美元,是我两公司经过近两年的艰难诉讼取得的首胜。这一结果将大大鼓舞我涉案企业应诉其余337调查案件的信心,有力遏制专利投机公司和竞争对手对我企业的滥诉。"❶

三、2013年与337调查有关的法律进展和案例

(一)重大法律进展

1. 证据开示的一般限制以及电子开示

2013年5月21日,《联邦公报》(Federal Register)公布了ITC《程序规则》中新修订的第210.27条❷,该条的相关规则自2013年6月20日起生效。此次修改主要是为了限制337调查取证的范围,提高337调查证据开示的效率,解决证据开示成本高昂尤其是电子取证程序费用高昂等问题。这些新修订条款参考了美国联邦民事诉讼程序的规则以及部分联邦地区法院的有益做法。主要修改内容包括以下方面。

(1) 证据开示的一般限制。 新修订的《程序规则》第210.27(d)条规定,如果存在下列情形,行政法官必须通过命令限制证据开示的频率和范围:(a)所寻求的证

---

❶ [EB/OL]. [2014-07-14]. http://big5.mofcom.gov.cn/gate/big5/gpj.mofcom.gov.cn/article/cx/cp/bz/201307/20130700193730.shtml.

❷ [EB/OL]. [2014-07-14]. http://www.itcblog.com/wp-content/uploads/2013/05/2013-11998.pdf.

据开示不合理地累积、重复，或可以通过更方便、负担更少、更便宜的其他途径获取；(b) 要求证据开示的一方已经有充分的机会去获取调查所需信息；(c) 回应一方已经放弃对其调查的正当性的法律抗辩或双方已经就与调查事项相关的事实达成一致；(d) 考虑到调查的需求，证据开示对需由委员会裁决的事项的重要性以及公共利益，所要求的证据开示的负担或费用超出可能的利益。

此处修订的内容前三项也是实践中被要求提供信息一方拒绝提供文件的常见理由，也反映了337调查证据开示程序中已经存在的常见问题；(d) 项内容涉及追求真相与经济性的古老话题。前述规定将降低双方证据开示的成本以及提供证据开示的效率。

(2) 适用于电子证据的特别限制。 新修订的《程序规则》第 210.27 (c) 条允许某些电子信息的取证由于一方认为不适当的负担或费用而不可合理获取，可不提供。若另一方要求强制提供，可提交动议强制开示。此时，被要求提供信息的一方必须证明该信息不可合理获取是因为不合理的负担或费用。如果要求强制开示的一方证明存在强制开示的合理理由，行政法官可命令强制开示。

如今企业在经营过程中储存的电子数据往往数量巨大，内容复杂，为了尽量获取更多的信息，从时间上看，要求提供文件的一方往往要求对方提供其当前以及历史上储存的电子数据；从公司的运营角度看，要求提供的数据往往包括研发、生产、销售、管理等方面的电子数据。这些数据可谓浩如烟海，提供这些信息以及从中找出与案件有关的信息，对双方都是耗时费力的事。此次修订豁免的电子取证关键词是"不合理的负担或费用"，给拒绝提供相关电子证据一个合理的理由，将为各方在337调查中的电子取证提供基本的指导原则，同时有助于减少双方在电子取证方面的成本并提高证据开示的效率。

2. 提前审理国内产业问题

2013年6月24日，ITC颁布了一项试点计划，以检验提前审理337调查中的一些处置性问题（dispositive issues）是否可以减少不必要的诉讼、节省时间以及降低各方的成本。❶ "是否存在国内产业"是典型的处置性问题，即如果没有相关的国内产业，原告的救济主张将无法获得支持。实践中，是否存在国内产业的裁定通常包含在行政法官的初裁中，此时离立案已有相当长的一段时间，而该试点计划将是否存在国内产业的裁定限定在立案之后的100日之内。根据该试点计划，如果有必要，委员会在立案时会特别要求行政法官在立案后的100日之内提前审理是否存在国内产业，在处理该问题期间，其他问题的审理暂时中止。

实际上，在颁布此试点计划之前，委员会已经在2013年3月立案的叠层包装案（337-TA-874）中要求行政法官提前审理原告是否满足国内产业的经济要件。该案的原告是NPE，其不生产涉案产品。行政法官认为原告自身没有生产涉案产品，也没有提供充分的证据证明其在专利许可方面进行重大的投资据此，行政法

---

❶ [EB/OL]. [2014-07-14]. www.usitc.gov/press_room/documents/featured_news/337pilot_article.htm.

官认定原告没有满足国内产业的经济要件，委员会在之后的复审中也维持了行政法官的此项裁决。

此项试点计划将在一定程度上限制 NPE 在 ITC 提起 337 调查，这对中国企业来说是利好消息。对于中国企业来说，在面对国内产业可能存在问题的 337 调查时，应当在 ITC 决定是否立案的 1 个月时间内积极应对，积极与 ITC 沟通，说服 ITC 在立案通知中要求行政法官提前审理国内产业问题。

3. 2013 年的其他制度修改

除电子证据交换之外，ITC 在 2013 年还修改了一些与证据开示以及国内产业相关的规则。2013 年 4 月 19 日，《联邦公报》颁布了修改之后的 ITC《程序规则》相关条款，这些修改后的条款自 2013 年 5 月 20 日生效。

此次修改的主要内容包括：

（1）《程序规则》第 210.28 条规定，原告可以在一个调查中最多调取 20 个证人的宣誓证言，或者对每个被告调取至多 5 个证人的宣誓证言，以多者为准；

（2）《程序规则》第 210.29 条将一方可向对方发送问卷的总数限制在 175 个；

（3）关于申请书中的国内产业描述，ITC 规则要求原告在起诉时进行更为明确的说明和描述。例如，《程序规则》第 210.12 条要求原告在申请书中详细说明是否存在国内产业或者国内产业正在建立；如果属于后者，需要说明原告正在积极使用知识产权的事实以及相关产业在将来很可能会建立。

前两项的修改主要是为了降低 337 调查中证据开示成本，以及提高证据开示的效率。第（3）项的修改，主要是为了提高申请书的明确度，使得被申请人和公众对涉案产业更加知情，这在一定程度上提高了 NPE 在 ITC 提起 337 调查的难度。

（二）重大案例

1. 美国贸易代表否决 ITC 终裁案：三星诉苹果案

时隔 26 年，美国总统首次否决 ITC 作出的终裁。该案起源于三星公司针对苹果公司电子设备产品提起的 337 调查（337-TA-794）。

2013 年 6 月 4 日，ITC 最终支持了三星的主张，在终裁中颁布了针对苹果老款 iPhone 的排除令。在颁布终裁之前，苹果主张由于三星所持有其中一项专利属于标准必要专利（standard essential patent），考虑到公共利益因素，ITC 应当拒绝颁布排除令，但 ITC 并没有支持苹果的该项主张，而是将政策因素留给总统考量。337 条款授权美国总统可根据政策原因否决 ITC 排除令，这些政策原因包括公共健康和福利、美国经济的竞争环境、美国制造竞争性产品的情况、美国消费者以及美国政经外交关系。该否决权具体由美国贸易代表实施。

在 2013 年 8 月 3 日给 ITC 委员会主席的信函中，相关贸易代表表示，考虑到对美国经济竞争环境以及消费者的影响，否决 ITC 作出的终裁。具体来说，该信函参考援引了美国司法部和美国专利商标局在 2013 年 1 月 8 日共同发布的关于标准必要专利的政策报告❶作为支持。该政策报告认为，对于标准必要专利，只有在美国联邦地区法院无法获得有效救济的情形下（例如存在过错的被许可人拒绝接受条件公平合理的许可），ITC 给予排除令救济才较为合适。

此案对在 337 调查中主张标准必要专利权利的申请人来说影响深远，这意味着即使这些申请人获得了 ITC 的支持，美国贸易代表也可能在总统审查程序中否决 ITC 的终裁。因此，对于这些标准必要专利的权利人来说，他们很可能会选择美国联邦地区法院作为主张权利的主要场所。

2. ITC 不予立案调查案：KV 案

2012 年 10 月，美国 KV 制药公司向 ITC 提起 337 调查申请，诉称 40 家进口 17-a 己酸羟孕酮产品的公司违反 337 条款，请求 ITC 颁布临时排除令和永久排除令，7 家中国企业在调查中被列为被申请人。KV 公司诉称，这些被申请人的进口行为为非法制造和销售涉案产品计划提供了支持，而该等计划构成 337 条款下的"不公平竞争手段"或者"不公平行为"。经过审查 KV 的申请材料，ITC 在 2012 年 12 月 21 日向 KV 的代理律师发函，决定不予立案。

KV 公司制造和销售 Makena 牌的 17-a 己酸羟孕酮产品，其在 2011 年获得美国食品和药品管理局批准。由于此药适用的症状病人数量较少，Makena 获得孤儿药资格，该资格允许 KV 在 7 年之内独家销售 Makena。在获得孤儿药资格之后，KV 立即向之前混合制配 17-a 己酸羟孕酮产品的药房发出警告，要求其停止继续制配混合药物；同时，KV 大幅提价，将该药物一剂的价格提升 100 倍至 1 500 美金，此行为招致公众的强烈批评。在公众压力之下，美国食品和药品管理局决定允许药房继续制配混合药物。KV 对此决定不服，向哥伦比亚特区联邦地区法院提起诉讼，请求美国食品和药品管理局制止药房制配混合药物的行为。该联邦地区法院之后以不存在权利依据为由驳回 KV 的起诉。

在对联邦地区法院的裁决不满以及在面临破产的情况下，KV 提起 337 调查，试图阻止制配混合药物的原料进入美国市场。但是，与实践中通常会选择立案不同，ITC 在此案中拒绝立案，其理由是 KV 请求救济的理由并不是 337 条款所认可的"不公平竞争手段"或"不公平行为"的一种。在 ITC 决定是否立案的过程中，其中的一名被申请人威基伍德药房（Wedgewood Pharmacy）聘请律师与 ITC 沟通，主张 KV 的请求没有权利依据，应当由美国食品和药品管理局而不是 ITC 来执行相关规定，并获得了 ITC 的支持。

此案对中国企业的启示是，在获悉涉案 337 调查时，应当积极应对，找出原告方在调查申请中的破绽，与 ITC 积极沟通，说服 ITC 不予以立案，从而以最低的成本解决相关争议。

3. Suprema 诉 ITC 案

2013 年 12 月 13 日，联邦巡回上诉法院（CAFC）就 Suprema, Inc. and Mentalix, Inc. v. ITC 一案作出判决，该判决推翻了 ITC 在生物扫描仪案（337-TA-720）中关于

---

❶ [EB/OL]. [2014-07-14]. www.justice.gov/atr/public/guidelines/290994.pdf.

某些生物指纹扫描仪侵犯 7,203,344 号方法专利（以下简称"344 专利"）的认定。该案的多数法官意见指出："当直接侵权在进口到美国之后才会发生，无法基于间接侵权的理论预期到基于违反《1930 年关税法》第 337（a）（1）（b）（i）条❶而签发的排除令。"即，337 条款要求 ITC 享有管辖权的产品必须在进口时存在侵权。联邦巡回上诉法院撤销了 ITC 基于 344 专利被侵权而颁发的有限排除令。

生物扫描仪案是由交叉匹配科技公司（Cross Match Technologies, Inc., 以下简称"Cross Match"）在 2010 年提起的，被申请人包括 Suprema 公司和 Mentalix 公司。该案涉及三个专利，与上文提到的间接侵权判决相关的是 344 专利，该专利涉及指纹捕捉和处理的特殊应用。被申请人 Mentalix 把另一被申请人 Suprema 生产的生物扫描仪进口到美国，并在进口后配上自己的软件使用，该组合被认定侵犯了 344 专利第 19 项方法专利权利要求。Cross Match 承认涉案的生物扫描仪在进口时并没有侵犯 344 专利的第 19 项的方法专利权利要求，生物扫描仪进口到美国后与在美国国内开发的软件组合使用时才发生侵权。Cross Match 也承认，该生物扫描仪除了这个用途，还有其他不侵权的用途。而 Suprema 主张，间接侵权的指控没有在进口的事实和最终的侵权之间建立足够的联系。ITC 没有采纳 Suprema 的抗辩，认为《1930 年关税法》第 337（a）（1）（b）（i）条中的"侵权"包括任何形式的侵权——直接、辅助或引诱侵权（direct, contributory, or induced）。ITC 认为 Suprema 在进口前已经鼓励、协助了 Mentalix 的侵权行为，因此在进口时已经构成间接侵权。而联邦巡回上诉法院的判决明确指出："除非发生直接侵权，否则间接侵权不可能发生。进口时，直接侵权尚未发生，也不存在'侵权产品'。"而该案的少数法官意见则对多数意见作出了强烈的批评，指出："该判决导致进口商通过在进口后组装侵权产品或者在进口时使某电子产品的一项功能失效在进口时不会侵犯完整的方法专利，即可以规避排除令。它实际上将进口到美国后才发生直接侵权的所有间接侵权形式从 ITC 的管辖范围中抹去。"

该判决发布后引起了较大的反响。有 337 调查领域的律师表示，以后在 ITC 提起专利诉讼必须确保它们的侵权理论不能基于产品进口到美国以后发生的间接侵权，"你必须保证，产品在进口时是侵权的，包括使用侵权方法制造的产品。"❷对经常作为被诉方的中国企业而言，利好消息是，该判决导致 ITC 对部分间接专利侵权行为丧失管辖权，增加了部分企业在 ITC 提起 337 调查的难度，可能导致部分竞争对手放弃提起 337 调查，而更多地向美国联邦地区法院寻求程序更为冗长的司法救济。此外，尽管联邦巡回上诉法院没有指出该判决对 ITC 之前作出的且正在执行的排除令是否具有溯及效力，受此判决影响的中国企业可以尝试请求 ITC 修改或者撤销之前作出的相关排除令。

4. 涉及中国企业的商业秘密 337 调查及趋势

在 337 调查案件中，商业秘密案件与专利案件相比，数量非常少，2002 年以来合

---

❶ 《美国关税法》第 337（a）（1）（b）（i）条为"侵犯美国有效可执行的专利……"，原文如下：infringe a valid and enforceable United States patent or a valid and enforceable United States copyright registered under Title 17.

❷ [EB/OL].[2014-07-14]. http://www.law360.com/articles/499836/5-recent-fed-circ-rulings-ip-attys-need-to-know.

》337 调查突围：写给中国企业的应诉指南

计仅有 13 起，仅占 ITC 受理所有案件的 3%左右。但是，在这仅有的 13 起商业秘密 337 调查案件中，有 8 起涉及中国企业，占了一半以上。❶ 在这 8 起涉及中国企业的商业秘密 337 调查中，除了 2004 年提起的半导体芯片案（337-TA-525）和 2008 年提起的天瑞铸钢车轮案（337-TA-655）外，其余的 6 起均是在 2011 年之后提起的。

针对中国企业的商业秘密 337 调查案件在这两三年爆发增长的一个重要原因是，因为联邦巡回上诉法院在 2011 年对天瑞案作出的上诉裁决确定了 ITC 对发生在美国之外的侵犯商业秘密行为拥有管辖权这一先例。天瑞上诉案源于美国安捷达公司在 2008 年就铸钢车轮向 ITC 提起的 337 调查。在 337 调查中，ITC 在 2009 年年底终裁认定天瑞集团有限公司和天瑞集团铸造有限公司（合称"天瑞"）存在违反 337 条款的侵犯商业秘密行为。天瑞不服 ITC 的终裁，据此向联邦巡回上诉法院提起上诉。2011 年，联邦巡回上诉法院作出判决，维持了 ITC 的终裁。此上诉判决承认了 ITC 对完全发生在中国的侵犯商业秘密 337 调查拥有管辖权，这意味着美国或一些其他国家的跨国公司可以中国企业在中国侵犯其商业秘密为由，利用 ITC 对中国企业发起更多的 337 调查。此外，美国贸易保护主义的抬头也是商业秘密 337 调查案件增长的一个原因。2013 年 2 月 20 日，美国白宫发布了一份名为《反外国盗取商业秘密策略》（Administration Strategy on Mitigating the Theft of U.S. Trade Secrets）的报告❷。虽然该报告称"并不专门针对某个国家"，但鉴于该报告多次以我国企业或自然人等盗取美国商业秘密举例，《华尔街日报》、CNN 等媒体认为，此报告的主要目的是向我国政府和企业施压。这份长达 141 页的报告非常明确地将美国商业秘密的保护提到国家安全的高度，并开宗名义地提出，保护美国商业秘密是为了"推动美国经济和支持就业"。

因此，随着中国企业技术竞争力的增强以及员工自跨国公司回流至内资企业，可以预见，在未来的几年之内，美国或者一些其他国家的跨国公司可能会以侵犯商业秘密为由在 ITC 发起更多针对中国企业的 337 调查。我国政府已经意识到了商业秘密 337 调查对我国企业的不利影响和不公平待遇，开始通过研讨会等方式传达我国政府的立场，为中美贸易创造更加良好的国际贸易环境。❸

| 2014 年度报告 |

一、2014 年中国企业涉诉案件的立案、应诉和裁决情况

本部分用图表的方式重点介绍并分析 2014 年中国企业涉案、应诉情况以及裁决情

---

❶ 这 7 起涉及中国企业的商业秘密 337 调查分别是：天瑞铸钢车轮案（337-TA-655）、电子壁炉案（337-TA-791 和 337-TA-826）、华奇橡胶树脂案（337-TA-849）、新誉碎纸机案（337-TA-863）、机械玩具鱼案（337-TA-869）和履带式起重机案（337-TA-887）。

❷ [EB/OL]. [2014-07-14]. http://www.whitehouse.gov/sites/default/files/omb/IPEC/admin_strategy_on_mitigating_the_theft_of_u.s._trade_secrets.pdf.

❸ [EB/OL]. [2014-07-14]. http://finance.sina.com.cn/roll/20131019/005917041790.shtml.

| 附录2　中国企业应诉337调查2009~2014年年度评论系列报告

况。为帮助理解我国企业应诉美国337调查的整体情况，本部分还提供了2014年337调查立案简介，并对过去14年中国企业涉案的产品以及涉案的案由进行了总结分析。

（一）美国337调查立案数量以及中国企业涉案的调查数量

如图2-14-1所示，在过去的14年中，美国国际贸易委员会（ITC）受理的337调查案件数量迅速增长。2014年ITC受理了39件美国337调查❶，比2013年略少。

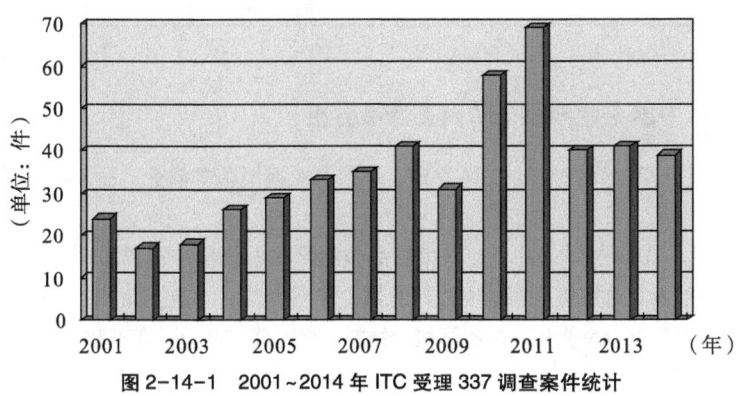

图2-14-1　2001~2014年ITC受理337调查案件统计

就过去14年涉及中国企业的337调查案件数量来看，尽管在2011年达到峰值之后案件数量略有下降，但总体上仍呈现了不断上升的态势。如表2-14-1所示，2014年的39起337调查中，涉及中国企业的调查达到13起，占全球调查总量的1/3。

表2-14-1　2001~2014年中国企业涉案337调查数量及占比

年份	全球数量（件）	中国企业涉案数量（件）	中国企业涉案占比（%）
2001	24	1	4.2%
2002	17	5	29.4%
2003	18	8	44.4%
2004	26	10	38.5%
2005	29	10	34.5%
2006	33	8	24.2%
2007	35	10	28.5%
2008	41	11	26.8%
2009	31	8	25.8%

---

❶ 此处39件337调查以在2014年立案为标准进行统计。

续表

年份	全球数量（件）	中国企业涉案数量（件）	中国企业涉案占比（%）
2010	56❶	19	33.9%
2011	69	16❷	23.1%
2012	40	13	32.5%
2013	41	14	34.1%
2014	39	13❸	33.3%

（二）中国企业涉案337调查产品分析

如表2-14-2所示，在过去14年中，中国企业涉案337调查产品多种多样，但最多的是机电产品，占2/3左右。

2014年，337调查涉及中国企业的产品包括声磁电子器件监控系统产品、无线设备、电视播放器、电视接收器、电视选台器、甲磺草胺、硒鼓产品、射箭器材、集成电路、手链编织架、反光镜、降噪耳机、饮料冲泡容器、电动平衡车和鞋类产品等。

表2-14-2　2001~2014年中国企业涉案337调查被诉产品分类统计

年份	中国企业涉案数量❹	机电产品	医药保健品	五矿化工	轻工工艺品	林产、食品土畜
2001	1	1	—	—	—	—
2002	5	3	—	1	1	—
2003	8	5	2	—	1	—
2004	10	6	—	—	3	1
2005	10	7	—	1	1	1
2006	8	7	—	1	—	—
2007	10	6	1	3	—	—
2008	11	8	—	2	1	—
2009	8	4	—	1	3	—

---

❶ [EB/OL]. [2015-3-15]. http://www.usitc.gov/intellectual_property/documents/cy_337_institutions.pdf.

❷ 考虑到微处理器及其零配件案（337-TA-781）的两家中国企业均为Intel在中国大陆的子公司，所以并未将其计入统计。

❸ 电视播放器、电视接收器、电视选台器案（337-TA-910）中，被诉中国企业冠捷电子（福建）有限公司是台湾地区潘氏集团和印尼林氏集团在中国大陆设立的合资企业，此处将其纳入统计范畴。

❹ 此处仅统计涉及中国大陆的企业数量。

续表

年份	中国企业涉案数量	机电产品	医药保健品	五矿化工	轻工工艺品	林产、食品土畜
2010	19	18	—	—	1	—
2011	16	11	3	—	2	—
2012	13	10	—	2	1	—
2013	14	11	2	1	—	—
2014	13	9	—	1	3	—

（三）中国企业涉案337调查案由分析

如表2-14-3所示，在过去14年中，中国企业涉案的绝大多数案由是专利侵权。以2014年为例，涉及专利侵权的案件占13起中的12起，有3起案件涉及两个案由：射箭器材案（337-TA-919）的案由是专利侵权和商标侵权、反光镜案（337-TA-924）的案由是专利侵权和商标侵权、电动平衡车案（337-TA-935）的案由是专利侵权和著作权侵权。

表2-14-3 2001~2014年中国企业涉案337调查案由统计

单位：件

年份	中国企业涉案数量	专利侵权	商标、商业外观侵权	著作权侵权	侵犯商业秘密及不正当竞争
2001	1	1	—	—	—
2002	5	4	1	—	—
2003	8	5	3	—	—
2004	10	9	1	—	—
2005	10	10	—	—	—
2006	8	6	2	—	—
2007	10	10	—	—	—
2008	11	11	1	—	1
2009	8	8	—	1	1❶
2010	19	18	1	—	—
2011	16	14❷	3	2❸	1❹

❶ 集装箱货保系统案（337-TA-696）的案由是专利侵权、著作权侵权以及虚假广告。
❷ 手机保护套案（337-TA-780）的案由是专利侵权和商标侵权。
❸ 无线电遥控发射器和接收器案（337-TA-763）的案由是专利侵权、商标侵权和著作权侵权。
❹ 电子壁炉案（337-TA-791）的案由是著作权侵权、侵犯商业秘密及不正当竞争。

续表

年份	中国企业涉案数量	专利侵权	商标、商业外观侵权	著作权侵权	侵犯商业秘密及不正当竞争
2012	13	11	—	1	2❶
2013	14	13	—	—	3❷
2014	13	12	3❸	1❹	—

（四）2014年中国企业应诉情况以及涉及中国企业的337调查案件裁决情况

如表2-14-4所示，2014年总共有34家中国企业被起诉至ITC，其中21家中国企业选择应诉，与往年的应诉比例相比，整体来说，2014年的比例较高。

表2-14-4　2011~2014年中国企业涉案337调查应诉以及结果统计❺

单位：件

年份	中国企业涉案总数	应诉	胜诉（包括撤诉）	和解	同意令	败诉（包括缺席）
2011	51❻	27	6	13	8	17
2012	33	22	6	6	1	12
2013	31❼	23	2	10	6	3
2014	34❽	21	1	5	3	14

---

❶ 电子壁炉案（337-TA-826）的案由是著作权侵权、侵犯商业秘密及不正当竞争。该案与电子壁炉案（337-TA-791）关系密切，ITC已经合并审理这两起案件。

❷ 碎纸机案和履带式起重机案同时涉及专利侵权和侵犯商业秘密，故重复计算。

❸ 射箭器材案（337-TA-919）的案由是专利侵权和商标侵权，反光镜案（337-TA-924）的案由是专利侵权和商标侵权。

❹ 电动平衡车案（337-TA-935）的案由是专利侵权和著作权侵权。

❺ 该表格的数据截止日期为2014年12月31日。考虑到2013年和2014年立案的部分案件还未结案，此处结果部分是不完全统计。

❻ 手机保护套案（337-TA-780）有两家被诉企业为中国香港地区企业，未将其列入统计范围；箱包案（337-TA-754）和电子壁炉案（337-TA-791）涉及自然人被申请人，没有统计在此处的企业数量中。

❼ 碎纸机案中的三个自然人作为被申请人，没有统计在此处的企业数量中；机械玩具鱼案三个外国被申请人是深圳雨禾信息技术有限公司的关联公司，并且申请书中指控涉案产品是深圳雨禾信息技术有限公司生产的，故统计时作为1家企业。

❽ 声磁电子器件监控系统产品案（337-TA-904）有一家被诉企业为中国香港地区企业，没有纳入统计；硒鼓产品案（337-TA-918）有四家被诉企业为中国香港地区企业，有一家被诉企业为中国澳门地区企业，均没有纳入统计范围；手链编织架案（337-TA-923）有一家被诉企业为中国香港地区企业，并有一名自然人作为被申请人，均没有纳入统计范围；反光镜案（337-TA-924）有一家被诉企业为中国香港地区企业，没有纳入统计范围；饮料冲泡容器案（337-TA-929）有两家被诉企业为中国香港地区企业，没有纳入统计范围。

二、与中国企业相关的重大案件分析

"重大案件"是指对于中国企业应诉337调查有重要指导意义,涉及中国重要产业/重要企业,或者从法律制度发展的角度具有重大意义的案件。

(一) 2014年重要新立案件

1. 除草剂案 (337-TA-914)

2014年4月14日,ITC正式对美国FMC公司指控包括两家中国公司(北京颖泰嘉和生物科技有限公司、江西禾益化工有限公司)在内的四个被申请人生产、进口或销售的甲磺草胺产品(以下简称"除草剂")侵犯其7,169,952号专利的337调查进行立案(337-AT-914)。美国FMC公司请求ITC发布临时救济措施,并且发布有限排除令和制止令。

本案的一大特点在于,申请人提出了临时救济动议。与在专利侵权诉讼中原告经常请求法院颁布临时禁令(preliminary injunction)不同,337调查的申请人提交获得临时救济的情形比较少见,主要原因是337调查程序快速推进的特点以及颁布临时救济措施的标准与联邦法院颁布临时禁令的标准一样严格。❶ 1976~2012年,申请人总共向ITC提交了45个临时救济动议,获得批准的仅有9个。临时的排除令签发后,涉嫌侵权的产品仍然可以进入美国,前提是被申请人缴纳了保证金。保证金的数额应当足以保护申请人的利益。如果案件裁决被诉企业确实侵犯了申请人的知识产权,那么被诉企业先前缴纳的保证金将归申请人所有。

2012年8月12日,行政法官作出初裁,驳回了申请人的临时救济动议,并且特别指出FMC没能证明以下四个方面:(1)它在案件实体问题上很可能胜诉;(2)如果不发布临时救济措施,它将受到无法弥补的损害;(3)权衡双方困境会更倾向于发布临时救济措施;(4)公共利益要求发布临时救济措施。FMC不服,请求复审,而四个被申请人和调查律师则对FMC的复审请求提出了反对意见。2014年10月1日,ITC发布委员会意见,维持了初裁。

本案被申请人成功应对临时救济动议,可为国内其他企业面临类似情况时提供借鉴。例如,北京颖泰嘉和生物科技有限公司和江西禾益化工有限公司在案件之初(2014年4月17日)提出动议,要求将该案件视为"复杂"案件,获得行政法官的支持,从而将临时禁令程序从90日成功延长到150日,有了更多的反击准备时间;又如,及时聘请了专家证人,并且,其专家证人对专利权利要求的解释被ITC认定是有说服力的,在ITC认定申请人现阶段不能证明被申请人很可能侵权时起到了积极作用。

本案目前处于调查阶段,案件的终裁预计于2015年8月作出。

---

❶ TOM M. SCHAUMBERG. A Lawyer's Guide to Section 337 Investigations before the U.S. International Trade Commission [M]. ABA Publishing, 2010: 79.

2. 集成电路案（337-TA-920）

2014年7月2日，ITC对飞思卡尔指控联想、冠捷（厦门）等多家公司的集成电路产品侵犯其5,962,926号、7,158,432号、7,230,505号、7,518,947号、7,626,276号和7,746,716号专利的案件正式立案（337-TA-920）。因中国台湾地区的联发科技股份有限公司（以下简称"联发科"）与飞思卡尔达成和解协议，其和解协议覆盖了其他所有被申请人（其他被申请人使用了联发科的芯片），该调查得以在2014年11月14日全面终结。

在这个案件中，包括冠捷在内的三个被申请人曾经就申请人的专家证人Banerjee博士能否作为飞思卡尔的专家证人而发生过争议，原因是这三个被申请人曾经雇用过Banerjee博士，向他发送过保密信息，包括律师的工作成果、诉讼策略、预期的抗辩等。飞思卡尔起初建议Banerjee博士仅就联发科的芯片发表专家意见，不就雇用过他的三个被申请人的芯片发表专家意见。但这三个被申请人不同意，因为他们的产品被指控侵权就是因为用了联发科的芯片。双方还曾就此事发起过动议，以飞思卡尔主动不再聘用Banerjee博士告终。

在337调查过程中聘请专家证人有诸多注意事项。如本案所示，由于具有诉讼作证经验的业内专家通常比较有限，一方很可能看中的专家之前已与对方洽谈过，甚至还提供过服务，这些都可能导致专家不适格。中国企业在聘请专家证人时，可借鉴本案的经验教训。

（二）2014年与中国企业相关的已决案件

1. 履带式起重机案（337-TA-887）

2013年6月12日，美国威斯康星州马尼托沃克起重机公司向ITC提出申请，指控三一重工在美国市场销售的履带式起重机产品及部件侵犯该公司专利与商业秘密，要求启动337调查并发布排除令和制止令。马尼托沃克起重机公司在申请书中指控三一重工侵犯其7,546,928号及7,967,158号专利（以下简称"928专利"和"158专利"），并通过聘用马尼托沃克起重机公司的高级工程师侵犯其可变位置配重装置技术等有关的商业秘密。

三一重工在美国的主营产品是履带起重机和越野式起重机，这是技术难度和对产品要求比较高的产品。三一重工的履带式起重机产品2012年在美国市场的占有率已经达到8%，排名进入前三。三一重工主管国际业务的高级副总裁周福贵曾在接受媒体采访时称，三一重工的目标是要在美国市场做到第一，2015年要达到30%。❶ 正是三一重工在美国市场上的突飞猛进引来了竞争对手的"阻击"。

本案还有一个值得关注之处在于，截至目前，双方在证据开示阶段，马尼托沃克起重机公司多次提出动议要求三一重工提供若干文件证据，允许马尼托沃克起重机公司现场查看三一重工某一型号的起重机，马尼托沃克起重机公司甚至提出动议要求对三一重工进行处罚。三一重工在本案证据开示阶段遭遇的激烈对抗可为将来中国企业

---

❶ [EB/OL]. [2015-3-15]. http://news.xinhuanet.com/energy/2013-07/14/c_125004280.htm.

应对美国337调查证据开示提供一定的参考价值。

2014年7月,行政法官认定三一重工侵犯928专利的权利要求1、2、5、8和23、26,以及商业秘密(序号为1、6、14、15);不侵犯928专利的专利要求6、19、11和158专利要求1,以及部分商业秘密(序号为3和4)。ITC决定对该初裁的部分内容进行复审。目前,ITC尚未就该案作出终裁。

2. 呼吸睡眠系统案(337-TA-890)

2013年7月19日,美国加利福尼亚州的瑞思迈公司向ITC提出申请,指控北京怡和嘉业医疗科技有限公司及其美国销售子公司在美国进口及在美市场销售的睡眠呼吸障碍治疗设备产品侵犯该公司8,312,883号、7,341,060号、7,178,527号、7,950,392号、7,926,487号和7,997,267号等面罩专利以及7,614,398号(RE44453)呼吸机加湿器专利,请求ITC对被申请人发起337调查,并要求颁布排除令及制止令。2013年8月23日,ITC决定立案(337-TA-890)。申请人瑞思迈公司是一家创始于澳大利亚的公司,在睡眠呼吸障碍治疗设备市场上目前占有较大市场份额。

除337调查之外,2013年11月,在德国MEDICA(医疗器械展会)即将召开前夕,瑞思迈公司向当地法院提交申请,以侵犯其专利权为由,对北京怡和嘉业医疗科技有限公司的呼吸机产品和Willow面罩产品申请了"临时禁令"。德国MEDICA展会首日,瑞思迈即依据该"临时禁令"对北京怡和嘉业医疗科技有限公司上述产品进行了没收,并要求禁止在展会上展览上述产品。

在本案调查过程中,瑞思迈公司撤回了部分专利或专利权利要求。2014年8月,行政法官颁布了初裁,认定7,926,487号专利无效,但认定8,312,883号、7,341,060号、7,178,527号、7,950,392号和7,997,267号专利有效且北京怡和嘉业医疗科技有限公司侵犯了这些专利。此外,对于呼吸机加湿器专利,行政法官认定7,614,398号专利权利要求1、4、7无效,但认定该专利权利要求2有效且北京怡和嘉业医疗科技有限公司侵犯权利要求2。双方都对行政法官作出的部分裁决内容不服,请求委员会复审。2014年10月,ITC决定对该初裁的部分内容进行复审,即复审7,926,487号和7,614,398号专利相关裁定。2014年12月,ITC作出终裁,主要内容如下:(1)对于7,926,487号专利,委员会认定不存在国内产业,因此不存在违反337条款的情形;(2)对于7,614,398号专利,委员会认为权利要求2无效。

从这起案件可以看出,美国及全球其他竞争对手,针对中国企业,特别是成长中的高新技术企业,在美国以及其他国际市场起步阶段利用337调查及其他法律手段进行阻击,这种现象值得我们高度关注。作为中国企业,一方面对此要有充分的认识和准备;另一方面,法律服务市场也应当有针对性、有策略地为这类中国企业提供相应的支持与服务。

三、2014年与337调查有关的法律进展和案例

(一)毁损证据导致缺席和罚款

在不透明聚合物337调查案(337-TA-883)中,行政法官于2014年10月作出初

裁，认定被申请人 Organik Kimya 公司存在恶意毁损证据的行为，并据此作出缺席判决（default judgment），并要求 Organik Kimya 公司及其代理律师向陶氏化学公司赔偿 195 万美元。此 337 调查案源自陶氏化学公司在 2013 年 5 月提起的针对 Organik Kimya 公司的专利侵权和侵犯商业秘密 337 调查案。陶氏化学公司认为 Organik Kimya 公司通过雇用其前员工方式获得陶氏化学公司的技术秘密。

行政法官在初裁中认定 Organik Kimya 公司恶意毁损证据的行为包括：（1）在电子取证前，一名陶氏化学前员工覆盖了其笔记本中的内容；（2）另一名陶氏化学前员工在电子取证前删掉了 2 700 多份文件，并且该员工的电脑在电子取证完之后就消失了。行政法官认为这些恶意行为导致陶氏化学无法主张商业秘密侵权，也导致其无法合理且及时地解决该争议。据此，行政法官认定必须对 Organik Kimya 公司处以缺席判决的惩罚。此外，行政法官也据此判令 Organik Kimya 公司向陶氏化学公司支付与恶意毁损相关的证据开示费用以及相关的律师费用共计 195 万美元。考虑到 Organik Kimya 公司是一家土耳其公司，存在执行困难，其代理律师应当知悉其损毁证据行为以及其代理律师未积极要求其客户保存证据等原因，行政法官要求 Organik Kimya 公司对该笔款项承担连带赔偿责任。Organik Kimya 公司对该初裁不服，请求委员会复审该裁决，委员会在 2013 年 12 月 16 日决定复审该裁决。目前，此案仍在复审过程中。

对于在美国可能涉诉的中国企业来说，本案具有借鉴意义。由于美国独特的证据开示过程和大陆法系国家的证据制度差异较大，中国企业通常不具备美国法要求的证据保管意识，也不了解这方面的规则，在没有意识的情况下违反证据保管相关的规则，容易被对方律师挑出不当之处，对方可以利用这些问题降低法官对中国企业的信任度，甚至可能排除对中国企业有利的证据的效力。如果中国企业遇到来自美国的诉讼（包括 337 调查），其应当在律师的指导下履行证据保管义务，以避免因为不懂规则而在案件中遭受负面影响。

（二）许可构成国内产业需要满足技术方面要素要求

在电脑及其周边产品 337 调查案（337-TA-841）中，ITC 于 2014 年 1 月 9 日认定，如果申请人以许可活动作为存在国内产业的依据，其需证明存在使用涉诉专利的产品，即证明其满足技术方面要素（technical prong）。在此案之前，如果申请人以许可活动主张存在国内产业，其并不需要证明技术方面要素，其只需要证明其为了许可进行重大的投资，即经济方面要素（economic prong）。

该 337 调查案于 2012 年 5 月 2 日立案，申请人是 Technology Property Limited（一家专利投机公司），被申请人包括惠普等 21 家公司。在初裁中，该案的行政法官认定根据 ITC 的先例，如果申请人以许可活动为由主张存在国内产业，其不需要证明存在使用涉案专利的产品，即不需要证明技术方面要素。在复审决定中，委员会要求双方根据联邦巡回上诉法院的 InterDigital 案❶和 Microsoft 案❷阐述第 337（a）（3）（c）条是

---

❶ InterDigital Communications, LLC v. ITC, 707 F.3d 1295 (Fed. Cir. 2013).
❷ Microsoft Corp. v. ITC, 731 F.3d 1354 (Fed. Cir. 2013).

否要求申请人证明存在受专利保护的产品（articles protected by the patent）。[1] 作为对 ITC 具有约束力的先例，前述两判例均明确要求，许可活动的重大投资必须与专利所保护的产品相关，不论该产品是在哪里生产的。委员会根据联邦巡回上诉法院判例认定，以许可主张存在国内产业的申请人也需要同时证明技术方面要素。由于该案的申请人 Technology Property Limited 没有证明技术方面要素，因此，涉案专利不存在国内产业，进而认定该案的被申请人并没有违反 337 条款。

该案对专利投机公司将产生一定的影响，有些原本可以提起的调查已经无法再提起，这对部分经常被专利投资公司骚扰的中国企业来说是利好消息。但是，该案对专利投机公司提起 337 调查的影响有限。在实践中，为了解决国内产业问题，专利投机公司会利用其被许可人利用专利的生产活动作为证明存在国内产业的依据。

（三）专利权利要求明确性的判定标准：Nautilus Inc. v. Biosig Instruments 案

在 2014 年 6 月 2 日对 Nautilus Inc. v. Biosig Instruments（No.13-369）的判决中，美国联邦最高法院对专利权利要求的明确性判断标准问题作出裁决。该案源于 2010 年 Biosig 在联邦地区法院提起专利侵权诉讼。Biosig 主张 Nautilus 侵犯其 5,337,735 号专利。诉讼过程中，Nautilus 主张专利中的权利要求 1 记载的"spaced relationship"无法满足美国专利法关于"明确性"（definiteness）的要求，并请求联邦地区法院作出简易裁决认定该专利无效。联邦地区法院支持了 Nautilus 的观点，Biosig 不服联邦地区法院的裁决，上述至美国联邦巡回上诉法院。联邦巡回上诉法院则推翻了联邦地区法院的裁决。而美国最高院则推翻了联邦巡回上诉法院的裁决，认定其在判断权利要求是否明确时，采用了错误的标准，将该案发回重审。

联邦巡回上诉法院认定该权利要求满足了"可供解释"（amenable to construction）和"没有无法解决的含混"（not insolubly ambiguous）两个判断标准，因而符合了美国专利法关于权利要求明确性的要求。而美国联邦最高法院则认定，联邦巡回上诉法院的采用的这两个判断标准不能准确地反映美国专利法对权利要求明确的要求，并认为《美国专利法》第 112（b）条关于"明确"的要求应当是"以专利说明书及专利审批历史为背景，专利的权利要求书能够以合理的确定性让本领域技术人员了解专利保护的范围"。

对于专利权利要求而言，由于语言文字的先天限制等原因，其不可避免会存在一定的模糊空间，如何界定"明确与否"的标准则是各国专利实践中的一个难点，同时

---

[1] 第 337（a）(3)(c) 条的英文原文如下：

(3) For purposes of paragraph (2), an industry in the United States shall be considered to exist if there is in the United States, with respect to the articles protected by the patent, copyright, trademark, mask work, or design concerned—

(A) significant investment in plant and equipment;

(B) significant employment of labor or capital; or

(C) substantial investment in its exploitation, including engineering, research and development, or licensing.

也体现了如何在专利权人与公众之间的实现合理的平衡。美国联邦最高法院在本案例中，推翻了联邦巡回上诉法院的一贯做法，以往只需要满足"可供解释"和"没有无法解决的含混"就能认为是明确的做法就不再适用。这在客观上增加了专利权人的负担，某种程度上也体现了近年来美国提高专利授权标准，限制专利权人权利的趋势。

（四）商业方法可专利性：Alice Corporation v. CLS Bank International 案

2014年6月19日，美国联邦最高法院对 Alice Corporation v. CLS Bank International 案（No. 13-298）作出判决，就涉及与计算机实施相关的商业方法是否能被授予专利作出裁决。

该案中的 Alice 公司拥有多项涉及利用计算机来实现交易中间托管的专利。2007年，CLS 银行针对上述专利在联邦地区法院提起确认之诉，要求法院确认涉案专利无效（invalid），不可实施（unenforceable）或不侵权（non-infringement）。联邦地区法院基于 Bilski 案❶，裁定涉案专利的所有权利要求请求保护的内容均不属于依据《美国专利法》第101条可以获得专利权保护的内容，因而认定专利无效。联邦巡回上诉法院认定 Alice 公司的专利针对的是一个抽象的想法（abstract idea），因此维持了联邦地区法院的判决。

美国联邦最高法院进一步确认了联邦巡回上诉法院的判决，并且在判决中认定，在判定该权利要求针对的内容是否能够获得专利权的保护时，应当适用 Mayo 案❷中确定的"Mayo框架"，即：第一步，判断权利要求针对的是否是不适于专利保护的概念（patent-ineligible concept）；第二步，再进一步判断权利要求中的具体特征是否将该权利要求的本质转化成可专利保护的应用（patent-eligible application）。

具体到该案，美国联邦最高法院认为，Alice 的专利的权利要求针对的是交易中的第三方托管（买方将所需款项转入电子托管，卖方将出售的证券转入电子托管，之后第三方关闭交易并处理买卖），其属于人类活动的组织规则，是不可专利的概念范畴；进一步而言，相关的权利要求也只要求了计算机的通常应用（generic computer implementation），未能将相关的权利要求转化为可专利的应用。因此，美国联邦最高法院判定涉案的权利要求全部无效。

在该案中，美国联邦最高法院相当于明确了"抽象概念+计算机通常应用"的组合将不属于专利权保护的客体，不能获得专利权。其对商业方法的可专利性产生了重大影响。在该案判决后，短短几个月内，在15件涉及软件与商业方法专利侵权的案件中，就有13件争议专利被下级法院依据 Alice 案判定为无效。❸与此同时，相关的新增专利侵权案件数量也大幅降低。

（五）USPTO 的 IPR 程序简介及其对337调查的影响

《美国发明法案》（AIA）生效之后，美国专利商标局（USPTO）的双方重新审查

---

❶ Bilski v. Kappos, 561 U. S. 593 (2010).
❷ Mayo Collaborative Services v. Prometheus Laboratories, Inc. , 566 U. S. ____ (2012).
❸ Alice v. CLS Bank 判决案可能翻转美国软体专利的游戏规则 [EB/OL]. [2015-3-15]. http://iknow.stpi.narl.org.tw/Post/Read.aspx?PostID=10238.

程序（inter partes reexamination）被新的授权后复审（post-grant review，PGR）和双方复审程序（inter partes review，IPR）所代替。其中 PRG 程序要求请求人必须在专利授权或重新核发专利证书之日起 9 个月内提出，请求的理由不局限于新颖性（novelty）、非显而易见性（non-obviousness），还包括不可专利客体、实用性、不可实施等《美国专利法》第 282（b）条规定的其他内容。而 IPR 程序则要求在（1）专利授权或重新核发专利证书之日起 9 个月后；且（2）PGR 程序结束后（如启动了 PGR 的话），才能启动，而且 IPR 的请求理由仅限于基于专利或印刷出版物来质疑专利的新颖性和非显而易见性。

与在美国联邦地区法院提起的专利无效诉讼相比，IPR 程序的费用要低很多，而且速度也更快，USPTO 收到的 IPR 请求近年来快速增长。自 2013 年 9 月 16 日 IPR 程序生效起至 2014 年底，USPTO 所受理的 IPR 请求已经超过 2 200 件。而 PGR 程序由于只适用于 2013 年 3 月 16 日以后申请的专利，因此目前启动的 PGR 程序还非常少。要启动 IPR 程序，请求人必须向 USPTO 提出书面请求（petition），明确指出针对的权利要求和相关的理由和证据，并交纳规定费用。而专利权人有权在 3 个月内针对请求人提出的请求作出初步回应（preliminary response）。收到专利权人的初步回应 3 个月之内，USPTO 的专利审判与上诉委员会（PTAB）将作出是否启动 IPR 程序的决定（decision on petition）。对该决定不服的当事人不能就该决定提起上诉，只能请求复核（rehearing）。PTAB 启动 IPR 程序的标准是请求人证明了至少一项权利要求有合理的胜诉可能性（reasonable likelihood that it would prevail）。一旦 PTAB 决定启动 IPR 程序，该程序通常将会在 1 年内审结。在特殊情况下，经 USPTO 局长批准可延长 6 个月。在 IPR 程序中，PTAB 将作出最终的书面决定（final written decision），对于该最终书面决定不服的当事人，可以向美国联邦巡回上诉法院提起上诉。

在实践中，部分 337 调查的涉案专利在 USPTO 有平行的无效程序，部分被申请人据此请求 ITC 中止昂贵的调查程序，待无效结果出来之后再继续 337 调查程序。ITC 在判断是否中止时主要考虑如下因素：

(a) 337 调查证据开示的情况以及开庭日期；
(b) 中止是否有利于简化案件的争议点；
(c) 中止对任何一方的损害；
(d) USPTO 程序所处的阶段；
(e) ITC 资源的有效利用；
(f) 在联邦地区法院是否能够获得替代性救济。

根据目前的实践来看，ITC 往往不太愿意以存在无效程序为由中止 337 调查程序。例如，在微电子机械系统案（337-TA-876）中，申请人主张 InvenSense 侵犯其 5 项专利，其中的 3 项专利已处在 USPTO 的单方复审程序（ex parte reexamination）中。对于剩下的 2 项专利，InvenSense 也根据 AIA 提起了 IPR 程序，并根据这些 USPTO 的无效程序请求 ITC 中止调查程序。该案行政法官驳回了 InvenSense 的请求，其理由如下：

(1) 上述因素（d）不支持中止，由于相关的单方复审程序仍处于程序的早期阶段，且 USPTO 还未决定是否启动另外两项专利的 IPR 程序；
(2) 上述因素（f）也不支持中止，因为联邦地区法院已根据平行的 3 项专利单方复审程序中止了法院程序，如果 ITC 再中止 337 调查程序，则意味着申请人无法在 2~3 年的时间内主张其专利权，对申请人不公平。

  在此案中，行政法官并没有完全剥夺被申请人请求中止的权利，其在命令中允许 InvenSense 可根据复审程序的进展情况提交新的中止请求动议。

  对于中国企业来说，如果收到专利权利人的侵权通知，如有无效专利的机会，可以考虑尽早提起 IPR 程序将是理想的策略，以利用费用较低且效率较高的 IPR 程序来无效对方的专利。此外，如果权利人在发出侵权通知之后在联邦地区法院提起侵权诉讼或者在 ITC 提起 337 调查，中国企业可以正在进行的 IPR 等无效程序为由请求中止法院或者 ITC 程序，避免两头应战，将精力集中在专利无效程序中，有利于降低应诉成本并提高应诉效果。

附录 3

碎纸机案《基础规制》(英文版)

UNITED STATES INTERNATIONAL TRADE COMMISSION
Washington, D. C.

In the Matter of CERTAIN PAPER SHREDDERS, CERTAIN PROCESSES FOR MANUFACTURING OR RELATING TO SAME AND CERTAIN PRODUCTS CONTAINING SAME AND CERTAIN PARTS THEREOF	Inv. No. 337-TA-863

ORDER NO. 2: GROUND RULES

(January 29, 2013)

The conduct of this Investigation before the Administrative Law Judge shall be governed by the Commission Rules and the Ground Rules attached hereto.

SO ORDERED.

Thomas B. Pender
Administrative Law Judge

GROUND RULES FOR SECTION 337 INVESTIGATIONS[1]

These Ground Rules supplement the Commission's Rules of Practice and Procedure, 19 C. F. R. Parts 201 and 210 ("Commission Rules"), in order to aid the Administrative Law Judge in the orderly conduct of the Section 337 investigation pursuant to the Administrative Procedure Act, 5 U. S. C. § 556(c).

In case of any conflict between these Ground Rules and any subsequent order issued by the Administrative Law Judge or the Commission in this investigation, the subsequent order shall control.

JUDGE PENDER'S GROUND RULES

1. Rules of General Applicability

1.1 Definitions

1.1.1 "File"

The term "file" refers to something filed with the Office of the Secretary of the Commission in accordance with 210.4(f).

1.1.2 "Submit"

The term "submit" refers to something submitted to the Administrative Law Judge, but not filed with the Secretary's Office.

1.1.3 "Serve"

The term "serve" refers to something served on the parties, but not filed with the Secretary's Office or submitted to the Administrative Law Judge.

1.2 Address of the Administrative Law Judge

The Administrative Law Judge's address is as follows:

The Honorable Thomas B. Pender
U. S. International Trade Commission
500 E Street, S. W., Room 317
Washington, D. C. 20436

---

[1] Revised 1 Sept. 2012.

1.3 Formatting

In addition to the requirements of Commission Rules 201.8 (c) and 210.4 (f), all filings or submissions shall have at least 1 inch margins, shall be double-spaced (except for footnotes and block quotes, which may be single-spaced), and shall be written in at least 12pt Times New Roman font. All footnotes should also be written in at least 12pt Times New Roman font.

1.4 Filing Requirement

All filings shall be made with the Office of the Secretary of the Commission in accordance with Commission Rule 210.4(f) unless otherwise specifically provided for in these Ground Rules or by order of the Administrative Law Judge. *See* the Handbook on Filing Procedures at www.usitc.gov/secretary/documents/handbook_on_filing_procedures.pdf for further details.

1.5 Confidential Submissions

Any filing or submission containing confidential information shall have conspicuously marked on the top of every page of the filing or submission a notation indicating that the filing or submission contains confidential information subject to the protective order issued in the investigation. Likewise, any papers produced in discovery or served between parties that contain confidential information should be similarly marked.

1.6 Service Copy Requirements

1.6.1 Paper Copies

Copies of any papers filed with the Secretary's Office or submitted directly to the Administrative Law Judge shall be served concurrently on all other parties, including the Commission Investigative Attorney. Also, two (2) courtesy paper copies of the filing or submission (**excluding subpoenas and subscriptions to the protective order**) shall be served on the Administrative Law Judge at the address identified in Ground Rule 1.2 on or before the next business day.

The Administrative Law Judge's courtesy paper copies **shall be printed double-sided.** For any filing or submission that includes an appendix of declarations, affidavits, exhibits, or other attachments in support of the filing or submission, the appendix shall be indexed and each declaration, affidavit, exhibit, or other attachment in the appendix shall be individually tabbed.

1.6.2 Electronic Mail Copy

A courtesy copy, excluding attachments/exhibits, **in Microsoft Word format,** of any paper filed or submitted in the investigation (**excluding subpoenas and subscriptions to the protective order**), while the investigation is pending in front of the Administrative Law Judge, shall be sent to the Administrative Law Judge's attorney-advisors: Greg Moldafsky at Gregory.Moldafsky@usitc.gov and Rebecca Barbisch at Rebecca.Barbisch@usitc.gov.

NB: The subject line on all email courtesy copies shall include the investigation number and a description of the paper being filed or submitted. The following format shall be used: 337-TA-123 Motion to Strike the Testimony of Mr. Expert. Other examples include 337-TA-123 Opposition to Motion for Summary Determination that Complainant Satisfies the Economic Prong of the Domestic Industry Requirement; and 337-TA-123 Letter Stating Respondent's Positions on Issues for Discovery Teleconference Scheduled for January 1, 2012.

1.7 Submission by Fax Disfavored

Submissions to the Administrative Law Judge by fax are **strongly disfavored** and are not to be made without prior approval from the Administrative Law Judge's Attorney-Advisor.

1.8 Concurrent Service

Parties are encouraged to agree upon a method of service so that the parties will receive all papers filed with the Secretary's Office and all submissions made to the Administrative Law Judge concurrently with the filing or submission.

1.9 Computation of Time

The time for any response shall be calculated in accordance with Commission Rule 201.14(a).

1.10 Requests for Extension of Time

Absent a showing of good cause, **any** request for extension of time made pursuant to Ground Rule 1.10.1 and 1.10.2 must be made by written motion filed no later than **12:00 pm Eastern Time, two business days** before the due date. For example, if the deadline is on a Friday, a request for extension of time must be made no later than 12:00 pm on the Wednesday before. Likewise, if the deadline is on a Monday, a request for extension of time must be made by 12:00 pm on the Thursday before.

1.10.1 Contested Requests for Extension of Time

A contested request for extension of time will be granted only for good cause shown. Note that good cause will not be found absent a showing that the requesting party has taken active steps and made a good faith effort to meet the deadline for which the extension is sought. Also note that lack of prejudice alone does not equate to good cause.

1.10.2 Requests for Extension of Time of Mandatory Disclosure Dates

A request for extension of time of any of the mandatory disclosure dates set forth in Ground Rules 7 or 8 will be granted only upon a showing of good cause. Note that good cause will not be found absent a showing that the requesting party has taken active steps and made a good faith effort to meet the deadline for which the extension is sought. Also note that lack of prejudice alone does not equate to good cause.

1.10.3 Unopposed Requests for Extension of Time

Except as provided in Ground Rule 1.10.2, a request for extension of time that is unopposed (*i. e.* , is unopposed by all private parties and the Commission Investigative Staff) does not require a showing of good cause and will typically be granted as a matter of course.

1.11 Citation of Cases

The official case reporter citation must be included for any published decision or order that is cited in a party's briefs or pleadings. Additionally, the docket number and the full date of the disposition must be included in the citation of any unreported decision or order that is referenced by the parties. A copy of any cited decision or order that is not available on Westlaw or LEXIS shall be provided in an appendix to the brief or pleading. Further, every party must cite to the specific page(s) of the cited decision or order that includes the holding for which the authority is cited.

1.12 Cooperation Among Parties

In light of the time limitations imposed in Section 337 investigations, counsel shall attempt to resolve, by stipulation or negotiated agreement, any procedural problems encountered, including those relating to discovery, motion practice and the submission of evidence. To assure the proper cooperative spirit in the investigation, continuing good faith communications between counsel for the parties is essential and is expected.

1.13 Ex Parte Contacts

There shall be no *ex parte* contacts with the Administrative Law Judge. Any questions of a technical or procedural nature shall be directed to the Administrative Law Judge's attorney-advisor, Greg Moldafsky or Rebecca Barbisch, as noticed for each investigation. Mr. Moldafsky may be reached at (202) 205–2701 or Gregory. Moldafsky@ usitc. gov. Ms. Barbisch may be reached at (202) 205-3390 or Rebecca. Barbisch@ usitc. gov.

2. Settlement

All parties, throughout the duration of the proceedings, shall explore reasonable possibilities for settlement of all or any of the contested issues.

The parties are required to attend three settlement conferences as set forth in the procedural schedule. For each settlement conference, at least one person from each party with the requisite authority to settle is required to attend. The settlement conferences shall not be held by video conferencing or by teleconferencing, unless prior permission is received from the Administrative Law Judge for good cause shown. For each of the required settlement conferences, the parties shall submit to the Administrative Law Judge by the deadline in the procedural schedule two copies of a joint report signed by all the parties summarizing each party's position on settlement and listing any notable outcomes from the settlement conference, including any stipulations on which the parties have agreed. The joint settlement reports shall not be filed with the Office of the Secretary.

During each of the settlement conferences, the parties should consider and discuss if there are any issues in the case that are appropriate or ripe for mediation. Any such issues should be noted in the joint settlement report.

3. Responses To The Complaint and Notice of Investigation

Responses to the Complaint and Notice of Investigation are governed primarily by Commission Rules 210. 13 and 210. 4. Commission Rule 210. 13(b) requires that affirmative defenses shall be pled with as much specificity as possible in the response. However, Rule 210. 13(b) goes on to state that:

> When the alleged unfair methods of competition and unfair acts are based upon the claims of a valid U. S. patent, the respondent is encouraged to make the following showing when appropriate:
>
> ...
>
> (3) If the claims of any involved U. S. patent are asserted to be invalid or unenforceable, the basis for such assertion, including, when prior art is relied on, a showing of how the prior art renders each claim invalid or unenforceable and a copy of such prior art. For good cause, the presiding administrative law judge may waive any of the substantive requirements imposed under this paragraph or may impose additional requirements.

19 C. F. R. § 210. 13(b)

In light of the Court of Appeals for the Federal Circuit's comments and holdings in *Ferguson Beauregard/Logic Controls, Inc. v. Mega Sys.*, LLC, 350 F. 3d 1327 (Fed. Cir. 2003), *Exergen Corp. v. Wal-Mart Stores, Inc.*, 575 F. 3d 1312 (Fed. Cir. 2009), and *Therasense, Inc. v. Becton, Dickinson & Co.*, 649 F. 3d 1276 (Fed. Cir. 2011) (en banc), I find good cause exists to raise the standard for pleading the affirmative defense of unenforceability due to inequitable conduct. Accordingly, any respondent wishing to plead an inequitable conduct defense must do so with particularity as required by Rule 9(b) of the Federal Rules of Civil Procedure.

"A pleading that simply avers the substantive elements of inequitable conduct, without setting forth the particularized factual bases for the allegation, does not satisfy Rule 9(b)." *Exergen*, 575 F. 3d at 1326–1327. To plead the circumstances of inequitable conduct with the requisite particularity under Rule 9(b), the pleading must:

> Identify the specific who, what, when, where, and how of the material misrepresentation or omission committed before the PTO. Moreover, although "knowledge" and "intent" may be averred generally, a pleading of inequitable conduct under Rule 9(b) must include sufficient allegations of underlying facts from which a court may reasonably infer that a specific individual (1) knew of the withheld material information or of the falsity of the material misrepresentation, and (2) withheld or misrepresented this information with a specific intent to deceive the PTO.

Id. at 1328-1329.

4. Procedural Schedule

4.1 Contents, modification.

The Administrative Law Judge will promulgate a procedural schedule for the investigation. Modifications of the procedural schedule will be governed by Ground Rule 1.10, unless otherwise specifically addressed in these Ground Rules. A typical procedural schedule is as follows:

PROCEDURAL SCHEDULE, CASE NO. 337-TA-×××	
Event	Date
Deadline for Propounding Interrogatories re: Accused Products	
Initial Case Management Conference	
Serve Disclosure of Priority Dates and Dates of Conception/Reduction to Practice	
Exchange list of claim terms for construction	
Exchange proposed claim constructions	
File joint claim construction chart	
Identification of Accused Products	
First settlement conference	
Submit first settlement conference joint report	
Serve Disclosure of Domestic Industry Contentions	
File initial claim construction briefs	
File reply claim construction briefs	
Serve Disclosure of Invalidity Contentions	
Technology Tutorial	
Markman Hearing	
Serve Disclosure of Infringement Contentions	
Fact discovery cutoff and completion	
File identification of expert witnesses, including their expertise and curriculum vitae	

PROCEDURAL SCHEDULE, CASE NO. 337-TA-×××	
Event	Date
File tentative list of witnesses that will be called at the evidentiary hearing, with an identification of each witnesses' relationship to the party	
Issue Order Construing Claim Terms	
Second settlement conference	
Submit second settlement conference joint report	
Deadline for filing motions to compel discovery	
Serve initial expert reports	
Serve rebuttal expert reports	
Deadline for filing summary determination motions	
Expert discovery cutoff and completion	
Third settlement conference	
Submit third settlement conference joint report	
File requests for receipt of evidence without a sponsoring witness	
Serve proposed exhibit lists	
Serve direct exhibits (including witness statements), with available physical and demonstrative exhibits	
File objections to direct exhibits (including witness statements)	
File responses to objections to direct exhibits (including witness statements)	
Serve rebuttal exhibits (including witness statements), with available rebuttal physical and demonstrative exhibits	
File objections to rebuttal exhibits (including witness statements)	
File responses to objections to rebuttal exhibits (including witness statements)	
File pre-hearing statements and briefs	
Submit on electronic media direct and rebuttal exhibits (including witness statements) with available direct and rebuttal physical and demonstrative exhibits	
Deadline for filing motions in limine	
File high priority objections statement	
File responses to high priority objections statement	
File responses to motions in limine	
Pre-hearing conference	
Hearing	
File initial post-hearing briefs and final exhibit lists	

PROCEDURAL SCHEDULE, CASE NO. 337-TA-×××	
Event	Date
Submit final direct and rebuttal exhibits (including witness statements) with direct and rebuttal physical and demonstrative exhibits	
File reply post-hearing briefs	
Initial Determination Due	
Target date for completion of investigation	

4.2 Technical Tutorial

If the Administrative Law Judge determines that a technology tutorial would be beneficial, a date for the technology tutorial will be set forth in the procedural schedule. The technology tutorial is an opportunity for the parties to explain the science and technology that underlies the claims of the asserted patents in the investigation. The technology tutorial may be presented by counsel or an expert(s).

4.3 Markman Hearing

If the Administrative Law Judge determines that a Markman Hearing would be beneficial to the investigation, a date for the Markman Hearing will be set forth in the procedural schedule. The purpose of the Markman Hearing is to construe disputed claim terms in the asserted patents in the investigation.

5. Motions; Responses to Motions

5.1 Contents

5.1.1 In General

All written motions longer than five pages shall consist of: (1) the motion; (2) a separate memorandum of points and authorities in support of the motion; (3) an appendix of declarations, affidavits, exhibits, or other attachments in support of the memorandum of points and authorities; and (4) a Certificate of Service as required by Commission Rule 201.16 (c). Written motions of five pages or less need not include a separate memorandum of points and authorities. If known, the motion shall also state the position of the other parties on the motion.

All responses to motions shall include the Motion Docket Number assigned to the motion by the Commission's Office of the Secretary in either the title or the first paragraph of any such responses and shall consist of: (1) a memorandum of points and authorities in response to the motion; (2) an appendix of declarations, affidavits, exhibits, or other attachments in support of the memorandum of points and authorities; and (3) a Certificate of Service as required by Commission Rule 201. 16(c). Motion Docket Numbers may be obtained online through the Commission's Electronic Documents Information System (EDIS). *See* http://edis. usitc. gov.

5. 1. 2 Certification

All motions shall include in the first page of the motion a certification that **at least two business** days prior to filing the motion, the moving party informed the other parties of its intent to file said motion and made reasonable, good-faith efforts to contact the other parties and resolve the matter. Note that merely emailing the other parties to inquire as to their position on the motion does not constitute a good-faith effort to resolve the matter.

Non-moving parties are expected to timely and substantively respond in good faith to the moving party's efforts to resolve the matter.

5. 1. 3 Request for Shortened Time to Respond to Motion

A motion shall include any request to shorten the period of time during which other parties may respond to the motion. The fact that a shortened response time is requested shall be noted in the title of the motion and the motion shall include an explanation of the grounds for such a request. A request for a shortened response time shall not be made through a separate motion.

5. 1. 4 Summary Determination

In addition to the forgoing requirements for all motions, motions for summary determination shall be accompanied by a separate statement of the material facts as to which the moving party contends there is no genuine dispute and which entitle the moving party to a summary determination as a matter of law. The statement shall consist of short numbered paragraphs with specific references to supporting declarations, affidavits or other materials.

In addition to the foregoing requirements for all responses to motions, each party opposing a motion for summary determination shall include a separate statement responding to each of the numbered paragraphs in the moving party's statement of material facts for which there is no genuine dispute. The responsive statement shall include for each numbered paragraph, a recitation of the material fact alleged to be undisputed by the moving party, followed by the non-moving party's response, with specific references to supporting declarations, affidavits or other materials. The responsive statement may also include additional numbered paragraphs of material facts, with specific references to supporting declarations, affidavits or other materials, that the non-moving party believes warrant denial of summary determination. Parties should avoid boilerplate rebuttals and objections. If a material fact, or a portion thereof, is undisputed, the responding party shall so state. All material facts set forth in the moving party's statement shall be deemed admitted by a non-moving party unless specifically controverted in the non-moving party's responsive statement.

5. 2 Deadline for Filing Response to Motion

Except as discussed immediately below, the time to respond to all motions, including motions for summary determination and motions to terminate, shall be **ten (10) calendar days** from the date the motion is filed with the Office of the Secretary, unless otherwise ordered by the Administrative Law Judge.

When service is to a nonmoving party in a foreign country, the nonmoving party shall have **fifteen (15) calendar days** to respond to the motion.

5.3 Coordinated Motion Practice

Parties with similar interests should coordinate and consolidate motion practice to the extent practicable.

5.4 Discovery-Related Motions

5.4.1 Meet and confer

Prior to filing any written motion related to discovery, the party intending to file such motion shall meet and confer with opposing counsel and the Staff pursuant to Ground Rule 5.1.2 and make an **intensive** good faith effort to resolve the discovery dispute without intervention of the Administrative Law Judge.

5.4.2 Discovery Teleconference

If no resolution is reached through the meet and confer process set forth in Ground Rule 5.4.1, the party intending to file the discovery-related motion shall contact the Administrative Law Judge's attorney-advisor to schedule a telephone conference with the Administrative Law Judge in an attempt to resolve the discovery dispute. Prior to contacting the Administrative Law Judge's attorney-advisor, the party should determine the availability of the other parties for a telephone conference. Absent a conflict with the Administrative Law Judge's schedule, teleconferences will be held on Monday at 2:00 pm, Tuesday through Thursday at 10:00 am or 2:00 pm, or Friday at 10:00 am.

At least forty-eight (48) hours prior to the conference call, the party intending to file the motion shall file a written explanation of the discovery dispute. Any other party wishing to submit an explanation of that discovery dispute may also do so provided the explanation is filed **at least twenty-four (24) hours** prior to the conference call.

5.4.3 Contents

Any discovery-related motion must have appended to it the pertinent parts of the discovery request and all objections and answers thereto. Additionally, if a party serves supplemental responses subsequent to the filing of a motion to compel, that party must provide copies of the supplemental responses, or where documents are produced, a detailed accounting of what additional documents were produced.

5.5 No Motion Stops Discovery Except Motion to Quash Subpoena

No motion stops discovery except a timely motion to quash a subpoena.

6. Initial Case Management Conference

6.1 Scheduling

The Administrative Law Judge will set a date for the initial case management conference in the procedural schedule. The initial case management conference will take place telephonically and all parties shall participate. Complainant is responsible for setting up the teleconference and ensuring that a court reporter is present for the teleconference.

6.2 Identifying Accused Products

Prior to the Initial Case Management Conference, on or before the date in the procedural schedule, complainant shall propound a set of interrogatory questions to each respondent seeking the identification of accused products. The set of interrogatories shall also seek the identification of any specific elements or components of the accused products or any specific processes or methods performed by the accused products that are alleged to infringe the asserted patents. An accused product is any product, device, apparatus, instrument, component/part, process, method, act, or assemblage of components/parts that falls within the scope of the investigation as set forth by the Commission in the Notice of Investigation. An accused product shall include any product, device, apparatus, process, instrument, component/part, method, act, or assemblage of components/parts that will be, or is likely to be, imported into the United States, sold for importation into the United States, and/or sold within the United States after importation by or on behalf of the respondent prior to the close of the evidentiary record.

6.3 Case Management Statement

In order that the proceeding in this matter may begin expeditiously, each party shall submit a case management statement **two (2) business days** prior to the scheduled initial case management conference. The case management statement shall include the following:

(1) Status of any settlement discussions;
(2) Status of any litigation that may affect any issue in this investigation;
(3) Status of any proceedings (including reexamination proceedings) before the United States Patent and Trademark Office;
(4) Proposal for any modification of the protective order (Order No. 1) now in effect for this investigation;
(5) Proposal for any modification of the obligations or deadlines set forth in these Ground Rules or the Procedural Schedule;
(6) A discussion of any issues that exist, or any issues the parties foresee, that would hinder or prevent respondents from meeting the date set forth in the procedural schedule for the mandatory Disclosure of Accused Products pursuant to Ground Rule 7.2; and
(7) A discussion of the need for third party discovery and any problems the parties

foresee in obtaining said third party discovery.

7. Mandatory Disclosures

7.1 Disclosure of Priority Dates and Dates of Conception/Reduction to Practice

7.1.1 Contents

Not later than the date set forth in the procedural schedule, the complainant shall serve on all other parties a "Disclosure of Priority Dates and Dates of Conception/Reduction to Practice." For each asserted patent, the Disclosure of Priority Dates and Dates of Conception/Reduction to Practice shall contain the following information:

(1) For any asserted patent that claims priority to an earlier application, the priority date to which each asserted claim allegedly is entitled; and

(2) For any patent that is allegedly entitled to a priority date before the date of application for the patent or the priority date identified pursuant to Ground Rule 7.1.1 (1), whichever is earlier, the dates of conception and reduction to practice to which each asserted claim of the patent is entitled.

7.1.2 Document Production Accompanying Disclosure

With the Disclosure of Priority Dates and Dates of Conception/Reduction to Practice, the complainant shall serve on all other parties or make available for inspection and copying:

(1) All documents evidencing priority to an earlier application; and

(2) For any patent that is allegedly entitled to a priority date before the date of application for the patent or the priority date identified pursuant to Ground Rule 7.1.1 (1), whichever is earlier, all documents evidencing the conception, reduction to practice, design, and development of each claimed invention, which were created on or before the date of application for the patent in suit or the priority date identified pursuant to Ground Rule 7.1.1 (1), whichever is earlier.

The producing party shall separately identify by production number which documents correspond to each of the above categories.

7.2 Disclosure of Products Within the Scope of the NOI

7.2.1 Contents

Not later than the date set forth in the procedural schedule, each respondent (or respondents where practicable) shall serve on all other parties a "Disclosure of Products Within the Scope of the NOI." For each asserted patent, the Disclosure of Products Within the Scope of the NOI shall contain the following information:

(1) A detailed identification (by each and every marketing name, internal name, part

number, version number, and any other unique designations) of any product, device, apparatus, instrument, component/part, process, method, act, or assemblage of components/parts that is within the scope of the investigation as set forth by the Commission in the Notice of Investigation;

(2) A detailed identification (including where available each and every marketing name, internal name, part number, version number, and any other unique designations) of any element or component of, or any process or method performed by, the product, device, apparatus, instrument, component/part, process, method, act, or assemblage of components/parts identified above pursuant to Ground Rule 7.2.1 (1), which is alleged to infringe the asserted patent; and

(3) For each product, device, apparatus, instrument, component/part, process, method, act, or assemblage of components/parts identified pursuant to Ground Rule 7.2.1 (1), identify the person(s) most knowledgeable regarding: the designand research and development of said product, device, apparatus, instrument, component/part, process, method, act, or assemblage of components/parts; and the features, functionalities and operation of said product, device, apparatus, instrument, component/part, process, method, act, or assemblage of components/parts.

The disclosures required hereinabove shall not constitute an admission of infringement.

7.2.2 Document Production Accompanying Disclosure

With the Disclosure of Products Within the Scope of the NOI, each respondent (or respondents where practicable) shall serve on all other parties or make available for inspection and copying:

(1) Source code, specifications, schematics, flow charts, artwork, formulas, or other documentation sufficient to show the operation of each product, device, apparatus, instrument, component/part, process, method, act, or assemblage of components/parts identified pursuant to Ground Rule 7.2.1 (1). To the extent these documents, or some of these documents, are not in respondent's custody or control, identify the persons, parties or entities that would likely have the documents; and

(2) Source code, specifications, schematics, flow charts, artwork, formulas, or other documentation sufficient to show the operation of each element or component of, or process or method performed by, any product, device, apparatus, instrument, component/part, process, method, act, or assemblage of components/parts identified pursuant to Ground Rule 7.2.1 (1), which is alleged to infringe the asserted patent. To the extent these documents, or some of these documents, are not in respondent's custody or control, identify the persons, parties or entities that would likely have the documents.

The producing party shall separately identify by production number which documents correspond to each of the above categories.

7.3 Disclosure of Domestic Industry Contentions

7.3.1 19 U.S.C. 1337 (a)(3)(A)and (B)

7.3.1.1 Contents

Not later than the date set forth in the procedural schedule, a complainant asserting a domestic industry under 19 U.S.C. § 1337(a)(3)(A) or (B), shall serve on all other parties a "Disclosure of Domestic Industry Contentions." The Disclosure of Domestic Industry Contentions shall contain, **separately, for each asserted patent,** the following information:

(1) Whether a domestic industry exists or is in the process of being established;

(2) A detailed identification (including where available each and every marketing name, internal name, part number, version number, and any other unique designations) of the article(s) protected by the asserted patent;

(3) For each article protected by the asserted patent, identify the person(s) most knowledgeable regarding: the design and research and development of the article; and the features, functionalities and operation of the article.

(4) The investments in plant and equipment or employment of labor or capital that support a finding that the domestic industry requirement is satisfied;

(5) The nature and significance of the investments in plant and equipment or employment of labor or capital with respect to the article(s) protected by the asserted patent;

(6) A chart identifying specifically where each limitation of a claim in the patent is found within the article(s) protected by the asserted patent. For each limitation that complainant contends is governed by 35 U.S.C. § 112 ¶ 6, the chart shall also identify the structure(s), act(s), or material(s) in the article(s) protected by the asserted patent that performs the claimed function; and

(7) Whether each limitation of the claim is alleged to be literally present or present under the doctrine of equivalents in the article(s) protected by the asserted patent.

7.3.1.2 Document Production Accompanying Disclosure

With the Disclosure of Domestic Industry Contentions, the complainant shall produce to the other parties or make available for inspection and copying:

(1) Documents sufficient to evidence the investments in plant and equipment or employment of labor or capital disclosed pursuant to Ground Rule 7.3.1.1 (3);

(2) Documents sufficient to substantiate any disclosures made pursuant to Ground Rule 7.3.1.1 (4); and

(3) Source code, specifications, schematics, flow charts, artwork, formulas, or other documentation sufficient to show the operation of any aspects or elements of the article (s) protected by each asserted patent, which are identified by complainant in the chart produced pursuant to Ground Rule 7.3.1.1 (5).

The producing party shall separately identify by production number which documents correspond to each of the above categories.

7.3.2 19 U.S.C. 1337 (a)(3)(C)

7.3.2.1 Contents

Not later than the date set forth in the procedural schedule, a complainant asserting a domestic industry under 19 U.S.C. § 1337 (a)(3)(C), shall serve on all other parties a "Disclosure of Domestic Industry Contentions." The Disclosure of Domestic Industry Contentions shall contain, **separately, for each asserted patent,** the following information:

(1) Whether a domestic industry exists or is in the process of being established;

(2) The investments in the exploitation of the asserted patent through engineering, research and development, licensing, or other activity that support a finding that the domestic industry requirement is satisfied;

(3) The nature and significance of the investments with respect to the asserted patent;

(4) To the extent any investment disclosed pursuant to Ground Rule 7.3.2.1 (2) only partially relates to the asserted patent, the nexus between the investment and the asserted patent; and

(5) To the extent complainant relies on an article(s) protected by the asserted patent as evidencing a nexus between an investment and the asserted patent, the identification (including where available each and every marketing name, internal name, part number, version number, and any other unique designations) of the article(s) and a chart identifying specifically where each limitation of a claim in the patent is found within the article(s) protected by the patent. For each limitation that complainant contends is governed by 35 U.S.C. § 112 ¶ 6, the chart shall also identify the structure(s), act(s), or material(s) in the article(s) protected by the patent in suit that performs the claimed function.

7.3.2.2 Document Production Accompanying Disclosure

With the Disclosure of Domestic Industry Contentions, the complainant shall produce to the other parties or make available for inspection and copying:

(1) Documents sufficient to evidence the investments in the exploitation of the asserted patent through engineering, research and development, licensing, or other activity disclosed pursuant to Ground Rule 7.3.2.1 (2);

(2) Documents sufficient to evidence that the investments disclosed pursuant to Ground Rule 7.3.2.1 (2) are domestic (i.e., must occur in the United States);

(3) Documents sufficient to substantiate the disclosure made pursuant to Ground Rule 7.3.2.1 (3);

(4) To the extent the investments disclosed pursuant to Ground Rule 7.3.2.1 (2) only partially relate to the asserted patent, documents sufficient to show a nexus between the investments and the asserted patent;

(5) To the extent complainant intends to rely on an article(s) protected by the patent as evidencing a nexus between the investments and the asserted patent, source code, specifications, schematics, flow charts, artwork, formulas, or other documentation sufficient to show the operation of any aspects or elements of the article(s) protected by the asserted patent identified by the complainant in its chart pursuant to Ground Rule 7.3.2.1 (5);

(6) To the extent complainant is relying on investments in licensing activities to support a finding that the domestic industry requirement is satisfied, copies of any licensing agreements relied upon; and

(7) To the extent complainant is relying on investments in licensing activities to support a finding that the domestic industry requirement is satisfied and the asserted patent is licensed as part of a technology license or portfolio license, documents sufficient to show the number of patents in the technology license or portfolio license.

The producing party shall separately identify by production number which documents correspond to each of the above categories.

7.4 Disclosure of Asserted Claims and Infringement Contentions

7.4.1 Contents

Not later than the date set forth in the procedural schedule, the complainant shall serve on all other parties a "Disclosure of Asserted Claims and Infringement Contentions." For each named respondent, the Disclosure of Asserted Claims and Infringement Contentions shall contain the following information:

(1) Each claim of each asserted patent that complainant alleges the respondent infringes, including for each claim the applicable statutory subsections of 35 U.S.C. § 271 asserted;

(2) Separately for each asserted claim of each asserted patent, identify with as much specificity as possible the Accused Products, including any product, device, apparatus, instrument, component/part, process, method, act, or assemblage of components/parts complaint alleges infringes the claim;

(3) A chart identifying specifically where each limitation of each asserted claim is found within each Accused Product. For each limitation that complainant contends is governed by 35 U.S.C. § 112 ¶ 6, the chart shall also identify the structure(s), act (s), or material(s) in the Accused Product that performs the claimed function;

(4) Whether each limitation of each asserted claim is alleged to be literally present or present under the doctrine of equivalents in each Accused Product; and

(5) For each claim which is alleged to have been indirectly infringed, an identification of any direct infringement and a description of the acts of the alleged indirect infringer that contribute to or are inducing that direct infringement. Insofar as alleged direct infringement is based on joint acts of multiple parties, the role of each such party in the

direct infringement must be described.

7.4.2 Document Production Accompanying Disclosure

With the Disclosure of Asserted Claims and Infringement Contentions, the complainant shall produce to the other parties or make available for inspection and copying:

(1) Documents (e. g. , contracts, purchase orders, invoices, advertisements, marketing materials, offer letters, beta site testing agreements, and third party or joint development agreements) sufficient to evidence each discussion with, disclosure to, or other manner of providing to a third party, or sale of or offer to sell, or any public use of, the invention (s) embodied in the asserted claims of each asserted patent prior to the date of application for the asserted patent. Complainant's production of a document as required herein shall not constitute an admission that such document evidences or is prior art under 35 U. S. C. § 102;

(2) A copy of the file history for each patent in suit; and

(3) Documents evidencing ownership of the patent rights by complainant.

The producing party shall separately identify by production number which documents correspond to each of the above categories.

7.5 Disclosure of Invalidity Contentions

7.5.1 Contents

Not later than the date set forth in the procedural schedule, each respondent (or respondents, jointly, where practicable) shall serve on all parties its "Disclosure of Invalidity Contentions" which shall contain the following information:

(1) The identity of each item of prior art that allegedly anticipates each asserted claim or renders it obvious. Each prior art patent shall be identified by its number, country of origin, date of issue, and name of patentee. Each prior art publication shall be identified by its title, date of publication, and where feasible, author and publisher. Prior art under 35 U. S. C. § 102(a) and 35 U. S. C. § 102(b) shall be identified by specifying the item offered for sale or publicly used or known, the date the offer or use took place or the information became known, and the identity of the person or entity which made the use or which made and received the offer, or the person or entity which made the information known or to whom it was made known. Prior art under 35 U. S. C. § 102 (f) shall be identified by providing the name of the person(s) from whom and the circumstances under which the invention or any part of it was derived. Prior art under 35 U. S. C. § 102(g) shall be identified by providing the identities of the person(s) or entities involved in and the circumstances surrounding the making of the invention before the patent applicant(s);

(2) The priority date of each item of prior art identified pursuant to Ground Rule

7.5.1(1);

(3) Whether each item of prior art anticipates each asserted claim or renders it obvious. If obviousness is alleged, an explanation of why the prior art renders the asserted claim obvious, including an identification of any combinations of prior art showing obviousness;

(4) A chart identifying where specifically in each alleged item of prior art each limitation of each asserted claim is found, including for each limitation that such party contends is governed by 35 U.S.C. § 112 ¶ 6, the identity of the structure(s), act(s), or material(s) in each item of prior art that performs the claimed function; and

(5) Any grounds of invalidity based on 35 U.S.C. § 101, indefiniteness under 35 U.S.C. § 112 ¶ 2 or enablement or written description under 35 U.S.C. § 112 ¶ 1 of any of the asserted claims and an explanation of said grounds.

7.5.2 Document Production Accompanying Disclosure

With the Disclosure of Invalidity Contentions, each respondent (or respondents jointly where practicable) shall produce to the other parties or make available for inspection and copying:

(1) A copy or sample of the prior art identified pursuant to Ground Rule 7.4.1(1). To the extent any such item is not in English, an English translation shall be produced.

The producing party shall separately identify by production number which documents correspond to each of the above categories.

7.6 Amendment to Contentions

Amendment of the Disclosure of Infringement Contentions or the Disclosure of Invalidity Contentions may be made only by order of the Administrative Law Judge upon a showing of good cause. Non-exhaustive examples of circumstances that may, absent undue prejudice to the non-moving party, support a finding of good cause include:

(1) A claim construction by the Administrative Law Judge different from that proposed by the party seeking amendment;

(2) Recent discovery of material, prior art despite earlier diligent search; and

(3) Recent discovery of nonpublic information about the accused products which was not discovered, despite diligent efforts, before the service of the Disclosure of Asserted Claims and Infringement Contentions.

The duty to supplement discovery responses does not excuse the need to obtain leave of court to amend contentions.

8. Claim Construction Proceedings

8.1 Exchange of Proposed Terms for Construction

Not later than the date set forth in the procedural schedule, each party shall serve on each other party a list of claim terms which that party contends should be construed in thisinvestigation, and identify any claim term which that party contends should be governed by 35 U.S.C. § 112 ¶ 6.

The parties shall thereafter meet and confer for the purposes of limiting the terms in dispute by narrowing or resolving differences and facilitating the ultimate preparation of a Joint Claim Construction Chart. The parties shall also jointly identify the ten (10) terms likely to be most significant to resolving the parties' disputes, including those terms for which construction may be case or claim dispositive.

8.2 Exchange of Preliminary Claim Constructions

Not later than the date set forth in the procedural schedule, the parties shall simultaneously exchange proposed constructions of each term identified by any party for claim construction. Each such proposed construction shall also, for each term which any party contends is governed by 35 U.S.C. § 112 ¶ 6, identify the structure(s), act(s), or material(s) corresponding to that term's function.

Additionally, each party shall identify all references from the specification or prosecution history that support each proposed construction. Each party shall also designate any supporting extrinsic evidence including, without limitation, dictionary definitions, citations to learned treatises and prior art, and testimony of percipient and expert witnesses. Extrinsic evidence shall be identified by production number or by producing a copy of the evidence if not previously produced. With respect to any supporting witness, percipient or expert, a party shall also provide a description of the substance of that witness' proposed testimony that includes a listing of any opinions to be rendered in connection with claim construction.

The parties shall thereafter meet and confer for the purposes of narrowing the issues and finalizing preparation of the Joint Claim Construction chart.

8.3 Joint Claim Construction Chart

Not later than the date set forth in the procedural schedule, the parties shall complete and file a Joint Claim Construction Chart, which shall contain the construction of those terms on which the parties agree; and each party's proposed construction of each disputed term. The parties shall also identify those terms whose construction will be most significant to the resolution of the case up to a maximum of 10. The parties shall also identify any term among the 10 whose construction will be case or claim dispositive. If the parties cannot agree on the 10 most significant terms, the parties shall identify the ones which they do agree are mostsignificant and then they may evenly divide the remainder with each party identifying what it believes are the remaining most significant terms. However, the total terms identified by all parties as most significant cannot exceed 10. For example, in a case involving two parties, if the parties agree upon the identification of five terms as most significant, each may only identify two additional terms as most significant; if the parties agree upon eight such terms, each party may only identify one additional term as most significant.

The Joint Claim Construction Chart shall set forth, by patent, or patent family where applicable, each agreed upon claim term and the claim construction thereof and each disputed claim term with each party's proposed claim construction thereof. Space should be left after each disputed claim term for note taking. The Joint Claim Construction Chart preferably should take the following form:

Claim Term	Complainant's Construction	Respondent's Construction	Staff's Construction
\multicolumn{4}{c}{'×××Patent}

8.4 Claim Construction Briefs

Not later than the date set forth in the procedural schedule, each party, or parties where practicable, shall file an initial claim construction brief along with any evidence in support thereof. The claim construction brief should set forth the party's proposed construction for each disputed term, together with an identification of all references from the specification or prosecution history that support that construction, and an identification of any extrinsic evidence known to the party on which it intends to rely either to support its proposed construction or to oppose any other party's proposed construction, including, without limitation, dictionary definitions, citations to learned treatises and prior art, and testimony of percipient and expert witnesses.

Not later than the date set forth in the procedural schedule, each party, or parties where practicable, shall file a reply claim construction brief along with any evidence directly rebutting the supporting evidence contained in an opposing party's initial claim construction brief.

In addition to any other requirements, the Administrative Law Judge's courtesy copies of the parties' claim construction briefs shall be printed double-sided and submitted in a 3-ring binder with a label on the spine of the binder indicating its contents.

9. Discovery

9.1 Coordinated Discovery

Parties with similar interests must coordinate and consolidate depositions and all other discovery.

9.2 Discovery Committee

Commencing with the first full week after these Ground Rules are issued, a discovery conference committee (the "Discovery Committee") consisting of the lead counsel of each party and the Commission Investigative Staff Attorney shall convene at least once every two weeks during the discovery phase of this investigation, either in person or by telephone, to resolve discovery disputes. The Discovery Committee shall confer in good faith to resolve every outstanding discovery dispute in a timely manner within the deadlines set forth in the Procedural Schedule.

9.3 Service of Discovery Requests and Responses

Except as provided in Ground Rule 4.4, discovery requests and responses thereto shall be served upon all parties, including the Commission Investigative Attorney, but shall **not** be submitted to the Administrative Law Judge or filed with the Office of the Secretary of the Commission.

9.4 Limitations on Discovery

Prior to the deadline for the Exchange of Preliminary Claim Constructions, any party may object to a discovery request seeking that party's claim construction positions on the ground that the discovery request is premature.

Prior to the deadline for the Disclosure of Priority Dates and Dates of Conception/ Reduction to Practice, complainant may object to a discovery request seeking information that must be disclosed pursuant to Ground Rule 7.1 on the ground that the discovery request is premature.

Prior to the deadline for the Disclosure of Products Within the Scope of the NOI, respondent may object to a discovery request seeking information that must be disclosed pursuant to Ground Rule 7.2 on the ground that the discovery request is premature.

Prior to the deadline for the Disclosure of Domestic Industry Contentions, complainant may object to a discovery request seeking information that must be disclosed pursuant to Ground Rule 7.3 on the ground that the discovery request is premature.

Prior to the deadline for the Disclosure of Asserted Claims and Infringement Contentions, complainant may object to a discovery request seeking information that must be disclosed pursuant to Ground Rule 7.4 on the ground that the discovery request is premature.

Prior to the deadline for the Disclosure of Invalidity Contentions, respondent may object to a discovery request seeking information that must be disclosed pursuant to Ground Rule 7.5

on the ground that the discovery request is premature.

9.5 Depositions

In addition to the requirements of Commission Rule 210.28(c), any party desiring to take a deposition shall give notice in writing to every other party of not less than **ten (10) days** if the deposition is to be taken of a person located in the United States, or of not less than **fifteen (15) business days** if the deposition is to be taken of a person located outside the United States.

9.6 Interrogatories

Absent leave of the Administrative Law Judge or written stipulation, a party may serve any other party no more than one hundred seventy-five (175) written interrogatories, including discrete subparts. Leave to serve additional interrogatories will be granted by the Administrative Law Judge only upon a written motion showing good cause.

In addition to the requirements of Commission Rule 210.29(b), the party upon whom an interrogatory has been served shall serve a copy of the answer to the interrogatory, and any objections thereto, within **ten (10) days** after the service of the interrogatories.

Pursuant to Ground Rule 1.10.3, the parties may agree to a onetime extension to respond to an interrogatory request as long as the extension does not exceed an additional ten (10) days and does not violate any other provision of these Ground Rules. Nothing herein, however, shall affect any obligation for further responsive answers or responses pursuant to Commission Rule 210.27(c).

Commission Rule 210.29(b)(2) states that "[e]ach interrogatory must be answered separately and fully in writing under oath, unless it is objected to, in which event the reasons for objection shall be stated in lieu of an answer." 19 C.F.R. § 210.29(b)(2). Any objection shall be stated with particularity. Any part of an interrogatory not objected to shall be answered.

Commission Rule 210.29(c) states that:

> When the answer to an interrogatory may be derived or ascertained from the records of the party upon whom the interrogatory has been served or from an examination, audit, or inspection of such records, or from a compilation, abstract, or summary based thereon, and the burden of deriving or ascertaining the answer is substantially the same for the party serving the interrogatory as for the party served, it is a sufficient answer to such interrogatory to specify the records from which the answer may be derived or ascertained and to afford the party serving the interrogatory reasonable opportunity to examine, audit, or inspect such records and to make copies, compilations, abstracts, or summaries.

19 C.F.R. § 210.29(b)(2). Accordingly, any response to an interrogatory request that merely states that documents will be produced in accordance with 210.29(c) shall not be

considered sufficient to satisfy a party's burden to answer the interrogatory pursuant to Rule 210.29 and this Ground Rule.

9.7 Requests for Production of Documents and Things and Requests for Entry Upon Land

Pursuant to the requirements of Commission Rule 210.30(b)(2) with respect to a request for the production of documents or things, or to permit entry upon land, the party upon whom a request has been served shall serve a written response within **ten (10) days** after the service of the request.

Pursuant to Ground Rule 1.10.3, the parties may agree to a onetime extension to respond to a request for production of documents and things or request for entry upon land as long asthe extension does not exceed an additional ten (10) days and does not violate any other provision of these Ground Rules. Nothing herein, however, shall affect any obligation for further responsive answers or responses pursuant to Commission Rule 210.27(c).

Pursuant to Rule 210.30(b)(1), any request for production of documents and things or entry upon land "shall specify a reasonable time, place, and manner of making the inspection and performing the related acts."19 C.F.R. § 210.30(b)(1).

Pursuant to Rule 210.30(b)(2), a party's response to a request for production of documents and things or entry upon land:

> shall state, with respect to each item or category, that inspection and related activities will be permitted as requested, unless the request is objected to, in which event the reasons for objection shall be stated. If objection is made to part of any item or category, the part shall be specified.

19 C.F.R. § 210.30(b)(2). In addition to the requirements of Rule 210.30, any objection shall be stated with particularity. Additionally, to the extent any part of a request is not objected to, the party upon whom the request was made shall comply with that part of the request.

All documents produced in response to a document request shall be the original or a true and complete copy of the original. Documents produced in response to a document request shall be numbered sequentially by a unique number (a.k.a. Bates number). The Bates number shall appear in the lower right-hand corner of the page.

For any foreign language document produced, if an English language translation exists, the English language translation shall be produced along with the foreign language version.

9.8 Request for Admission

In addition to the requirements of Commission Rule 210.31(a) and (b), a request for admission may be served at any time **twenty (20) days** after the date of publication in the Federal Register of the notice of investigation. A party upon whom a request for admission has been served, shall serve an answer or objection within **ten (10) days** after the service of the request, otherwise the matter may be deemed admitted.

Pursuant to Ground Rule 1.10.3, the parties may agree to a onetime extension to respond to the request for admission as long as the extension does not exceed an additional ten (10) days and does not violate any other provision of these Ground Rules. Nothing herein, however, shall affect any obligation for further responsive answers or responses pursuant to Commission Rule 210.27(c).

9.9 Discovery Cutoff and Completion

Any discovery request, including without limitation a request for admission, or request for subpoena, must be served in sufficient time prior to the fact discovery cutoff and completion date so that the response to the discovery request will be due prior the fact discovery cutoff and completion date. A discovery request by any party that would require responses after the fact discovery cutoff and completion date must be approved in advance by the Administrative Law Judge upon a showing of extraordinary circumstances.

9.10 Subpoenas

Subpoenas may be requested to compel third parties to testify or produce documents. Hearing subpoenas will be issued only if the subpoenaed party refuses to testify.

9.10.1 Issuance and Service

Pursuant to Commission Rule 210.32, an application for subpoena should be submitted to the Administrative Law Judge. An application shall be in writing with the proposed subpoena attached. Only the original application with attached subpoena shall be submitted to the Administrative Law Judge. No courtesy copies shall be submitted. The application and subpoena should not be filed with the Office of the Secretary unless as an exhibit to a motion.

The application for subpoena shall set forth (i) the relevancy of the information sought and the reasonableness of the scope of the inquiry, and (ii) shall state that the subpoena will be served (on the individual or entity subject to subpoena) by overnight delivery, if not sooner. The subpoena should (i) set forth a time limit for a motion to quash, and (ii) refer to the Protective Order in this Investigation, which should be included as an attachment to the subpoena. At a minimum, the subpoenaed party shall be given **ten (10) days after receipt** of the subpoena to file a motion to quash.

Any dates in a subpoena for appearance of a deponent or production of documents shall accommodate the time allowed for the filing of any motions to quash, as well as the time needed for the Administrative Law Judge to process the subpoena application, normally one or two business days. A copy of the issued subpoena and the application shall be served by the applicant on the subpoenaed party by overnight delivery, if not sooner, and on all other parties by, at the latest, the next business day after the subpoena is issued.

Samples of a subpoena application and two subpoenas are attached in Appendix A hereto.

9.10.2 Pick-Up of Signed Subpoenas

When a subpoena is signed and ready for pick-up, the Administrative Law Judge's office will contact the party who requested the subpoena. The party requesting the subpoena is responsible for arranging for the pick-up of the signed subpoena. The signed subpoena will be available for pick-up from the mail room at the International Trade Commission. A party requesting an alternate form of delivery should contact the Administrative Law Judge's attorney-advisor.

9.11 Privileged Matter

In order to expedite discovery, the following rules shall apply to those documents for which there is a claim of privilege, either attorney-client or work product.

9.11.1 Privileged Document Log

If the production of any document is withheld on the basis of a claim of privilege, each withheld document must be separately identified in a privileged document log. The privileged document log shall be supplied within ten (10) days after objections to the underlying document request are due. The privileged document log shall separately identify each document withheld on the basis of privilege and shall include for each document at least the following:(1) the date; (2) the author(s)/sender(s); (3) the recipient(s), including copy recipient(s); and (4) the general subject matter of the document. The author(s)/sender(s) and recipient(s) shall be identified with particularity, including their position and the entity with which they are employed or associated. Any author/sender or recipient that is an attorney or foreign patent agent shall be so identified. The type of privilege claimed must also be stated, together with certification that all elements of the claimed privilege have been met and not waived with respect to each document.

9.11.2 Motion to Compel Production of Privileged Matter

Any party seeking production of an allegedly privileged document shall file an appropriate motion only after examining the privileged document log. Any such motion shall have appended to it as an exhibit a copy of the privilege document log.

The Administrative Law Judge is aware that, often times, parties agree that production of a privilege log is not necessary. The Administrative Law Judge finds such an agreement to be acceptable; however, if such an agreement is in force, the Administrative Law Judge will not consider any motions involving privileged documents.

10. Expert Witnesses and Reports

On or before the dates set forth in the procedural schedule, any party who has retained or employed a (person, witness, expert) to provide expert testimony in the investigation shall disclose the name of said (person, witness, expert) to the other parties in the investigation and shall provide a written expert report prepared and signed by the expert. The report shall not be filed with the Office of the Secretary of the Commission or submitted to the Administrative Law Judge.

Legal experts or testimony concerning the meaning of laws, treaties, regulations, etc., are typically not permitted. However, with the prior approval of the Administrative Law Judge, an expert may be permitted to testify as to procedures of the U.S. Patent and Trademark Office.

The decision to allow or not allow an expert to testify on a legal matter shall be within the sole discretion of the Administrative Law Judge.

The report shall contain a complete statement of all opinions to be expressed and the basis and reasons therefor; the data or other information considered by the witness in forming the opinions; any exhibits to be used as a summary of or support for the opinions; the qualifications of the witness, including a list of all publications authored by the witness within the preceding ten years; the compensation to be paid for the study and testimony; and a listing of any other proceedings in which the witness has testified as an expert, either at a hearing or deposition, within the previous four years.

An expert report may be amended or supplemented only upon written motion showing good cause.

11. Pre-Hearing Submissions

Any party wishing to participate in the evidentiary hearing in the investigation shall file on or before the date set in the procedural schedule a pre-hearing statement and pre-hearing brief.

11.1 Pre-Hearing Statement

The pre-hearing statement shall contain the following information:

(1) The names of all known witnesses, their addresses, whether they are fact or expert witnesses (and their area of expertise), and a brief outline of the testimony of each witness. In the case of expert witnesses, a copy of the expert's curriculum vitae shall accompany this submission;

(2) A proposed exhibit list pursuant to Ground Rule 12.1.3;

(3) A list of any stipulations on which the parties have agreed;

(4) An estimated date and approximate length of appearance for each witness (The parties shall confer on estimated dates and approximate length prior to submission of their pre-hearing statements); and

(5) Certification that the parties have made a good faith effort to settle.

In addition to the foregoing, in an investigation involving an allegation of patent infringement, the complainant shall include a chart or table that identifies for each accused product, or group of products where applicable, each asserted claim of each asserted patent that is alleged to be infringed. The complainant shall be bound by its submission.

In addition to the foregoing, in an investigation involving an allegation of invalidity under 35 U.S.C. §§ 102 or 103, each respondent shall include a chart or table that identifies for each asserted claim of each asserted patent, those prior art references and combinations of prior art references that are alleged to be invalidating. Each respondent shall be bound by its submission.

11.2 Pre-Hearing Brief

The pre-hearing brief shall be a complete, stand-alone document. The pre-hearing brief shall not incorporate anything by reference, but may include pinpoint citations to supporting authority and relevant exhibits, including witness statements. Absent prior approval from the Administrative Law Judge, the pre-hearing brief shall not exceed one-hundred seventy-five (175) pages and shall have no more than fifty (50) pages of relevant attachments. The attachments shall be limited to critical charts, figures, or other pertinent material, and shall not be used to bypass the page limit of the pre-hearing brief.

The pre-hearing brief shall be prefaced with a table of contents, a table of authorities, and a table defining any acronyms used in the brief. The pre-hearing brief shall set forth with particularity the party's contentions with respect to each issue in the investigation and shall include pinpoint citations to any supporting legal authority. To meet the requisite level of particularity, the pre-hearing brief must provide the other parties fair notice of each issue and argument the party wishes to advance at the hearing or in post-hearing briefing. Any contentions not set forth with the level of particularity required herein shall be deemed abandoned or withdrawn, except for contentions of which a party is not aware and could not have been aware in the exercise of reasonable diligence at the time of filing the pre-hearing brief.

The pre-hearing brief shall be organized in accordance with the sample outline attached hereto as Appendix B. Additional issues not set forth in the sample outline that a party wishes to raise may be included where appropriate.

In addition to any other requirements, the Administrative Law Judge's courtesy copies of each party's pre-hearing brief shall be printed double-sided and submitted in a 3-ring binder with a label on the spine of the binder indicating its contents.

12. Exhibits and Exhibit Lists

12.1 In General

12.1.1 Public and Confidential Exhibits

If any portion of an exhibit contains confidential information as defined by Commission Rule 210.5 or the Protective Order issued in the investigation, the entire exhibit shall be treated as confidential. For certain lengthy exhibits of which only portions are confidential, the parties may be asked by the Administrative Law Judge to submit a public version of the exhibit with the confidential information redacted.

12.1.2 Numbering and Labeling of Exhibits

12.1.2.1 Numbering of Exhibits

Written exhibits shall be marked consecutively commencing with the number "1" and preceded by the prefix "CX" for Complainant's exhibits, "RX" for Respondent(s)' exhibits, "SX" for the Commission Investigative Attorney's exhibits, and "JX" for any joint exhibits. Exhibit numbers shall not be reserved. Each exhibit shall be assigned no more than one number.

Physical exhibits shall be numbered in a separate series commencing with the number "1" and preceded by the prefix "CPX" for Complainant's physical exhibits, "RPX" for Respondent(s)' physical exhibits, "SPX" for the Commission Investigative Attorney's physical exhibits, and "JPX" for any joint physical exhibits. Exhibit numbers shall not be reserved. Each exhibit shall be assigned no more than one number.

Demonstrative exhibits shall be numbered in a separate series commencing with the number "1" and preceded by the prefix "CDX" for Complainant's demonstrative exhibits, "RDX" for Respondent(s)' demonstrative exhibits, "SDX" for the Commission Investigative Attorney's demonstrative exhibits, and "JDX" for any joint demonstrative exhibits. Exhibit numbers shall not be reserved. Each exhibit shall be assigned no more than one number.

Any exhibit containing confidential information as defined by Commission Rule 210.5 or the Protective Order issued in the investigation, shall have a "C" placed after the exhibit number (e.g., CX-1C, RPX-1C, JDX-1C), and shall thereafter be referred to by such designation.

In an investigation involving multiple Respondents, the Respondents shall coordinate their numbering of exhibits to avoid any duplication of exhibit numbers.

12.1.2.2 Labeling of Exhibits

For documentary exhibits, each exhibit shall be marked by placing a label bearing the exhibit's number (e.g., CX-3C, RX-5) in the upper right portion of the exhibit's first page. Further, the pages of each exhibit must be sequentially numbered in a consistent location on the pages. For physical exhibits, each exhibit shall be marked conspicuously with the exhibit's number (e.g., CPX-1, RPX-1C)

12.1.3 Exhibit Lists

Every exhibit list shall consist of a table consecutively listing each exhibit by exhibit number and identifying each exhibit by a descriptive title, a brief statement of the purpose for which the exhibit is being offered in evidence, the name of the sponsoring witness, and the status of the exhibit. The status of any particular exhibit shall be left blank if the exhibit has not been offered into evidence. If an exhibit has been offered into evidence or withdrawn, the status of the exhibit shall reflect whether the exhibit was admitted, rejected or withdrawn, and to the extent applicable, the date on which the exhibit was admitted or rejected.

Exhibit lists shall include public and confidential exhibits, and shall list all exhibits together in numerical order, e.g., CX-1, CX-2, CX-3C, CX-4, CX-5C, etc.

12.1.4 Foreign Language Exhibits

A foreign language exhibit will not be received into evidence unless an English translation thereof is provided at the time set for the exchange of exhibits. The translation shall be included as part of the foreign language exhibit.

12.1.5 One Document Per Exhibit; All Pages Bates-numbered

Except for good cause shown, each exhibit shall consist of no more than one document and every page of every document shall be numbered sequentially by a Bates number. The Bates number shall appear stamped on the lower right-hand corner of the page. Exceptions to this "one document per exhibit" rule include instances when it would be appropriate to group certain documents together as one exhibit, such as a group of invoices or related e-mails.

12.1.6 References for Exhibit

If it is appropriate, exhibits shall cite sources of information and methods employed in formulating accounting, economic or other types of data. Rebuttal exhibits, if submitted, shall refer specifically to exhibits being rebutted.

12.2 Proposed Exhibits and Proposed Exhibit List

12.2.1 Exchange of Proposed Exhibits and Proposed Exhibit List Among Parties

Copies of documentary proposed exhibits, along with a proposed exhibit list shall be served on the opposing parties (including the Commission Investigative Attorney) **at least one week before** the date established in the procedural schedule for serving direct exhibits. Once the parties have exchanged their proposed exhibits and lists, they shall jointly review them and eliminate any duplicative exhibits or renumber such exhibits as joint exhibits before they are submitted to the Administrative Law Judge. Proposed physical and demonstrative exhibits need not be served, but shall be identified in the proposed exhibit list. However, proposed physical and demonstrative exhibits must be made available for inspection by the other parties by the dates established in the procedural schedule for serving proposed direct and rebuttal exhibits. Proposed exhibits shall not be filed with the Office of the Secretary of the Commission.

12.2.2 Submission and Format of Proposed Exhibits and Proposed Exhibit List on the Administrative Law Judge

The Administrative Law Judge shall receive by the date set forth in the procedural schedule for the submission of direct and rebuttal exhibits a set of all proposed exhibits in pdf format on electronic media ("the electronic set"). Additionally, the Administrative Law Judge shall receive by the date set forth in the procedural schedule for filing initial post-hearing briefs, a set of all exhibits for the Administrative Law Judge ("the ALJ set"). Each set of proposed exhibits shall include a proposed exhibit list prepared in accordance with Ground Rule 12.1.3.

A clear photocopy of a document may be used instead of the original document. With the exception of a document that is natively larger than 8 1/2 × 11 (i.e., letter-size), the photocopy shall be to the same scale as the original. Each patent asserted in the investigation for purposes of infringement or invalidity shall be given an individual exhibit number and shall be reproduced in its native size.

12.2.2.1 The ALJ Set

The ALJ set of proposed exhibits will be used by the Administrative Law Judge after the hearing. The ALJ set shall be provided in 3-ring loose-leaf binders, with the binders being no wider than 3" (i.e., no 4" or 5" binders). Each exhibit in the ALJ set shall be individually tabbed, with each tab reflecting the number of the corresponding exhibit, e. g. , CX-3C. The exhibits in the ALJ set shall be in consecutive numerical order and shall not be separated according to whether the exhibits are confidential or public. Each binder must be labeled on its spine with the name and number of the investigation and the nature of the contents of the binder, e. g. , Complainant's Exhibits CX-1 through CX-18C.

12. 2. 2. 2 The Electronic Set

The electronic set shall consist of a copy of each proposed exhibit in pdf format on electronic media (preferably a portable hard-drive or USB device). The proposed exhibits shall not be separated according to whether the exhibits are confidential or public.

12. 3 Final Exhibits and Final Exhibit List

The Administrative Law Judge shall receive by the date set forth in the procedural schedule for filing initial post-hearing briefs a set of final exhibits for EDIS ("the EDIS set") along with a final exhibit list. Additionally, no later than 30 days after post-hearing rebuttal briefs are filed, each party shall submit a set of final exhibits directly to the Office of General Counsel ("the General Counsel set") along with a final exhibit list.

12. 3. 1 The EDIS Set

The EDIS set of exhibits shall include a copy of all admitted and rejected exhibits. The EDIS set shall be submitted on CD/DVD pursuant to Ground Rule 12. 4 unless prior permission has been received pursuant to Commission Rule19 C. F. R. § 210. 4(f)(8) and The Handbook of Filing Procedures § II. C(3)(a). Any exhibits that are not included in the EDIS set or on the final exhibit list will not be considered as part of the record to be certified to the Commission when the final initial determination issues.

If the appropriate permission is received pursuant to Commission Rule19 C. F. R. § 210. 4 (f)(8) and The Handbook of Filing Procedures § II. C(3)(a) to submit the EDIS set on paper, the following shall apply. In order to facilitate the optical scanning of the exhibits, the exhibits in the EDIS set shall consist of loose sheets (which may be clipped but not stapled) in folders (file folders, accordion folders, etc.) that are provided in sequentially-numbered boxes. Each folder must be labeled to reflect the number of the exhibit contained therein, e. g. , RX-14C. In each box, the folders containing the exhibits shall be placed in numerical order. Confidential exhibits and public exhibits shall be placed in separate boxes which are clearly marked as containing either confidential or public exhibits. Because public and confidential exhibits are to be placed in separate boxes, numerical gaps may appear in each box, e. g. , the public box may contain exhibits CX-1, CX-2 and CX-4, while the confidential box contains CX-3C and CX-5C.

12. 3. 2 General Counsel Set

The General Counsel set of exhibits shall include a copy of all exhibits except those that have been withdrawn (i. e. , those exhibits that were admitted or rejected). The General Counsel set shall be submitted directly to the Office of the General Counsel in loose leaf binders with each exhibit individually tabbed, with each tab reflecting the number of the corresponding exhibit, *e. g.*, CX-3C. The exhibits in the General Counsel set shall be in consecutive numerical order and shall not be separated according to whether the exhibits are confidential or public. Each binder must be labeled on its spine with the name and number of the investigation and the nature of the contents of the binder, *e. g.*, Complainant's Exhibits CX-1 through CX-18C. Rejected exhibits shall be submitted under separate cover and so marked. Alternatively, the parties may submit the General Counsel set on CD/DVD pursuant to Ground Rule 12. 4.

12. 3. 3 Final Exhibit List

Final exhibit lists shall be prepared in accordance with Ground Rule 12. 1. 3 and shall reflect the status of all exhibits, including those admitted and rejected during the hearing. Any withdrawn exhibit shall be identified on the final exhibit list by exhibit number and shall indicate that it is withdrawn.

12. 4 Exhibits on Electronic Media

The procedure for filing and properly formatting exhibits on electronic media is as follows:

(1) Exhibits must be on CDs or DVDs.

(2) Each exhibit shall have a four-digit exhibit number, with leading zeros as necessary (*e. g.*, CX-0001, RX-0002C).

(3) The exhibits shall be submitted on separate CDs/DVDs according to:

(i) whether the exhibits were admitted or rejected;

(ii) whether the exhibits are confidential exhibits public exhibits; **and**

(iii) the type of exhibit (*i. e.*, CX, CDX, CPX, RX, RDX, RPX, JX, JDX, JPX, SX, SDX, SPX).

For example, a filing may include the following CDs/DVDs: (1) admitted public CX exhibits; (2) admitted confidential CX exhibits; (3) rejected public CX exhibits; (4) rejected confidential CX exhibits; (5) admitted public CDX exhibits; (6) admitted confidential CDX exhibits; (7) rejected public CDX exhibits; (8) rejected confidential CDX exhibits; (9) admitted public CPX exhibits; (10) admitted confidential CPX exhibits; (11) rejected public CPX exhibits; (12) rejected confidential CPX exhibits.

(4) Each CD/DVD must be labeled with the investigation name and number, and the range of exhibits contained therein.

(5) Each CD/DVD must include a table of contents file which lists the names of all the contents on that CD/DVD.

Additional information pertinent to the filing and formatting of exhibits on CD/DVD may be found at the following Internet address:

http://www.usitc.gov/docket_services/documents/EDIS3UserGuide-CDSubmission.pdf.

13. High Priority Objections

On the date provided in the procedural schedule, each party may file a document listing and providing a narrative explanation of the objections to exhibits which the party believes to be of high priority for discussion and/or ruling at the pre-hearing conference. The objections placed on the high priority list may be taken from the party's objections to direct, rebuttal and/or supplemental exhibits. No party shall place more than ten objections on the high priority list. In an investigation involving more than one participating respondent, the participating respondents, as a group, shall be limited to ten high priority objections.

14. Hearing

14.1 Material To Be Received Into Evidence

Only factual material and expert opinion shall be received into evidence. Legal argument shall be reserved for the post-hearing briefs.

Expert reports typically will not be admitted into evidence, although they may be used for purposes of impeachment.

Demonstrative evidence is evidence that illustrates or helps explain oral testimony, or recreates a tangible thing, occurrence, event, or experiment. Demonstrative exhibits may be admitted into evidence, but may not be used for any substantive purpose unless the party seeking to use the demonstrative exhibit for a substantive purpose makes a showing that such would be proper under the Federal Rules of Evidence (*see e.g.*, FRE 1006).

14.2 Authenticity

Any documents that appear to be regular on its face shall be deemed authentic, unless it is shown by particularized evidence that the document is a forgery or is not what it purports to be.

14.3 Witness Testimony

Any direct witness testimony, with the exception of that of an adverse witness, shall be made by witness statement in lieu of live testimony, and shall be served and submitted on thedate indicated in the procedural schedule. The Commission Investigative Staff attorney, however, may ask the witness supplemental direct testimony live at the hearing. Each witness statement shall be assigned an exhibit number and offered into evidence as an exhibit. Unless waived by the opposing party and the Commission Investigative Staff, each witness submitting a witness statement shall be available for cross-examination on the witness stand. Witnesses will not read their prepared testimony into the record.

A witness statement shall be in the form of consecutively numbered questions and answers, with the questions from counsel and the answers from the witness. Each question from counsel shall be immediately followed by an answer to that question by the witness in the witness's own words. The final two questions asked of the witness shall be: (1) whether or not the witness statement contains the witness's own answers to the questions from counsel; and (2) whether or not the witness's answers to the questions from counsel are true and correct to the best of the witness's knowledge and belief. The answers to these questions shall be immediately followed by the signature of the witness. If a witness is to provide testimony on issues relevant to both a party's direct and rebuttal case, the party shall submit separate witness statements for the witness; one witness statement addressing those issues for which the party bears the burden of proof and a second witness statement addressing those issues for which the party does not bear the burden of proof.

A witness statement shall be in the language of the witness. Any foreign language witness statement shall be accompanied by a certified English translation thereof. If any party disputes the translation, the translation must be certified by a neutral translator selected by agreement of the parties.

14.4 Witness Binders

In examining witnesses on direct, counsel shall provide the witness, the Administrative Law Judge, and other counsel, just prior to the commencement of the examination of each witness, a binder(s) containing all the exhibits that the examining party intends to use with that witness. The exhibits shall be in numerical order and individually tabbed.

In examining adverse witnesses or cross-examining witnesses, counsel shall provide the witness, the Administrative Law Judge, and other counsel, just prior to the commencement of the examination of each witness, a binder containing all exhibits to be used in the examination of the witness. The exhibits shall be in numerical order and individually tabbed.

Each binder shall be labeled on its spine with the name and number of the investigation and the nature of the contents of the binder (e.g., Direct Examination of Witness-Volume 1 of 2, Cross-Examination of Witness-Volume 1 of 1). In addition, the front of the witness binder shall include a table of all exhibits to be used in the examination of the witness with a blank column entitled "Received Into Evidence" or having similar language.

If there are certain exhibits (i.e., patent, prosecution histories) that will be used frequently with more than one witness, a separate exhibit binder containing those exhibits may be used with those witnesses and need not be included in the separate witness binder for each witness.

14.5 Sponsoring Witnesses

Each exhibit that is offered into evidence shall have a "sponsoring witness." One of the purposes of having a sponsoring witness associated with an exhibit is to establish a foundation for the exhibit and to prevent exhibits from coming into the record with no explanation regarding the exhibit or its purpose.

If all of the parties participating in the hearing stipulate, an exception may be granted to the rule and an exhibit may be admitted into evidence without the testimony of a sponsoring witness. For example, if the parties are willing to stipulate and agree to designate portions of deposition testimony to be admitted into the record in lieu of live testimony, along with certain exhibits that were discussed during the deposition, such request will generally be permitted, as long as the exhibit was clearly identified and discussed during the deposition and that the deposition pages discussing the exhibit are included in the designation.

14. 6 Hearing Procedures

14. 6. 1 Order of Examination

The order of examination at the hearing is as follows (subject to alteration at the pre-hearing conference or other changes in the discretion of the Administrative Law Judge):

(1) Brief Opening Statements
(a) Complainant (limited to one hour)
(b) Respondent (limited to one hour)
(c) Commission Investigative Attorney (limited to half an hour)
(2) Complainant's Case-in-Chief (e. g. ,importation,domestic industry,infringement)
(3) Respondent's Case-in-Chief (e. g. ,invalidity,unenforceability,equitable estoppel)

In the event there is more than one respondent, the order of presentation will be determined at the pre-hearing conference. Respondents shall avoid unnecessary duplication of effort.

(4) Commission Investigative Attorney's Case-in-Chief
(5) Respondent's Rebuttal Case
(6) Complainant's Rebuttal Case

14. 6. 2 Closing Argument

Typically, the Administrative Law Judge does not schedule closing arguments. Any party wishing to make a closing argument should make a request to the Administrative Law Judge before the close of the hearing. The decision to permit closing argument is in the discretion of the Administrative Law Judge.

14. 6. 3 Hearing Hours

Normal hearing hours are 8:45 a. m. to 4:45 p. m. with a one-hour and fifteen minute recess for lunch, beginning each day at approximately 11:45 a. m. Additionally, there will be a fifteen minute break at around 10:15 am and another fifteen minute break at around 2:45 pm.

14. 6. 4 Hearing Decorum

14. 6. 4. 1 Conversations at the Hearing

No cross conversation between opposing counsel will be permitted. Rather if counsel has anything to say to opposing counsel, such statement must be made through the Administrative Law Judge.

14. 6. 4. 2 Reading Matter; Cell Phones; Food and Beverages

No reading of extraneous material will be permitted in the courtroom.

Audible cell phone and beeper signals shall be turned off in the courtroom during the hearing. Any cell phone calls must be taken outside of the courtroom.

Beverages will be permitted in the courtroom, provided they are in a bottle or non-disposable container with a tight fitting lid or cap. That means no Styrofoam or Paper cups.

No food or gum shall be permitted in the courtroom during the hearing.

14. 6. 4. 3 Swearing of Witnesses

When a witness is being sworn-in, the witness shall remaining standing. All others in the courtroom room shall be seated and quiet.

14. 6. 4. 4 Arguments on Objection

Arguments or objections may only be made by counsel prior to a ruling. Once a ruling is made, no further discussion of the matter will be permitted.

14. 7 Examination of Witnesses

14. 7. 1 Scope of Examination

Absent approval by the Administrative Law Judge, examination of witnesses shall be limited to direct, cross, redirect, and re-cross.

14. 7. 2 Scope of Cross-Examination

Cross-examination will be limited to the scope of the direct examination. For witnesses called for the purpose of giving testimony in support of a position that is the same as the position advocated by the party desiring cross-examination of that witness, that party is precluded from asking that witness leading questions (i.e. , " no friendly cross-examination").

When counsel is presenting a witness with a question that refers back to the witness's previous testimony, counsel shall refrain from summarizing the witness's previous testimony because this can lead to a time-consuming objection that counsel's summary was not an accurate recitation of the witness's previous testimony. If counsel wishes to refer back to a witness's previous testimony, counsel shall use direct quotations.

14. 7. 3 Scope of Redirect Examination and Re-Cross examination

Redirect examination shall be limited to matters addressed during cross-examination. Re-cross examination will be limited to matters addressed on redirect examination.

14. 7. 4 Coordination of Witnesses

The parties are expected to coordinate examination of witnesses so as to allot the appropriate amount of time for examination of each witness within the total time allotted for the hearing.

14. 7. 5 Documents Presented to Witnesses

Any document that counsel wishes to show to a witness that is not in the witness's witness binder must first be shown to opposing counsel.

14. 7. 6 Scope of Expert Witness Testimony

An expert's direct testimony at the hearing shall be limited in accordance with the scope of his or her expert report (s), deposition testimony, or within the discretion of the Administrative Law Judge. An expert may be cross-examined on matters within his or her expert report (s) regardless of whether or not those matters are within the scope of the expert's direct testimony.

14.7.7 Coordination of Respondents' Cross-examination

Respondents shall coordinate cross-examination through one attorney as far as practicable to avoid duplication. If that is not possible, counsel who intends to cross-examine must be present in the courtroom during the entire preceding cross-examination(s) of the witness in order to avoid repetitive questioning.

14.7.8 Requests for Clarification of a Question

Requests for clarification of a question only may come from the witness or the Administrative Law Judge.

14.7.9 Use of Translators

If a translator will be used at the hearing, the parties are responsible for obtaining one qualified, neutral translator upon whom counsel can agree. It is suggested that the translator be chosen from a list of approved translators, such as may be kept by various federal district courts or federal agencies. Translators will be sworn.

14.7.10 Conferring with Witness during a Break in Testimony

Counsel shall not, during any break in the witness's testimony, confer with a witness regarding the witness's substantive testimony.

15. Post-Hearing Briefs and Proposed Findings of Fact and Conclusions of Law

15.1 Post-Hearing Briefs

15.1.1 In General

On or before the dates set forth in the procedural schedule the parties shall file initial and reply post-hearing briefs. The post-hearing briefs shall be prefaced with a table of contents, a table of authorities, and a table defining any acronyms used in the brief. Any factual or legal issues not addressed in the post-hearing briefs shall be deemed waived.

The post-hearing briefs shall not incorporate anything by reference, but may include pinpoint citations to legal authority or the evidentiary record. Post-hearing briefs shall not include any appendices or other attachments.

The Administrative Law Judge will impose a page limit for all post-hearing briefs. The page limit will be determined on a case-by-case basis.

The post-hearing briefs shall be organized in accordance with the sample outline attached hereto as Appendix B. Additional issues not set forth in the sample outline that a party wishes to raise may be included where appropriate.

In addition to any other requirements, the Administrative Law Judge's courtesy copies of the parties' post-hearing briefs shall be printed double-sided and submitted in a 3-Ring binder with a label on the spine of the binder indicating its contents.

15.1.2 Initial Post-Hearing Briefs

The initial post-hearing briefs shall discuss the issues and evidence tried within the framework of the pre-hearing briefs and any permitted amendments thereto.

15.1.3 Reply Post-Hearing Briefs

The post-hearing reply brief shall discuss the issues and evidence discussed in the initial post-hearing briefs of each opposing party.

15.2 Findings of Fact and Conclusions of Law and Objections and Rebuttals Thereto

15.2.1 Findings of Fact and Conclusions of Law

In accordance with Commission Rule 210.40, any party may elect to file proposed findings of fact and conclusions of law. If a party chooses to file proposed findings of fact and conclusions of law, they must be filed on the same date as the initial post-hearing brief. Any facts and law addressed in a proposed finding of fact or conclusions of law must also be addressed in the post-hearing briefs and shall not be incorporated by reference therein.

The proposed findings of fact shall be in the form of numbered paragraphs. A proposed finding of fact must be an assertion of fact only (*i.e.*, without argument more appropriately placed in the post-hearing brief). Each proposed finding of fact **must** be followed with citations to supporting authority in the evidence.

15.2.2 Objections and Rebuttals to Findings of Fact and Conclusions of Law

A party may choose to file objections and rebuttals to an opposing party's proposed findings of fact; however objections and rebuttals are not required. If a party elects to file objections and rebuttals to proposed findings of fact, they shall be filed on the same date that the post-hearing reply briefs are due. Proposed findings of fact and conclusions of law that are not objected to or rebutted shall not be deemed admitted.

If a party chooses to file objections and rebuttals, the party's objections and rebuttals to proposed findings of fact of an opposing party shall repeat the text and citation to the record of the proposed finding of fact being objected to or rebutted and its paragraph number. Rebuttals shall assert only facts (*i.e.*, without argument more appropriately placed in the post-hearing reply brief), and **must** be followed with citations to the party's own proposed findings of fact or to other supporting authority in the evidence.

Appendix A

UNITED STATES INTERNATIONAL TRADE COMMISSION
Washington, D. C.

In the Matter of	
Certain...	Inv. No. 337-TA-____

APPLICATION FOR ISSUANCE OF
SUBPOENA AD TESTIFICANDUM

[Party name], pursuant to 19 C. F. R. § 210.32 (a) (1), hereby applies to the Administrative Law Judge for the issuance of the attached subpoena *ad testificandum* to:

[Name]
[Address]

The subpoena *ad testificandum* requires [Name] to appear and testify at the taking of a deposition on [date], at [location], or at such other date and location as is mutually agreed upon.

[Party name] believes that [Name] may be in possession of substantial information relevant to this Investigation. [Insert explanation re relevance, *see* Ground Rule 6.10.1.] Furthermore, the topics identified in Attachment A of the subpoena are narrowly tailored to address only the aforementioned subjects. [Insert explanation re reasonableness of the scope of inquiry, *see* Ground Rule 6.10.1.]

[Name] will receive the application and subpoena by overnight delivery, if not sooner, and all other parties to this Investigation will receive them on the next business day, at the latest, after the subpoena has issued. For the reasons set forth above, [Party name] respectfullyrequests that its application for issuance of a subpoena *ad testificandum* be granted and the attached subpoena be issued.

Dated: _____, 20__

Respectfully submitted,

_____

[Counsel]
[Address]
Counsel for [Party Name]

UNITED STATES INTERNATIONAL TRADE COMMISSION
Washington, D. C.

In the Matter of

Certain…

Inv. No. 337-TA-_____

SUBPOENA DUCES TECUM

TO: NAME

ADDRESS

TAKE NOTICE: By authority of Section 337 of the Tariff Act of 1930, as amended (19 U. S. C. § 1337), 5 U. S. C. § 556(c)(2), and pursuant to 19 C. F. R. § 210. 32 of the Rules of Practice and Procedure of the United States International Trade Commission, and upon an application for subpoena made by ["Complainant(s)" / "Respondent(s)"/ etc., followed by name of company],

YOU ARE HEREBY ORDERED to produce at_____, on____ _____, or at such other time and place agreed upon, all of the documents and things in your possession, custody or control which are listed and described in Attachment A hereto. Such production will be for the purpose of inspection and copying, as desired.

If production of any document listed and described in Attachment A hereto is withheld on the basis of a claim of privilege, each withheld document shall be separately identified in a privileged document list. The privileged document list must identify each document separately, specifying for each document at least: (i) the date; (ii) author(s)/sender(s); (iii) recipient(s), including copy recipients; and (iv) general subject matter of the document. The sender(s) and recipient(s) shall be identified by position and entity (corporation or firm, etc.) with which they are employed or associated. If the sender or the recipient is an attorney or a foreign patent agent, he or she shall be so identified. The type of privilege claimed must also be stated, together with a certification that all elements of the claimed privilege have been met and have not been waived with respect to each document.

If any of the documents or things listed and described in Attachment A hereto are considered "confidential business information," as that term is defined in the Protective Order attached hereto, such documents or things shall be produced subject to the terms and provisions of the Protective Order. Any motion to limit or quash this subpoena shall be filed within ten (10) days after the receipt hereof. The filing of any motion concerning this subpoena, shall comply with Commission Rule 210. 4(f) and the Administrative Law Judge's

Ground Rules.

IN WITNESS WHEREOF the undersigned of the United States International Trade Commission has hereunto set his hand and caused the seal of said United States International Trade Commission to be affixed at Washington, D. C. on this ___day of___ , 20___.

_____
Thomas B. Pender
Administrative Law Judge
United States International Trade Commission

Appendix B

UNITED STATES INTERNATIONAL TRADE COMMISSION
Washington, D. C.

In the Matter of

Certain…

Inv. No. 337-TA-____

SUBPOENA AD TESTIFICANDUM

TO: NAME
　　ADDRESS

TAKE NOTICE: By authority of Section 337 of the Tariff Act of 1930, as amended (19 U. S. C. § 1337), 5 U. S. C. § 556(c)(2), and pursuant to 19 C. F. R. § 210.32 of the Rules of Practice and Procedure of the United States International Trade Commission, and upon an application for subpoena made by ["Complainant(s)" / "Respondent(s)" / etc., followed by name of company].

YOU ARE HEREBY ORDERED to present yourself for purposes of your deposition upon oral examination on_____, at_____, or at such other time and place agreed on, concerning the subject matter set forth in Attachment A hereto.

This deposition will be taken before a Notary Public or other person authorized to administer oaths and will continue from day to day until completed.

If any of your testimony is considered "confidential business information," as that term is defined in the Protective Order attached hereto, such testimony shall be so designated and treated according to the terms and provisions of the Protective Order.

Any motion to limit or quash this subpoena shall be filed within ten (10) days after the receipt hereof. The filing of any motion concerning this subpoena, shall comply with Commission Rule 210.4(f) and the Administrative Law Judge's Ground Rules.

　　　　IN WITNESS WHEREOF the undersigned of the United States International Trade Commission has hereunto set his hand and caused the seal of said United States International Trade Commission to be affixed at Washington, D. C. on this day of_____, 20____.

　　　　　　　　　　　　　　　Thomas B. Pender
　　　　　　　　　　　　　　　Administrative Law Judge
　　　　　　　　　　　　　　　United States International Trade Commission

EXAMPLE OF OUTLINE FOR ALL BRIEFS

I. INTRODUCTION
 A. Procedural History
 B. The Parties
 C. Overview of the Technology
 D. The Patents at Issue
 E. The Products at Issue

II. JURISDICTION AND IMPORTATION

III. PATENT "A"
 A. Level of Ordinary Skill in the Art
 B. Claim Construction
  1. First Disputed Claim Term
  2. Second Disputed Claim Term
 C. Infringement
  1. Claim 1
  2. Claim 2
 D. Domestic Industry-"Technical Prong"
 E. Validity
  1. Anticipation Under 35 U.S.C. § 102(a)
  2. Obviousness Under 35 U.S.C. § 103(a)
   a. The scope and content of the prior art
   b. The level of ordinary skill in the art
   c. Comparison of the claimed invention and the prior art
   d. Secondary considerations of non-obviousness
  3. Indefiniteness Under 35 U.S.C. § 112 ¶ 2
 F. Unenforceability
 G. Other Defenses

IV. PATENT "B" ...

V. DOMESTIC INDUSTRY-ECONOMIC PRONG
 A. Significant Investment in Plant and Equipment
 B. Significant Employment of Labor or Capital
 C. ...

VI. REMEDY AND BONDING

》337 调查突围：写给中国企业的应诉指南

CERTAIN PAPER SHREDDERS, CERTAIN PROCESSES FOR MANUFACTURING OR RELATING TO SAME AND CERTAIN PRODUCTS CONTAINING SAME AND CERTAIN PARTS THEREOF

Inv. No. 337-TA-863

CERTIFICATE OF SERVICE

I, Lisa R. Barton, hereby certify that the attached **Order No. 2** has been served upon Peter J. Sawert, Esq., the Commission Investigative Attorney, and the following parties as indicated, on JAN 31 2013

Lisa R. Barton, Acting Secretary
U.S. International Trade Commission
500 E Street, SW
Washington, DC 20436

For Complainant Fellowes, Inc. & Fellowes Office Products (Suzhou) Co. Ltd.:

Kevin M. O'Brien, Esq.
BAKER & MCKENZIE LLP
815 Connecticut Avenue, NW
Washington, D.C. 20006

( ) Via Hand Delivery
( ) Via Overnight Mail
(\) Via First Class Mail
( ) Other: _____

Respondents:

New United Co. Group Ltd.
No. 18 Qianjia Industrial Park
Yaoguan Town, Wujin District
Changzhou, Jiangsu 213011
China

( ) Via Hand Delivery
( ) Via Overnight Mail
(\) Via First Class Mail
( ) INTERNATIONAL

Jiangsu New United Office Equipments Co. Ltd.
No. 6 Qianjia Industrial Park
Yaoguan, Jiangsu Province 213011
China

( ) Via Hand Delivery
( ) Via Overnight Mail
(\) Via First Class Mail
( ) INTERNATIONAL

Shenzhen Elite Business
Office Equipment Co. Ltd.
No. 88 Fuhuasan Road, Futian District
Unit 11D15, 11th Floor, Fortune Plaza
Shenzhen City, Guangdong Province
China, 518026

( ) Via Hand Delivery
( ) Via Overnight Mail
(\) Via First Class Mail
( ) INTERNATIONAL

Elite Business Machines Ltd.
Unit 1A, 2nd Floor, Fu Tao Building
98 Argyle Street, Mong Kok, Kowloon
Hong Kong Special Administrative Region
China

( ) Via Hand Delivery
( ) Via Overnight Mail
(✓) Via First Class Mail
( ) INTERNATIONAL

New United Office Equipment USA, Inc.
3701 Commercial Avenue
Northbrook, Il 60062

( ) Via Hand Delivery
( ) Via Overnight Mail
(✓) Via First Class Mail
( ) Other: _____

Jiangsu Shinri Machinery Co. Ltd.
Qianjia Industrial Park, Yaoguan Town
Wujin District, Changzhou, Jiangsu Province
China

( ) Via Hand Delivery
( ) Via Overnight Mail
(✓) Via First Class Mail
( ) INTERNATIONAL

Zhou Licheng
No. 45, Miaotou Natural Village
Qianjia Administrative Village, Yaoguan Town
Wujin District, Changzhou City, Jiangsu Province
China, 213102

( ) Via Hand Delivery
( ) Via Overnight Mail
(✓) Via First Class Mail
( ) INTERNATIONAL

Randall Graves
Apartment 1201, Unit C, Block 320
Nandu Section, Hutang New City Complex
Wujin District, Changzhou City, Jiangsu Province
China, 213161

( ) Via Hand Delivery
( ) Via Overnight Mail
(✓) Via First Class Mail
( ) INTERNATIONAL

"Jessica" Wang Chongge
Group 1, Tonguyan Village, Tongyuan Town
Gaoling County, Xi'an City, Shaanzi Province
China 710202

( ) Via Hand Delivery
( ) Via Overnight Mail
(✓) Via First Class Mail
( ) INTERNATIONAL

Public Mailing List:

Heather Hall
LEXIS-NEXIS
9443 Springboro Pike
Miamisburg, OH 45342

( ) Via Hand Delivery
( ) Via Overnight Mail
(✓) Via First Class Mail
( ) Other: _____

Kenneth Clair
Thomson West
1100 13th Street NW
Suite 200
Washington, DC 20005

( ) Via Hand Delivery
( ) Via Overnight Mail
(✓) Via First Class Mail
( ) Other: _____

附录 4

碎纸机案《案件进度命令》
（英文版）

UNITED STATES INTERNATIONAL TRADE COMMISSION
Washington, D. C.

| In the Matter of
CERTAIN PAPER SHREDDERS,
CERTAIN PROCESSES FOR
MANUFACTURING OR RELATING TO
SAME AND CERTAIN PRODUCTS
CONTAINING SAME AND CERTAIN
PARTS THEREOF | Inv. No. 337-TA-863 |

ORDER NO. 4: SETTING PROCEDURAL SCHEDULE
(March 5, 2013)

On February 21, 2013, Fellowes, Inc. and Fellowes Office Products (Suzhou) Co. (collectively, "Complainants"), New United Group Co. Ltd., Jiangsu New United Office Equipments Co. Ltd., Shenzhen Elite Business Office Equipment Co. Ltd., Elite Business Machines Ltd., New United Office Equipment USA, Inc., Jiangsu Shinri Machinery Co. Ltd., Zhou Licheng, Randall Graves, and "Jessica" Wang Chongge (collectively "Respondents"), and the Office of Unfair Import Investigations ("OUII") submitted a joint proposed procedural schedule pursuant to Order No. 3.

Having considered the joint submission, I hereby order that the procedural schedule attached hereto as Exhibit A is now in effect.

SO ORDERED.

Thomas B. Pender
Administrative Law Judge

Exhibit A

CERTAIN PAPER SHREDDERS, CERTAIN PROCESSES FOR MANUFACTURING OR RELATING TO SAME AND CERTAIN PRODUCTS CONTAINING SAME AND CERTAIN PARTS THERE OF 337-TA-863	
Event	Date
Submit Joint Proposed Procedural Schedule	Thursday, February 21, 2013
Submit Case Management Statement to ALJ	Tuesday, February 26, 2013
Deadline for Propounding Interrogatories re: Accused Products (Rule 6.2)	Wednesday, February 27, 2013
Initial Case Management Conference	Thursday, February 28, 2013
Serve Rule 7.1 Complainant's Disclosure of Priority Dates, Dates of Conception/Reduction to Practice	Monday, March 18, 2013
First settlement conference	Wednesday, March 20, 2013
Initial Disclosures of Trade Secrets	Thursday, March 21, 2013
Submit first settlement conference joint report	Wednesday, March 27, 2013
Serve Rule 7.2 Respondents' Disclosure of Products Within the Scope of the NOI	Monday, April 1, 2013
Serve Rule 7.3 Complainants' Disclosure of Domestic Industry Contentions	Monday, April 8, 2013
Serve Rule 7.4 Complainants' Disclosure of Asserted Claims and Infringement Contentions	Wednesday, April 17, 2013
Serve Rule 7.5 Respondents' Disclosure of Invalidity Contentions	Friday April 26, 2013
Final Disclosures of Trade Secrets	Wednesday, May 15, 2013
File tentative list of witnesses that will be called at the evidentiary hearing, with an identification of each witnesses' relationship to the party	Wednesday, June 26, 2013
File identification of expert witnesses, including their expertise and curriculum vitae	Monday, July 8, 2013
Fact discovery cutoff and completion	Friday, July 19, 2013
Second settlement conference	Friday July 26, 2013
Submit second settlement conference joint report	Wednesday, July 31, 2013
Serve initial expert reports	Friday, August 2, 2013

续表

CERTAIN PAPER SHREDDERS, CERTAIN PROCESSES FOR MANUFACTURING OR RELATING TO SAME AND CERTAIN PRODUCTS CONTAINING SAME AND CERTAIN PARTS THERE OF 337-TA-863	
Event	Date
Serve rebuttal expert reports	Friday, August 16, 2013
Expert discovery cutoff and completion	Friday, August 30, 2013
Deadline for filing summary determination motions	Thursday, September 5, 2013
Third settlement conference	Tuesday, September 10, 2013
Serve proposed exhibit lists and copies of proposed documentary exhibits (Private Parties)	Friday, September 13, 2013
Submit third settlement conference joint report	Monday, September 16, 2013
Serve proposed exhibit lists and copies of proposed documentary exhibits (Staff)	Wednesday, September 18, 2013
File requests for receipt of evidence without a sponsoring witness❶	Friday, September 20, 2013
Serve direct exhibits (including witness statements), with available physical and demonstrative exhibits	Friday, September 20, 2013
File objections to direct exhibits (including witness statements)	Friday, September 27, 2013
Serve rebuttal exhibits (including witness statements), with available rebuttal physical and demonstrative exhibits	Friday, September 27, 2013
File responses to objections to direct exhibits (including witness statements)	Wednesday October 2, 2013
File prehearing statements and briefs (Private Parties)	Friday, October 4, 2013
File objections to rebuttal exhibits (including witness statements)	Tuesday, October 8, 2013
Submit on electronic media direct and rebuttal exhibits (includingwitness statement) with available direct and rebuttal physical and demonstrative exhibits	Thursday, October 10, 2013
File responses to objections to rebuttal exhibits (including witness statements)	Friday, October 11, 2013
Deadline for filing motions in limine	Friday, October 11, 2013
File prehearing statement and brief (Staff)	Tuesday, October 15, 2013
File high priority objections statement	Friday, October 18, 2013
File responses to motions in limine	Monday, October 21, 2013

❶ Such requests are ordinarily disfavored.

CERTAIN PAPER SHREDDERS, CERTAIN PROCESSES FOR MANUFACTURING OR RELATING TO SAME AND CERTAIN PRODUCTS CONTAINING SAME AND CERTAIN PARTS THERE OF 337-TA-863	
Event	Date
File responses to high priority objections statement	Friday, October 25, 2013
Technology Tutorial (if needed)	TBD
Pre-hearing conference	Monday, November 4, 2013
Hearing	Monday, November 4, 2013– Friday November 8, 2013
File initial post-hearing briefs and final exhibit lists	Friday, November 22, 2013
Submit final direct and rebuttal exhibits (including witness statements) with direct and rebuttal physical and demonstrative exhibits	Tuesday, November 26, 2013
File reply post-hearing briefs	Friday, December 6, 2013
Each party shall submit a set of final exhibits directly to the Office of General Counsel along with a final exhibit list	Wednesday, January 8, 2014
Initial determination due	Monday, January 27, 2014
Target date	Tuesday, May 27, 2014

》337调查突围：写给中国企业的应诉指南

IN THE MATTER OF CERTAIN PAPER SHREDDERS, CERTAIN 337-TA-863
PROCESSES FOR MANUFACTURING OR RELATING TO SAME AND
CERTAIN PRODUCTS CONTAINING SAME AND CERTAIN PARTS THEREOF

<u>CERTIFICATE OF SERVICE</u>

I, Lisa R. Barton, hereby certify that the attached **PUBLIC ORDER NO. 4** has been served upon, **Peter J. Sawert, Esq.**, Commission Investigative Attorney, and the following parties via first class mail and air mail where necessary on _____ MAR -5 2013 _____

Lisa R. Barton, Acting Secretary
U.S. International Trade Commission
500 E Street, SW, Room 112A
Washington, DC 20436

FOR COMPLAINANT FELLOWES, INC. & FELLOWES OFFICE PRODUCTS (SUZHOU) CO. LTD.:

Kevin M. O'Brien, Esq.	( ) Via Hand Delivery
BAKER & MCKENZIE LLP	( ) Via Overnight Mail
815 Connecticut Avenue, NW	(\) Via First Class Mail
Washington, DC 20006	( ) Other:_____

FOR RESPONDENTS' NEW UNITED CO. GROUP LTD., JIANGSU NEW UNITED OFFICE EQUIPMENTS CO. LTD., SHENZHEN ELITE BUSINESS OFFICE EQUIPMENT CO. LTD., ELITE BUSINESS MACHINES LTD., NEW UNITED OFFICE EQUIPMENT USA, INC., JIANGSU SHINRI MACHINERY CO. LTD., ZHOU LICHENG, RANDALL GRAVES, AND "JESSICA" WANG CHONGGE

Tom . Schaumberg, Esq.	( ) Via Hand Delivery
ADDUCI MASTRIANI & SCHAUMBERG LLP	( ) Via Overnight Mail
1133 Connecticut Avenue NW	(\) Via First Class Mail
Washington, DC 20036	( ) Other:_____

| 附录4　碎纸机案《案件进度命令》（英文版）

IN THE MATTER OF CERTAIN PAPER SHREDDERS, CERTAIN　337-TA-863
PROCESSES FOR MANUFACTURING OR RELATING TO SAME AND
CERTAIN PRODUCTS CONTAINING SAME AND CERTAIN PARTS THEREOF

<u>PUBLIC MAILING LIST</u>

Heather Hall　　　　　　　　　　　　　　( )Via Hand Delivery
LEXIS - NEXIS　　　　　　　　　　　　( )Via Overnight Mail
9443 Springboro Pike　　　　　　　　　　(√)Via First Class Mail
Miamisburg, OH 45342　　　　　　　　　( )Other:_____

Kenneth Clair　　　　　　　　　　　　　 ( )Via Hand Delivery
THOMSON WEST　　　　　　　　　　　( )Via Overnight Mail
1100 – 13th Street NW　　　　　　　　　(√)Via First Class Mail
Suite 200　　　　　　　　　　　　　　　( )Other:_____
Washington, DC 20005

附录 5

碎纸机案《保护令》
（英文版）

UNITED STATES INTERNATIONAL TRADE COMMISSION
Washington, D. C.

In the Matter of CERTAIN PAPER SHREDDERS, CERTAIN PROCESSES FOR MANUFACTURING OR RELATING TO SAME AND CERTAIN PRODUCTS CONTAINING SAME AND CERTAIN PARTS THEREOF	Inv. No. 337-TA-863

ORDER NO. 1: PROTECTIVE ORDER

(January 29, 2013)

WHEREAS, documents and information may be sought, produced or exhibited by and among the parties to the above captioned proceeding, which materials relate to trade secrets or other confidential research, development or commercial information, as such terms are used in the Commission's Rules, 19 C. F. R. § 210.5;

IT IS HEREBY ORDERED THAT:

1. Confidential business information is information which concerns or relates to the trade secrets, processes, operations, style of work, or apparatus, or to the production, sales, shipments, purchases, transfers, identification of customers, inventories, amount or source of any income, profits, losses, or expenditures of any person, firm, partnership, corporation, or other organization, or other information of commercial value, the disclosure of which is likely to have the effect of either (i) impairing the Commission's ability to obtain such information as

is necessary to perform its statutory functions; or (ii) causing substantial harm to the competitive position of the person, firm, partnership, corporation, or other organization from which the information was obtained, unless the Commission is required by law to disclose such information. The term "confidential business information" includes "proprietary information" within the meaning of section 777(b) of the Tariff Act of 1930 (19 U.S.C. § 1677f(b)).

2(a). Any information submitted, in pre-hearing discovery or in a pleading, motion, or response to a motion either voluntarily or pursuant to order, in this Investigation, which is asserted by a supplier to contain or constitute confidential business information shall be so designated by such supplier in writing, or orally at a deposition, conference or hearing, and shall be segregated from other information being submitted: Documents shall be clearly and prominently marked on their face with the legend: "[supplier's name] CONFIDENTIAL BUSINESS INFORMATION, SUBJECT TO PROTECTIVE ORDER," or a comparable notice. Such information, whether submitted in writing or in oral testimony, shall be treated in accordance with the terms of this protective order.

(b). The Administrative Law Judge or the Commission may determine that information alleged to be confidential is not confidential, or that its disclosure is necessary for the proper disposition of the proceeding, before, during or after the close of a hearing herein. If such a determination is made by the Administrative Law Judge or the Commission, opportunity shall be provided to the supplier of such information to argue its confidentiality prior to the time of such ruling.

3. In the absence of written permission from the supplier or an order by the Commission or the Administrative Law Judge, any confidential documents or business information submitted in accordance with the provisions of paragraph 2 above shall not be disclosed to any person other than: (i) outside counsel for parties to this Investigation, including necessary secretarial and support personnel assisting such counsel; (ii) qualified persons taking testimony involving such documents or information and necessary stenographic and clerical personnel thereof; (iii) technical experts and their staff who are employed for the purposes of this litigation (unless they are otherwise employed by, consultants to, or otherwise affiliated with a non-governmental party, or are employees of any domestic or foreign manufacturer, wholesaler, retailer, or distributor of the products, devices or component parts which are the subject of this Investigation); (iv) the Commission, the Administrative Law Judge, the Commission Investigative Staff, and personnel of any governmental agency as authorized by the Commission; and (v) the Commission, its employees, and contract personnel who are acting in the capacity of Commission employees, for developing or maintaining the records of this Investigation or related proceedings for which this information is submitted, or in internal audits and investigations relating to the programs and operations of the Commission pursuant to 5 U.S.C. Appendix 3. ❶

4. Confidential business information submitted in accordance with the provisions of

---

❶ Commission Administrative Order 97-06 (Feb. 4, 1997).

paragraph 2 above shall not be made available to any person designated in paragraph 3(ⅰ)❶ and (ⅲ) unless he or she shall have first read this order and shall have agreed, by letter filed with the Secretary of this Commission: (ⅰ) to be bound by the terms thereof; (ⅱ) not to reveal such confidential business information to anyone other than another person designated in paragraph 3; and (ⅲ) to utilize such confidential business information solely for purposes of this Investigation.

5. If the Commission or the Administrative Law Judge orders, or if the supplier and all parties to the Investigation agree, that access to, or dissemination of information submitted as confidential business information shall be made to persons not included in paragraph 3 above, such matter shall only be accessible to, or disseminated to, such persons based upon the conditions pertaining to, and obligations arising from this order, and such persons shall be considered subject to it, unless the Commission or the Administrative Law Judge finds that the information is not confidential business information as defined in paragraph 1 hereof.

6. Any confidential business information submitted to the Commission or the Administrative Law Judge in connection with a motion or other proceeding within the purview of this Investigation shall be submitted under seal pursuant to paragraph 2 above. Any portion of a transcript in connection with this Investigation containing any confidential business information submitted pursuant to paragraph 2 above shall be bound separately and filed under seal. When any confidential business information submitted in accordance withparagraph 2 above is included in an authorized transcript of a deposition or exhibits thereto, arrangements shall be made with the court reporter taking the deposition to bind such confidential portions and separately label them "[supplier's name] CONFIDENTIAL BUSINESS INFORMATION, SUBJECT TO PROTECTIVE ORDER." Before a court reporter or translator receives any such information, he or she shall have first read this order and shall have agreed in writing to be bound by the terms thereof. Alternatively, he or she shall sign the agreement included as Attachment A hereto. Copies of each such signed agreement shall be provided to the supplier of such confidential business information and the Secretary of the Commission.

7. The restrictions upon, and obligations accruing to, persons who become subject to this order shall not apply to any information submitted in accordance with paragraph 2 above to which the person asserting the confidential status thereof agrees in writing, or the Commission or the Administrative Law Judge rules, after an opportunity for hearing, was publicly known at the time it was supplied to the receiving party or has since become publicly known through no fault of the receiving party.

8. The Commission, the Administrative Law Judge, and the Commission Investigative Staff acknowledge that any document or information submitted as confidential business information pursuant to paragraph 2 above is to be treated as such within the meaning of 5 U.S.C. § 552(b)(4) and 18 U.S.C. § 1905, subject to a contrary ruling, after hearing, by the Commission or its Freedom of Information Act Officer, or the Administrative Law Judge.

---

❶ Necessary secretarial and support personnel assisting counsel need not sign onto the protective order themselves because they are covered by counsel's signing onto the protective order.

When such information is made part of a pleading or is offered into the evidentiary record, the data set forth in 19 C. F. R. § 201. 6 must be provided except during the time that the proceeding is pending before the Administrative Law Judge. During that time, the party offering the confidential business information must, upon request, provide a statement as to the claimed basis for its confidentiality.

9. Unless a designation of confidentiality has been withdrawn, or a determination has been made by the Commission or the Administrative Law Judge that information designated as confidential, is no longer confidential, the Commission, the Administrative Law Judge, and the Commission Investigative Staff shall take all necessary and proper steps to preserve the confidentiality of, and to protect each supplier's rights with respect to, any confidential business information designated by the supplier in accordance with paragraph 2 above, including, without limitation: (a) notifying the supplier promptly of (i) any inquiry or request by anyone for the substance of or access to such confidential business information, other than those authorized pursuant to this order, under the Freedom of Information Act, as amended (5 U. S. C. § 552) and (ii) any proposal to redesignate or make public any such confidential business information; and (b) providing the supplier at least seven days after receipt of such inquiry or request within which to take action before the Commission, its Freedom of Information Act Officer, or the Administrative Law Judge, or otherwise to preserve the confidentiality of and to protect its rights in, and to, such confidential business information.

10. If while the Investigation is before the Administrative Law Judge, a party to this order who is to be a recipient of any business information designated as confidential and submitted in accordance with paragraph 2 disagrees with respect to such a designation, in full or in part, it shall notify the supplier in writing, and they will thereupon confer as to the status of the subject information proffered within the context of this order. If prior to, or at the time of such a conference, the supplier withdraws its designation of such information as being subject to this order, but nonetheless submits such information for purposes of the Investigation, such supplier shall express the withdrawal, in writing, and serve such withdrawal upon all parties and the Administrative Law Judge. If the recipient and supplier are unable to concur upon the status of the subject information submitted as confidential business information within ten days from the date of notification of such disagreement, any party to this order may raise the issue of the designation of such a status to the Administrative Law Judge who will rule upon the matter. The Administrative Law Judge may *sua sponte* question the designation of the confidential status of any information and, after opportunity for hearing, may remove the confidentiality designation.

11. No less than 10 days (or any other period of time designated by the Administrative Law Judge) prior to the initial disclosure to a proposed expert of any confidential information submitted in accordance with paragraph 2, the party proposing to use such expert shall submit in writing the name of such proposed expert and his or her educational and detailed employment history to the supplier. If the supplier objects to the disclosure of such confidential business information to such proposed expert as inconsistent with the language or

intent of this order or on other grounds, it shall notify the recipient in writing of its objection and the grounds therefore prior to the initial disclosure. If the dispute is not resolved on an informal basis within ten days of receipt of such notice of objections, the supplier shall submit immediately each objection to the Administrative Law Judge for a ruling. If the Investigation is before the Commission the matter shall be submitted to the Commission for resolution. The submission of such confidential business information to such proposed expert shall be withheld pending the ruling of the Commission or the Administrative Law Judge. The terms of this paragraph shall be inapplicable to experts within the Commission or to experts from other governmental agencies who are consulted with or used by the Commission.

12. If confidential business information submitted in accordance with paragraph 2 is disclosed to any person other than in the manner authorized by this protective order, the party responsible for the disclosure must immediately bring all pertinent facts relating to such disclosure to the attention of the supplier and the Administrative Law Judge and, without prejudice to other rights and remedies of the supplier, make every effort to prevent further disclosure by it or by the person who was the recipient of such information.

13. Nothing in this order shall abridge the right of any person to seek judicial review or to pursue other appropriate judicial action with respect to any ruling made by the Commission, its Freedom of Information Act Officer, or the Administrative Law Judge concerning the issue of the status of confidential business information.

14. Upon final termination of this Investigation, each recipient of confidential business information that is subject to this order shall assemble and return to the supplier all items containing such information submitted in accordance with paragraph 2 above, including all copies of such matter which may have been made. Alternatively, the parties subject to this order may, with the written consent of the supplier, destroy all items containing confidential business information and certify to the supplier (or his counsel) that such destruction has taken place. This paragraph shall not apply to the Commission, including its investigative attorney, and the Administrative Law Judge, which shall retain such material pursuant to statutory requirements and for other recordkeeping purposes, but may destroy those additional copies in its possession which it regards as surplusage.

Notwithstanding the above paragraph, confidential business information may be transmitted to a district court pursuant to Commission Rule 210.5(c).

15. If any confidential business information which is supplied in accordance with paragraph 2 above is supplied by a nonparty to this Investigation, such a nonparty shall be considered a "supplier" as that term is used in the context of this order.

16. Each nonparty supplier shall be provided a copy of this order by the party seeking information from said supplier.

17. The Secretary shall serve a copy of this order upon all parties.

Thomas B. Pender
Administrative Law Judge

Attachment A
NONDISCLOSURE AGREEMENT FOR REPORTER/STENOGRAPHER/TRANSLATOR

I, _____, do solemnly swear or affirm that I will not divulge any information communicated to me in any confidential portion of the Investigation or hearing in the matter of Certain Paper Shredders, Certain Processes for Manufacturing or Relating to Same and Certain Products Containing Same and Certain Parts Thereof, Investigation No. 337-TA-863, except as permitted in the Protective Order issued in this case. I will not directly or indirectly use, or allow the use of such information for any purpose other than that directly associated with my official duties in this case.

Further, I will not by direct action, discussion, recommendation, or suggestion to any person reveal the nature or content of any information communicated during any confidential portion of the Investigation or hearing in this case.

I also affirm that I do not hold any position or official relationship with any of the participants in said Investigation.

I am aware that the unauthorized use or conveyance of information as specified above is a violation of the Federal Criminal Code and punishable by a fine of up to $10,000, imprisonment of up to ten (10) years, or both.

Signed

Dated

Firm or affiliation

》337 调查突围：写给中国企业的应诉指南

CERTAIN PAPER SHREDDERS,   Inv. No. 337-TA-863
CERTAIN PROCESSES FOR
MANUFACTURING OR RELATING TO
SAME AND CERTAIN PRODUCTS
CONTAINING SAME AND CERTAIN
PARTS THEREOF

CERTIFICATE OF SERVICE

I, Lisa R. Barton, hereby certify that the attached **Order No. 1** has been served upon Peter J. Sawert, Esq., the Commission Investigative Attorney, and the following parties as indicated, on JAN 31 2013

Lisa R. Barton, Acting Secretary
U.S. International Trade Commission
500 E Street, SW
Washington, DC 20436

For Complainant Fellowes, Inc. &
Fellowes Office Products (Suzhou) Co. Ltd.:

Kevin M. O'Brien, Esq.   ( ) Via Hand Delivery
BAKER & MCKENZIE LLP   ( ) Via Overnight Mail
815 Connecticut Avenue, NW   (X) Via First Class Mail
Washington, D.C. 20006   ( ) Other: _____

Respondents:

New United Co. Group Ltd.   ( ) Via Hand Delivery
No. 18 Qianjia Industrial Park   ( ) Via Overnight Mail
Yaoguan Town, Wujin District   (X) Via First Class Mail
Changzhou, Jiangsu 213011   ( ) INTERNATIONAL
China

Jiangsu New United Office Equipments Co. Ltd.   ( ) Via Hand Delivery
No. 6 Qianjia Industrial Park   ( ) Via Overnight Mail
Yaoguan, Jiangsu Province 213011   (X) Via First Class Mail
China   ( ) INTERNATIONAL

Shenzhen Elite Business   ( ) Via Hand Delivery
Office Equipment Co. Ltd.   ( ) Via Overnight Mail
No. 88 Fuhuasan Road, Futian District   (X) Via First Class Mail
Unit 11D15, 11th Floor, Fortune Plaza   ( ) INTERNATIONAL
Shenzhen City, Guangdong Province
China, 518026

Elite Business Machines Ltd. ( ) Via Hand Delivery
Unit 1A, 2nd Floor, Fu Tao Building ( ) Via Overnight Mail
98 Argyle Street, Mong Kok, Kowloon (✕) Via First Class Mail
Hong Kong Special Administrative Region ( ) INTERNATIONAL
China

New United Office Equipment USA, Inc. ( ) Via Hand Delivery
3701 Commercial Avenue ( ) Via Overnight Mail
Northbrook, Il 60062 (✕) Via First Class Mail
 ( ) Other: _____

Jiangsu Shinri Machinery Co. Ltd. ( ) Via Hand Delivery
Qianjia Industrial Park, Yaoguan Town ( ) Via Overnight Mail
Wujin District, Changzhou, Jiangsu Province (✕) Via First Class Mail
China ( ) INTERNATIONAL

Zhou Licheng ( ) Via Hand Delivery
No. 45, Miaotou Natural Village ( ) Via Overnight Mail
Qianjia Administrative Village, Yaoguan Town (✕) Via First Class Mail
Wujin District, Changzhou City, Jiangsu Province ( ) INTERNATIONAL
China, 213102

Randall Graves ( ) Via Hand Delivery
Apartment 1201, Unit C, Block 320 ( ) Via Overnight Mail
Nandu Section, Hutang New City Complex (✕) Via First Class Mail
Wujin District, Changzhou City, Jiangsu Province ( ) INTERNATIONAL
China, 213161

"Jessica" Wang Chongge ( ) Via Hand Delivery
Group 1, Tonguyan Village, Tongyuan Town ( ) Via Overnight Mail
Gaoling County, Xi'an City, Shaanzi Province (✕) Via First Class Mail
China 710202 ( ) INTERNATIONAL

Public Mailing List:

Heather Hall ( ) Via Hand Delivery
LEXIS-NEXIS ( ) Via Overnight Mail
9443 Springboro Pike (✕) Via First Class Mail
Miamisburg, OH 45342 ( ) Other: _____

Kenneth Clair ( ) Via Hand Delivery
Thomson West ( ) Via Overnight Mail
1100 13th Street NW (✕) Via First Class Mail
Suite 200 ( ) Other: _____
Washington, DC 20005

后　记

　　美国337调查是中国崛起大背景下中国企业"走出去"必须直面的知识产权争议解决程序。国际市场竞争复杂、激烈，跨境应诉，诸多不易。无疑，众多企业的应诉努力将一点点地推动"中国制造"走向"中国创造"。

　　时光荏苒，我从事337调查法律业务也有十年了。如同很多中国企业一样，我的337调查代理业务也经历了从起步到发展的艰辛历程。在这个过程中，我和我代理的中国企业同舟共济，共同应对种种知识产权侵权指控、指责甚至刁难，坚决捍卫中国企业在海外市场的合法权益。同时，我也看到不少中国企业因美国337调查而痛失美国市场，甚至整个产业因此而衰败的悲剧。为帮助更多的中国企业少走弯路，我写了这本美国337调查的小册子。本书凝聚了我在美国337调查领域从业十年的经验和心血，无意在学术层面深入展开分析相关实体法和程序法，仅从实际出发为中国企业组织应对提供操作指南。

　　算起来，不包括在美国联邦地区法院的知识产权诉讼和其他诉讼仲裁，仅美国337调查，到目前我已代理十几件，算是代理中国企业应诉美国337调查最多的律师之一。这十几个案件，自我评价是，总体上为中国企业争取了较好结果。到目前为止，涉及专利的案件不是全胜就是和解，涉及商业秘密的案件尽管政治因素偏重也创出了和解的最佳案例。特别是，在部分案件中，中国企业不仅卷入美国337调查，而且在美国、中国和欧洲多国同时有数个知识产权争议法律程序，纯属竞争对手之间的全球知识产权大战。基于企业的信任，作为同时有中国和美国（纽约州）执业资质的律师，除了代理美国337调查以及在中国的知识产权诉讼外，我还帮助协调管理在各国的诉讼或仲裁。至今，这些亲身经历的商战还历历在目。中国企业在国际化成长中的痛并快乐的故事，也让我有了更多的思考。

　　经过多个案件历练，我逐渐体会如何帮助企业在案件应诉中维护乃至实现其商业利益。在商业社会，大案胜诉，企业衰败，这不仅仅是企业的悲哀。其实，对于很多中国企业而言，"血战到底"并非商业利益的最佳选项，因为融资乃至上市的日程决定了案件的进程，337调查或诉讼程序的任何不确定性都是投资人的噩梦。因此，如何把握诉讼节奏以及如何正确争取甚至创造机会和解等，均是我在案件代理中用心考虑的要点。进一步而言，利用美国诉讼帮助中国企业实现商业利益是我最新的办案体会。近年来，我尝试在代理应诉的同时帮助中国企业实现与案件当事人商业上的合作，已在个别案件取得突破。

十年磨一剑。从最初邀请美国国际贸易委员会（337调查主管机构）的首席法官和主席到中国巡回讲演到美国国际贸易委员会两次裁决确认我可实质代理美国337调查的执业权利以及可同时代理美国337调查和在中国国内的关联诉讼，从在美国337调查中起辅助作用的律师到可以为中国企业应诉策略把关，十年来，风风雨雨，还有很长的路要走。这是一名在美国337调查领域专业律师的业务成长小故事。

借此机会，我感谢这些年我服务过的中国企业，是他们勇于在国际市场"亮剑"，并在面对大案、要案之际敢于给我充分信任，才让我有机会与他们一起成长。我们都得感谢这个时代。从成长的角度，这是最好的时代，我们见证了中国改革开放三十多年来的巨变，见证了中国企业从崇拜"财富全球500强"的"屌丝"成长为全球某个细分领域的领先企业乃至行业巨头。如今，跻身"财富全球500强"的中国企业已近100家，我们已经见证并将继续见证一批中国企业扬帆出海，成长为跨国公司。

我也特别感谢曾经和现在的团队律师，他们的优秀和勤奋是我们代理的案件取得骄人结果的保证。

我还要感谢曾经和现在的同事以及合作过的同行，律师间的互相尊重与理解、人情温暖和业务相长是共同成长的助力。

最后，我要感谢知识产权出版社以及参与本书的编辑们，特别是策划编辑倪江云，没有他的努力与工作，本书不可能面世。他严谨细致的工作作风，让我印象深刻。

因写作时间较紧，也囿于学识，不足之处在所难免，望方家批评指正。

冉瑞雪
2015年4月7日